普通高等教育“十一五”国家级规划教材

新编21世纪信息资源管理系列教材

信息组织与信息构建

第二版

主　编　周晓英
副主编　贾君枝　齐　虹

Information Organization and Information Architecture

中国人民大学出版社
·北京·

图书在版编目（CIP）数据

信息组织与信息构建 / 周晓英主编；贾君枝，齐虹副主编．--2 版．--北京：中国人民大学出版社，2024.9．--（新编 21 世纪信息资源管理系列教材）．
ISBN 978-7-300-33062-4

Ⅰ．G254

中国国家版本馆 CIP 数据核字第 2024KN0231 号

普通高等教育“十一五”国家级规划教材
新编 21 世纪信息资源管理系列教材
信息组织与信息构建（第二版）
主　编　周晓英
副主编　贾君枝　齐　虹
Xinxi Zuzhi yu Xinxi Goujian

出版发行	中国人民大学出版社		
社　　址	北京中关村大街 31 号	**邮政编码**	100080
电　　话	010－62511242（总编室）		010－62511770（质管部）
	010－82501766（邮购部）		010－62514148（门市部）
	010－62511173（发行公司）		010－62515275（盗版举报）
网　　址	http://www.crup.com.cn		
经　　销	新华书店		
印　　刷	固安县铭成印刷有限公司	**版　　次**	2011 年 1 月第 1 版
开　　本	787 mm×1092 mm　1/16		2024 年 9 月第 2 版
印　　张	22 插页 1	**印　　次**	2025 年 12 月第 2 次印刷
字　　数	497 000	**定　　价**	59.00 元

内容简介

本书以信息、信息困境和信息组织及其发展为切入点，对信息组织和信息构建进行了系统分析，在诸如信息组织基本原理和方法，信息组织流程与系统设计，分类法与主题法系统，元数据，知识组织系统，本体，关联数据，互操作，信息构建的原理、过程、方法、工具及深化发展等方面都有独到的论述。

本书的主要特色如下：既关注传统的信息组织，又关注作为信息组织新形式的信息构建及知识组织；打破现有同类教材的组织体例，对各种不同环境下各类型信息组织问题加以深入分析，使其更具有对应性和适用性；提供丰富的实例和示例，便于读者理解和学习。

本书内容丰富，叙述深入浅出，适合作为信息管理与信息系统、图书馆学、情报学、信息资源管理等专业的教学用书，也可作为政府、企业、事业单位的培训用书，还适合网站建设和管理人员阅读。

主编简介

周晓英 中国人民大学信息资源管理学院二级教授、博士生导师，国家社会科学基金图书馆情报与文献学评审专家，教育部新世纪优秀人才，山东省齐文化传承创新与数字人文文科实验室首席专家，国家社会科学基金重大项目“文化遗产智慧数据资源建设与服务研究”首席专家。担任中国社会科学情报学会副秘书长、北京市科学技术情报学会副会长、中国科学技术情报学会健康信息学专业委员会副主任委员、《科技情报研究》副主编、中国人民大学复印报刊资料《图书馆学情报学》执行编委以及《情报学报》《图书情报工作》《情报科学》《医学信息学杂志》等15家期刊编委会委员。发表论文200余篇。

前言

本书为2011年出版的普通高等教育“十一五”国家级规划教材《信息组织与信息构建》的修订版，第一版于2017年入选中国人民大学“十三五”本科规划教材第一批立项项目。本版对原有的内容进行了优化和更新，用范围更广的知识组织内容整合了原有的内容。

信息组织、信息构建与知识组织之间存在着密不可分的关系。信息组织历史悠久，最早来源于图书馆的纸质文献管理领域；信息构建是一个新内容，出现不过40多年的时间，而网络环境下的信息构建只有约20年的时间，它来源于从建筑学的视角解决信息组织和利用的问题，发展于互联网环境下的信息组织管理领域；知识组织是信息组织发展的高级阶段，是高层次的信息组织和利用的问题。信息构建和知识组织的本质和核心是信息组织。目前，在信息组织、知识组织与信息构建三部分内容中，除了信息组织具备比较成熟的理论体系之外，知识组织和信息构建都还比较年轻，尚需要更加成熟的理论来充实和完善。

本书第一版系统地介绍了信息组织、知识组织和信息构建三部分内容，这在当时国内的信息组织主题的同类教材中属于先例。第二版基本延续了第一版的结构，增加了知识组织的最新内容，如知识组织系统、本体、关联数据等，同时将信息构建从万维网信息构建拓展到普适信息构建，信息组织部分也进一步强调了分类法和主题法等内容的新发展。

本书由四个部分组成。第一部分为绪论，主要阐述信息组织的基础和时代背景，以及信息组织和知识组织的发展，由第1章、第2章构成。第1章主要阐述了信息和信息组织的概念、信息困境和信息组织的价值；第2章分析了近年来信息组织与知识组织的变化。第二部分为信息组织，主要阐述信息组织的原理、方法、流程、系统设计、分类法和主题法系统以及元数据，由第3～6章构成。第3章阐述信息组织的基本原理和方法，第4章阐述信息组织的流程与系统设计，第5章阐述分类法与主题法系统，第6章阐述元数据。第三部分为知识组织，主要阐述知识组织系统、本体、关联数据以及互操作等内容，由第7～10章构成。第7章阐述知识组织系统，第8章阐述本体，第9章阐述关联数据，第10章阐述互操作。第四部分为信息构建，主要阐述信息构建与信息组织的关联，信息构建的原理、过程、方法和工具等，信息构建的深化发展，由第11～13章构成。第11章阐述信息构建与信息组织，第12章阐述信息构建的原理、过程、方法和工具，第13章阐述信息构建的深化发展。各个部分既相互关联又相对独立，设立四个部分的目的是让使用本教材的教师和学生可以根据需要选择相应的内容。

本书的分工如下：第一部分和第四部分由周晓英教授团队撰写，第二部分由齐虹副教授团队撰写，第三部分由贾君枝教授团队撰写，周晓英负责全书结构的设计和全书的统稿和修改。具体而言，陈燕方参与了第一部分和第四部分新增内容的撰写，裴俊良、邵琦、陈旖旎、于小宁、罗景旸、杜欣潭、王寒冰、杨倩参与了第一部分的部分文献调研和调研结果分析；崔西燕、李衎、马文雯参与了第三部分的撰写；于洋、杨春天、肖萌萌、阚落迪、武晓宇、杨溢、李媛参与了第二部分部分相关资料的收集与整理。

本书参考引用了大量国内外优秀的著作和论文，借鉴了已有的权威教材，在此，向这些作品的作者表示感谢。

本书的疏漏和不当之处在所难免，恳请业界同人和读者批评指正！

周晓英

2024年6月

目录

第一部分

绪　论

第二部分

信息组织

第 10 章 互操作

第四部分

信息构建

第 11 章 信息构建与信息组织

第 12 章 信息构建的原理、过程、方法和工具

第 13 章 信息构建的深化发展

第一部分

绪 论

第1章

信息、信息困境和信息组织

概要

本章分为两节，1.1节讨论了信息的概念以及数据、信息、知识与智慧之间的关系；1.2节讨论了人类历史上的两次信息爆炸，以及信息爆炸带来的人类知识获取的困难，阐述信息组织可以作为摆脱信息困境的一种方法，讨论了信息组织的概念和价值等。

学习要点

信息的概念；数据、信息、知识与智慧之间的关系；人类经历的两次信息爆炸；信息组织的价值。

学习目标

了解信息的概念；掌握数据、信息、知识与智慧之间的关系；了解人类经历的信息爆炸有哪些表现；理解信息组织的价值。

1.1 信息概述

1.1.1 信息的概念

信息是我们这个时代使用频率最高的词语之一，围绕着信息出现的事物可以说是五花八门，如果我们用百度搜索引擎搜索“信息”一词，会得到成百上千个搜索结果。在百度百科中，信息被定义为音讯、消息、通信系统传输和处理的对象，泛指人类社会传播的一切内容。这至少反映了两个问题：一是信息很多，只要有条件，只需要很短的时间，你就可以得到它；二是网络上关于信息的内容很多，它是个相当热门的话题。

信息的概念古已有之，只是在近几十年它才真正成为重要的词语，人们对信息的认识也在逐步深入。人们从不同的侧面、不同的层次解释信息的特征与性质，给信息下了很多的定义，据不完全统计，信息的定义有100多种，其中不乏经典的定义，代表性的有以下几种：

哈特莱（Hartley）：信息是选择的自由度。

香农（Shannon）：信息是用来介绍随机不定性的东西。

维纳（Wiener）：信息是人们适应外部世界，并使这种适应反作用于外部世界的过程中，与外部世界进行交互的内容的名称。

朗高（Longo）：信息是反映事物的形成、关系和差别的东西，它包含于事物的差异之中，而不在事物本身中。

信息是一种可供开发和利用的并具有自身价值的资源。

除了上述经典定义之外，也有类似前述百度百科中来自大众的“草根”定义。

简单地说，信息是客观事物的各种表现和反映，世界上一切物质形态和物质运动过程都可以产生信息和信息的运动过程。从无机界到有机界、从宏观的宇宙天体到微观的基本粒子、从自然界到人类社会，种种物质形态都可以成为信源，都能产生和发出信息。物体在运动过程中，必然伴随着信息的产生、获取、传递、交换、存储等过程，所以任何物体的运动过程都离不开信息的运动过程。从本质上说，信息不是物质的，不是能量的，更不是精神的，它普遍存在于自然界、生物界和人类社会，是事物的属性、内在联系和含义的表征，这种表征在不同的物质运动过程中表现为不同的现象形态，呈现为由低级到高级逐步递进的阶梯和系列。

信息的属性有很多种，主要包括普遍性、客观性、无限性、相对性、抽象性、依附性、动态性、异步性、共享性、存储性、可传递性、可变换性、可转化性、可伪性等。

1.1.2 数据、信息、知识与智慧

任何物质都可以产生信息，而且信息与人有着最密切的关系，人要生存除了拥有基本的生活条件之外，还必须有信息。人所获得的信息应该与认知过程相关，必须把信息纳入人的认知阶梯中。

人的认知过程存在着如下认知阶梯，有学者把它称为信息链或信息管理链（见图 1－1）[①]：

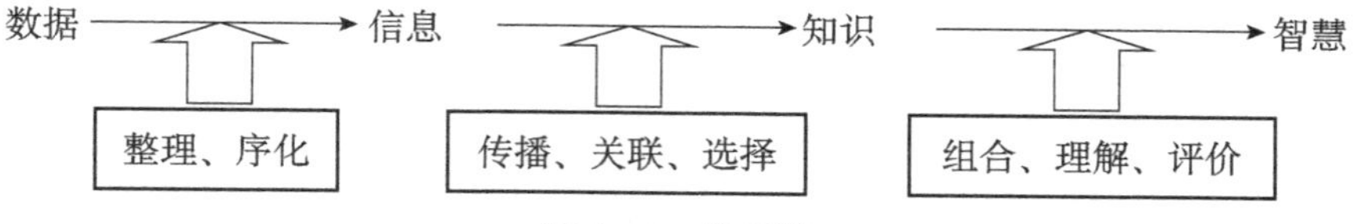

图 1－1　信息链

认知过程实际上是从数据到智慧的一个连续过程，这个过程中的各个阶段间的界限不是很清晰，在实际使用中，这几个概念经常被混合或交换使用，原因也许就在于：数据、信息、知识原本就是同一种东西，只是在不同的场合具有不同的特征。比如，本质上无意义的数据在伴随某种事物出现时就成了信息，信息只要与特定的事物发生关联就可以转化为知识。因此，在实际中，我们看到许多对数据、信息、知识的定义都是用其中一种来定义另一种，或者人们干脆将它们统称为信息或知识。因此，为了便于说明问

① 汪冰，岳剑波．情报学基础理论研究进展．情报学进展，2000（3）：1－30.

题，我们把该模式中的数据、信息、知识和智慧统称为认知元素，并且对数据、信息、知识和智慧做一个限定：

- 数据是在本质上没有含义的认知元素。
- 信息是有背景的数据，或是通过对数据的排列和阐释后，能发现隐藏在数据背后的意义的认知元素。
- 知识是发现信息的特定性的关联，是人与信息进行交互后形成的一种认知元素。
- 智慧是对知识进行理解和运用的内在的认知元素。

也有学者对数据、信息和知识之间的关系做了以下总结①：

数据＋背景＝信息

信息＋经验＝知识

数据是信息的原材料，信息是知识的原材料。

知识的获取只能通过学习和体验（实践），人的认识能力和理解能力为数据转化为信息、信息转化为知识、知识的有效融合、新知识的创造提供了必不可少的条件。

对于个人而言，人们为了成为有智慧的人，必须要存储数据和信息，以期在恰当的时候把它们转换为知识；人们通过不断学习，能够成为有效获取和掌控知识的智者。所以对信息的追求是人的本性，是人的高级需求。对于社会而言，信息是社会的记忆、是社会状态的反映，社会的发展与进步要依赖于获取、管理和利用信息，依赖于信息资源的开发和利用。

1.2　信息困境和信息组织

1.2.1　人类历史上的两次信息爆炸

20世纪40年代中期开始，科学技术的迅猛发展带来了科学研究成果的快速增长，表现为各种印刷媒体的文献数量快速膨胀，带来了所谓“信息爆炸”的后果，这是人类历史上的第一次信息爆炸。20世纪90年代开始，计算机技术和网络技术的发展带来了数字信息的快速增长，其增长速度令人惊奇，可以说这是人类历史上的第二次信息爆炸。

以下情况可以反映第二次信息爆炸中信息数量的巨大。从纸质媒体的文献数量看，根据《中华人民共和国2021年国民经济和社会发展统计公报》，国内2021年出版各类报纸276亿份，各类期刊20亿册，图书110亿册（张），人均图书拥有量7.76册（张）。②

从数字信息的数量来看，据国际数据公司（IDC）统计，仅在2006年，全球产生、获取和复制的数字信息总量就高达1.288×10^{18}比特，是有史以来出版的图书信息总量的

① 马费成，等．信息管理学基础．武汉：武汉大学出版社，2002：8-9.

② 中华人民共和国2021年国民经济和社会发展统计公报．(2022-02-28). https://www.stats.gov.cn/sj/zxfb/202302/t20230203_1901393.html.

300 万倍。全世界在 2018 年创建、获取、复制和消耗的数据总量为 33 ZB（1 ZB 约相当于 1 万亿 GB），2020 年这一数值增长到 59 ZB，预计到 2025 年将达到令人难以想象的 175 ZB。约 150 年后，数据的比特数量将超过地球上所有的原子数量。①

从信息发送的主体看，除了全球范围内的组织机构（主要包括政府、企业、教育机构、研究机构、国际组织、协会学会）通过它们的网站发布大量的信息之外，由于互联网给了个人发布信息有史以来最大的便利和自由，普通的网民越来越多地在网络上发布信息，从严肃的学术研究成果到个人观点、个人感情、信息线索、讨论议论等无所不包，网民提供的信息量也越来越大。

对于中国而言，互联网的发展给我们的信息获取和利用带来了巨大的变化，这种变化是我们分析人与信息之间的接触所不能忽视的，下面我们以中国互联网络信息中心（CNNIC）② 1997—2022 年的调查数据为例来说明。

1. 中国的网民数量已经跃居全球第一，互联网普及率超过全球平均水平

1994 年，中国接入互联网的 64K 国际专线，实现了与国际互联网的全功能连接。这不仅开启了我国互联网的正式运行，也是我国数字经济、数字社会发展的起点。多年来，我国大力建设信息基础设施，积极拓展互联网基础资源，促进互联网产品及服务快速普及，为数字化发展奠定了坚实的基础。1997 年，第 1 次《中国互联网络发展状况统计报告》显示，我国网民规模仅为 62 万人，基本使用电话线拨号接入互联网。此后的十年间，宽带上网逐渐兴起，网民增长成为我国互联网快速发展的重要印证。2008 年 6 月，网民规模达 2.53 亿人，首次位居世界第一。党的十八大以来，我国加快制造强国和网络强国的建设步伐，持续加强数字中国建设，推动互联网发展质量显著提升，数字化转型翻开新篇章。2013 年 12 月，我国网民规模超过 6 亿人；2015 年 12 月，互联网普及率首次突破 50%；2021 年 6 月，我国网民规模突破 10 亿人。第 50 次《中国互联网络发展状况统计报告》显示，截至 2022 年 6 月，我国网民规模为 10.51 亿人，互联网普及率达 74.4%，超过同期世界平均水平。这一系列数据表明，随着我国经济的快速发展、信息化战略的逐步实施、通信和网络技术的发展、互联网吸引力的增加、网络价值的提升，互联网网民数量稳步增长，中国已经成为互联网大国和网络强国，获取数字信息成为很多中国人生活的一部分。

2. 中国的互联网基础设施保持快速增长，支撑数字空间大连接

互联网基础资源持续发展，支撑基于多维节点的数字化大连接。一是从 IPv4 到 IPv6，互联网升级稳步推进。二是域名行业有序健康发展，在全球域名市场名列前茅。三是互联网覆盖个人电脑（PC）终端、移动终端及物联网终端，促进从“人与人”“人与信息”到“人与物”“物与物”的全面连接。1994—2009 年，互联网的载体主要以 PC 终端为主。2006 年 6 月，CNNIC 首次公布中国手机网民数量——1 300 万人；截至 2009

① 李晓华．激发数字经济的增长潜能（经济透视）．人民日报，2021－08－30（16）．

② 第 50 次《中国互联网络发展状况统计报告》．(2022－08－31)．中国互联网络信息中心．

年12月，中国手机网民占比首次超过五成；2012年6月，通过手机接入互联网的网民数量达到3.88亿人，手机成为我国网民的第一大上网终端。2010年以后，伴随移动互联网的飞速发展，我国手机网民数量增长强劲，手机网民占整体网民的比例从2010年12月的66.2%跃升到2022年6月的99.6%。近年来，随着物联网发展速度不断加快，蜂窝物联网用户规模持续扩大。三家基础电信企业蜂窝物联网终端用户从2018年底的6.71亿户增长至2021年底的13.99亿户，年均复合增长率达27.8%。

3. 网络应用在中国全面展开

据CNNIC统计，近年来，我国各类个人互联网应用持续发展，涵盖即时通信、网络视频（含短视频）、短视频、网络支付、网络购物、搜索引擎、网络新闻、网络音乐、网络直播、网络游戏、网络文学、在线办公、网约车、在线旅行预订、在线医疗等多个类型。据第50次《中国互联网络发展状况统计报告》，各类互联网应用用户规模和网民使用率如表1-1所示。

表1-1　2021年12月至2022年6月各类互联网应用用户规模和网民使用率

应用	2021年12月		2022年6月		用户规模增长率
	用户规模（万户）	网民使用率	用户规模（万户）	网民使用率	
即时通信	100 666	97.5%	102 708	97.7%	2.0%
网络视频（含短视频）	97 471	94.5%	99 488	94.6%	2.1%
短视频	93 415	90.5%	96 220	91.5%	3.0%
网络支付	90 363	87.6%	90 444	86.0%	0.1%
网络购物	84 210	81.6%	84 057	80.0%	−0.2%
搜索引擎	82 884	80.3%	82 147	78.2%	−0.9%
网络新闻	77 109	74.7%	78 807	75.0%	2.2%
网络音乐	72 946	70.7%	72 789	69.2%	−0.2%
网络直播	70 337	68.2%	71 627	68.1%	1.8%
网络游戏	55 354	53.6%	55 239	52.6%	−0.2%
网络文学	50 159	48.6%	49 322	46.9%	−1.7%
在线办公	46 884	45.4%	46 066	43.8%	−1.7%
网约车	45 261	43.9%	40 507	38.5%	−10.5%
在线旅行预订	39 710	38.5%	33 250	31.6%	−16.3%
在线医疗	29 788	28.9%	29 984	28.5%	0.7%

当今社会，网络是人们接触最多的信息媒介，网络信息本身比较复杂且类型多样，因此，网络信息组织问题成为信息组织中的主要矛盾，网络组织也逐渐成为现代信息组织中最重要的内容。

1.2.2 信息组织

美国未来学家约翰·奈斯比特（John Naisbitt）在形容我们这个世界的信息和信息利用状况时说：我们被信息所淹没，但却渴望知识。这句话恰当地反映了人们所面临的信息困境：信息量巨大，自己需要的信息似乎唾手可得，但实际上那些能够解决问题的信息，也就是我们所需要的知识，因为重重障碍而难以获得。

前述两次信息爆炸实际上加重了人们获取有价值信息的负担，造成了更多的信息困境的出现。信息困境是当前社会人们在工作、学习和生活中面临的普遍问题，而今天我们都必须借助信息、依赖信息来处理事务，所以我们必然希望获得信息是容易的和方便的，且获得的信息是可靠的。摆脱信息困境的方式之一就是建立信息组织，信息组织能够通过对信息的描述、规范、重组、整合、展示等方式，提供给用户检索和获得信息的便利，从而在一定程度上帮助他们从信息困境中走出来。

信息组织就是将收集的信息予以结构化，也就是采用一定的方式，将某一方面大量的、分散的、杂乱的信息经过加工、整理、提炼、优化后形成一个便于有效利用的系统的过程。信息组织需要按照信息能够被获取的形式，识别承载信息的实体的所有类型，识别包含在那些承载信息的实体内的或作为它们一部分的内容，并把这些承载信息的实体系统化地组织到图书馆、档案馆、信息中心和其他类似存储处的信息集合中。[①] 除了存储之外，信息组织还需要制作这些承载信息的实体的清单，为这些承载信息的实体提供名称、主题等其他有益的检索点，提供定位每个承载信息的实体或者其复本的方式。

信息组织的价值表现在以下方面：

（1）信息经过组织能够转化为信息资源。我们曾经误认为信息就是信息资源，实际上，信息≠信息资源，有一种说法是“失去控制和无组织的信息不再是一种资源”。

（2）信息经过组织能够方便人们的利用。信息经过组织后能够得到序化，序化后的信息才能方便人们的利用。

（3）信息组织有助于信息的发现。各种信息经过组织后能够有效揭示信息之间的关系，通过关系的展示，人们能够知道自己原本并不知道的信息，能够获得与原先需要的信息相关的信息。

（4）信息组织有助于信息价值的判断。信息经过组织后能够呈现其精华和主要内容，通过信息组织的提炼过程，人们不需要逐字逐句阅读信息的内容，就可以达到判断信息价值的目的。

（5）信息组织有助于信息的增值。信息经过组织后能够从杂乱无章的原始状态转变为有序精良的信息系统，这为信息的进一步分析研究、加工提炼奠定良好的基础。

关于信息组织、信息构建与知识组织之间的关系，本书认为：信息组织、信息构建与知识组织之间存在着密不可分的关系，信息组织历史悠久，最早来源于图书馆的纸质文献管理领域；信息构建是一个新内容，它出现不过40多年的时间，而网络环境下的信

① 赵志坚．网络信息资源组织和检索．北京：人民邮电出版社，2004：3.

息构建只有约20年时间，它来源于从建筑学的视角解决信息的组织和利用问题，发展于互联网环境下的信息组织管理领域；知识组织是信息组织发展的高级阶段，是高层次的信息组织和利用问题；信息构建和知识组织的本质和核心是信息组织。

目前，在信息组织、信息构建与知识组织三部分内容中，除了信息组织有着比较成熟的理论体系之外，信息构建和知识组织都是较新的领域，缺乏成熟的理论，而信息组织也面临着如何将传统的信息组织知识应用于网络环境中，推进网络环境下的信息组织理论和方法发展的问题，下一章我们将论述这个问题。

思考题

1. 信息的概念是什么？
2. 数据、信息、知识与智慧之间的关系是什么？
3. 人类经历了哪两次信息爆炸？表现如何？
4. 信息组织的价值表现在哪些方面？

推荐阅读

1. 周宁．信息组织．2版．武汉：武汉大学出版社，2001.
2. 张帆．信息组织学．北京：科学出版社，2005.
3. 赵志坚．网络信息资源组织和检索．北京：人民邮电出版社，2004.
4. 周晓英，赖茂生．认知过程链与情报学的新定位．情报资料工作，2003（3）.

第2章

信息组织和知识组织的发展

概要

本章分为四节，2.1节讨论了网络时代信息组织所面临的环境的变化以及信息组织的新目标；2.2节讨论了网络世界的各种信息关系，包括人与信息、信息与信息、人与人之间的关系；2.3节从内容层面、网站层面、网络层面和语义层面讨论了网络世界发现和组织信息的方式；2.4节讨论了信息组织和知识组织的变化。

学习要点

网络时代信息组织环境的变化、信息组织的新目标；信息组织和形成信息结构的关键是深入理解网络世界的信息关系，处理好各种信息关系；可以从内容层面、网站层面、网络层面和语义层面来研究网络世界发现和组织信息的方式；传统上以“序化”为主要目标的信息组织面临的现实困境，知识组织背景下语义抽取等技术的发展。

学习目标

了解网络时代信息组织的环境经历了哪些变化，理解网络时代信息组织面临的现实困境，以及信息组织的新目标是什么；掌握网络世界存在的各种信息关系；明白如何从内容层面、网站层面、网络层面和语义层面发现和组织信息；掌握知识组织背景下语义抽取、语义关联、互操作等技术研究与发展的目的、意义及现状；了解知识组织在数字人文、生物医疗、文化遗产等多个领域的应用现状。

2.1 网络时代的信息组织

信息组织的对象过去主要是纸质媒体的信息，而今天主要是网络信息。我们称今天的信息组织为网络信息组织，它除了继续解决传统纸质媒体的信息组织问题之外，还要解决数字媒体的更多信息组织问题。

信息组织当前所面临的最大挑战是解决网络世界的信息组织问题。同时，我们关注网络世界的信息组织并不代表要丢弃传统纸质媒体信息的组织规则，实际上，纸质媒体的信息目前也借助网络来获取，比如我们在网上书店购买纸质的图书、在图书馆网站查询新出版的期刊等。因此，传统信息组织的规则和方法需要加以继承，但在网络世界里，需要对它进行转变，使其符合网络时代信息组织的要求。

知识的利用问题是情报学产生的深层原因，情报学一直以来所追求的目标就是：解决知识问题，使人类正在增多的知识得到更为充分的利用。因此情报学可以看作帮助人类摆脱知识困境的学科。① 网络时代我们面临怎样的知识困境呢？网络信息爆炸，各种新信息媒体或新信息形式层出不穷，网络信息技术所带来的直接后果是信息的来源和产生、描述和揭示、整理和加工、控制和重组、存储和提取的系列过程和方法发生了根本的改变，很多学者认为帮助用户在网络世界中发现知识、获取知识和利用知识是今天图书馆学、情报学研究的核心内容。②

网络世界众多的信息问题中信息组织是核心问题，信息组织可以解决社会信息资源的有效控制与管理、有效开发与利用问题，在网络世界中发现知识、获取知识和利用知识都与信息组织直接相关。信息组织在网络世界中有如此大的社会价值和社会需求，它已经成为极具活力的领域，引起了软件生产、数据库设计与研制、人工智能、超媒体、数据仓库、可视化研究、办公自动化、计算机科学、知识工程学、现代语言学、认知心理学等很多领域的关注，有学者认为这使信息组织有了社会化的特点。③ 图书馆学、情报学如何为网络信息组织提供理论、方法和工具，成为重要问题之一。

2.1.1　信息组织环境的变化

随着信息环境、技术水平、用户需求等多方面的变革，信息组织经历了多个阶段，图书情报领域的理论和实践面临着有史以来最严峻的挑战，这主要是因为信息组织所面临的环境在今天发生了很多的变化，信息来源，信息组织对象，信息组织主体，信息组织的工具、技术和方法，等等，没有一样是保持不变的。

（1）信息来源的改变。在过去，社会主要的信息来自报纸、电视等大众媒体。今天，网络资源极为丰富、使用方便，并且能够快速传递。谷歌、百度等搜索引擎提供了强大的信息获取能力，层出不穷的新类型的信息引起了大众的兴趣，加上数据库生产商能够提供相对高质量的信息，网络很快成为人们获取信息的首选渠道，就是图书馆自身也很快成为通过网络传递信息和提供服务的机构之一。如今，网络世界主要的信息来源是政府、商业企业、研究机构、教育机构、社会组织以及网络上每个普通的社会成员；信息内容从高质量的权威研究信息到数字化的图书报纸，从社会时事到小道消息，从学习资源到娱乐游戏应有尽有。同时，随着移动互联网和信息技术的发展，社交网络模式不断迭代更新，新型社交网络平台持续涌现，社交网络用户日渐增加，除博客、微博、论坛

① 周晓英．情报学的形成和定位．情报资料工作，2006（2）：5－10.

② 刘兹恒．国内外图书馆学情报学研究现状．中国医院，2008（2）：10－13.

③ 张帆，李爱明．现代信息组织的特点与发展策略研究．情报资料工作，2006（5）：22－26.

等传统社交网络平台之外，抖音、快手、小红书等新型社交平台强势崛起，好大夫在线、甜蜜家园等专业在线社区渐趋活跃，由此导致用户生成内容（user generated content，UGC）急速增长，用户社交关系网络也日益复杂，传统的信息组织方法与工具在这种情况下颇显乏力。

（2）信息组织对象的改变。传统的信息组织对象是文献，聚焦于如何对大量文献进行序化，从而便于用户利用文献资源。进入 20 世纪 90 年代后，信息技术革命将我们带入网络社会，网络信息随之成为信息组织对象。今天，随着人们对知识获取的需求不断深入，加之大数据、云计算、语义网、人工智能等新兴技术的不断发展，知识组织应运而生。知识组织对象包括主观知识（隐性知识）和客观知识（显性知识），其目的是通过对知识进行关联关系的深度挖掘和语义揭示，为用户提供有效知识或信息。

（3）信息组织主体的改变。由于信息提供的社会化特点，信息组织主体自然也由图书信息专业人员变为网络世界中提供信息的社会团体和普通民众，因为他们需要以某种方式发布信息，也需要对自己的网站或数据库中的信息加以管理。而标准化组织如万维网联盟（Word Wide Web Consortium，W3C）、知名互联网公司如谷歌、网络文献信息服务和研究机构如联机计算机图书馆中心（OCLC）等，共同构成了信息组织技术和信息内容规范的制定者和推动者。

（4）信息组织的工具、技术和方法的改变。传统文献组织的方法、工具主要是以分类表、主题词表为核心的受控词表，网络世界信息组织方法、工具则以编程和查询语言、接口技术、链接方式、支持工具等为主。随着信息组织对象深入到知识单元，信息组织的功能作用拓展到数据互操作、知识地图、语义交流、个性化服务等智能化领域，分类表、主题词表等传统方法、工具无法有效实现细粒度的知识标引功能，也无法有效支撑深层次的语义关联功能。因此，在新兴技术的助力下，信息组织领域的研究者们开发出一系列能够实现细粒度知识标引和深层次语义关联功能的方法、工具，例如以语义网络和本体为代表的知识组织系统①、以开放数据和关联数据为代表的数据模型②，从而满足语义化、多元化、智能化的信息处理需求，更好地为资源深层次开发与利用服务。由此可知，信息组织工具、技术和方法的丰富化是信息组织发展变化的重要趋势之一。

2.1.2 信息组织的新目标

传统的信息组织是采用一定的方式将大量的、分散的、杂乱的信息经组织、整序、优化、存储，形成一个便于有效利用的系统的过程。这种信息组织的目标是建立一个科学的管理体系，让信息有序，让每一条信息都能够在这个体系中有明确的位置，便于用户查找和利用。传统信息世界里，图书馆员和信息专家们通过辛勤劳动，完成社会赋予的组织和管理信息的使命。当需要信息的时候，人们会通过图书馆去获得所要的信息，而图书馆员在图书馆这个公益性、服务性的信息环境中愿意帮助需要信息的人。

---

① 贾君枝．面向数据网络的信息组织演变发展．中国图书馆学报，2019（5）：51－60.

② 吴丹，程磊．信息组织与检索的研究热点与动向：语义、交互与社群．图书情报知识，2017（4）：4－12.

随着信息网络的发展，网络信息急剧增长，信息爆炸成为人们有效利用信息的主要障碍，传统的信息组织研究和实践秉持的资源观的弊端逐渐显现，利用传统的信息组织方法与工具组织起来的信息无法被人们有效利用，于是研究者们开始关注用户的需求和特征。21世纪初，我国情报学界对于信息构建理论的引入让注重用户体验的理念备受关注。信息组织领域的研究者借鉴了信息构建理论“重视用户”的内核，目标定位从“以资源为中心”的资源观向以“以用户为中心”的用户观转变，而对传统的信息组织方法、工具进行易访问性和易理解性改造，能够更好地满足用户的深层次需求。① 此外，随着人工智能技术的发展，将对信息的深层次语义挖掘与对用户需求的深层次理解进行整合成为信息组织的重要关注点之一，针对个体需求的个性化排序、个性化分析、个性化推荐等智能化服务成为当前信息组织的新目标。

2.2 网络世界的信息关系

信息环境的重要影响因素是网络信息组织和信息结构，而信息组织和形成信息结构的关键是深入理解网络世界的信息关系，处理好各种信息关系。

2.2.1 理解人与信息之间的相关关系

信息组织过去主要是图书馆员和信息专家的问题，由于网络世界对信息组织的影响，这个过去的少数人的专长变成了很多人的需要，这是信息组织走出专业领域成为大众化知识的原因。

信息组织的目的是供人们使用，信息只有与人联系起来才有存在的价值。所以，无论信息以什么样的形式出现，信息组织的关键都是深入分析信息与人可能产生的各种关系，这些关系包括人与信息、信息与信息、人与人之间的关系。只有把握了关系，根据对关系的理解来建立信息组织的模式，信息才能被有效地利用。重组和提取信息的核心是信息的表达和信息元素之间关系的再现以及信息关系按照需求的重新组合。

1. 人与信息的关系

人有信息需求，要获取信息、使用信息，因此需要哪些信息、如何获取信息、怎样使用信息是分析的切入点。比如人有已知项目的信息需求和已知领域的信息需求，获取已知项目信息是通过外部特征的信息检索，获取已知领域信息则是通过主题或者学科门类。人们通过周围的人、图书馆、大众媒体、互联网等多种方式获取信息。针对人们的信息需求，我们对用户可能需要的信息特征加以描述，对信息的主题加以确定，对信息所属的学科门类加以划分；在渠道方面我们通过非正式交流渠道与图书馆收集管理信息，通过大众媒体、互联网组织等提供人们需要的信息。网络世界里，人获取信息主要有三

---

① 魏敏．信息组织课程建设与学科发展．图书馆杂志，2017（8）：85-94.

种方式，即浏览、搜索、询问。对于浏览方式，我们提供分类浏览的信息结构和专门的门户网站集成的信息；对于搜索方式，我们提供搜索框和专门的搜索引擎；对于询问方式，我们提供实时咨询、用户自助和专家帮助。可以说这些任务都建立在对人与信息关系的充分理解的基础上。

2. 信息与信息的关系

形式上的关联就是相同类型的信息之间的关联，内容上的关联就是相同属性的信息之间的关联，这种关联体现在信息组织上即信息之间的排列和组合形式。图书馆学、情报学对信息的排列和组合形式有很多的研究成果，比如由信息构建创始人沃尔曼提出的LATCH方法，即按照位置、字母顺序、时间顺序、类别和层次组织信息的方法[①]；路易斯·罗森菲尔德提出的网站信息的精确组织方式和模糊组织方式，精确组织方式包含地理位置、时间顺序、字母顺序组织方式，模糊组织方式包含主题、特定观众、隐喻驱动和综合性等组织方式[②]；国内学者孟广均提出的语法、语义、语用方法，即按照信息的形式特征如字顺、代码等，内容特征如分类和主题等，效用特征如权重值、特色、重要程度等组织信息的方法。此外，信息所反映的概念还体现了信息之间的相关关系、等同关系、包含关系、应用关系等。

3. 人与人的关系

人与人的关系指人与人之间通过信息建立的关联，这种关联可以扩展到群体与群体之间。人与人的关系有多种反映，在纸质媒体时代我们所研究的非正式交流过程可以说是研究人与人信息联系的一种理论，这种关联如果反映在文献上，表现为文献之间的相互引用；而在网络时代，人们应用小世界理论（又称六度分割理论）来探讨人与人之间的信息联系；在Web 2.0理念被网络普遍接受的今天，Web 2.0网站通过用户在现实世界中的关系网络和他们对内容的筛选来形成人与人以及信息与信息之间的关系，通过软件系统将人的共同兴趣爱好、共同的看法等加以强化，将个人对信息的认识加以分享并按照众人认知的统计特征加以显示（如标签），或者按照众人的认识对信息加以区分（如大众分类（folksonomy））。这种做法呈现了现实环境和过去网络环境没能有效揭示的信息关系，因而受到很多人的推崇。因此，Web 2.0时代的社交媒体（social media）研究备受追捧，所谓社交媒体是指人们用来共享内容、判断、经验、观点和媒体的在线技术或实践。社交媒体有很广泛的应用，在国外，维基百科（Wikipedia）、脸书、YouTube、Flickr等是社交媒体的典型代表；在国内，除了微博、微信、论坛等传统社交网络平台外，还有近年来强势崛起的抖音、快手、小红书等新型社交平台。社交媒体的实质是通过技术手段来满足人与人分享信息的需求，其信息组织的方式取决于人与人之间可能的联系方式以及网络的特点、技术的支持程度。社交媒体反映了人与人共享信息的特性，这是网络世界的一个重大特征，也是近年来的网络研究热点。

---

① Wurman R S. 信息饥渴. 北京：电子工业出版社，2001.

② Rosenfeld L，Morville P. Information Architecture for the World Wide Web. O'Reilly Media，Inc.，2002.

打开微博首页你会发现，“超话社区”模块通过兴趣群组来建立人与人之间的网络；“原创”“视频”等模块对信息进行了分类管理，建立了信息与信息之间的网络；“话题”功能通过上传微博的人给予博文的标签，可以建立人与信息之间的网络。

上面所提及的人与信息、信息与信息、人与人这三组关系往往不是孤立存在的，通过上面的分析也可以知道，它们彼此之间的界限不是绝对的，而且人与人、信息与信息以及人与信息在现实中存在错综复杂的交叉、组合关系。以大众分类为例，大众分类是网络信息用户自发采用一组标签对某类信息进行描述，并最终根据标签被使用的频次选用高频标签作为该类信息名称的一种网络信息分类方法。[①] 大众分类有三个组成部分，即资源、标签和用户，通过它实际上可以形成三个可供连接和查询的网络——用户网络（人与人）、资源网络（信息与信息）和标签网络（人与信息），三个网络之间彼此相互作用。三者之间的关系如图 2-1 所示。

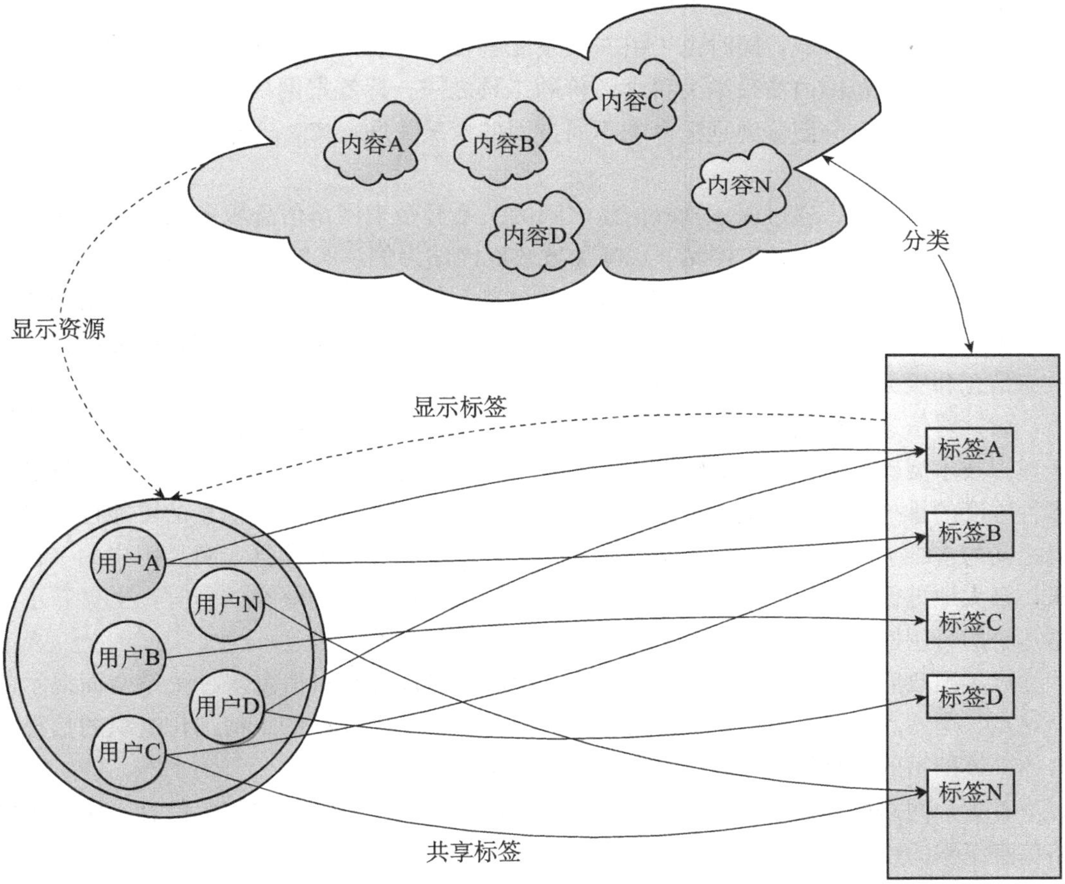

图 2-1　用户网络、资源网络、标签网络三者之间的关系

从网络信息组织的发展过程看，学术界对信息组织的研究一贯强调反映信息与信息之间的关系，这方面有不少有价值的成果，比如有学者将信息与信息之间的关系总结为

① 王翠英．Folksonomy 初探．图书馆学研究，2007（5）：85-87.

记录知识单元间关系的目录关系，反映文本结构、引用关系和超链接关系的文本内外关系，词表中的主题关系以及相关关系等。[①] 但我们认为，网络世界的信息组织除了强调信息与信息之间关系的揭示之外，还比较强调信息与人的关系，强调人如何与信息交互、交互过程中的感受，强调人与人彼此之间的关联，继而强调用户中心理论，即按照用户的需要组织和整合信息。

2.2.2 理解信息关系的意义

（1）对人与信息间关系的重新发现会带来信息组织的创新。从信息组织方式的发展过程来看，信息组织的每一次创新都出现在对人与信息间的多种关系进行重新发现，并通过某种媒介把这种关系作为一种线索提供给用户的情况下。比如引文索引是通过被引文献把引用它的文献和引用它的所有人连接起来，通过索引形式提供给用户，开创了信息组织和检索的新领域，同时由于引文关系能够在某种程度上反映科学文献的价值，引文索引还在世界范围内被采纳为科学评价的工具之一；标签把网络资源关联起来，通过网站提供给用户；分面分类是把事物不同方面的情况关联起来，通过分类号和网络呈现方式提供给用户。

在网络世界中，通过深入分析信息之间的关系而带来网络信息服务创新和应用的实例很多，典型的例子有政府网站。以新加坡政府网站为例，2022 年新加坡政府门户网站为公民提供信息服务时，采用了“从摇篮到坟墓”的分析逻辑，将每个人从出生到死亡的整个生命过程中可能需要与政府打交道的事情基本列举出来，然后进行细分归类，将政府信息和服务划分为商业、国防、教育等 15 个模块。

（2）对信息多维关系、多重属性的全面揭示是网络信息组织的优势。网络世界里由于虚拟技术突破了资源存取的物理限制，数字资源的超链接方式可以将同一份信息进行多种维度的排列组合，这提供了在同一时空内以多种方式整合网络信息的可能性，对信息之间的多维关系进行全面揭示可以帮助用户从多个角度获取信息，满足用户的多种需求，极大地方便了用户，在提高了信息被利用的可能性和利用效率的同时，也提升了网站本身的可用性。

以美国政府网站为例，美国联邦政府门户网站可以说是对信息多种关系全面揭示的全站点。全站点是由多种信息关系组合和关联起来的一个完整的、精细化组织的信息集合体。该网站的信息组织特点表现在以下几个方面：

首先，网站提供了常见事务的选项与链接，帮助用户快速查询相关信息，体现了网络信息组织的用户中心思想。

其次，在页面的下方提供了更全面的选项与服务，以便用户更好地办理相关事务。比如福利与贷款、工作、教育、健康、选举和法律等等。

再次，网站尽可能提供全面的信息组织模式，作为政府信息的辅助查询入口，比如网站按政府部门类别链接到行政部门、立法部门、司法部门，按政府级别链接到联

---

① 杨秀丹．基于关系的信息组织．情报理论与实践，2004（5）：544－546.

邦政府机构、州政府机构、地方政府机构，按政府部门名称的字母顺序组织信息和服务。

最后，全站点的索引页面将网站的全部信息整合在一起，提供全面精确的信息查询入口。该网站的索引有公民所需要的信息主题索引、福利与贷款索引、政府机构和部门名称索引、工作与失业索引等，网站所有的信息都可以通过这些索引得以呈现。

（3）对网络资源的文本对象和实体对象的语义控制必然要求对它们之间关系的揭示。精确的信息组织和获取需要通过词汇的语义关系建立知识体系，在文本和实体描述阶段建立一定的推理机制，唯有如此，在检索阶段才能形成知识元素之间的关系链接。因此在文本和实体描述时要反映事物的特征和关联，要注重知识元素之间的联系，使用“对象-属性-联系”这一形式便成为网络信息组织中描述对象的基本方法，这种情形表现在元数据和机读目录都增加了关系元素或字段，资源描述框架（RDF）中也使用“主词-谓词-宾词”的形式来表示一个资源对象、一个陈述和若干个地址或联系。①

2.3 网络世界发现和组织信息的方式

2.3.1 内容层面信息的发现和组织

网络内容的信息获取目前主要依靠信息浏览和搜索引擎，用户可浏览的信息数量有限，搜索引擎则信息量大、相关度参差不齐，检索的精确度不高。搜索引擎信息组织模式的前期处理成本低、用户获取信息成本低，但是后期处理上用户时间成本高。针对这一问题，网络世界已经着手解决，理论和实践工作者们提出了用知识本体、元数据、置标语言提高信息内容的形式化程度；用分类法和主题词表，自动标引和自动分类，提高信息的语义控制水平等方式，来保证网络信息内容有更完善的形式和更严密、规范的语义关系。② 然而，如何将这些理论和技术推向实用、前期处理由谁执行、如何控制处理成本、用怎样的模式来保证网络上广泛产生的内容的形式化和语义控制水平等仍然是需要探索的问题。

此外，在 Web 2.0 网站，微内容成为重要的概念。所谓微内容（microcontent）是指用户所生成的数据，比如评论、图片、收藏的书签、喜欢的音乐列表、想做的事情、想去的地方、新的朋友等。Web 2.0 产品服务于用户个体的微内容的收集、创建、发布、管理、分享、合作、维护。微内容信息的发现和组织以聚合内容（RSS）、标签、大众分类、社交网络为基本特征，通过借助用户的贡献、社会大众的力量来实现资源的共享。

2.3.2 网站层面信息的发现和组织

网站层面信息的发现和组织主要依赖信息构建和信息资源整合来实现。

---

① 白华．数字环境与信息组织的主要变化．图书馆杂志，2007（11）：6-9.

② 陈树年，李青华，朱连花．近年来我国信息组织研究进展及趋势．图书馆建设，2006（3）：62-67.

在网站层面有效地发现和组织信息需要用信息构建的理论和方法来加以指导，信息构建作为组织信息以及设计信息环境、信息空间和信息体系结构，以满足用户的信息需求的一门艺术和科学，在万维网网站的信息规划和设计方面作用显著。信息构建讲求信息表达的科学性和艺术性的结合，讲究将信息内容以清晰、美观、易用的方式提供给用户，提倡为用户提供优化的信息结构。通过信息构建的实施，从对信息处理的结果看，可达到信息的清晰化和可理解的目标，从用户的使用效果看，可达到网站信息的有用性可用性强和使用者具有良好的用户体验的目标。① 因此，信息构建可以帮助我们在网站层面形成良好的信息环境，帮助用户利用信息。

此外，还可以通过在界面层面对信息进行面向用户、个性化、智能化和专题化等多方式的整合达到发现和组织信息的目的。网站层面的信息发现和获取是以内容层面的标记、元数据、本体等信息组织技术为基础的。

2.3.3 网络层面信息的发现和组织

互联网由一个个网站组成，无论这些网站如何对自己的信息进行组织和优化，对于用户而言，要获得能够解决他们所面临的问题的足够多的相关信息，网络信息资源仍然是分散的，无法有效利用。因此，全网络信息的发现和组织需要按照用户的需要对众多的网站、分散的信息进行重组和聚合，需要按照一定的资源选择和评价标准、规范的资源描述和组织体系，对网络信息进行集成管理和控制，实现信息的精确有效的提取。主题网关、学科信息门户、行业门户、虚拟图书馆、数字图书馆等都是解决这个问题的工具。

下面我们主要说明主题网关的信息组织机理。

主题网关是支持系统化资源发现的互联网服务，通过互联网提供资源（文献、对象、网站或服务）的链接，该服务建立在资源描述的基础上，可以通过主题结构浏览访问资源。② 学科信息门户致力于将特定学科领域的信息资源、工具与服务集成到一个整体中，为用户提供一个方便的信息检索和服务入口。两者虽然提法不同，但它们与学科导航、虚拟图书馆等做法类似，主要的目的是通过主题或者学科的方式聚合网络上高质量的信息，帮助用户准确、快速定位网络信息资源。目前各式各样的主题网关很多，主题或者学科的分布范围很广，单就图书情报领域而言，美国、英国比较著名的主题网关有：英国的图书馆公告板网络化知识库和谢菲尔德大学的信息科学导航等；美国加州大学伯克利分校图书馆的图书馆员互联网索引、美国西北大学图书馆的互联网图书馆信息资源、印第安纳大学图书馆的万维网虚拟图书馆资源、匹兹堡大学计算机与信息学院的导航和西雅图太平洋大学的图书馆信息资源。中国有上海图书馆、北京大学图书馆、清华大学图书馆、武汉大学信息资源研究中心、台湾的中山大学图书馆的网际网络资源等。③ 主题

① 周晓英．信息构建的目标及其在政府网站中的实现．情报资料工作，2004（2）：5－8.

② Koch T. Quality-Controlled Subject Gateways：Definitions，Typologies，Empirical Overview. Online Information Review，2000（1）：24－34.

③ 李阳晖．主题网关的合作问题探析．图书情报工作，2006（3）：40－43.

网关主要由人员来严格筛选网络信息资源，通过元数据描述支持资源的发现和组织，通过主题浏览和检索提供资源，提供的是高质量的、清晰直接的具体内容页。主题网关通过筛选资源、规范描述、分类浏览的方法对网络资源进行质量控制，并且为了弥补资源量的不足，有些主题网关还开展了合作与协作，因此这种信息的组织和处理方式比搜索引擎更能提供有针对性的高质量的网络资源。

网络世界的信息组织精彩纷呈，充满了创新和挑战，这个领域也是使图书馆学情报学专业知识走向社会化的一个独特的领域，只要看看网络世界到底有多少人需要信息，到底有多少人在享受信息组织的益处或者抱怨信息组织的弊端，到底有多少人在从事实际的信息组织工作，就能够想象到社会多么需要可靠的信息组织方法了。

2.3.4　语义层面信息的发现与组织

随着信息组织处理对象由文献深入到知识，信息组织的粒度越来越细，由文献单元细化为文献内部的段落、词句、知识单元，用户需求也日益精细化，使得信息组织在基本的标引和检索功能以外，逐步衍生出数据互操作、知识地图、语义交流等各种功能。[①] 1998年，万维网创始人蒂姆·伯纳斯-李（Tim Berners-Lee）首次提出语义网的构想，阐述了语义网的基本思想：利用语义来重新组织、存储和获取信息，使信息变成机器可识别的知识。从内容组织到语义组织，大量的本体及语义网络工具至关重要。

语义层面信息的发现与组织实际上属于知识组织的范畴，主要包括以下几个重要部分：一是语义描述与揭示。语义标注是对数字化资源进行语义化描述和揭示的重要方法，并适用于各种数据类型，包括文档、图像、音频、视频、多媒体等几乎所有数字资源。常见的语义标注方法主要包括人工标注、自动标注和人工辅助标注。二是语义关联。知识组织的重要价值在于“关联”。语义关联可以将分散、独立存在的相同类型或不同类型的知识单元连接起来，实现知识资源的整体融合。三是元数据互操作。元数据互操作有助于按照不同元数据模式描述的数据进行共享及交换，以帮助用户实现跨库检索，它同样是信息组织向知识组织发展的要点之一。

2.4　信息组织和知识组织的变化

随着互联网从Web 2.0社交网络时代向Web 3.0数据网络时代演进，信息的单元、内容、结构和应用等发生了质的变化。[②] 在信息的单元方面，从以文件为基本单元向以数据为基本单元转变，信息的细粒度描述成为Web 3.0数据网络时代的基本特征。[③] 在信息的内容方面，从以语法和语用内容为主向以语义内容为主转变，信息的语义化表示

---

① 贾君枝．面向数据网络的信息组织演变发展．中国图书馆学报，2019（5）：51－60.

② 李湘媛．Web 3.0时代互联网发展研究．中国传媒大学学报（自然科学版），2010（4）：54－56，62.

③ 同①.

成为 Web 3.0 时代数据网络的基本要求。在信息的结构方面，从以封闭和分散为主向以开放[①]和关联为主转变，信息的动态开放和多维关联成为 Web 3.0 时代数据网络的鲜明特色。在信息的应用方面，从以静态化和通用化应用为主向以动态化和情境化应用为主转变，信息的基于情境关联的知识化应用成为 Web 3.0 时代数据网络的独特追求。基于信息各方面质的变化，信息组织和知识组织面临着一系列的新问题，并取得了一系列的新发展。对此，本节以信息组织和知识组织的相关术语作为检索词，采用篇名、关键词和摘要检索的方式在中国知网数据库和 Web of Science 数据库中进行检索，旨在获取相关文献并从中总结归纳近五年来信息组织和知识组织的总体发展现状。

根据国内外的研究成果，本节提炼了近年来信息组织和知识组织发展的特征。

2.4.1 语义抽取研究

随着信息的爆炸式增长和网络技术的飞速发展，信息过载成为人们有效利用信息的一大障碍，传统上以“序化”为主要目标的信息组织的理论、方法、模式和工具难以帮助用户减轻在面对大量信息时的认知负担，无法满足用户日益精细化的信息需求，无力促进用户对信息的吸收利用。这种问题不仅影响普通用户对一般信息的利用，而且阻碍了专业用户对专业信息的利用。例如，在面向科技工作者的专利信息组织方面，现有的专利信息组织模式以国际专利分类（IPC）体系作为基础，以“功能”作为主要分类标准，无法深层次揭示专利知识集合内部蕴藏的创新思维方式，从而导致无法精准满足科技工作者在创新过程中的信息需求。因此，如何从各种模态的文本中抽取出其语义内容和特征项，成为当前信息组织领域的关键问题。

针对这一问题，当前研究以本体论作为理论基础，以内容性元数据、经改造后的数据模型和注释模型作为工具，借助机器学习和深度学习等技术，提高机器对文本语义理解的准确性。工具方面，随着数字信息处理进入内容挖掘阶段，信息处理所遵循的标准以内容性元数据集为主，其主要目的是将文献等资源对象分解为概念实体，解析出概念实体之间的关系，通过“实体-关系”的形式将资源对象的核心内容呈现给用户，便于用户理解资源对象内部蕴涵的知识。[②] 应用较为广泛的元数据集包括：资源描述与检索（Resource Description and Access，RDA）、都柏林核心元数据倡议抽象模型（DCMI Abstract Model，DCAM）等等。

2.4.2 语义关联研究

大数据技术和网络环境的发展催生了信息的爆炸式增长以及知识的碎片化，同时单一的知识结构难以满足用户需求。语义网、关联数据等技术能够在知识组织的基础上发现隐性知识以及知识的内在关联。知识结构和知识网络的发展，在增强知识单元之间的

---

① 付茜茜．Web 3.0 时代媒介技术演进与文化形态变迁．当代传播，2015（2）：47－49.

② 贾君枝．面向数据网络的信息组织演变发展．中国图书馆学报，2019（5）：51－60.

关联的同时能够更好地满足用户的需求。在此背景下，知识组织不再局限于对文献中的知识因子和知识关联进行控制与整序，而是逐渐转移到了网络情境下对表述知识的各种语义信息的组织，为海量知识数据的发现、复用与增值提供了有效的支撑。① 与此同时，知识组织技术的不断发展，也促进了大数据技术和智能技术在知识组织中的应用。② 因此，如何构建开放关联的新型知识组织网络，成为当前信息组织领域面临的又一关键问题。

为了解决这一问题，语义关联技术至关重要。语义关联技术能够促进知识因子和知识关联在语法结构上的重新整合，从而促进知识组织中知识因子和知识关联的揭示与整序。③ 语义关联技术以语义网和关联数据为典型代表：语义网不仅可以将错综复杂的智库资源有序呈现，而且可以揭示隐藏在知识资源深层、不易被人们察觉的隐性知识；关联数据作为一种简化的语义网模型，可以实现不同领域、不同来源、不同系统间知识资源的关联，更好地实现知识的开放获取，其优势在于发现及展示零散知识之间的关联关系，提供更加深入的知识服务。

2.4.3　互操作规范研究

在传统知识组织系统向现代知识组织系统演进的过程中，构建不同知识组织系统间的映射关系与互操作规范，能够促进知识组织系统的标准化研究，从而提升知识的检索、组织和管理效率。

知识组织系统间的互操作是一个长期、复杂、不断完善的过程，实现异质知识组织系统间的互操作，就是指实现不同知识组织系统之间知识组织工具，如分类表、叙词表、本体等的兼容互换④，这样有利于为用户提供跨库、跨系统甚至跨语言的浏览、检索和分析服务。知识组织系统间的协调管理与控制，在词表修正、数据导入与导出、元数据映射等方面对知识组织系统的互操作规范提出了要求，以避免出现术语概念模糊、准确性差等情况。⑤ 随着本体技术和语义网的发展，许多知识组织系统的互操作模式和方法与现代技术相结合，提高了互操作的效率，保证了系统间互操作性的有效实现，针对知识组织系统互操作的研究也逐渐深入，如何实现互操作的自动化并确保互操作的准确性将是知识组织关注的重点。

2.4.4　多领域应用研究

信息组织起源于文献学和图书馆学领域，在文献学和图书馆学的发展早期，信息用

---

① 李旭晖，秦书倩，吴燕秋，等．从计算角度看大规模数据中的知识组织．图书情报知识，2018 (6)：94-102.

② 曹树金，刘慧云，张乐乐，等．知识组织与检索语言学术研讨会综述．图书馆建设，2019 (1)：155-160.

③ Andersen J. Grammar and Social Action：Two Schools of Thought in Knowledge Organization Research. Journal of Documentation，2021 (4)：990-1002.

④ 王景侠．知识组织的工具及其语义互操作方法体系．数字图书馆论坛，2013 (5)：41-47.

⑤ 孙海霞，李军莲，华薇娜，等．科技知识组织体系语义互操作网络协同工作平台设计与实现．农业图书情报，2019 (1)：23-34.

户以科技工作者和社科工作者等专业用户为主，用户的信息需求以获取和学习科技信息和社科信息为主，如何对大量科技文献和社科文献进行序化以便查询就成了早期文献学和图书馆学面临的重要问题之一。随着我国经济社会的发展，信息用户的类型以及用户的信息需求发生了翻天覆地的变化，相应地，从信息组织到知识组织，实践应用领域也逐渐多元化，拓展到图书文献以外的多个细分领域，如数字人文、生物医疗、文化遗产等。

相对于传统的知识组织研究，面向数字人文的知识组织本质上是新一代的知识组织，即通过本体、关联数据、概念地图等理论方法，使组织内容从对资源信息的描述逐步转向对知识单元的描述，组织对象从静态知识和绝对知识转变为动态知识和相对知识。① 目前针对数字人文视角下的知识组织研究形成了一定数量的成果，涉及视觉资源、历史档案资源、历史地理资源、历史文献资源等多种信息资源类型，元数据、本体、关联数据、知识图谱等知识组织方法技术②，以及基于关联分析、语义分析与概念模型的知识组织路径。

在生物医疗领域，健康中国战略的“大健康”理念要求全方位、全周期保障人民健康，但由于健康医疗大数据的爆炸式增长，海量异构医学知识的组织与挖掘难度增加。互联网信息化时代“信息孤岛”与“信息泛滥”并存，大量异构分散、真伪难辨、庞杂无序的医学知识资源使得其共享与利用效率低下，生物医学知识组织研究是实现服务全民健康和助力健康中国建设目标的有效手段。③ 基于本体和关联数据的单元信息组织是对海量、异源、异构医学文献信息资源进行精确化抽取、细粒度揭示、深度序化和语义化组织的过程，其核心意义在于实现单元信息的语义关联，构建以单元信息为基础的多维文献知识网络。④

在文化遗产领域，自从党的十九大报告提出“加强文物保护利用和文化遗产保护传承”以来，文化遗产数字化保护和开发利用成为学界关注的热点，特色文化遗产数字化保护和开发利用过程中的信息组织也成为图书情报学界的研究热点。研究者们将信息组织的多种新兴方法、工具和技术应用于特色文化遗产信息资源的开发利用，包括但不限于语义网络、主题图、本体、知识图谱等。与传统的单线索线性组织方法（如主题分类、等级分类）相比，特色文化遗产信息组织将本体方法与元数据方法相结合，能够更好地描述特色文化遗产的资源特征，也有助于更好地揭示特色文化遗产资源之间的关联。

思考题

1. 网络时代信息组织环境有了怎样的变化？
2. 网络时代信息组织的新目标是什么？

---

① 毕强．数字图书馆知识组织系统建构的发展趋势：从机器可读到机器可理解．国家图书馆学刊，2010（1）：12-17.

② 夏翠娟，娄秀明，潘威，等．数智时代的知识组织方法在历史地理信息化中的应用初探：兼论图情领域与人文研究的跨学科融合范式．图书情报知识，2021（3）：37-49.

③ 孙源源，朱佩枫，李洁，等．基于知识组织的中医知识现代转化模式与路径研究．中华中医药杂志，2021（8）：4843-4846.

④ 吕叶欣，张娟．基于本体和关联数据的单元信息知识组织模式研究．现代情报，2019（5）：41-47，115.

3. 网络世界信息组织和形成信息结构的关键是什么？
4. 分析网络世界的各种信息关系。
5. 信息组织的创新往往是由什么引起的？
6. 从内容层面、网站层面、网络层面和语义层面分析如何发现和组织信息。
7. 传统信息组织面临的现实困境有哪些？
8. 语义抽取的目标是什么？
9. 语义关联技术的典型代表有哪些？
10. 互操作规范的意义与目的是什么？
11. 分析知识组织的多领域应用现状。

推荐阅读

1. Wurman R S. 信息饥渴．北京：电子工业出版社，2001.
2. 张帆．信息组织学．北京：科学出版社，2005.
3. 赵志坚．网络信息资源组织和检索．北京：人民邮电出版社，2004.
4. 周晓英，赖茂生．认知过程链与情报学的新定位．情报资料工作，2003 (3).
5. 周晓英，曾建勋．情报学进展系列论文之四 网络世界的信息组织．情报资料工作，2009 (2).
6. 刘嘉．网络信息资源的组织：从信息组织到知识组织．北京：北京图书馆出版社，2002.
7. 宋炜，张铭．语义网简明教程．北京：高等教育出版社，2004.
8. Heath T. Linked Data：Evolving the Web into a Global Data Space San Rafael：Morgan & Claypool，2011.

第二部分

信息组织

第3章
信息组织基本原理和方法

概要

本章分为三节。3.1 节阐述信息组织的含义；3.2 节论述信息组织的理论、方法和实践基础；3.3 节主要介绍了信息组织的基本方法。

学习要点

信息组织的含义；信息组织的理论基础、方法基础和实践基础；信息组织的基本方法。

学习目标

多角度认识信息组织的含义；了解信息组织的理论基础、方法基础和实践基础；掌握信息组织的序化方法和优化方法。

3.1 信息组织的含义

信息组织是什么？如果能多方位感受信息组织活动与其他事物的关系，把它放在一个立体环境中去认识，就有可能认识到信息组织活动的不同属性，从而能更加全面且形象地理解信息组织的含义。以下是理解信息组织含义的几个角度：

- 一种理念（以用户的信息需求为中心）。
- 一种方法（采用不同方式说明信息）。
- 一个过程（有效传递、展示、存储信息）。
- 一门艺术（设计与创新）。
- 一门学科（信息结构与功能）。

3.1.1 作为一种理念

信息组织活动的最终目的是给用户提供获取有效信息的平台，需要回答为谁提供、提供什么、怎样获取、是否有效等问题，这都与用户有着紧密的联系。

信息组织提供给用户的各种信息产品，最终要靠用户去认知、理解和发挥效用，只有用户满意度达到一定程度，信息组织才能真正做到有效。以用户为中心的理念，就是要求信息组织专业人员时刻考虑用户的需求和期望，研究用户特征和信息需求规律，从而使信息组织的各个层次产品真正能为用户提供有效服务。图 3－1 反映了鲍威尔主张的网站建设各个层次都应以用户为中心的理念。①

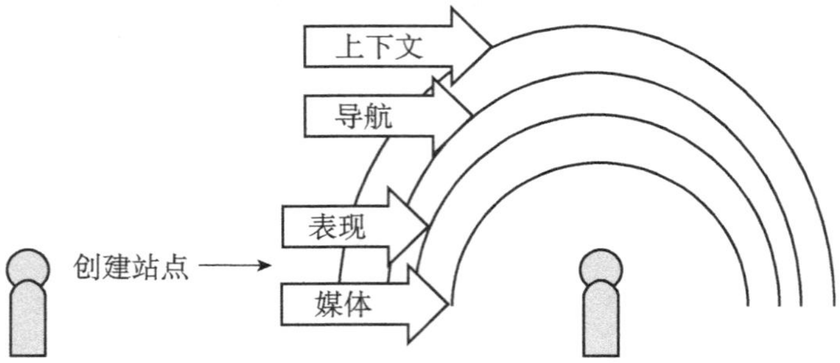

图 3－1　鲍威尔的“用户的世界”

资料来源：周晓英．基于信息理解的信息构建．北京：中国人民大学出版社，2005.

3.1.2　作为一种方法

设计和构建信息内容并使之对特定用户来说便于理解，重要的是决定采用什么样的信息组织方法，因为不同的信息组织方法会产生不同的信息接收效果。

例如，我们可以用文本、图片、数字三种信息记录方式进行描述，不同的信息记录方式，其接收效果是不同的。我们可以在其中选出每一项活动的最优方案：

描述自己的办公室
描述一个人
描述一家企业

同时，不同的信息组织顺序同样会有不同的接收效果。常用的信息组织方式有 LATCH 信息组织模式②，其中：

location 表示位置
alphabet 表示字母顺序
time 表示时间
category 表示类别
hierarchy 表示层次

我们可以采用以上任何一种方式去组织信息，这些方式几乎适用于所有情况，从个人文件夹到跨国公司资料无一例外。信息本身是无限的，而其组织方式则并非无限，因为特定用户对特定信息资源的理解力有限。用户只要有理解信息的能力，信息就有可能变得更加有用。不同用户对同一种信息具体含义的理解有所不同，因而也会采用不同的

① Powell T A. Web 设计大全．北京：机械工业出版社，2001.
② 周晓英．基于信息理解的信息构建．北京：中国人民大学出版社，2005：44.

组织方式去表达。所以，用户会根据自己要表达的内容选择不同的组织方式，从而使内容有不同的理解结果。

以一份汽车产业报告的信息组织为例。准备一份有关汽车产业的报告，可以按照汽车的产地（位置）、年度（时间）、型号（类别）或者消费者评价数据（层次）来组织有关信息。在每一项中，可以按照字母顺序来列举。人们的选择最终总是取决于他们想从该产业学习或传递的东西。

如果想描述汽车的不同类别，那么其主要组织方式就是按照类别，或按照层次从最廉价到最昂贵的顺序进行排列。如果想调查一下汽车经销商，则可以首先按照位置，然后按汽车销售的数量进行组织。类别建立起来以后，有关汽车的信息是很容易获取的，即不同的组织方式会有不同的理解结果，每一种组织方式也都适用于不同种类的信息，而每一种组织方式也都有其特定的局限性，这种局限性促使人们选择一种更方便的信息表达方式。

通常我们从不同角度去构建信息彼此之间的关系，也会给用户理解带来不同效果。

3.1.3　作为一个过程

信息组织的过程要达到有效传递与展示用户所需信息的目的，即设计—传递—获取—理解—有效价值实现。例如，奈特-里德报业公司（Knight-Ridder）的吉姆·巴滕请沃尔曼分析报纸上信息组织结构的发展前景。沃尔曼开始重视报纸的封面，并把地区事件概览栏目当作重点加以考虑，力图将新闻和日常事件进行重新组织管理。他设计了一组地图来引导读者阅览世界各地以及本地新闻，报纸上出现的所有新闻标题都分列在地图的左侧和右侧，并且这些地图每天都会有一点变化。

事实证明，这是一个绝妙的想法，并且还可以将电视或者网络上的晚间新闻作为它们的组织线索。

3.1.4　作为一门艺术

运用色彩、音响、图片等多种表达方式来传递和帮助理解信息的过程，显然是一个基于艺术创造的过程；如：网页设计、插图设计、多媒体设计、图解设计等。我们发现大量的技术类书籍，过去是完全以严肃的面孔出现的，而现在，很多为大众设计的这类书籍以“图解系列”“傻瓜系列”的形式出现。图解的手段过去主要用于产品说明手册、电子（线路）、软件设计（流程图）、建筑学（结构图）、几何学、普通数学教学、数理逻辑和非正式的问题解决等，而现在它的使用范围更广，能更多地应用在信息组织过程中。[①] 例如，东京地铁图的信息展示就是一个集艺术设计与信息组织为一体的很好的典范。

威利斯（R. E. Wyllys）高度评价这项信息构建成果，认为在东京地铁图中，沃尔曼用“阴阳图”构图，对东京地铁交通系统进行了抽象化的表现，他还总结了东京地铁图

---

① 周晓英．基于信息理解的信息构建．北京：中国人民大学出版社，2005：158.

的五个特点：

- 圆环内部的白字表示东京交通系统的外环地铁线的车站，它在强调对乘客最重要的事情的同时（如下一站是什么），忽略实际的地理形态。
- 圆环外部的白字表示所选择的临近车站的主要建筑物或旅游观光地。
- 标示了跨越城镇地铁线的车站。
- 标示了在跨越城镇地铁和外线地铁之间的连接点。
- 标示了用于确定方位的皇宫。①

3.1.5 作为一门学科

信息结构与内容同等重要的理念贯穿学科研究的始终，因为结构决定着功能。信息组织学科便是在这样一种原则的指导下发展起来的。

1. 信息组织的概念及延伸概念

（1）信息组织的概念。组织即有序化（线性）和结构化（非线性）的活动。从一般意义上理解，信息组织就是将收集的信息予以结构化，其目的是便于存取，或者说，其实质就是将杂乱无章的原始信息变为集约型的信息资源的过程。因此，从学科角度看，信息组织就是根据信息检索的需要，以文本及各种类型的信息资源为对象，通过对其内容特征的分析、选择、标引和处理，使其成为有序化和结构化集合的过程。

（2）信息组织的延伸概念。首先是知识组织的概念。1989 年，国际知识组织学会（ISKO）成立，ISKO 对知识组织的基本含义进行了界定。即知识组织是指为促进或实现主观知识客观化和客观知识主观化而对知识客体所进行的诸如整理、加工、引导、揭示、控制等一系列组织化过程，此界定基本上揭示了知识组织的内涵。

其次是信息构建的概念。信息构建是沃尔曼提出的，他强调信息构建是构建信息结构让他人理解。信息构建协会（Information Architecture Institute）的定义是：信息构建是共享的信息环境结构的设计，是组织和标识网站、内联网、联机交流和软件以保证其可获得性和可用性的艺术和科学。美国信息科学与技术学会的定义则是：信息构建是组织信息，帮助人们有效地满足其信息需求的艺术和科学。

综上，由信息组织向知识组织过渡是一个组织层次上的提高，它更强调与用户理解、价值观的互动与融合，它需要更多地研究用户需求规律，体现信息组织中的人本观念，同时它也需要信息技术的支持，对知识进行整理和加工，建立知识组织系统，这将是信息组织在网络时代的发展趋势。如果说知识组织注重人在实现信息价值中的作用，那么信息构建在如何发挥人的能动作用方面做出了突出贡献。

2. 信息组织所处的学科位置

信息组织的意义体现在信息资源开发中的重要地位和作用方面，可分为宏观、中观

---

① 周晓英．基于信息理解的信息构建．北京：中国人民大学出版社，2005：158.

和微观三个层面：在宏观上，信息组织是解决信息增长与使用矛盾的根本方法和关键措施；在中观上，信息组织是信息管理生命周期中的一个必不可少的环节（证实存在、鉴别、共享、利用过程都需要组织信息）；在微观上，信息组织是信息检索的基础和前提。

（1）宏观层面上信息组织的意义。随着信息技术的发展和信息量的剧增，信息与知识的海量无限性与人类处理信息的精力、时间的有限性之间形成了尖锐的矛盾。通过将信息和知识从无序性向有序性转化，信息组织可以解决人类查找信息速度慢和信息质量难以保证的问题，进而实现信息和知识的有效传播和共享。

（2）中观层面上信息组织的意义。信息组织是信息管理学科知识体系的组成部分，这个体系分为上游、中游、下游。上游是指了解信息的本质、种类、特征、产生的过程、传播方式、生产机构等；中游是指信息的收集、整理、组织和分析、存储、加工、检索等；下游是指信息的利用与服务，了解用户与市场、提供有效服务等。上游是信息基础的理论问题；中游是关于信息资源的开发问题；下游则是与利用服务相关的问题。信息组织属于中游的工作，是信息资源管理的核心环节，是上游的深化，是下游的基础。

（3）微观层面上信息组织的意义。信息组织的意义在微观层面主要体现在信息组织与信息检索的关系上。信息组织与信息检索的关系最能反映微观层面中信息组织学科的存在意义。信息组织是信息检索的基础和前提，信息检索是信息组织的出发点和归宿。

3.2　信息组织基础

一门学科的发展通常涉及理论基础、方法基础和实践基础，它们共同作用并相互促进，构成该学科的知识结构。

3.2.1　信息组织的理论基础

信息组织的最终成果是建立不同类型的信息系统，因此系统科学理论、耗散结构理论、协同理论、知识组织理论和信息自组织理论等被广泛地应用于信息组织，构成信息组织的理论基础。[①]

1. 系统科学理论

系统科学理论认为系统是相互作用的诸要素的复合体。系统的基本特征有整体性、内部相关性、环境相关性、层次性、有序性和目的性等。其中，整体性、层次性与有序性是系统科学的重要特性。

所谓整体性，即系统内外各要素之间相互联系、相互作用，呈现出整体的功能大于部分之和的优化状态。所谓层次性，即系统可以由多个层次组成，各层次之间有一定的

---

① 冷伏海．信息组织概论．北京：科学出版社，2003：7－8.

联系。所谓有序性，即结构的有序性和系统运动的有序性。

系统科学理论对信息组织的指导意义在于：通过结构化和序化信息，可使信息的整体效用大于各信息单元的简单相加，以便充分发挥信息资源的价值和作用。基于这一原理，信息组织的目标是建立信息序化和结构化系统。

2. 耗散结构理论

耗散结构理论于20世纪60年代由比利时学者普利高津（Prigogine）提出，其基本观点为：一个远离平衡态的开放系统，不断与外界进行物质和能量的交换，当外界条件达到一定阈值时，系统可能从原来的无序状态转变为一种在时间、空间和功能上的有序状态。

耗散结构理论对信息组织的指导意义在于：信息组织所要建立的信息系统应该是一个开放的系统，只有不断与外界进行交换（包括技术、方法、信息内容等），才能具有持久的生命力。

3. 协同理论

协同理论认为，无论是什么系统，从无序向有序的演化，都是大量子系统之间相互作用而又协同一致的结果。既然信息系统是由各个子系统构成的，那么如何建立各子系统之间的协同作用机制，使信息系统由无序变为有序，就成为信息组织研究的一项重要内容，因而协同理论也是信息组织的理论基础之一。

协同理论对信息组织的指导意义在于：要求在信息组织与检索系统的建设过程中，必须注意建立各子系统之间的协同作用机制，以减少内耗。具体表现为：信息组织内容系统的兼容性，信息组织技术方法系统的兼容性，信息组织标准系统的协同一致性（国内、国外）等。

4. 知识组织理论

知识组织可分为主观知识的组织和客观知识的组织两种类型。

主观知识的组织在人的大脑中进行，表现为复杂的生理活动，人工智能、认知加工心理学等重点研究主观知识组织的内在机理；客观知识的组织是通过人的认知进行分类，凭借一定的技术方法来实现序化和结构化。传统的信息组织主要侧重于客观知识的组织，现代的信息组织则更注重主观和客观两方面的完美结合。

知识组织理论对信息组织的指导意义在于：在信息组织的过程中，不仅要重视主观知识的客观化，还要注重与人的认知和心理特点相结合的客观知识主观化的研究。

5. 信息自组织理论

信息自组织是指作为信息系统组成要素的信息，由于人与人之间、人与系统其他要素之间存在的相关性、协同性或默契而形成特定结构与功能的过程。

近几十年来，由于信息量剧增和信息技术的发展，信息系统具备了自组织的条件。特别是网络信息已经具有自组织的开放性、远离平衡态和非线性相关等特征，因此，信息自组织理论成为网络信息资源组织的理论基础。

信息自组织理论对信息组织的指导意义在于：在信息组织的过程中，无论是技术还是方法，在遵循一些规律进行他组织的同时，更应重视当前网络信息组织中出现的用户参与度越来越高的自组织趋势，它将是未来信息组织模式的重要组成部分。例如，伴随Web 2.0出现的大众分类法，其本质便是一种通过自组织过程，满足部分网络用户需求的分类形式。

3.2.2 信息组织的方法基础

信息组织在其漫长的发展过程中，不断从相关学科的理论和方法中汲取营养，逐渐得到充实和完善。尽管随着信息技术的广泛应用，越来越多的理论方法被引入组织领域，但信息组织最基础的方法仍然是语言学、逻辑学、知识分类学、数学和认知心理学。

1. 语言学

语言是人类最重要的交流符号系统，是信息的载体。语言是不依赖于其他任何工具而独立存在的交流工具，它的服务领域非常广阔。语言不但是交流工具，而且是思维工具。语言研究不仅是对信息及其沟通的研究，同时也是对思维及其对象的探索。要把庞杂分散的信息组织成确定的整体，就必须建立符号系统。有了符号系统，信息系统的有序特征才能体现，单元的个体特征才能被揭示出来，各种信息单元才能对号入座，纳入这种符号系统的构架之中，形成一个便于检索的有序化信息集合。尽管各种信息组织符号系统的形式不一，但都和自然语言一样有着共同的特征，即有语词、词汇、语法，这就是信息组织的语言学基础。

常用的符号系统有：数字、字母、代码、化学式、图形等。例如平面图形设计，本身是符号的表达方式，设计者借助它向用户传递自身的思维过程与结论，达到指导或是劝说的目的。显然，作为中间媒体的平面图形设计作品，充当着设计者思想感情的符号，而这个符号所需表达的信息是否可以被受众准确、快速、有效地接受与认知，就成了设计作品成功与否的标志。这正是由设计者在设计的思维过程中对图形符号的挑选、组合、转换、再生等把握的准确程度所决定的。

实践证明，即使是使用语言符号，信息组织的效果也会有很大的差异。语言有自然语言和人工语言之分，信息组织的特殊性决定了人工语言的显著优势，如利用数字、字母创制的分类符号系统；利用化学式创制的代码符号系统。例如，《中国图书馆分类法》（简称《中图法》）中Q178.53表示海洋生物；P315表示地震学等。这一点将在后面章节详细论述。

2. 逻辑学

逻辑学是关于思维规律的科学。思维分形象思维和抽象思维两种形式。人们的认识发展过程是由形象思维到抽象思维，由感性认识到理性认识的过程。感觉、知觉和表象是形象思维形式，属于感性认识的阶段；概念、判断与推理是抽象思维形式，属于理性认识的阶段。信息组织属于抽象思维的范畴，是在各种概念的基础上进行的，因而，它必须遵循科学的思维方法。也就是说，进行信息组织工作必然用到形式逻辑的一些方法，如演绎推理和归纳推理、比较、分析与综合等。信息组织的行为只有符合逻辑思维规律，才能保证信息组织的优化和有序化。

概念逻辑方法主要用于信息的描述与揭示；抽象思维方法则主要用于信息的分析与决策研究。信息组织用到的概念逻辑方法主要涉及以下几个方面的内容：(1) 概念内涵与外延的反比关系：概念内涵越少，外延越大；反之，内涵越丰富，外延越小。(2) 概念之间的关系：相容关系（同一关系、包含关系、交叉关系）；不相容关系（并列关系、反对关系、矛盾关系）。(3) 概念的限制与概括。(4) 概念的分析与综合。

运用这些概念逻辑方法的主要目的就是使信息组织从实质上完成信息对象→概念平面→语词平面→标记平面的演进，最后用语词标记和符号标记来表达概念的过程。其结果就是要建立“一个概念只用一个标记来表达，一个标记只表达一个概念”的一一对应关系，以保证用户与信息概念之间认知和理解的唯一性。

3. 知识分类学

知识分类学是一门研究知识体系结构的学问。分类是人们认识事物的一种最为基本的方法。所谓分类，是指依据事物的属性或特征对其进行区分和类聚，并将区分的结果按照一定的次序进行组织的活动。因此，分类是人类思维的基本形式，是认识世界的基本方法。信息资源的分类正是分类方法在信息组织领域应用的结果。信息的主体是知识，信息组织活动必须建立在人们对知识体系的认识基础之上。信息组织的目的之一是建立信息组织语言，为高效的信息检索服务。各种信息组织语言都建立在概念逻辑和知识分类基础之上。概念逻辑是一种科学思维方法，它能揭示事物的本质属性及各种事物之间的联系与区别；概念则是对事物本质属性的概括。科学认识的成果都是通过各种概念来加以总结和概括的。将事物概念纳入知识分类体系（事物和学科的分类体系）是对千差万别的事物进行系统研究的重要方法，是从本质上揭示各种事物之间的区别和联系的重要手段，对信息的系统化具有重大价值。

4. 数学

随着信息组织技术含量的增加，研究和管理信息组织活动越来越多地需要依赖定量方法的运用，由此，数学理论在信息组织活动中的地位越来越重要。信息组织应用到的数学理论主要有语言统计，这是利用概率论和数理统计等数学工具，研究语言出现的频率和概率，揭示语言的统计规律，对于我们研究索引词汇的特性和建立知识组织系统均有重要作用。特别是在当今网络环境下，各种数学模型应用非常广泛。与信息组织有关的数学模型通常有三类：文本的数学模型、词加权模型、信息检索系统模型。

5. 认知心理学

认知心理学是用信息加工的观点来研究人类的认识或认知行为及过程的一门科学。其核心是揭示认知过程的内部心理机制，如从感觉到问题存在到问题解决的过程中，信息是如何获得、存储、加工、使用的，其研究对象大致包括：知觉、注意、记忆、语言、符号系统；学习、思维、问题求解、创造力；外界因素如生理基础、遗传因素、目的、情绪、动机对认知的影响等。它在信息组织中的应用具体表现在：有助于模拟人的认知功能，进一步优化系统设计；有利于实现信息组织的自动化和智能化。

总之，信息组织的对象、方法和过程都不是简单划一的，其复杂性和变异性要求我们，无论是宏观还是微观信息组织都要有一定的科学原则作指导，避免随意性与盲目性；信息组织系统是一个开放系统，应及时吸收外界能量，促进系统优化。

3.2.3 信息组织的实践基础

周宁主编的《信息组织》一书中将我国信息组织的发展按职能划分为清册职能时期、查检职能时期和组织职能时期三个阶段，并指出，信息组织发展阶段的演进并不是后一个阶段对前一个阶段的全面否定，而是一种扬弃，是理论和方法的完善和扩展。即使是最早的清册职能也并未在现代信息管理时期被彻底废止，而是融入了一种更为综合的组织职能之中。[①]

（1）清册职能时期的信息组织主要体现为通过对信息的记录和登载，告诉人们信息的内容，当时的信息主要是图书、档案等文献信息。这个时期的信息组织活动非常简单，形式也不规范，但当时的图书馆目录以及围绕图书馆目录展开的初步研究已显露出现代信息组织思想和方法的萌芽。

（2）查检职能时期的信息组织活动不仅告诉人们有什么信息，而且告诉人们找到信息的方法，虽然这时的信息还没有打破文献信息的局限，信息的概念单元分析存在不足，但是信息组织开始重视对信息的外在特征和内容特征的描述和揭示，为用户提供了更多的检索点。在该时期，主题揭示语言、文摘和索引型检索工具、机械化和半机械化技术手段开始出现，逐渐改变了过去只有分类揭示语言、书目检索工具和手工技术手段的状况。

（3）组织职能时期的信息组织在信息技术的推动下把信息组织引入一个新境界，信息组织在最完整的意义上实现了整序信息、科学分流、促进选择、保证利用的组织职能，使用户能够多途径、多类型、多角度地获取信息。这一时期的信息组织集信息描述、信息揭示、信息分析、信息存储于一体。

信息组织的实践发展显示了这样一个规律：信息组织是随着科学技术和学科理论的不断发展而发展的，语法信息组织—语义信息组织—语用信息组织的发展过程，显示了信息组织由低级向高级发展的路径。

3.3 信息组织的基本方法

信息组织的基本方法通常是指信息序化方法和优化方法，下面对它们进行简要的介绍。

---

① 周宁．信息组织．4版．武汉：武汉大学出版社，2017：4-6.

3.3.1 序化方法

序化方法可以从以下角度进行分类，比如按照信息的表现形式划分为文字信息组织、图像信息组织、音频信息组织、视频信息组织等；按照信息的加工程度划分为一次信息组织、二次信息组织、三次信息组织等；按照信息是否数字化划分为非数字化信息组织和数字化信息组织等；按照人类对信息的认识层次划分为语法信息组织、语义信息组织和语用信息组织等。本书主要介绍其中两种。

1. 按信息的加工程度划分

（1）一次信息组织。一次信息是人们研究或创造性活动成果的直接记录，一般指公开出版的图书、期刊论文、研究报告、会议文献、学位论文、专利说明书、网上未经过加工的电子化信息等。不管其信息存储于何种载体，只要是原始资料就是一次信息。一次信息一般较零碎、分散、无序，有时很难获取，即使是在网上搜索，其检准率也非常低，逻辑相关性非常差。

（2）二次信息组织。二次信息是对一次信息进行加工、整理后产生的一类信息，如目录、题录、简介、文摘、索引、书目数据库等。二次信息的形成是信息从分散到集中、从无序到有序的控制过程。它的重要作用不仅在于报道，更重要的是为查找一次信息提供线索。这种信息可以以传统文献的形式出现，也可以出现在互联网上。

（3）三次信息组织。三次信息是在一次、二次信息的基础上，经过分析、综合等深加工而成，如综述、述评、咨询报告、学科年度总结、进度报告、文献指南、期刊书目、百科全书、年鉴等。这类信息包含文献著者、编辑者与信息加工者的创造性劳动，信息中所含知识是经过鉴别、提纯、精炼和综合的。

我国学者一般将二次、三次文献的再生型信息产品归纳为索引、汇编、综述、述评、预测五大类，如下所列：

索引类：采集＋序化
汇编类：采集＋筛选＋序化
综述类：采集＋筛选＋提炼＋序化
述评类：采集＋筛选＋提炼＋评论＋序化
预测类：采集＋筛选＋提炼＋评论＋预测＋序化

2. 按人类对信息的认识层次划分

信息是事物运动的状态和方式，而任何事物的运动状态和方式都具有形式、内容和效用三个层次。在人类对信息的认识层次上，根据人类对信息在感受力、理解力和判断力等不同层次上的认知，可将信息分为语法信息、语义信息和语用信息，对这三种信息进行组织（狭义的信息组织）是信息组织的基本方法。①

① 叶继元．信息组织．北京：电子工业出版社，2010：12－13．

（1）语法信息组织方法。语言学中的语法学研究语言符号之间的结构规则，主要包括词的构成和变化，词组和句子的组织，研究的语言内容属于形式的范畴。信息组织借用了“语法”二字，是指按照形式特征组织信息。最常见的语法信息组织方法有如下四种：

① 字顺组织法。这种方法历史悠久、使用广泛。它的意义在于从字、词角度组织有关信息，可满足人们检索的一般要求。具体操作的方法有音序法、形序法和两法并用三种形式，其中音序法占主导地位。该方法适用于大规模的信息组织活动。

② 代码组织法。某些信息用代码组织，既利于人们接收又便于管理，所以随着信息总量的激增和信息的多样化，这种方法也日益显示出其重要性。代码包括专利代码、商品代码等。

③ 地序组织法。有关地域方面的信息是用户需求的重要内容和科学研究的重要内容。所以这方面的信息可以使用地序组织法进行，地序组织法有文字法和图文法。该方法适用于比较不同来源的信息。

④ 时序组织法。和地序组织法相对应。人们需要的与历史相关的信息等可以按照时序组织法进行。适用于对具有固定周期的事件进行分类排序。

（2）语义信息组织方法。语义信息的“语义”取之于语义学，主要研究语言符号与它代表的对象之间的结构关系。语义信息组织方法指研究信息的内容特性进而对信息进行描述的某种方法，最常见的语义信息组织方法有两种：

① 分类组织法。人们的分类对象可概括为三种：一是实物，如商品；二是概念，如知识；三是概念与实物的结合体，如文献。于是便有三大分类方法。在信息组织的实践中，它们可以结合使用。

概念分类是人类认识客观世界的科学方法，对其他两种分类方法具有指导意义。例如，文献分类以知识分类为基础，并考虑文献实体属性和信息利用的实际情况。实物分类则带有更多的专业（或行业）特性并考虑效用原则。

② 主题组织法。这种方法是字顺法在语义信息中的特殊应用。它既具备字顺法直截了当、便于检索的优点，又兼具聚集相同内容的特点，是人们从内容角度直接获取信息的有效方法。

（3）语用信息组织方法。语用信息组织方法是借助语用学的特有含义来研究随着环境与使用者的变化而不断变化的信息的方法。常见的语用信息组织方法有以下两种：

① 权重值组织法。权重值组织法按信息资源的重要性来组织信息。比如，报纸总是把最重要的信息放在头版头条的位置。

② 概率组织法。这种方法是在未知信息的情况下对信息进行组织的方法。如预测体育赛事的胜负、期货贸易等。

在实际应用中，对于非数字化信息资源和数字化信息资源的具体组织方法是不相同的。其中，最主要的分类法和主题法将在第5章专门讨论。

3.3.2 优化方法

信息的优化主要包括信息的优选、浓缩、重新表述及三者的综合优化。

（1）信息的优选是实现信息由贫集向富集转化的优化过程。随着信息数量的迅猛增加，人们更加需要高质量的信息，因此需要对众多的信息进行优选。当代社会存在多种形式、多种层次的优选体系，如征文优选、成果评奖等。

（2）信息的浓缩是使信息由博而约、由粗而精的一个信息加工过程。信息浓缩的主要形式有文摘、题录、目录、词条。信息浓缩是将一次信息转化为二次信息的过程。

（3）信息的重新表述是使某些信息由不便利用向便于利用转化的加工过程。信息的重新表述有改写、编译、翻译等方式。通过重新表述，信息变得更加易于使用。

（4）信息的综合优化是前述三种基本优化方法的结合运用，其主要形式是综述和述评。信息的综合优化过程，既是信息的加工过程，又是信息的分析研究过程。所以，综述和述评虽常被看作三次信息，但实际上具备一次信息的属性。

当然，信息的序化方法和优化方法并没有明显的界限，优化中有序化，序化中有优化。

思考题

1. 试述信息组织的含义及其在信息资源建设中的地位和作用。

2. 我国信息组织的发展经历了哪三个阶段？各阶段的特征是什么？

3. 信息组织的理论基础是什么？

4. 试举例说明信息序化方法中语法信息组织方法、语义信息组织方法、语用信息组织方法的形式及应用特点。

推荐阅读

1. 泰勒．信息组织．2 版．北京：机械工业出版社，2006.

2. 周晓英．基于信息理解的信息构建．北京：中国人民大学出版社，2005.

3. 马张华．信息组织．3 版．北京：清华大学出版社，2008.

4. 叶继元．信息组织．北京：电子工业出版社，2010.

5. 周宁．信息组织．4 版．武汉：武汉大学出版社，2017.

第4章

信息组织流程与系统设计

概要

本章分为四节。4.1 节讨论了信息系统的功能与信息组织业务流程；4.2 节主要阐释主题分析的含义、目的、意义等；4.3 节论述了信息描述与信息标引；4.4 节讨论了自动分类与自动标引的相关内容。

学习要点

信息组织各业务环节的有机联系；主题分析的含义、目的、意义等；信息描述的作用；网络环境下自动分类与自动标引的相关内容。

学习目标

了解信息系统的功能与信息组织业务流程；理解并掌握主题分析的含义、目的、意义等；认识信息描述的作用；理解自动分类的基本原理及自动标引的常见方法。

4.1　信息系统的功能与信息组织业务流程

在信息组织中，“系统”一词通常是指一个信息系统。一个信息系统执行三个基本的功能：存储（数据组织）、检索（基于询问）和显示（界面设计）（见图 4-1）。这三个功能缺一不可，并且每一个功能的实现都依赖于其他两个功能（见图 4-2）。

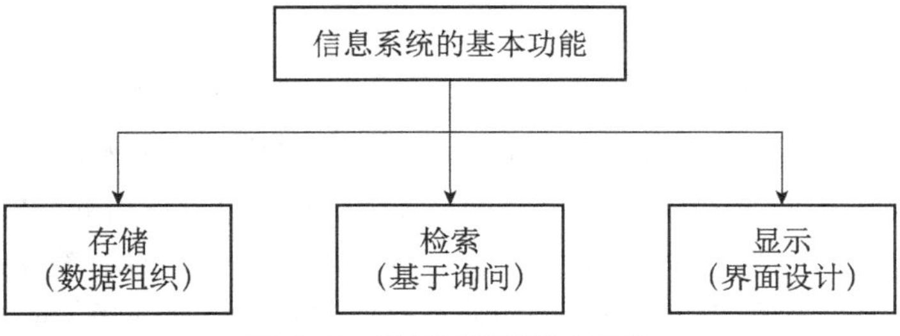

图 4-1　信息系统的基本功能

系统设计者需要综合考虑这三个功能：用一种适合某类信息的特定格式将数据存储

图 4－2　信息系统各个功能的关系

在系统里，并通过对其进行标引实现快速检索功能。为了检索存储在系统里的数据，系统用户应使用某种查询语言。数据检索出来后，为便于利用，需要采用正确的方式显示原始数据。①

信息组织能够通过一系列的业务流程建立有效的检索系统。这个过程可以包括如图 4－3 所示的几个环节。

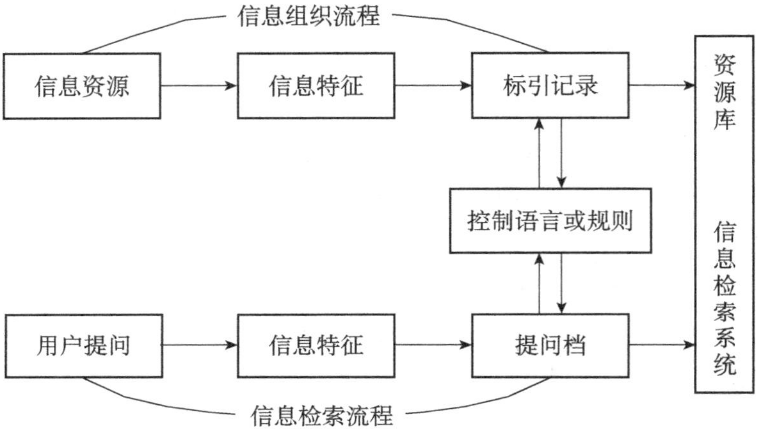

图 4－3　信息组织业务流程图

资料来源：马张华．信息组织．2 版．北京：清华大学出版社，2003：2.

由此可以看出，信息组织业务流程至少包括以下几个方面的内容：对信息体的主题进行分析、按规范进行描述著录、给予一定控制规范标识，最后进行排序显示并构成信息检索系统。

4.2　主题分析

信息体（信息/文献）的主题是标引语言的表达对象，是分类标引和主题标引的实质对象；主题分析是分类标引和主题标引的基础，随着检索系统的不断更新和发展，人们发现，传统环境下主题分析的重要作用在网络环境下依然有着突出的地位。

20 世纪 90 年代末期，一些学者和联机计算机图书馆中心的参考单位曾达成一个共识：检索电子资源时需要使用控制词表和分类表。同时与语义网相关的本体和分类法也

① 泰勒．信息组织：第 2 版．北京：机械工业出版社，2006：75.

引起了人们的关注，反映出人们仍然希望有一种对主题检索进行控制的方法。迄今为止，控制词表和分类法在自动分配主题词和分类号方面尚未达到令人满意的准确度。自动识别信息或文献主题之所以会受到限制，其中一个重要原因是目前计算机容易识别文献中的文字或符号，却很难识别它们的含义，甚至不能识别非文本信息。因此，信息主题不能仅从文字的字面意思来推断，而应根据使用对象和使用目的来综合判断，故研究信息体的主题和主题分析的理论和方法仍有必要。

4.2.1 主题的含义和主题结构

1. 主题的含义

对信息体主题的含义有诸多争议和分歧，主要体现在信息体主题内容所指的相对性。例如，信息体主题是指信息体全部内容还是内容单元？兰开斯特（F. W. Lancaster）认为内容单元的价值相对性表现不可忽视，例如，同样的文献单元在不同的信息中心由于其价值取向的不同会用不同的词语进行标引，而且应该根据读者使用信息体的不同目的采用不同的词语标引。即在分析信息体主题的过程中，除了信息体本身，还应该考虑到用户需求的满足。

鉴于以上分析，可以给信息体主题下这样一个定义：直接概括信息体中有参考和检索价值的内容单元的概念。它重点指向内容单元所论及的核心事物或论题，同时应兼顾用户需求对主题确定的影响。

2. 主题结构

主题结构是指构成主题的概念因素的类型、数量及相互关系。信息体内容是关于某一类（或某一些）事物的，或是关乎某一类（或某一些）事物的一些部分或方面的。因此，可以首先归纳出这样一些主题因素：

（1）事物因素：表示某事物。

（2）部分因素：与事物因素相结合表示事物的部分。

（3）方面因素：与事物因素及部分因素一起表示事物或其部分的方面。

（4）特称因素：与事物因素组合表示某事物的“种类”，与部分因素或方面因素组合表示事物部分或方面的“种”部分或方面。

（5）关联因素：事物与事物，事物的某一（些）部分或方面与另一事物或其某一（些）部分或方面的某种联系。可以归结到关联因素中。

因此，通用主题结构可以描述为：任何主题至少有一个事物因素，最多有事物因素、特称因素、部分因素、方面因素、关联因素等五种。这些因素之间具有相对性，可以相互转换。

此外，还应注意的是，受学科专业知识结构和信息特征的制约，各学科专业领域的主题结构会有些独特之处。比如，社会科学的主题结构明显不同于自然科学的主题结构。①

4.2.2 主题分析概述

1. 主题分析的含义

信息体的主题分析，是指标引过程中了解和选择信息体内容、形成和分析主题概念的环节。它主要通过审读信息体并了解其内容及表现形式，选择内容单元而确定信息体的主题数量，从而概括出主题概念。国外相关领域有时将标引符号的转换过程等视为主题分析的内容，这是与我国不同的地方。

2. 主题分析的目的

主题分析是构建检索系统的一个重要环节，它是通过对信息体进行概念分析来确定信息体的含义，然后为标引工作提供依据的过程。在这一过程中信息组织者需要达到以下目的：

（1）通过检索工具为信息体提供有意义的主题检索入口。

（2）类聚具有相同性质的信息体。

（3）将相似的信息体按某种逻辑顺序排列。

（4）提高检索效率，节省用户的时间。

许多专家认为，提供主题检索途径是目录的一个重要功能。它不但可以帮助用户找到有关某特定主题的已知文献，还可以通过标引后类聚和排列帮助用户找到信息资源库可以提供的有关特定主题的所有文献。

3. 主题分析的意义

主题分析是信息体标引的基础环节，正确的标引必须以正确的主题分析为前提。主题分析的质量不仅直接影响标引的质量，而且在根本上影响着检索系统的检索效率。具体地说，文献主题分析的意义表现在以下四个方面：

（1）主题分析是文献标引不可缺少的环节。

（2）分析出的主题和主题因素的多少决定着标引深度。标引深度是指用标引语言揭示信息体内容的详尽程度。它可分解为标引网罗度（标引的主题多少）和标引专指度（各主题所用标识的多少或确切性），最终以标引所给的标识数量来衡量。

（3）析出主题概念或概念因素的准确性从根本上决定着标引的准确性。

（4）析出主题概念或概念因素是否符合用户的需要，将影响标引的有效性和信息体的利用率。

---

① 曹树金，罗春荣．信息组织的分类法与主题法．北京：北京图书馆出版社，2000：15－19，25－27.

4. 质量保证

主题分析是构建信息组织系统的重要工序之一，保证信息体主题分析的质量非常重要。在实践中，主题分析应尽可能做到：不遗漏应该析出的主题概念，也不过度析出主题概念，力图用准确的概念概括相应的内容。

此外，尽管一些信息体的主题看似很容易确定，实际操作起来可能没有那么简单。主题分析过程实际上是一个主观性和客观性相统一的过程，主题分析的主体因素的变化也是造成主题难以确定并且难以保持一致性的重要原因。如主题分析者的文化差异、分析使用方法的不同、标引深度的差异等都可能造成主题分析的不一致性，标引语言的使用只能在一定程度上解决这方面的问题，而难以从根本上解决。

4.3　信息描述与信息标引

在信息资源组织过程中，主题分析之后便是两个核心的环节，称为描述和标引，它们是识别和揭示信息的过程。描述主要是通过记录信息的形式特征来描绘文献；标引主要是通过记录信息的内容特征来揭示文献。描述是标引的基础和前提，标引是描述的深化和延伸。

4.3.1　信息描述

1. 信息描述的基本概念

信息描述是指根据信息组织和检索的需要对信息资源的主题内容、形式特征、物质形态等进行分析、选择、记录的活动。在传统文献组织中，信息描述又称文献著录。信息描述的目的是组织目录，它是信息组织的基础和重要内容，其结果是款目。将款目按照一定的规则有序地排列起来，便形成了目录。款目是一篇文献的缩影，目录则是一批文献的缩影。

2. 信息描述的作用

信息描述具有登记、介绍、报道、交流和检索等作用，概括起来包括以下几方面。

（1）识别：确认并对信息资源进行个别化描述。

（2）定位：提供信息资源的位置信息（物理和虚拟位置）。

（3）检索：为用户提供检索点；为信息资源专业人员提供组织检索工具的依据。

（4）选择：根据著录项目信息，用户确定信息资源使用价值，决定是否选用。

3. 信息描述的要求

对信息描述的要求可分为三个方面。

（1）准确：描述来源和描述项目内容要准确。

（2）规范：描述过程（项目、格式、文字、符号、级别等）严格遵守描述规范。

（3）完备：不同信息资源特征（如不同类型、不同级别、不同检索工具的需要等）要按照规定采用相应完备的著录项目。

4. 信息描述规范及实例介绍

信息描述需要依据一定的标准和规则进行。信息描述规范是指根据信息资源特点和检索工具需要而制定的一系列信息描述标准与规则的统称，是指在国家或国际范围内针对信息资源描述的原则、内容、格式等制定的具有一定约束力的一系列规则与标准。

（1）信息描述规范的具体内容。

① 我国文献著录规则。20 世纪 70 年代以后，受到来自国际文献标准的冲击，全国文献工作标准化技术委员会、北京图书馆标准化小组于 1983 年 7 月颁布《文献著录总则》（GB/T 3792.1—1983），这是我国文献著录系列国家标准的开端，此后陆续出版各个分则，构成全国文献著录标准系列：《普通图书著录规则》《连续出版物著录规则》《非书资料著录规则》《档案著录规则》《古籍著录规则》《文后参考文献著录规则》《地图资料著录规则》等。随着数字环境下资源类型的快速变化和资源数量的迅速增长，按资源类型编制的著录规则已经不能适应快速变化的数字环境的需求，更不能满足未来语义网环境下资源描述和组织的需要。为了适应新的发展环境，国家标准《信息与文献 资源描述》（GB/T 3792—2021）于 2021 年 3 月 9 日正式发布，并于 2021 年 10 月 1 日起正式实施。这些文献著录规则为各种文献的描述，建立了相应的著录标准。它根据多种文献的共同特点对著录原则、内容、格式和标记符号做出统一规定。

② 著录根据：著录根据主要指著录信息源、著录项目的选择以及著录原则。

著录信息源：描述信息的来源和出处。因为不同信息源记载有出入时存在选择，需要注明信息的确切出处。

著录项目的选择：从何处获得描述数据，对一个描述项目，应以何处提供的描述信息为准，这决定描述的质量。

著录原则：一般应根据文献类型，指定一个主要的信息源；在该信息源不充分时，再依据其他来源。

以普通图书为例，其主要信息源是：书名页，它是题名、责任说明项的主要依据；版本页，它是著录版本项和出版发行项的主要依据。同一项目内容在各处不一致时，应以主要信息源为准；文献本身不能提供某些项目内容时，有必要利用规范文档、工具书等查找，应根据信息资源类型和各著录分则，确定描述信息源。

网络资源的描述，一般应首先参考头标区元数据标识字段中的有关数据。此外，信息资源的题名、作者、机构、统一资源定位符（URL）数据等，也可作参考信息源。

③ 描述项目与标识符号。描述项目是指揭示文献内容和特征的记录事项。它的组成可以根据描述项目与描述特征之间的关系分为描述项与描述元素两部分。

以《信息与文献 资源描述》为例，描述项为九项：内容形式和媒介类型项；题名和责任说明项；版本项；资源类型特殊项；出版、生产和发行项；载体形态项；丛编和多部分单行资源项；附注项；资源标识号和获得方式项。

上述各项中，内容形式和媒介类型项主要从媒介和内容结合方式的视角提供检索途径；题名是区别不同文献的一个重要特征，与责任说明项结合，可以充分识别文献差异，是检索信息资源的重要途径；版本项对鉴别版本差别、文献更新情况有重要作用；资源类型特殊项为某些特殊类型文献如乐谱、地图等的著录而设置；出版、生产和发行项用以说明文献的出版情况；载体形态项是对一个文献物质形态特征进行描述的项目，包括资源数量、其他物理细节、尺寸、附件说明等，是选择文献的一个重要因素；丛编和多部分单行资源项记录丛编与多部分单行资源的相关信息；附注项进一步提供文献信息相关辅助材料；资源标识号和获得方式项包括资源标识号、识别题名（连续性资源）和获得方式三种元素。它们结合起来可以提供文献类型完整的书目数据，是识别文献、分析比较文献的基本依据。同时，相应的描述元素则是指描述项的细化，也是深度揭示文献特征的重要依据。

标识符是指用于分隔描述项目的辅助符号，其作用在于可以消除语言障碍，识别同一项目的含义，主要有利于机读处理。不同描述规范可以使用不同的标识符。譬如，在《信息与文献　资源描述》中不仅规定了描述项、描述元素以及元素选择的要求（必备元素、有则必备元素、可重复元素等），还对标识符适用的统一性做出了明确规定（见表4-1）。

表4-1　描述项大纲

描述项	规定标识符	章条号	元素	必备性	可重复性
除了每段第一个描述项以外，所有描述项应前置句点、空格、破折号、空格（. --）					
第0项　内容形式和媒介类型项					
		5.2	内容形式	M	R
	.		同一媒介类型的其他内容形式		R
	+		不同媒介类型的其他内容形式		R
	()	5.3	内容限定	MA	
	;		其他内容限定		R
	:	5.4	媒介类型	M	
第1项　题名和责任说明项				M	
		6.2	正题名	M	
	=	6.3	并列正题名		R
	:	6.4	其他题名信息		R
		6.5	责任说明		

续表

描述项	规定标识符	章条号	元素	必备性	可重复性
	/		第一责任说明	MA	
	;		其他责任说明		R
	;	6.2.5.3	同著者的后续题名	MA	R
	.	6.5.6.3.2	不同著者的后续题名	MA	R
第 2 项 版本项					
		7.2	版本说明	MA	
		7.4	与版本相关的责任说明		
	/		第一责任说明	MA	
	;		其他责任说明		R
	,	7.5	附加版本说明	MA	R
		7.6	与附加版本说明相关的责任说明		
	/		第一责任说明	MA	
	;		其他责任说明		R
第 3 项 资源类型特殊项					R
		8.2	数学数据（地图资源）	MA	R
		8.2.4	比例尺说明	MA	R
	;	8.2.5	投影说明		
	()	8.2.6	坐标和二分点说明	MA	
	;	8.2.6.4	二分点		
		8.3	乐谱格式说明（乐谱）	MA	
		8.4	编号（连续出版物）	MA	
		8.4.5	数字标识	MA	
	()	8.4.6	年代标识	MA	
	=	8.4.8	并列编号	MA	R
	=	8.4.9	交替编号体系	MA	R
	;	8.4.10	新的编号序列	MA	R
第 4 项 出版、生产和发行项					
		9.2	出版、生产和/或发行地		
			第一地点	M	
	;		其他地点		R

续表

描述项	规定标识符	章条号	元素	必备性	可重复性
	：	9.3	出版者、生产者和/或发行者	M	R
	，	9.4	出版、生产和/或发行日期	M	
	()		印刷或制作信息		
		9.5	印刷或制作地		R
	：	9.6	印刷者或制作者		R
	，	9.7	印刷或制作日期		
第5项 载体形态项					R
		10.2	资源数量		
	：	10.3	其他物理细节		
	；	10.4	尺寸		
	+	10.5	附件说明		R
第6项 从编和多部分单行资源项	()				R
		11.2	从编或多部分单行资源的正题名	MA	
	：	11.4	从编或多部分单行资源的其他题名信息		R
		11.5	与从编或多部分单行资源相关的责任说明		
	/		第一责任说明		
	；		其他责任说明		R
	，	11.6	从编或多部分单行资源的国际标准号	MA	
	；	11.7	从编或多部分单行资源内部的编号	MA	
第7项 附注项					R
第8项 资源标识号和获得方式项					R
		13.2	资源标识号	MA	
	=	13.3	识别题名（连续性资源）	MA	
	：	13.4	获得方式		R

资料来源：信息与文献 资源描述．北京：中国标准出版社，2021.

综上，信息资源描述本质上是分析信息资源的特征，并按照一定的描述规范加以记录的过程，信息描述项目、元素的描述准确科学与否，取决于对规范和方法的了解和使用情况。

（2）实例介绍。信息描述规范以文献描述标准最为典型，下面介绍其中的一些规范实例。

① ISBD。ISBD（International Standard Bibliographic Description）的中文译名为《国际标准书目著录》。1971 年，国际图联编目委员会率先颁布 ISBD（M）《国际标准书目著录（专著）》，随后陆续推出一系列以连续出版物、舆图资料、乐谱等为对象的书目描述国际标准，1977 年又推出了 ISBD（G）《国家标准书目著录（总则）》。具体来说，ISBD 系列如表 4－2 所示。

表 4－2　ISBD 系列

简称	初版（年）	描述内容
ISBD（M）	1974	专著
ISBD（CM）	1977	舆图资料
ISBD（S）	1974	连续出版物
ISBD（NBM）	1977	非书资料
ISBD（G）	1977	总则
ISBD（PM）	1980	乐谱
ISBD（A）	1980	古籍
ISBD（CP）	1982	分析著录

以下是关于 ISBD 的几点说明：

ISBD（G）是为统一各种 ISBD 而制定的，负责协调各个标准。ISBD（M）是最早制定的一部国际标准书目著录规则，主要包括总则、分则、英语图例和索引四部分，总则部分包括对 ISBD（M）目的与使用范围、项目顺序、著录根据、著录用文字等的一般说明，分则部分是对于各个著录事项的内容和著录方法的具体规定。

ISBD 项目系列对国际编目事业的贡献如下：第一，第一次编制文献著录总则，将各类文献的著录条例纳入一个标准中。第二，第一次把标目与著录正文相分离。著录正文中通用款目是任何可排检款目的主体。第三，第一次使用著录标识符。这有利于不同文种识别和交流，也有利于各国书目资源共享。

② AACR2。AACR2（Anglo-American Cataloging Rules：2）的中译名为《英美编目条例》（第 2 版），是英美国家在 ISBD 的基础上调整和细化而来，由两部分组成：一部分与著录相关，共 13 章，主要根据 ISBD 的版本对各种文献资料的著录格式做了规定；另一部分与标目、统一书名和参照有关，共 6 章，对著录标目、书名和参照款目的著录都分别做了规定。

2009 年，《资源描述与检索》（Resource Description and Access，RDA）取代《英美编目条例》（第 2 版）（AACR2）成为新的编目标准。RDA 提供关于数字资源编目的指南，更强调帮助用户查找、标识、选择和获得他们所需要的信息。RDA 还支持书目记录

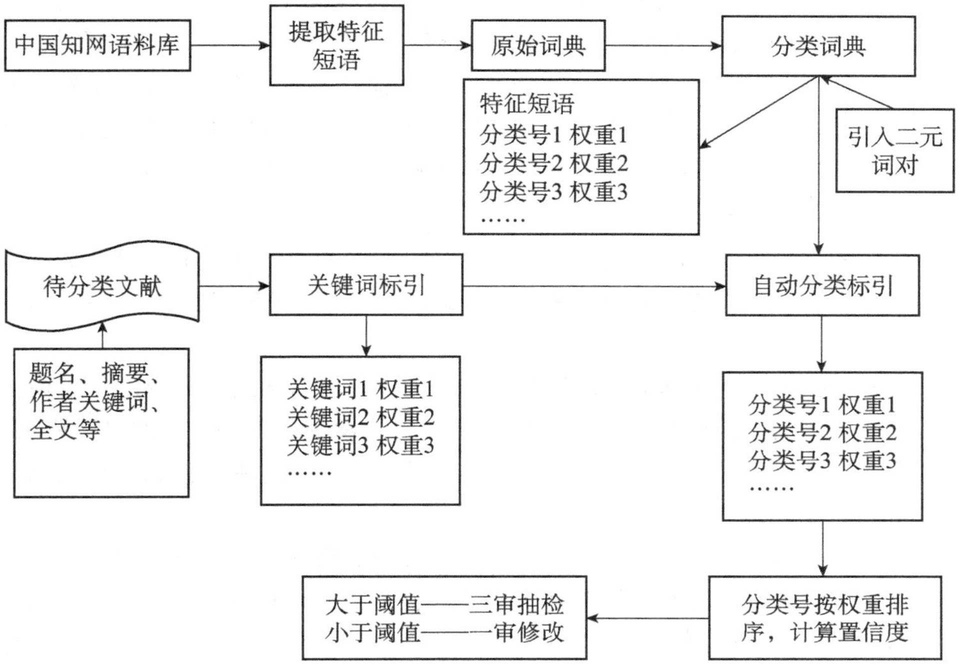

图 4-9 清华同方自动标引系统标引流程

资料来源：王静，姜鹏．自动标引系统比较分析．图书情报导刊，2017（9）：17.

该自动标引系统基于词表，并通过新词发现机制对词表进行更新。在关键词标引模块中，通过关键词词典、同义词典、上下位词典等对待处理文献进行关键词标引，关键词词典主要来源于中国知网数据库中的作者关键词，通过一定的算法，经人工审核后被保留下来。同时，分类号标引模块通过机标关键词以及分类词典，对待处理文献进行分类号标引。①

（2）英文标引系统实例——STKOS。科技知识组织体系（Science and Technology Knowledge Organization System，STKOS）是中国科学院国家科学图书馆主持的国家"十二五"科技支撑计划项目的子项目，是由中国科学技术信息研究所牵头承担并开发的基于英文超级科技词表的文献主题标引系统。它可以根据文献的题名、摘要、作者关键词等特征项，借助一定的抽取机制，对外文科技文献进行主题概念标引。其主要模块有知识库管理模块、文献预处理模块、候选术语提取模块、规范概念映射模块以及概念标引模块等。

该软件的自动标引流程分为四个主要步骤：

首先通过分词，对题名和摘要进行句子划分和词性标注，从中提取候选短语集。其次，对候选短语集进行去除停用词处理，在综合考虑词频、词的位置及长度等因素的基础上，合并去重后计算权重，从中获取候选术语集。再次，将候选术语通过精确匹配和模糊匹配方式，与 STKOS 英文超级科技词表中的规范术语进行匹配，并借助 STKOS 词

① 王静，姜鹏．自动标引系统比较分析．图书情报导刊，2017（9）：17-19.

的聚类，显示作品及其创建者之间的关系。

4.3.2 信息标引

为了满足人们在浩如烟海的大量信息或文献中准确、全面、迅速、方便、经济地获取所需内容的信息体的各种要求，就需要依据信息体的内容属性进行信息组织，信息标引就是这样一种将信息体的内容属性以规范的方式予以检索指引的工作。

1. 标引与标引语言

（1）标引的含义。所谓信息标引，又称信息揭示，是指分析文献的内容属性（特征）及相关外表属性，并用特定语言表达它们，从而赋予文献检索标识的过程，也可简单表示为：标引就是用特定检索标识揭示文献内容的过程，标引的结果是赋予信息文献检索标识。

通常认为信息标引过程包括两个环节：首先是主题分析，了解文献属性（内部和外部），用自然语言概括主题，这部分内容在前一节中已详述；其次是转换标识，用专门的标引（检索）语言中的标识（语词）表达概括信息体内容的主题概念或概念因素，构成一定的检索标识。

（2）标引语言。标引语言是根据标引和检索需要而编制的人工语言。标引语言又称检索语言、索引语言、受控语言或规范语言。它也是由词汇、语法构成。使用标引语言进行标引就是为了达到表达信息主题概念和检索需求主题概念的简明性、单义性和关联性的目的，从而提高检索系统的效率。

标引语言的词汇是指用于表达主题概念的全部标识，它由相应的分类表、词表、代码表规定。标引语言的一个标识就是一个语词，分类表、词表、代码表则是标引语言的词典。例如，《中国图书馆分类法》《中国档案分类法》《汉语主题词表》《中国档案主题词表》等。

标引语言的语法是指构造和使用标识，以正确表达主题概念的一整套规则。如何使用单个的标识或标识的组织（组配）来正确表达主题概念，涉及许多标引规则，如分类号的编制规则、主题词的优选规则。标引语法包括：造词和用词的词法；使用多个词进行组合的句法。其中前者被纳入语言的词汇控制之中，后者被纳入句法控制中。

（3）标引语言的类型。

① 依据构成原理可将标引语言分为分类语言、主题语言和代码语言，此为最基本的划分方法。运用不同标引语言可产生不同的标引类型，包括分类标引和主题标引。

分类标引是指对文献进行主题分析，用分类语言表达分析的主题，赋予文献分类检索标识（分类号）的过程。习惯上，分类标引被称为分类。分类标引的过程实质上是文献分类的过程。所谓文献分类是指根据文献内容及其他相关属性，以分类语言（分类法）为工具，分门别类地系统揭示和组织文献的过程和方法。

主题标引是指对文献进行主题分析，用主题语言（主题法）表达分析出的主题，给文献主题赋予检索标识（主题词、叙词等）的过程。由于主题标引是直接给出文献主题概念，因此，无论是对不同类型的文献进行主题标引，还是用不同类型的主题语言进行主题标引，其原理和方法上的差异不大。

② 依据标识组合时间先后分为先组式语言、后组式语言。先组式语言是指在标引时把表达主题概念的若干标识组合成标识串的标引语言，分类法、单元词法、标题法等即属此类。例如，用“高等教育-教育改革-中国 ”标引“中国高等教育改革”这一主题。

后组式语言是指检索时才组合的标引语言，常用的主题法即属此类，例如，“高等教育”“教育改革”“中国”是散组词，通过检索词的重新组合获取“中国高等教育改革”这一主题。

2. 标引的方式

（1）依内容单元选择方式区分，有如下几种。

① 整体标引：它是对信息整体内容提取主题予以标引的方式。

② 全面标引：它是深入揭示文献信息中的各部分内容，全面提取局部主题予以标引的方式。

③ 对口标引：是只选择文献中对本单位或本系统用户有检索和参考价值的部分内容，提取个别局部主题予以标引的方式，亦称重点标引。

④ 分析标引：在整体标引的基础上，再细化部分内容的标引，以作补充标引。

⑤ 互见标引：是一种从多角度或多学科提取主题予以标引的方式。

（2）依所用标识受控程度区分，有如下几种。

① 受控标引：是使用受控语言（标引语言）中的标识所进行的标引。

② 自由标引：是使用自然语言语词作标识所进行的标引。

③ 混合标引：是同时使用受控语言的标识和自然语言语词作标识进行的标引，又称半控标引。

另外，通常把多角度全面标引称为深标引，反之，则为浅标引。标引方式的选择应根据各单位或系统的信息特点、用户需求、设备条件等因素综合考量。

3. 标引的程序

标引工作需要遵循一定的程序，一般包括以下几个环节（见图 4－4）。

（1）查找并利用已有标引成果；

（2）查重/查找通用标引成果/联机查找联合标引成果/查看在版标引成果；

（3）主题分析；

（4）转换标识；

（5）审核。

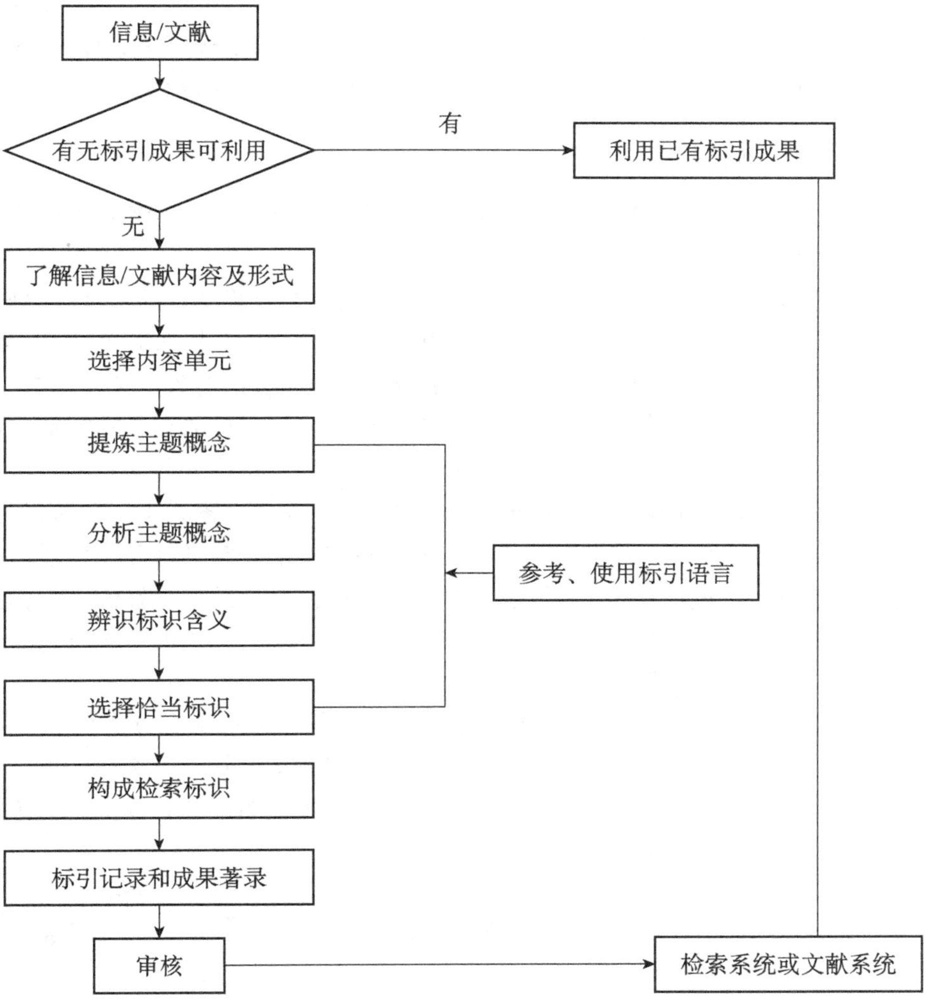

图 4－4　标引工作程序

4.4　自动分类与自动标引

信息的自动分类与自动标引技术始于 20 世纪 50 年代，IBM 的洛恩（H. P. Lohn）等发表了一系列文章，创立了信息自动处理研究领域。随着计算机技术的发展和计算机信息检索系统、联机系统及信息网络的建立和普及，自动分类技术、自动标引技术的应用与研发成果不断涌现，并建立了许多实用化系统。

4.4.1　自动分类

文本分类是一种确定文章所属类别的信息分析方法，其目的在于将某一文档归入合适的类别中。文本自动分类（automatic text categorization）就是利用计算机，按照一定的分类体系或标准对文本集（或其他实体或对象，如网页文本等）进行自动分类，属于同一类别的文本被标上相同的类别标记，为文本信息资源的检索提供系统化的解决方案。其实质是利用各种技术（如统计、向量空间模型等）将文本分配给预定义标签的过程。[①]

1. 自动分类的基本原理

自 20 世纪 90 年代以来，随着信息技术的飞速发展，机器学习逐渐取代传统的知识工程，成为文本分类的主流技术。

（1）自动分类的类型。自动分类有两种类型：一种是自动聚类，一种是自动归类。

所谓自动聚类，就是由计算机系统对待分类文本进行分析并提取有关特征，然后对提取的特征进行比较，根据一定的规则将具有相同或相近特征的对象定义为一类。

所谓自动归类，就是计算机系统对待分类文本进行分析并提取有关的特征，然后与现有分类体系中的对象所具有的公共特征进行相关性比较，将待分类文本归入与其特征最相近的类别中。自动归类可以分为基于词的自动分类和基于专家系统的自动分类。

自动聚类和自动归类的主要区别就是自动聚类不需要事先定义好分类体系，而自动归类则需要事先确定好分类体系，并且要为每个类别提供一批预先分好的对象作为训练集，分类系统先通过训练集学习分类知识，在进行实际分类时，再根据学习到的分类知识为待分类文本确定一个或者多个类别。

（2）自动分类的流程。基于机器学习的文本分类是通过对现有分类体系及训练集（又称已分类文本）内容进行统计学习，掌握各个类别的模式，形成分类模型库（又称分类器），再将测试集（又称待分类文本）内容与分类模型库进行对比，以确定测试集的类别的方法。其主要过程见图 4－5。

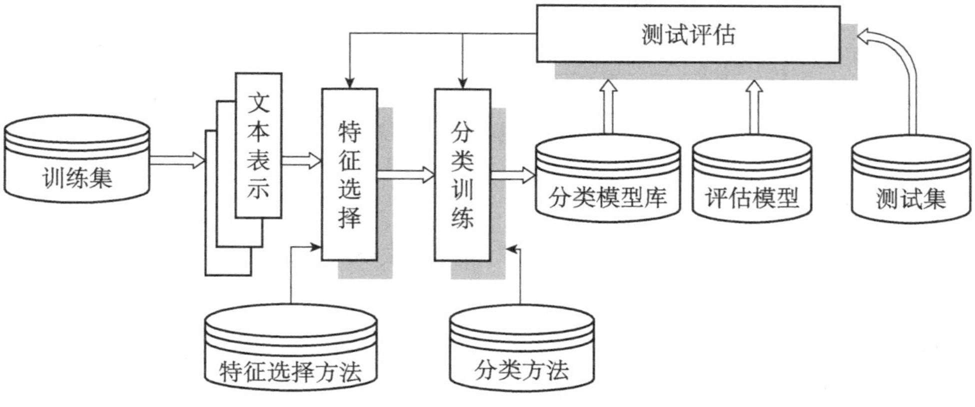

图 4－5　文本自动分类过程

资料来源：幸龙潮．组织知识地图构建研究．合肥：合肥工业大学，2007：13.

上述自动分类过程可以描述为：

机器人面向互联网按一定规则和策略循环运行搜集网络信息；

加工网站主页信息，分析结构布局，判断网站主题范围；

---

① Yang Y M，Joachims T. Text Categorization. Scholarpedia，2008（5）：4242.

对文本进行分词，抽取表达网站主题内容的语词；

分析语词的重要程度以及词频统计，并给出权重值，以确定哪些语词可作为网站主题内容的特征项；

将抽取的特征项与分类知识库所形成的向量空间模型进行相似性匹配，以能涵盖各特征项的类目为主要类目，其他为次要类目；

编制网站的提要及其他说明标识；

经过标引、著录的网站存入索引数据库；

将网站加入分类导航系统，并自动进行排序。

基于机器学习的文本分类一般采用向量空间模型，该模型包含三个关键技术：特征选择、特征权重估算和文本分类器。特征选择是从原始特征集合中选择一部分特征组成分类集合，最终得到原始特征集合的一个真子集，从而达到减少原始特征空间维度的目的；特征权重反映了该特征对于标识文本内容的贡献度和文本之间的区分度；文本分类器则依据特征权重，采用一定的模型对文本实施分类。常用的文本分类器包括朴素贝叶斯（Navie Bayes)、最近邻分类算法（K-Nearest Neighbor，KNN）和支持向量机（support vector machine，SVM）等。[①] 目前，基于机器学习的文本分类对象既包括图书书目信息、期刊论文题录信息等传统文本资源，也包括新闻网页、博客、微博等各种数字文本资源。

2. 自动分类的应用特点

文本可根据长度的不同分为长文本和短文本两类，不同文本因特点不同所采用的分类技术与算法不同。

（1）长文本。文本长度是一个相对概念，一般无明确定义。相对于微博、网络评论等短文本，科技论文、新闻正文、公司年报等文本字符数较多，通常被归为长文本的范畴。一个长文本通常蕴含多个主题，且为维持良好的上下文结构与完整的句法结构，长文本还包含许多与主题相关性较小的句子，增加了分类的难度。[②]

目前，针对长文本的分类算法主要集中在二分类和多分类领域，这些分类算法大多只允许给文本对象分配一个标签，因此也被称为单标签分类。由于长文本语义丰富，可能涉及多个标签，因此未经处理编辑的非标准长文本的多标签分类是一个难题，以下方法有助于解决这一问题。

① 运用标签相关性处理策略。有效利用标签相关信息是多标签分类技术成功的关键，现有的标签相关性处理策略大致可以分为三大类：一阶策略——多标签分类任务采用逐个处理的方式，忽略了其他标签的共存；二阶策略——通过考虑标签之间的成对关系来解决多标签分类问题；高阶策略——通过考虑标签之间的高阶关系来解决多标签分类问题。

② 选择多标签分类算法。楚马卡斯（Tsoumakas）等将多标签分类算法归纳为两类：一类是问题转化，指转化问题的形式，使之适合现有的算法。这类方法考虑了标签之间的联系，但在数据量大或标签较多的数据集上的表现不尽如人意。另一类是算法自适应，

---

① 郭泽，焦倩倩．一种面向自动化标检的文本分类方法．现代防御技术，2020（5）：97－104.

② 卢玲，杨武，王远伦，等．结合注意力机制的长文本分类方法．计算机应用，2018（5）：1272－1277.

是指更改算法，从而使其能够处理多标签数据。这类算法通过采用流行的学习技术直接处理多标签数据，来解决多标签学习问题。

③ 应用神经网络模型。近年来神经网络技术在自然语言处理上取得了巨大的成功，一些神经网络模型也在多标签文本分类任务中得到了应用，并取得了重要进展。例如，利用卷积神经网络（Convolutional Neural Network，CNN）进行分类，将 CNN 和递归神经网络（RNN）与学习模型结合用于多标签分类等方法都取得了一定成效。①

（2）短文本。随着互联网技术的发展，推特、微博等社交媒体承载的短文本飞速增加，网购平台商品评论、用户投诉等内容激增，海量的短文本纷繁复杂，蕴含着极大的价值，促使短文本分类逐渐成为文本分类领域的重要研究方向。

与长文本相比，短文本篇幅较短，多由自然语言表达而成，具有关键特征稀疏、信息单元非密集、上下文依赖性强等特征，因此直接把传统的文本表示模型及机器学习方法应用到短文本上很难取得良好的效果。② 常用的解决方法有两类：基于外部语料库的短文本特征扩展和基于短文本自身内容的特征扩展。

外部语料库是指中国知网、维基百科、搜索引擎等富含文本内容及语义信息的知识库。使用外部语料库作为短文本内容扩展的来源可以在一定程度上增加文本内容的信息量，解决短文本关键特征稀疏的问题，但该方法对外部语料库质量的依赖性很强，尤其是一些专业性强、用词方式比较特殊的短文本内容，很难使用一般的外部语料库实现有效的扩展。

基于短文本自身内容的特征扩展无须借助外部语料库，可直接通过对短文本自身内容的语义关联、词频等属性进行分析，构建基于文本自身内容的词汇关联词集、高频词集来实现。

同时，以隐含狄利克雷分布（Latent Dirichlet Allocation，LDA）模型为主的主题概率模型越来越多地应用到短文本内容的特征扩展中。LDA 模型旨在模拟文本的生成过程，它假设每个文本的数据由多个主题混合而成，每个主题可以用多个词的概率进行表征，这样就可以使用一个较少维度的主题分布来表征文档。LDA 模型从主题粒度上解释了文档的生成过程，可以有效提升短文本内容的丰富性。

综上，基于外部语料库的短文本特征扩展受外部语料库自身质量及专业性的影响，难以在更多场景中推广使用；基于短文本自身内容的特征扩展对文本关键词集、关联规则等语义特征的构建有较高的要求，需要进一步提升语义特征挖掘的有效性。③

3. 自动分类的应用实例

对海量文本进行自动分类，在信息检索、网络舆情发现等领域具有广泛的应用价值。例如，在医疗领域，信息化辅助诊疗是目前解决医疗资源短缺问题的重要方法，它离不开系统对化验单、病历等文本的自动分类；在销售领域，销售商为促进顾客消费，会为

---

① 王浩镔，胡平．采用多级特征的多标签长文本分类算法．计算机工程与应用，2021（15）：193-199.

② 张志飞，苗夺谦，高灿．基于 LDA 主题模型的短文本分类方法．计算机应用，2013（6）：1587-1590.

③ 邵云飞，刘东苏．基于类别特征扩展的短文本分类方法研究．数据分析与知识发现，2019（9）：60-67.

消费者提供目标商品的各类评论信息，这些有效评论信息的获取也离不开对大量评论文本的自动分类；在当下热门的社区问答系统中，对问题进行自动分类，可以有效提升回答的准确率、速度，提升用户的使用体验。为便于理解，以下介绍几个自动分类应用案例，以体现自动分类的应用价值的广泛性。

（1）基于文本分类的恶意代码检测。随着网络用户的不断增加，网络环境愈加复杂，恶意代码已经成为一类比较有代表性的网络威胁。针对这些隐匿性极强的恶意代码，文本分类是当前应用价值较大的一种恶意代码检测工具。该工具通过机器学习技术训练检测模型，再通过文本检测判断恶意代码的具体类型。与其他检测工具相比，文本分类具有较强的特征分析能力，在进行系统检测时，一旦遇到可疑程序，便会将该程序与数据库中众多恶意代码的类型特征进行比对，若经检测后证实该程序属于恶意代码，便会触发信息提醒，或启动自动防御程序（见图 4－6）。①

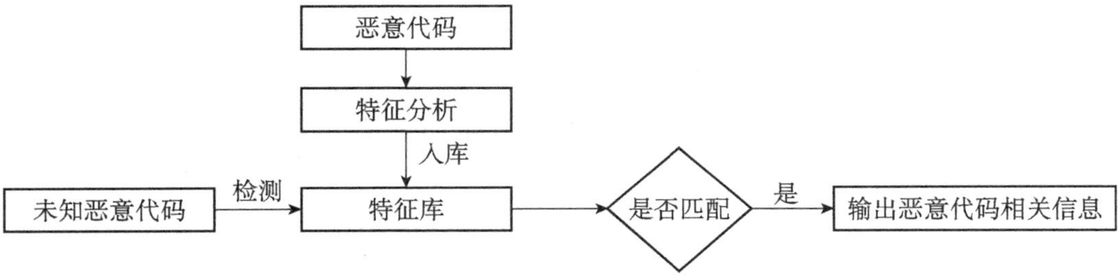

图 4－6　基于文本分类的恶意代码检测流程

（2）基于文本分类的网络舆情监测。自媒体时代的到来使得每位公民都能对社会现象、社会问题发表自己的看法，从而对网络舆情产生了巨大影响。相比人工监测的低效率，文本分类能够有效实现网络舆情监测。

首先通过网络爬虫对微博、贴吧、论坛、新闻评论等舆情信息进行及时抓取，在对数据进行过滤的基础上，基于最近邻分类算法进行舆情分类：按照客观需要分类，给予一定数量的训练文本，选取具有代表性的特征项，将训练文本与新采集文本分别表示成特征向量，根据最近邻分类算法计算两者的相似性，之后，根据上述计算结果，判断新采集文本所属类别。

通过收集网民发布的信息并进行自动分类，可以形成不同类别的舆情模块，并根据需求对各模块中的信息进行汇总。该工具还可以对收集到的数据进行形式化处理，自动提取时间、地点、发生事项等要素，直接推送给相关决策部门，方便其提取数据并分析民意。此外，监测模块中的突发事件分类还可以提供突发事件预警功能，根据分类后的数据条数，设置需要报警的参数构成，实现自动预警。②

（3）基于文本分类的政府网站信箱自动转递。目前，除个别城市要求群众来信时选择相应部门，大部分城市的群众来信皆由信访部门或政府办公室承接，再根据其具体诉求转递至相关责任部门，这种方式大大增加了工作人员的劳动强度。

① 张东红．基于文本分类技术的恶意代码检测工具应用．电子产品世界，2018（9）：75－76.

② 赵浚淇．基于自动分类的网络舆情监测方法研究．软件导刊，2016（3）：133－135.

利用基于机器学习的信箱文本分类算法，有望在公众提交信件后，由计算机对信件内容进行特征分析，并利用算法识别相关责任部门，完成自动转递（见图 4－7）。①

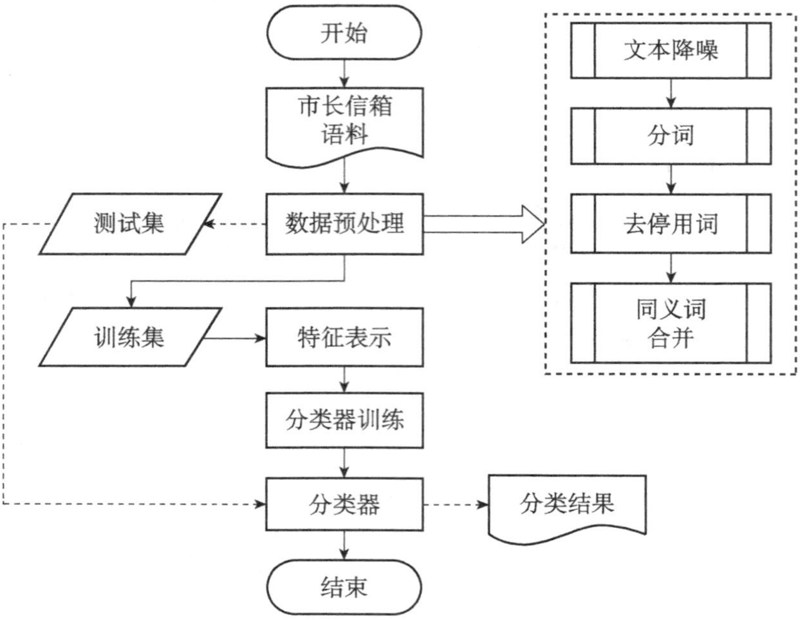

图 4－7　政府网站信箱自动转递流程

4. 自动分类有待解决的问题

自动分类相关研究成果丰富，其中以基于分类语言、主题语言、自然语言之间的兼容互换原理构建分类器来实现文献信息自动分类的相关研究占据主流。这些研究大多采用机器学习和自然语言处理中常用的文本分类技术，如朴素贝叶斯、支持向量机、最大熵模型（Maximum Entropy Model）和最近邻分类算法等，深度学习的兴起更是使得卷积神经网络在自动分类中应用起来，只是其实际效果往往受限于训练模型的语料质量及规模。②

此外，文本分类技术还面临着标注瓶颈、语义关系揭示较弱、类别缺乏清晰的界定等问题。

（1）标注瓶颈。科技的不断进步使得产生的文本逐渐趋于专业化、规模化。在此背景下，若仍旧使用传统的文本分类方法进行分类，就需要对大量经过标注的样本进行训练。但不少待处理文本都具有专业性强、种类繁多、数量庞大等特点，对这些文本进行人工标注不仅需要花费大量时间，还需要耗费大量成本。因此，标注瓶颈这个问题在一定程度上制约了文本分类技术在很多领域的发展。③

（2）语义关系揭示较弱。在整个文本分类的流程中，分词、数据预处理和文本表示

① 王思迪，胡广伟，杨巳煜，等．基于文本分类的政府网站信箱自动转递方法研究．数据分析与知识发现，2020（6）：51－59.

② 李娇，黄永文，罗婷婷，等．基于多因子算法的自动分类研究．数据分析与知识发现，2020（11）：43－51.

③ 余本功，汲浩敏．基于 DW-TCI 的半监督文本分类方法研究．数据分析与知识发现，2020（10）：58－69.

等模块已经比较成熟。在特征相关处理环节，针对特征选择方法、分类算法的研究相对成熟。然而，随着对书目信息、新兴媒体等分类对象的文本特性认识的深入，以及对基于向量空间模型、LDA 模型等文本表示模型的分类环节的进一步研究，可发现单纯依靠传统的词频统计且忽略特征之间的语义关系，不能很好地提高最终的分类性能；同时，在通过特征选择方法进行特征选取时同样未考虑词或特征的语义信息。因此，仅限于对特征选择方法的改进已经不能满足对分类性能进一步提高的需求。随着研究的深入和细化发展，除特征选择之外，特征相关处理环节需要增加特征语义转换、特征扩展、加权策略等研究内容。这些也是目前分类研究中比较活跃的研究领域。①

（3）类别缺乏清晰的界定。预先设定的类别之间缺乏清晰的界定，极大地影响了分类的准确率。比如在线问诊平台的诊室类目间存在包含关系、论文自动分类中交叉学科的分类准确率较低等。

（4）长文本快速分类的难题。将文本分类技术应用于新闻分类标签，面临着长文本快速分类的难题：新闻稿件、博客、微博、自媒体等文本长短各异，短的 100 字以内，长的达 3 000～ 5 000 字。当一篇网络新闻超过 800 字时，其中会出现大量冗余信息，及早去除这些信息才能减少分类资源消耗。因此，机器需要模仿人处理自然语言的方式进行"掐头去尾"的浏览，将长文本裁剪为 500 字的定长文本，以大幅度缩短分类时间。但目前，文本裁剪的准确性还有待提升。②

最后，文本分类还可以更多地针对细粒度分类问题，结合具体应用领域的知识，使其更具有商业应用价值。

4.4.2　自动标引

自动标引（automatic indexing），又称计算机辅助标引（computer aided indexing），是根据文献内容，依靠计算机系统全部或部分地自动给出标识符的过程。我们可以理解为，自动标引就是利用计算机系统来模仿人类的标引活动，并自动生成检索所需要的标识符的过程。

1. 自动标引的流程

随着信息资源的快速增长，只有提高信息组织的效率，才能满足人们对信息精准性的要求。自动标引作为现代标引的重要手段，满足了这一需要。相对于传统手工标引，自动标引具有处理能力强、处理速度快、成本低、一致率高等优势。同时，在全文检索时代，标引的重要性并没有降低，亦需要通过对文档的组成元素和结构信息进行分析，提取文档关键词、分析概念的语义关系来达到标引的高效率。

自动标引流程主要包括三个步骤：文本预处理、关键词确定以及赋予主题标识符（见图 4－8）。

---

① 李湘东，巴志超，高凡．数字文本自动分类中特征语义关联及加权策略研究综述与展望．现代图书情报技术，2016（9）：17－26．

② 张宇昂，贾云鹏，刘家鹏．一种多特征融合的长文本分类方法．中国电子科学研究院学报，2020（9）：910－916．

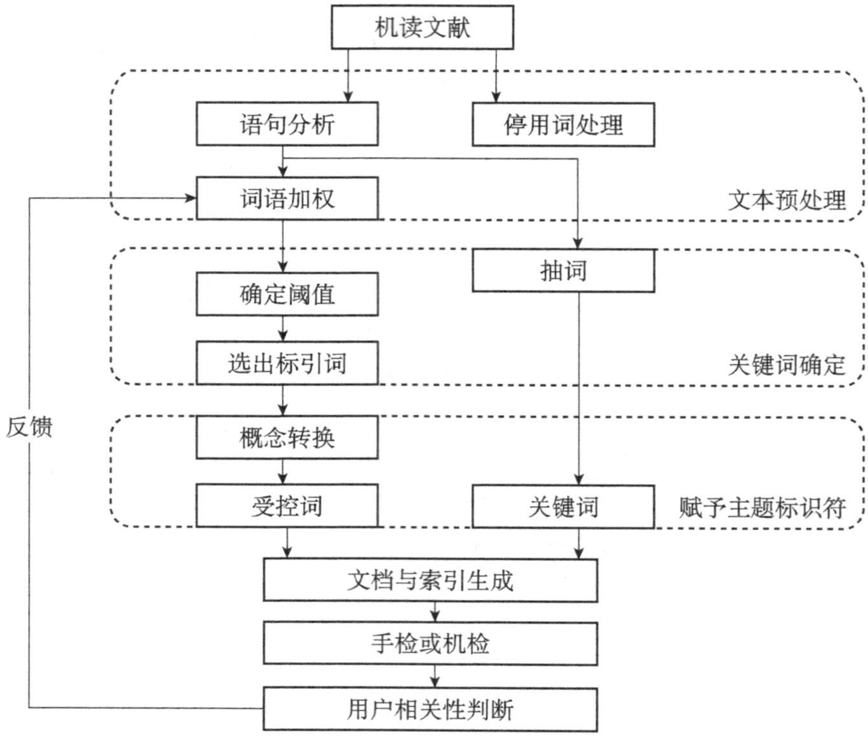

图 4－8　自动标引流程

（1）文本预处理。文本预处理涉及标引源的确定、格式处理、分词处理、去停用词等。标引源即标引所依据的文献内容，对它的选择是影响标引质量的一个重要因素。一般选择标题、文摘、首尾章节、章节的首尾段或段落的首尾句作为标引源。同时，标引源必须按照标引系统要求的格式输入系统，才可能进行自动标引。如印刷型文献、电子文档等均需采用不同格式输入、检测与转换后才可进行自动标引。

（2）关键词确定。通常利用特定方法或方法组合计算某些词是否符合关键词的特性，确定关键词的主要方法有绝对词频统计法和词频权重法。绝对词频统计法以词在文本中出现的绝对频次作为根本依据来确定文本的关键词，其理论基础是齐夫定律。词频权重法不仅考虑词频，还考虑词的位置、词性、词的本身价值、词的长度等因素，对词进行加权，然后根据权重值大小确定关键词。标引词加权的方法有绝对频率加权法、相对频率加权法、逆文献频率加权法、词区分度加权法、信噪比加权法、词相关度加权法。

（3）赋予主题标识符。将提取出的关键词转换为受控词。可以通过使用关键词-受控词对照表，根据关键词与受控词的对照关系进行转换；也可以通过基于词素的相似度算法或者基于单汉字的字面相似度算法计算出关键词与主题词之间的相似度，并据此确定相应的主题词。根据确定的主题词、副主题词、特征词，进行组配，给出主题标识符，完成自动标引。

2. 自动标引的常见方法

自动标引的方法很多，可按不同划分标准将其进行如下分类。按照人工介入与否分为全自动标引与半自动标引。不需要人工介入的称为全自动标引。文献标引过程中的“人机结合”“计算机辅助”“人工干预”“人工判别”等，都属于半自动标引。半自动标引虽然效率不如自动标引高，但其标引质量却比自动标引好，比全手工操作便捷。①

按照标引词来源分为自动抽词标引与自动赋词标引。自动抽词标引是指用于概述文献主题的标引词直接来自原文，它的核心过程在于对所抽取的词或短语进行处理，进而保证最后所得到的标引词具有实质性、代表性，并可以此确定该文献的标引词。自动赋词标引采用的标引词来自人工预先编制好的受控词表，将文献所抽取的标引词与受控词表进行匹配，如匹配成功则将所抽取的词视为候选标引词。自动抽词标引与自动赋词标引在应用中各有优劣势，下面是几种常见自动标引方法的对比（见表 4－3）。

自动抽词标引与自动赋词标引各具特色，从应用角度看，自动抽词标引共分两大类别：语言法和统计法。

（1）语言法。语言法是对被标引的对象从词、句、语义、篇章等层次进行语法分析，从而达到标引的目的。语言法可以分为词法分析法（Lexical Analysis）、句法分析法（Syntactical Analysis）、语义分析法（Semantic Analysis）和篇章分析法（Text Analysis）。

表 4－3　自动标引常见方法对比

方法			方法描述	优点	缺点
自动抽词标引	语言法	词法分析法	自动分词，词性标注，提取有意义的词语作为关键词	简单易行	未登录词识别与词表维护问题
		句法分析法	通过短语识别、数据识别等句法分析方法获得关键短语	可得到专指性较强的短语作为关键词	句法分析目前难以达到很高的准确率，影响关键词识别结果
		语义分析法	考虑词语间的语义依存关系，获得关键词	提高标引质量	语义分析目前难以达到很高的准确率
		篇章分析法	从篇章角度提取出能反映文本主题的词语	提高标引质量	对格式要求严格，难以推广
	统计法	简单统计法	通过 N 元语法（n-gram）、词频、词频-逆文档频率（TF-IDF）、独立性等统计信息获得关键词	简单易行，通用性强	标引准确率不高
		一般机器学习法	通过对训练数据进行训练获得统计参数，进行样本的自动标引，如朴素贝叶斯、最大熵模型、支持向量机。相关系统如 GenEx、KEA	不受语种与句型的限制，可以提取出未登录词	数据稀疏问题，过拟合学习问题
		集成学习法	构建多分类器，进行自动标引，如 Bagging 算法	提高标引精度	需要多个分类器，训练时间较长

① 张琪玉．文献标引中人与计算机的分工协作．中国索引，2004（4）：58.

续表

方法		方法描述	优点	缺点
自动赋词标引	混合法	上述方法的综合运用，或加入启发式知识。例如：词的位置、词长、词的排版规则、超文本标记语言（HTML）标记等	提高标引精度	启发式知识泛化能力不强，难以推广，训练时间长
	机器学习法	将主题标引看成一种多标签分类问题	简单易行	不能处理新词语，训练时间长，准确率不高
	构建标引用词典资源	专家构建与辅助构建叙词词典、知识库、本体等资源，用于自动标引	词语比较规范，专指性强，标引词可进行语义推理	不能处理新词语，词典建设和维护成本高

资料来源：章成志．自动标引研究的回顾与展望．现代图书情报技术，2007（11）：33－39.

（2）统计法。统计法的基本原理在于术语具有一些显著的统计特征，如共现、逆文档词频、熵、互信息等。统计法是目前应用最多的标引方法。这种方法比较简单的有词频统计法、概率统计法（加权统计法）和分类判别统计法。这些方法由于不采用数值建模而被视为简单统计法，通常标引准确率要求不高时采用。此外，还有相对复杂的一种统计法，即将人工智能运用到自动标引中，主要从机器学习的角度进行自动标引，故许多专家学者将其称为机器学习法。机器学习法可以分为一般机器学习法、集成学习法和专家系统。一般机器学习法采用数值建模的方法，通过对训练数据进行训练获得统计参数进行自动标引。集成学习法要构建多分类器来进行自动标引。专家系统是人工智能法应用于自动标引的具体体现。专家系统是一个具有大量的标引专门知识与经验的程序系统，它应用人工智能技术和计算机技术，根据标引专家提供的知识和经验进行推理和判断，模拟人类标引员的决策过程以进行标引。

目前机器学习法一般通过训练集来获得相关统计参数，通过人类的有指导或无指导过程进行自动标引。著名的算法有最大熵模型、朴素贝叶斯、AVM 模型等。[①]

自动赋词标引通常指借助外部资源，如后控词表（包括同义词、上下位词、相关词等）、叙词表、本体等资源，将自动赋词过程转换为主题词的分类过程，或将文本的关键词转换为主题词。鉴于如今互联网络的词汇日新月异，这种方法对词典维护要求比较高。

3. 自动标引的应用实例

（1）中文标引系统实例——清华同方。清华同方自动标引系统基于《中国图书馆分类法》的学术文献自动分类系统，集关键词标引、分类号标引、新词发现、词表管理等于一身，并将题名、作者关键词、摘要、全文、作者分类号等与内置词表进行匹配，对文献进行关键词标引和分类号标引。逻辑上主要包括两大模块：分类词典模块和分类标引模块，通常先进行词典选择及确定，然后进行分类标引。其自动标引流程如图 4－9 所示。

① 张力．Web 信息自动标引研究．杭州：浙江大学，2014：15.

表中已有术语与概念的对应关系进行映射，将术语映射到概念。最后，对概念进行评估，筛选出符合条件的概念词，从而完成主题概念标引。

STKOS覆盖了理工农医领域大量专业术语、概念（超级词表）以及基于概念的本体网络和科研本体知识库。其在科技知识领域内集合的全面且内容丰富的英文超级科技词表，为面向海量英文文献的自动化信息处理任务提供了有力支撑，特别是为英文文献主题标引系统的推广应用奠定了基础。①

（3）数字图像信息的自动标引。目前学界广泛使用的图像标引描述模型是帕诺夫斯基沙特福德模型，该模型是帕诺夫斯基（E. Panofsky）与沙特福德（S. Shatford）理论的结合。

帕诺夫斯基提出，图片标引可以从初级图像描述、图像描述和图像意义描述三个维度进行分析。初级图像描述意为对图像中最基本的元素进行描述；图像描述更加抽象，需要一些有关描述对象的背景知识；图像意义描述比图像描述更加抽象，甚至包括一些情绪用词等。②

沙特福德将上述三个图片标引维度重新解释为一般属性、特定属性和主题属性，并且在其基础上又增加了谁（人物和机构）、什么（主题）、哪里（地点）、什么时间四个维度，由此形成12个标签种类。③ 乔根森（C. Jörgensen）对用户的图片描述语言进行了内容分析，并从中提取出知觉特征、阐释特征、反应特征这三个维度，其中反应特征维度由观看者反馈维度组成。④

由此可看出，数字图像标引描述模型的发展不断推动图像自动标引的高效率。

（4）视频资源的自动标引。与文本资源相比，视频资源包含的内容更加复杂。它既包括文字，也包括图片和音频，这无疑增加了视频资源组织与检索的难度。在当前应用实践中，比较通用的标引视频资源的方法主要有两种：主题标引和社会标引。从过往的实践可以看出，主题标引并不适用于大范围的视频资源组织：一是大范围主题标引需要大量的专家；二是视频内容的复杂程度远远超过受控词表能够涵盖的范围。而社会标引以广大用户为基础，允许用户自由地使用词汇对视频进行标引，能够有效避免主题标引的局限性，极大地提高了视频资源的组织效率与质量。⑤

目前视频资源的标引以资源提供者根据特定元数据的指导进行标引为主，且自部分平台和系统（如Flickr）引入了社会标引的方式后，平台提供的元数据标准不一，从而造成标引效率低下。同时，随着视频资源的广泛使用，视频社会化标引呈现出表达用户观点与情感的新标引特征，而并非以传统的信息组织和检索为目的。社会标引能够反映出

---

① 李军莲，夏光辉，王序文，等．基于英文超级科技词表的文献主题标引系统设计与实现．数字图书馆论坛，2014（12）：2－8．

② Panofsky E. Meaning in the Visual Arts. Chicago：University of Chicago Press，1983.

③ Shatford S. Analyzing the Subject of a Picture：A Theoretical Approach. Cataloging and Classification Quarterly，1986（3）：39－62.

④ Jörgensen C. Attributes of Images in Describing Tasks. Information Processing & Management，1998，34（2－3）：161－174.

⑤ Darvish S，Chin A. Dealing with the Video Tidal Wave：The Relevance of Expertise for Video Tagging. Proceedings of the 21st ACM Conference on Hypertext and Hypermedia，2010.

用户如何描述和看待资源，也增加了标引语义化和多样性的可能，为大范围语义关联和知识网络的实现奠定了基础。因此，未来视频资源标引的重心将会转移到如何从视频中提取更多有价值的检索点，以帮助用户更好地检索视频资源。①

4. 自动标引应用中有待解决的问题

（1）中文自动标引的准确性难以保证。中文在基本文法上的特殊性，例如词语间没有间隔，“词”和“词组”边界模糊，复句和分句定义复杂，存在大量歧义词和新词等，这些都给准确地自动切分中文词汇、确定关键词造成阻碍。就目前水平而言，中文自动标引以分词为基础，但准确性难以达到很高的水平，句法分析、语义分析、篇章分析等语言分析技术应用较少，使得在此基础上的自动标引的质量和效率都不尽如人意。②

（2）知识库、词表内容更新困难。知识库、词表更新技术的效率较低，而语言词汇的更新速度非常快，每隔一段时间，就会出现不少新词，这些新词如果不能及时反映到知识库和抽词词表中，将会影响自动标引的准确性，而知识库、词表的更新是一项浩大的工程，现有的方法虽然有效，但是效率不高。

（3）对多媒体信息的自动标引研究尚不成熟。随着图像、音频、视频等多媒体信息的大量涌现，基于文本的传统标引方法，是用人工描述这些信息的底层特征，例如提取其中的关键词等。这样的方法既耗时，成本又高，而且带有一定的主观性，不能满足用户多角度查询的要求。随着计算机、图像处理、人工智能等技术的发展，研究多媒体信息基于内容的自动标引方法成为一种必然趋势。③

（4）网页自动标引质量堪忧。国内大多数搜索引擎没有对网页进行标引，其检索是基于关键词的字面检索，使得搜索引擎存在很多弊端，如检准率低，搜索结果中存在大量无用信息，用户需要花费很多时间和精力筛选自己真正需要的信息，这非常不利于用户对信息的查找和利用。

思考题

1. 简述信息系统的功能。
2. 试述对信息体进行主题分析的目的和意义。
3. 简述信息描述的作用和要求。
4. 什么是标引和标引语言？
5. 什么是自动分类？当前自动分类应用中存在的问题有哪些？
6. 简述自动标引的流程。

---

① 杨玉宇，张鹏翼．视频社会化标引与标引娱乐化研究：以哔哩哔哩弹幕网为例．图书情报工作，2020（8）：125－133.

② 贾君枝，闫晓美，武晓宇．政府信息公开的自动标引的设计与实现．情报理论与实践，2012（2）：109－113.

③ 余春．自动标引研究进展．图书馆学研究，2012（4）：18－22.

推荐阅读

1. 泰勒．信息组织：第 2 版．北京：机械工业出版社，2006.

2. 马张华．信息组织．2 版．北京：清华大学出版社，2003.

3. 叶继元．信息组织．北京：电子工业出版社，2010.

4. 曹树金，罗春荣．信息组织的分类法与主题法．北京：北京图书馆出版社，2000.

5. 余春．自动标引研究进展．图书馆学研究，2012（4）.

6. 李湘东，巴志超，高凡．数字文本自动分类中特征语义关联及加权策略研究综述与展望．现代图书情报技术，2016（9）.

第5章
分类法与主题法系统

概要

本章分为三节。5.1 节主要介绍分类法的基本内容及分类法在网络信息组织中的应用；5.2 节主要介绍主题法的基本内容，讨论了网络叙词表的应用及发展；5.3 节介绍了分类主题一体化词表的含义、类型及应用价值等内容。

学习要点

分类系统中不同分类法的特点及其适用条件；分类法在网络信息组织中的应用特点；主题法的基本内容；网络叙词表的应用特点；分类主题一体化词表相关内容。

学习目标

理解并掌握不同类型分类法的特点；理解网络叙词表的特点、类型及其应用与发展；认识分类主题一体化词表的应用价值。

5.1 分类法系统

分类法提供了一种检索方法，它有着悠久的历史。数百年来，哲学家们一直努力对知识进行分类，如培根、康德、黑格尔等构造的不同知识分类体系对近现代信息分类思想产生了深远影响。19 世纪下半叶开始，随着学科的不断变化和知识记录的不断增多，特别是专业图书馆的发展，不仅需要确定新知识、新学科在图书类表中的位置，而且需要在与实物信息体相对应的物理空间中对信息进行合理组织，以便实现有效检索。至此，分类法结构和体系得到了前所未有的发展。

5.1.1 分类法概述

1. 相关概念

分类是指依据事物的属性或特征对其进行区分和类聚，并将区分结果按照一定次序予以组织的活动。分类包括区分与排序。

信息资源分类是一种从主题内容角度组织和揭示信息资源的方法，是分类法在信息资源组织中的应用。信息资源分类的主要依据为信息资源的本质属性和非本质属性。

信息资源的本质属性是指载体上所记录的科学知识内容，它从根本上体现信息资源的价值和使用价值；信息资源的非本质属性是指载体的外在形式特征，如载体形态、语种等。

信息资源分类的编制要求有如下几点。

（1）按照内容的相互关系进行组织。分类法要求不仅按资源内容进行区分和类聚，还要按照类目关系组成等级系统，用户可按照等级系统查找所需内容，并可以根据类目之间的关系，扩大或缩小检索范围，由此及彼查找相关资料。

（2）对信息资源的分类是指从一定角度出发组织和揭示信息资源。由于信息资源主题内容的联系是多维的，分类法一般只从内容角度揭示其主要联系，选择将哪个联系作为主要揭示的联系，是由信息资源用户的需求决定的。例如，学术性信息资源通常是按传统学科、专业分类体系划分；事物性信息资源则通常按问题或事物名称来划分。

（3）采用一定标记符号作为排序工具。现代文献一般采用一定的标记符号系统表示类目之间的关系，通常由数字或字母组成。标记符号的优点是简短、明了，通用性和排序性好；缺点是直观性差，必须与类名结合使用。为方便用户，网络分类体系在检索界面一般不显示其标记符号。

（4）通过类目索引提供从字顺角度查找类目的途径。类目之间关系体系有时也会给查找带来困难，主题数量在文献内的不断增加，给人们从主题关系角度查找类目增加了难度，类目索引的目的就是便于从字顺的角度查找类目，类目索引是主题与分类号之间的桥梁。

2. 分类法的类型及特点

信息分类系统中的聚类和归类功能决定了分类法存在的意义。一般认为，分类系统就整体而言分为聚类和归类两个子系统：聚类是指按照信息资源的特点和使用需要，通过区分和类聚建立起类目体系的过程；归类是指依据建立的类目体系对信息资源进行类分的过程。聚类的结果是建立科学、合理的类目体系，如各种文献分类法等，聚类是归类的前提条件，是对组织进行分类的重要依据和工具；而归类则是聚类系统的具体应用，它体现了聚类过程的实际存在意义。

分类法又称文献分类法，是按照类目之间关系组织起来的，并配有一定标识符号的类分信息资源的工具。它是信息资源分类的特定依据和规范，是聚类的结果。

分类法按照编制方式可分为：等级列举式分类法、分面组配式分类法、列举-组配式分类法。

（1）等级列举式分类法。等级列举式分类法是一种将所有的类目组织成一个等级系统，并且尽量采用列举的方式编制的分类法，亦称列举式分类法、枚举式分类法。其具体表现形式为：类目体系组成一个树状结构，按照划分的层次列出详尽类目，以缩格表示类目等级关系，最后形成一个等级链。整个体系以知识分类体系编制，亦称体系分类法，是世界上使用较为广泛的一种分类法。常见的有《杜威十进分类法》（DDC）、《中图法》等。

等级列举式分类法的优点为：分类结构显示直观，易于把握、便于使用；类目体系可展开并且比较系统，可做适当等级调整；标记简明，适于分类排架，适于组织分类检索工具。其缺陷在于：揭示专门主题的能力差，具有一定的凝固性，不便调整检索途径和进行多角度检索；无法根据科学发展自动生成新类，不能与科学发展保持同步；篇幅较大，对管理的要求较高。

（2）分面组配式分类法。分面组配式分类法是指在类目之间完全采用分面结构，将文献的内容分为若干因素，从分面寻找相应的类号，并按照一定的次序将其排列组配成一个完整的分类号的分类法。最常用的分面组配式分类法是《冒号分类法》（CC）和《布利斯书目分类法》（BC2）。

这种分类法的基本思想就是将事物分面，任何复合主题都可以分解为基本概念；同时，也可以通过相应的基本概念组合进行表达。分析-综合的原则贯穿分面组配式分类法的始终，分面（组面）就是按照某种分类特征产生的一组类目。分面的依据主要是主题的范畴体系，而分类学家对主题范畴的理解不尽相同。根据阮冈纳赞（Ranganathan）的范畴理论，范畴包括五个方面：

① 本体：表示事物对象或事物种类。例如，社会心理学和心理学中的人，宗教中的基督教、佛教。

② 物质：表示与主题对象有关的材料、载体等。例如，音乐类中的乐器，图书馆类中的期刊。

③ 动力或动因：涉及方面比较多，诸如形态、功能、问题、方法、操作、处理以及技术等。例如，经济类中的出口、进口，语言学类中的语法等。

④ 空间：表示主题所涉及的物理空间。例如，地域、国家等。

⑤ 时间：表示主题所处时间。例如，中世纪、21 世纪 60 年代等。

在不同的基本类下，同一基本概念因情况变化可归入不同范畴。例如，期刊在图书馆学中归入物质，在目录学中即是本体。

分面组配式分类法由分面类表、使用说明、大纲及索引组成，其中分面类表是其主体，使用说明、大纲及索引是其重要组成部分，每个大类由若干组面（范畴）构成分面公式；每一组面还可细分为亚面，如物质范畴还可分为物质性质、物质方法等；亚面还可细分为类目，组面、亚面、类目系统排列，构成分类体系。

例如，《冒号分类法》（第 6 版）划分了 42 个大类，其中艺术大类分为建筑、雕塑、绘画、音乐、舞蹈、戏剧等基本类；雕塑类又分为风格、形象、材料、技巧等组面；风格再分为许多种亚面，如亚洲风格、欧洲风格等。

大类内排列顺序按照每大类分面公式进行，每大类的分面公式在同一分类法中遵循同一引用次序。不同分类法依据的引用次序都不同，如《冒号分类法》就采用了阮冈纳赞的引用次序，我国复分表和范畴索引中均采用中文引用次序。

分面组配式分类法的具体表现方式为：类表中按范畴列出各种基本概念（组面），分别配予相应类号，根据主题分析选择基本概念及类号，将类号组合、排序（先后次序按照分面公式进行）。

例如，《冒号分类法》中“2 图书馆学”类的分面公式为：2 [P]；[M]：[E] [2P]。表示其组配次序为：图书馆类型面/资料面/操作面/学科面/空间面/时间面。“英国大学图书馆的期刊流通工作”这一文献的类号是“234；46：6.3”。从类号可以看出它由三个组面组配而成，其中“2”表示图书馆学，“34”表示大学图书馆，“；46”表示物质面中的期刊，“：6”表示动力面中的流通工作，“.3”表示空间面中的英国。①

分面组配式分类法的优点为：标引专指，可以通过概念组配，表达复合主题；标记表达性强，便于调整标记次序，可多途径检索，易于适应科学的新发展；类表篇幅较小，便于管理和修订。其不足之处为：分面类表类目体系不够直观；检索工具中的类目是组配而成的，类目分布不均衡；标引难度较大，对专业素质要求高；分面标记成分复杂，类号冗长，不宜用于排架。

（3）列举-组配式分类法。列举-组配式分类法是上述两种方法的结合，是一种在详尽类表的基础上，广泛采用各种组配方式的分类法，亦称半分面分类法。其特点为：以列举式列表为基础，有一定的直观性；广泛采用组配方式，可以达到分面类表同等标引水平；管理列表工作量大，组配符号标记复杂、冗长。当前该分类法以《国际十进分类法》（UDC）为代表。

列举-组配式与分面组配式同属于组配式分类法，故亦可将分类法分为两大类别：体系分类法和组配分类法。每一种分类法都有各自的优势和劣势，前者应用较为广泛，后者是在体系分类法的基础上发展起来的，多应用于各专业领域或由叙词语言组成的分类主题一体化的分面叙词表中。

5.1.2 分类法在网络信息组织中的应用

随着网络技术的飞速发展，网络信息资源在数量和内容上都有了突破性的增长，在方便用户获取信息的同时，也给用户高效率检索带来诸多困难。作为提供浏览检索服务的主要组织方式，分类法在满足用户族性检索方面有着不可替代的优势，因此，分类法在网络信息组织中依然扮演着重要角色。

归纳起来，当前分类法在网络信息组织中的应用主要有三种形式：一是传统分类法，如 DDC、UDC、《美国国会图书馆分类法》（LCC）、《中图法》等在数字图书馆、学术性网站及学科信息门户中的应用；二是各网站采用的自编分类体系，如雅虎、新浪、网易、搜狐等，称为主题指南或网络资源指南；三是大众分类法，是 Web 2.0 出现以后，用户通过对其感兴趣的资源进行标注从而形成标签集合，进而对资源进行分类的形式，主要应用于社交媒体资源的分类组织。下面将详细分析这几种形式。

1. 传统分类法及其应用

将传统分类法应用于网络信息组织，从学科角度能够深层次揭示网络信息资源的知

---

① 中国大百科全书编委会．中国大百科全书．北京：中国大百科全书出版社，2002.

识属性，是组织网络学术性知识内容的主要模式。在这方面国内外在理论和实践方面均进行了有益的探索。

(1) DDC 的网络应用。

① DDC 网络版。分类法的网络版，主要指在互联网上获取、使用、更新的分类法版本。DDC 是世界上使用较为广泛的分类法，近年来，在其版权所有者 OCLC 的努力下，由美国国会图书馆的杜威编辑部（Dewey Editorial Office）不断更新和维护，无论是在内容上还是在形式上，都紧跟时代的发展。1993 年问世的“电子杜威”开了分类法电子版的先河，1996 年开发出“视窗杜威”（Dewey for Windows），2000 年又率先推出了它的网络版（Web Dewey）。OCLC 的所有编目成员馆及其他用户可以通过网络获取和利用不断更新的 DDC 数据库。

② DDC 应用实例。Cyber Dewey 于 1989 年由 OCLC 在线计算机图书馆中心开发完成，该网站将 DDC 的十个大类及其每个类目下的子类以链接的形式呈现，使用者进入网页后可以方便地查询相关类目。

Cyber Dewey 将 DDC 作为其资源目录的浏览框架。其首页即是 DDC 的十个大类，000 总论（Generalities）、100 哲学与心理学（Philosophy and Psychology）、200 宗教（Religion）、300 社会科学（Social Science）、400 语言（Language）、500 科学与数学（Science and Mathematics）、600 技术（Technology）、700 艺术（Arts and Entertainment）、800 文学（Literature）、900 地理与历史（Geography & History）。

每个大类均采用重点列类的方法，如 600 技术类包括工程学、管理学、医学等。这样的编排方式使得每个类目的外延和内涵都更加清楚（见图 5-1）。

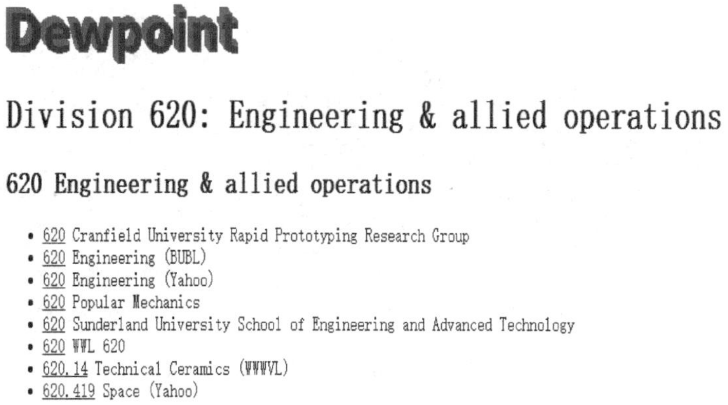

图 5-1 Cyber Dewey 子类目重点列类

资料来源：https：//library. tedankara. k12. tr/dewey/D620. html.

该网站只给使用者列出了类目的名称，没有与相关资源库直接融合，类目体系相对独立，具体信息需要以链接的形式跳转到其他网站，因此 Cyber Dewey 也被认为是 DDC 的简易网页版。

(2)《中图法》的网络应用。

①《中图法》网络版简介。随着检索语言工具在互联网环境中的表现形式和具体应用等方面问题的出现，国家图书馆《中图法》编委会开展了大量的相关研究，借鉴了国

外分类法、词表的先进研制经验，于2009年研制发布了《中国分类主题词表》（第二版）网络版，包含《中图法》（第四版）网络版。2010年9月《中图法》（第五版）出版（网址为http：//clc5.nlc.cn）。《中图法》的网络应用主要集中在电子图书及全文数据库，如方正Apabi数字图书馆、超星数字图书馆、维普中文科技期刊数据库、中国期刊全文数据库等。

②《中图法》应用实例。国家科技图书文献中心（National Science and Technology Library，NSTL，以下简称中心）是经国务院领导批准，科技部联合财政部等六部门于2000年6月12日成立的一个基于网络环境的科技文献信息资源服务机构，由中国科学院文献情报中心、中国科学技术信息研究所、机械工业信息研究院、冶金工业信息标准研究院、中国化工信息中心、中国农业科学院农业信息研究所、中国医学科学院医学信息研究所、中国标准化研究院国家标准馆和中国计量科学研究院文献馆九个文献信息机构组成。中心以构建数字时代的国家科技文献资源战略保障服务体系为宗旨，按照“统一采购、规范加工、联合上网、资源共享”的机制，采集、收藏和开发理、工、农、医各学科领域的科技文献资源，面向全国提供公益的、普惠的科技文献信息服务[①]（见图5-2）。

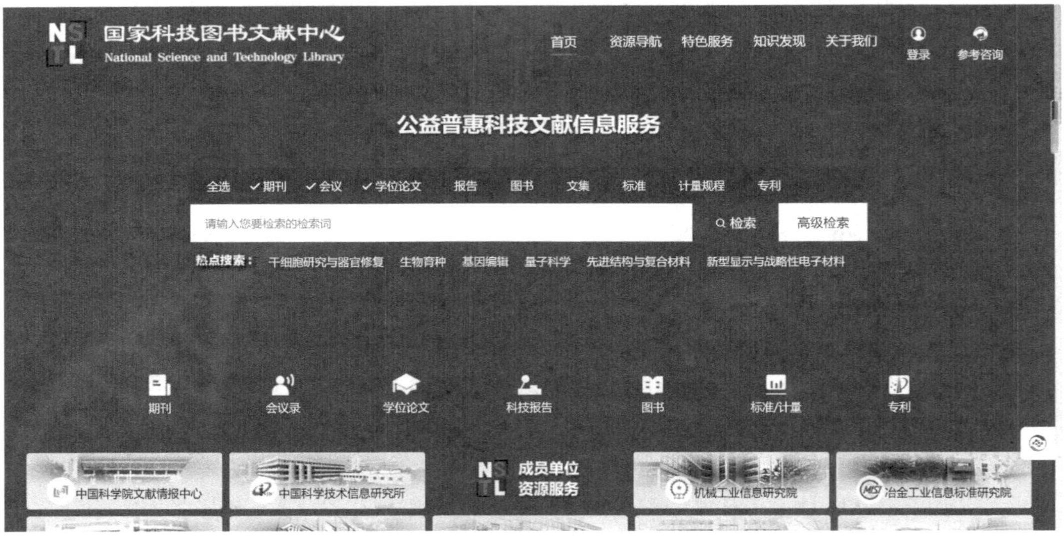

图5-2 国家科技图书文献中心主页截图

资料来源：https：//www.nstl.gov.cn/.

其网站数据库使用《中图法》对文献期刊的索引进行组织，读者可以采取分类导航的方式查找文献，也可以使用分类检索的方式进行精确查询。前者提高了文献的查全率，后者采用直接输入检索式查询的方式，可以有效提升查准率。

在分类导航页面，用户可以按照网站列出的分类类目逐级查找需检索的文献期刊，逐层浏览各级类目，点击检索目标所属的学科领域即可（见图5-3）。

---

① https：//www.nstl.gov.cn/Portal/zzjg_jgjj.html.

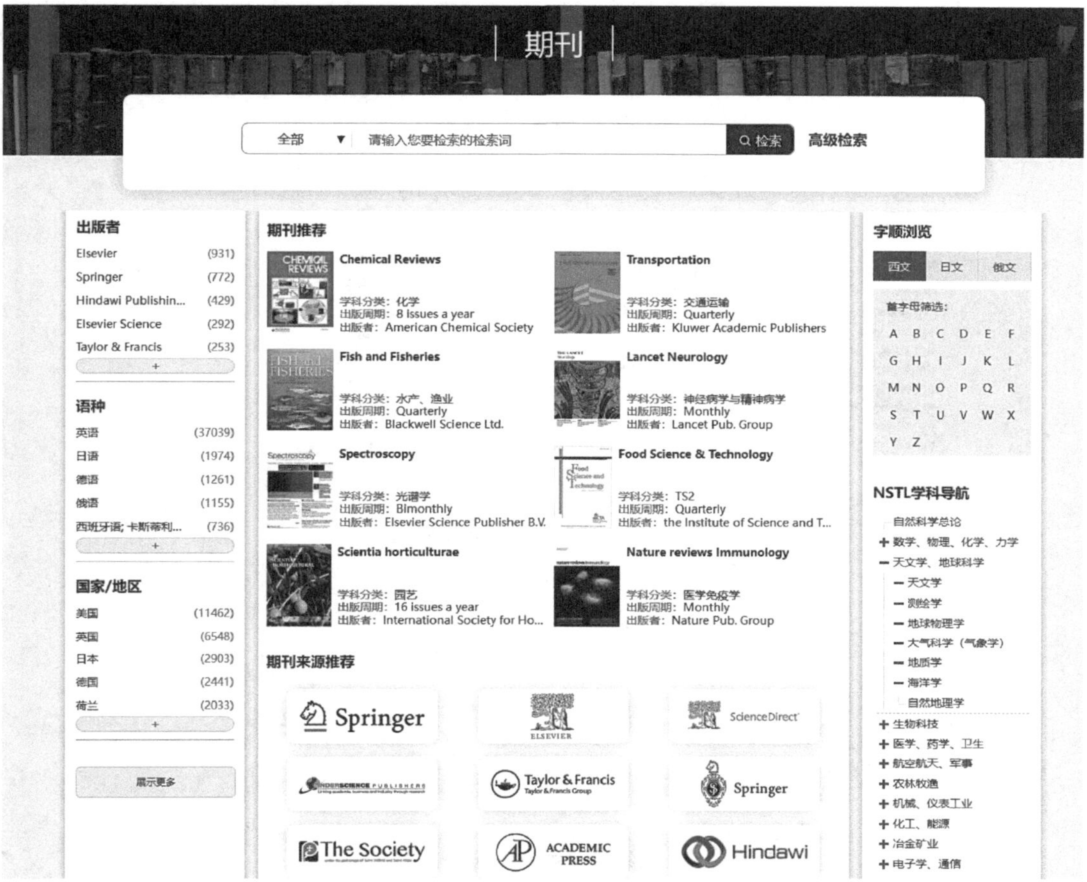

图 5－3　按学科领域逐级检索页面图

资料来源：https：//www.nstl.gov.cn/resources_search.html?t=JournalMatrix.

同时，该数据库为简化检索方式、提高检索效率，在高级检索和专业检索中都设置了分类检索方式。用户选择类别后，再选择下方的子类；选择检索字段，输入检索词；选择相应的数据库，也可以跨库检索；设置查询的限制条件，比如馆藏范围、时间范围等。这样的检索方式既发挥了《中图法》族性检索的优势，也大大缩短了检索的时间（见图 5－4）。另外，快速检索中分类检索方式见表 5－5。

特别是“十二五”规划以来，由国家科技图书文献中心牵头，构建了我国面向外文科技文献的科技知识组织体系（Scientific & Technological Knowledge Organization Systems，STKOS），为我国海量外文科技文献信息的组织和利用提供了支撑，STKOS 超级科技词表融合了主题词表、术语表、叙词表、分类表、词典等各种知识组织素材，以科技术语为基本单元，以概念为核心，以来源词表的原有关系为依托，是通过概念与来源词表术语进行语义关联的词网络，在实现分类主题一体化检索服务的同时，也促进了知识的发现、整合与共享（见图 5－6）。

（3）评价。传统分类法在网络信息组织中的广泛应用体现出其独特的优势：

① 分类浏览方便，族性检索功能强。传统分类法自身科学的类目编排体系与族性的

图 5-4　高级检索中分类检索方式展示图

资料来源：https：//www.nstl.gov.cn/search_advanced.html?nt=JournalPaper&nt=ProceedingsPaper&nt=DegreePaper&nt=Book.

图 5-5　快速检索中分类检索方式展示图

资料来源：https：//catalogue.nstl.gov.cn/#/search.

图 5－6　知识发现系统中分类表与词表的融合应用展示图

资料来源：https：//www. nstl. gov. cn/stkos. html.

排列便于用户浏览和检索。

② 类名用词规范，易于理解。

③ 标识系统规范，便于跨语言检索。大分类法都有一套符号标识系统，直观易记，方便不同语言、不同信息系统之间的链接，可以作为不同语言分类系统的转换中介，适用于多语种信息资源的组织，可实现跨语言检索。

④ 深厚的用户基础。传统分类法经过了很长时间的发展，应用范围广，有着深厚的用户基础。因此，传统分类法应用于网络信息资源的组织，用户易于接受和理解。

当前环境下，传统分类法在网络信息组织中的应用还存在一些不足：

① 维护更新方面。传统分类法对重新修订很慎重，通常维护更新周期也比较长。网络信息的分类法则可以随时修订。

② 类目排列方面。传统分类法对于文献的揭示较为深入，因此类目层次较多。层次过多会造成用户的多次点击浏览，这样用户容易产生厌倦等情绪，有可能转向其他检索方式。

③ 容纳资源方面。传统分类法以揭示文献信息为主，而网络环境下信息的类型多种多样，音视频、软件等资源无法用传统分类法精准地进行标引和揭示。

根据网络信息的特点和网络信息用户的需求，通常需要对传统分类法做以下调整，以适应网络信息组织的需要。

① 增加非专业的信息类目，适应网络上的多媒体信息，并适当按照用户的需求程度，突出信息量大、利用率高的类目。

② 考虑到网络用户的耐心程度，适当减少类目层次，尽量维持在 2～3 级。

③ 尽可能揭示信息之间的横向关系，通过分面分析和多重列类，实现对一个类目的

多标准划分。

④ 将学科聚类和主题聚类结合起来，满足不同层次的用户需求。

⑤ 注重分类法的界面设计和功能体现，以适应网络环境的资源特点及网络用户的行为习惯，提供良好的用户体验等。

2. 网络资源指南及其应用

（1）网络资源指南的含义及特点。网络资源指南，又称为“主题指南”“网络资源目录”等，它通过人工方式进行网络信息资源的搜集，且采取人工方式来进行网站描述，并采用宽泛的主题领域建立类目体系，用户以此进行笼统或较为笼统的主题浏览和检索。其特点有：

① 层级目录式信息导航。网络资源指南提供一种可检索和查询的等级式主题目录，以超文本链接方式把资源按不同类型划分成不同的目录，各目录引出属于这一类别的网站名称和网址链接以及每个网站的内容简介。

②人工分检 。通过有专业知识的网页编辑人员对网页进行精选，然后对选中站点做适当的描述，并根据站点的内容和性质将其归入一个预先分好的类别，把站点的 URL 和描述放在该类别中，即建立一个索引目录，来给用户提供服务。

③主题浏览式信息检索 。当用户查询信息时，只需按分类目录逐层查找，网络资源指南就会将找到的相关网站名称、网址及内容简介呈现出来，用户单击网站名称即可进入相应的网站。

（2）网络资源指南应用实例。DMOZ 网站是一个开放式分类目录——目前互联网上最广泛的人工目录——网站。它是由来自世界各地的志愿者共同维护与建设的最大的全球目录社区。开放式分类目录以人工分类为主，涉及的领域非常广泛，专门为互联网上最大、最普遍的搜索引擎和门户网站提供主要的目录服务，其中包括 Netscape、谷歌、Lycos、DirectHit 等。图 5－7 为 DMOZ 网站的主页截图。

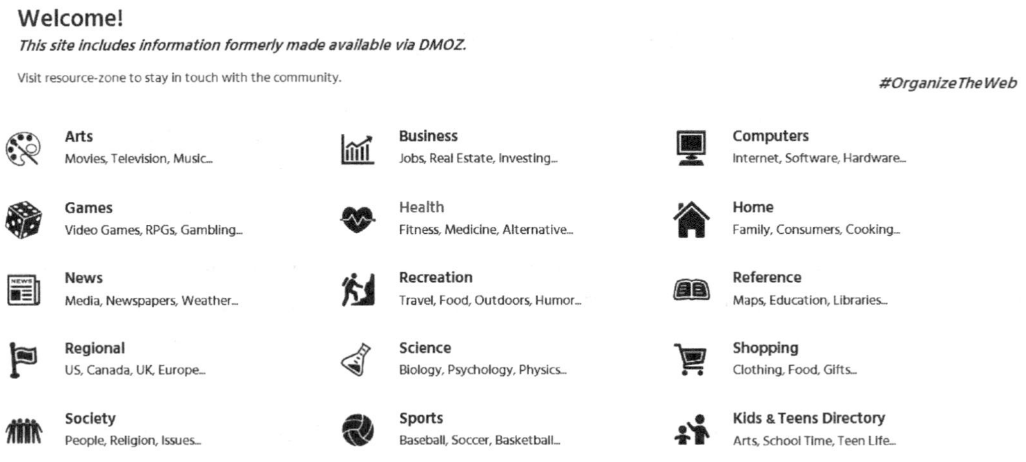

图 5－7 DMOZ 网站主页截图

资料来源：https：//www. dmoz-odp. org/.

DMOZ 的类目体系可分为：

① 基本大类。DMOZ 共分为 16 个大类，分别是：艺术（Arts）、商业（Business）、计算机（Computers）、游戏（Games）、健康（Health）、家庭（Home）、新闻（News）、休闲（Recreation）、参考（Reference）、地区（Regional）、科学（Science）、购物（Shopping）、社会（Society）、体育（Sports）、儿童与青少年（Kids & Teens Directory）、世界（World）。

从 16 个大类的类名可以看出，DMOZ 对于类名的设置与传统分类法有较大的区别，它是按照资源的主题进行组织的。如大类中的儿童与青少年、购物、休闲、游戏等类目具有很强的实用性。

世界大类下是对应不同语种的目录。如在"简体中文"目录下，所有的内容网页都是中文网页。同时，这些网页都是各种不同语言的原始网页，并非翻译而来。

② 类目的展开。DMOZ 在网页目录展开中充分考虑到网络信息用户的检索特点，在重视纵向类目体系中检索主题的排列的同时，兼顾横向关系的揭示（见图 5-8）。

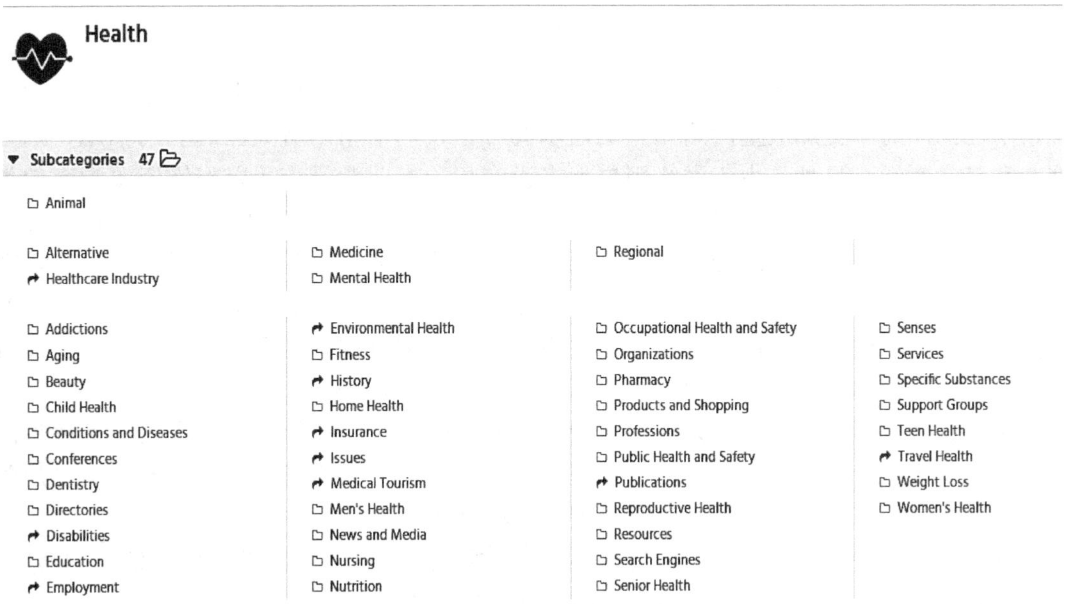

图 5-8　DMOZ 类目展开

DMOZ 的网页二级目录设置得比较具体，如在健康大类下，设置了 47 个下级类目。类目之下还有相关类别（Related Categories），列举了与该类目相关信息的路径，起到参照的作用。同时，网页下方还列有该类目其他语言的版本和与该大类相关的网站超链接，揭示了类目间的横向关系（见图 5-9）。

（3）评价。网络资源指南的优势如下：

网络资源指南以分类理论为依据。网络资源指南是传统分类法在网络环境下的新发展，因而依然遵循知识分类的原则。它是从事物主题概念出发，根据主题或主题与学科的结合来组织网络信息资源的一种分类体系，可以通过上下位类的限定来扩大或缩小检索范围，提高查准率。

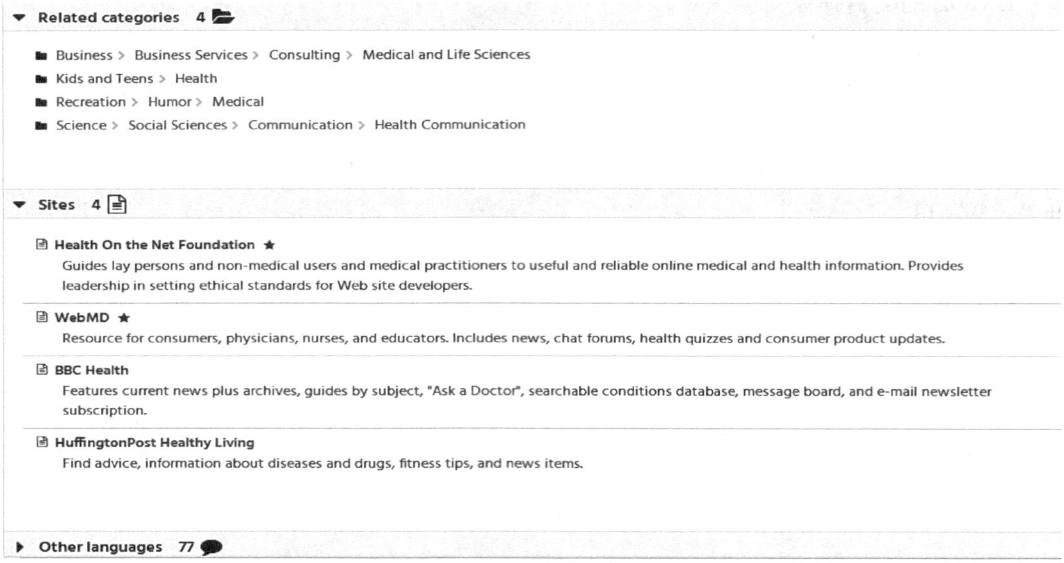

图 5-9 类目横向关系的揭示

网络资源指南以实用为本。网络资源指南面对的是终端用户，类目体系的设置在考虑科学性的同时，更加注重网络用户的需求和习惯，列举用户所关注的热门话题，贴近社会和日常生活。另外，由于网络用户大多没有相关专业背景，所以网络资源指南的类名要简洁易懂，类目体系也要易学易用，因此，网络资源指南要以实用为根本出发点。

网络资源指南以快速准确检索为目的。网络资源指南不需要考虑分类排架，它旨在为用户提供网上信息的指引，并与相关资源建立快速有效的连接。与一般搜索引擎不同，分类浏览的上下位类的限制，使检索结果更加准确，信息相关度高，适合网络新手或者检索目的不明确的用户，方便用户快速准确地检索到所需信息。

网络资源指南以人工收集处理信息为主。网络资源指南一般是经过人工分类整理的网络列表，由人工来收集和组织信息，建立和维护目录。一般是由学科专家依据自建的主题分类系统，将筛选过的网站按照主题相关性加以归类。

网络资源指南以超文本技术为支撑。超文本实现了快速扩检和缩检网络信息的功能，提供了查询信息的捷径，对用户信息查询起到了指引作用。

当前环境下，网络资源指南还存在一些不足：

在类目设置上，二级以下类目设置较为随意，类目之间的逻辑性不强导致类目的外延和内涵较为模糊。隶属关系混乱，在横向关系的揭示上存在不一致。

在知识分类上，因为网络自编分类体系的类目大多以网络信息资源作为保证，其类目体系往往并不涵盖全部知识领域，一些主题指南的分类体系缺乏系统性和完整性，基本大类设置不够科学，知识涵盖不全。①

在类目的排列上，按类名字顺或检索频率进行排序，割裂了类目之间的逻辑联系，类目之间逻辑性较差。同位类的排列不能揭示类目之间的关系，缺乏对知识门类系统的

① 冷伏海，徐跃权，冯璐．信息组织概论．2 版．北京：科学出版社，2008：279.

显示和对相关关系的揭示。[①]

在目录设置上，没有考虑学术的资源分类，过于随意和生活化，虽然满足了部分用户的使用需求，但是缺乏规范性。

3. 大众分类法及其应用

（1）大众分类法的含义及特点。大众分类法又称自由分类法、民众分类法等，表示由信息系统用户自由地进行标签的标注而形成分类体系的方法。通常在社会网络系统中，人们为了方便检索，对信息资源进行自由标注而得到标签（词表）集合。从这个意义上讲，大众分类法的本质更接近于主题标引，而这里的分类仅仅是就其效果而言。[②]

社会网络系统具有共享、开放等特征，每个标签用户都可以针对其自身感兴趣的资源进行标注从而形成自己的标签集合，而网络中所有用户的标签集合从整体上构成了系统的大众分类。大众分类法可分解为标签、信息资源和用户三个要素。

① 标签。标签是用户赋予资源的标识，是大众分类法的结构单元，用来描述资源的主题、性质、功能、特点等，是用户对资源进行组织的基础，反映了用户之间的多元化认知。

② 信息资源。信息资源是标签标注的对象。通常是带有独立标识统一资源标识符（URI）的网络信息，如网站、图片、音频、视频等。这些网络信息资源可以来自用户自身或者其他用户，也可以是网络上开放共享的资源；系统允许用户对这些资源进行操作，同时对这些资源的标注可以与他人共享。

③ 用户。用户是标签的创建者，是标签信息系统服务的对象，也是网络中资源的发布者、收集者、传播者和共享者。这里所说的用户可以是互联网上所有的浏览者，也可以是注册信息系统者。

因此，基于上述三个要素，适用于大众分类法的信息系统必须是开放的，封闭的网络系统和标签集合并不能动态发展，无法满足大众分类法所允许的用户对资源进行自由标注的需求。

（2）大众分类法应用实例。

① Flickr网站信息分类。Flickr是雅虎旗下图片分享网站，是提供免费及付费数位照片存储、分享方案等线上服务，以及网络社群服务的平台。其重要特点是基于社会网络的人际关系拓展来组织内容。许多使用者在Flickr上分享他们的私人照片，该平台也可作为网络图片的存放空间，因此受到许多网络作者的喜爱。Flickr受到欢迎的原因是其创新的线上社群工具，能够将照片标上标签并且以此方式浏览。[①] 2013年5月，Flickr进行了大幅改版，彻底改变了外观，而且升级了安卓应用，并增加了存储空间。

Flickr网站可以保存图片的标题、标签、作者、位置、上传时间等信息，同时利用元数据进行描述，如相机型号和图片存储格式（EXIF，XMP，IPTC三种格式）的信息。在这些数据中，标签起到了关键作用。标签描述的是元数据所不能描述的内容，如人物、

① 司莉．信息组织原理与方法．武汉：武汉大学出版社，2011.

② 王松林．资源组织．北京：国家图书馆出版社，2011.

事件和人物关系等内容。同时，Flickr 的标签还提供了 RSS 订阅、标签云图、GPS 信息共享浏览等特色功能。Flickr 允许用户对照片的某一部分添加标签，系统自动识别图片信息，这样某些图片的特点就可以更精准地表达出来。另外，加入了通讯录的好友关联和群组之间的共享也使得语义信息可以共享。

② LibraryThing。LibraryThing 是一个非集成图书馆系统供应商。LibraryThing 使用 Z39.50 协议自动从书商及图书馆那里获取书籍数据，用户可以上传、导入符合机读目录（MARC）或者都柏林核心（Dublin Core）格式的书籍数据。同时，用户创建属于自己的书架，对书进行标签标注等操作之后，LibraryThing 会向用户推荐你可能感兴趣的书籍，并且通过书籍共性构建社会化网络。例如，使用“Members with your books”功能，LibraryThing 会告诉用户 50 位和其拥有相似书籍的用户；而当用户浏览别人的书架时，LibraryThing 会告诉用户与其共同拥有哪些书籍。通过这些找朋友的方法，用户可以方便地在 LibraryThing 上建立起书友网络，促进用户社交功能的实现。

LibraryThing 在社会化网络的运营之外，创造了一种把虚拟的网络关系实体化到现实世界中的方式——图书交换。同时，它在图书馆自动化领域发现其重要的资源整合价值，通过提供内容或服务增加价值，创造可以整合到图书馆现有自动化环境中去的产品。LibraryThing 力图通过其开发的 LibraryAnywhere 尽早实现移动访问图书馆馆藏的功能，并且比集成图书馆系统提供的功能更多，价格更低。

例如，LibraryThing 协助用户创建书籍目录，允许用户从任何终端访问自己的图书馆，包括移动电话。由于所有用户的目录集中在一起，LibraryThing 还将拥有同样书籍的用户联系起来，提供下一次阅读书籍的建议。LibraryThing 是功能全面的图书目录应用程序，用户可以在此搜索美国国会图书馆、亚马逊站点和 690 多个全球性图书馆，同时可以编辑自己的信息，进行搜索和筛选，给自己的书籍目录添加标签，或者使用美国国会图书馆和杜威系统进行组织，从而实现用户自我管理和组织的功能。

（3）评价。大众分类法为网络用户实现知识自组织提供了平台，为其带来了独特的优势：

① 大众化。用户是知识组织的主体，大众分类法为所有用户的知识价值实现提供了可能。

② 低成本。用户大规模标注信息显示了大众分类法的低成本。

③ 社会化。不同用户对于不同信息资源的标注的共享能提供丰富的语义链接，消除信息孤岛。

④ 动态发展。大众分类法的标签总是不断增长的。

除此之外，大众分类法也存在一些不足：

① 语义模糊。标签中存在大量的一词多义和多词一义的现象，导致同样的标签在不同用户的描述里有不同的含义、不同的标签在不同的用户描述里有相同的含义。

② 垃圾标签。由于标签的开放性，用户可以按照自己的理解创造标签和生造词，这就导致出现很多无法理解的现象，另外语义字形的误用同样会产生大量的垃圾标签。

③ 标签滥用。包括恶意标签和带有暴力、不文明含义的标签。

④ 用户概括、抽象思维能力的差距和标签的个性化导致同样的内容在不同用户的描

述中存在很大的差异。

4. 网络分类组织的发展

在当今网络信息组织方式纷繁复杂的时期，每一种分类方式都有自身的适用范围，未来的网络分类组织将会采用融合的理念、更多的用户参与、更精准的个性化服务方式，以达到更有效的组织效果。具体体现在：

其一，传统分类法与网络资源指南的结合应用价值凸显。虽然搜索引擎技术发展所带来的搜索便捷性给传统分类法和网络资源指南带来了一定的冲击，但与此同时，将网络资源指南和传统分类法结合应用于专业领域却成为近年来研究开发的热门课题。比较典型的如医学信息领域、商业信息领域的资源指南，以其层级分类式目录导航和主题式信息检索结合的特点，在专业主题检索中的优势愈加明显，这也促使其他学科领域积极探索结合自身学科特色的目录资源指南。相信专业性的学科指南会成为学科检索服务的有力辅助工具。

其二，用户主导的理念是未来网络分类组织的主要思路之一。当下的研究热点主要集中在标签的基础建设上，例如允许用户标记标签之间的等级关系、标签所属分面①；关注标签的属性，并开发实验系统，提出通过"众包"的方式，结合人工与自动方法，共同构建词表，以使每个用户只需少量智力劳动，主要通过自动方法就可将编辑的结果汇总形成完整的体系结构。② 但如何有效地在大众标签中进行等同、相关等词间关系的标注和控制，以及如何实现由资源创建者、使用者共同在系统和机制层面进行资源组织等，仍是尚未解决的问题。

其三，增强语义检索功能成为分类组织的重点。传统的搜索引擎依赖于关键词查询，但关键词匹配无法有效体现语义信息，导致搜索结果的语义相关度不尽如人意。随着社会化标注理念的深入，学者们意识到借助社会化标签辅助语义检索，能避免传统信息检索存在的语义不足。目前研究主要利用潜在语义分析模型、本体知识库等方法来分析社会化标签语义以辅助实现语义检索。由于标签存在同义、多义的现象，不能仅靠标签匹配实现检索，需要结合标签的上下文进行语义分析。因此，将社会化标签融入潜在语义分析模型应用于信息检索中，通过矩阵分解获取潜在语义，在语义层面分析相似度，能弥补语词层面的关键词匹配存在的不足，消除同义、多义的现象。

综上，长远看来，人工智能技术的发展将能有效促进信息组织分类法的改进。大量涌现的用户交互和标注等信息行为，为信息组织分类系统提供了丰富的学习和训练数据，能够深层次挖掘和揭示语义信息，更好地满足用户的不同需求，提供个性化服务。因此，信息组织分类法的适应性将持续增强，朝着人工智力和机器智能相结合的复杂社会系统方向发展，并能体现用户高参与度的结构特征。

---

① Quintarelli E, Resmini A, Rosati L. Information Architecture: Facetag: Integrating Bottom-up and Top-down Classification in a Social Tagging System. Bulletin of the American Society for Information Science and Technology, 2008 (5): 10-15.

② Bragg J, Mausam, Weld D. Crowdsourcing Multi-Label Classification for Taxonomy Creation. Proceedings of the AAAI Conference on Human Computation and Crowdsourcing, 2013 (1): 25-33.

5.2 主题法系统

主题检索已经成为网络时代获取信息的一种主要途径。搜索引擎曾尝试弥补互联网的不足，但是用户对于关键词查询动辄数以万计的“检索结果”十分失望。随着可供检索信息的大量增长，关键词搜索手段越来越难以满足人们的需求。检索系统虽然在某些狭窄的主题领域里已取得了很大进步，但仍然存在许多问题，比如允许用户使用“自然语言”，却不能有效地区分不同语言环境下词汇的含义和词性。譬如同一概念的表达有不同语法形式，同一用户在不同情景下使用同一语词时表述的含义不同。人们有时不会想到用相同的术语来表达相同的概念，从而造成检索效率的低下。为提高检索效率，显然有必要用控制词表来罗列表达某一概念的所有可能语词，并区分隐含在某一语词中的所有可能含义。

5.2.1 主题法的概念与特征

主题法是分类法之外的另一种从内容角度标引和检索信息资源的方法。

1. 主题法的概念

主题法是指直接以表达主题内容的语词作为检索词、以字顺为主要检索途径，并通过参照系统等方法揭示语词间关系的标引和检索信息资源的方法。主题法包括标题法、元词法、叙词法和关键词法等，它们共同构成主题法系统。

主题法是信息资源的主题整序方法，是主题标引语言的统称。其中，主题词是主题法的主体，主题标引是主题法在信息组织中的应用。于是，各种各样的主题词表成为主题法发展演化的主体。

在我国，主题词表的发展在数量上十分可观。例如，《中国中医药学主题词表》《中国档案主题词表》《中国分类主题词表》《教育主题词表》《汉语主题词表》《大气科学主题词表》《农业叙词表》《电力主题词表》《军用主题词表》《数学汉语主题词表》等等。其中，《汉语主题词表》为一部大型的综合性中文叙词表，它囊括了人类知识的所有门类，分 3 卷 10 个分册出版，共收录叙词 11 万条。

2. 主题法的特征

目前国内外采用的主题法类型很多，一般都具有下述特征①：

（1）直接选用自然语言中的语词进行标引和检索标识。不像分类法那样，主题法以一种抽象的号码系统作为检索标识。

（2）以字顺为主要检索途径，通用性强。

---

① 马张华．信息组织．2 版．北京：清华大学出版社，2003：185－186.

（3）以特定事物、问题、现象即主题为中心集中信息资源。

（4）通过详尽的参照系统等方式揭示主题词之间的关系。

5.2.2 主题法的发展

主题法真正形成和发展主要是在19世纪后半期，此时传统分类法已不能完全满足人们的需要，除了对分类族性检索的需求之外，人们产生了对具体主题的特性检索需求。以美国第一个标题词表《美国国会图书馆标题表》（LCSH）为标志，主题法的发展经历了从标题法、元词法、叙词法到关键词法的过程，并在词汇控制方式、功能以及应用技术方面不断完善和发展，以适应日益多样化的实践需要。

1. 标题法

（1）标题法的含义。最早的主题法就是标题法，它是一种以标题词作为主题标识，以词表预先确定的组配方式标引和检索的主题法。其中，标题词是指经过词汇控制，用来标引文献的词或词组，通常是比较定型的事物名称，如图书分类法、信息组织、信息科学等。标题法的依据是标题表，标题表经历了不断修订和扩充，1900—1914年美国国会图书馆把主题目录中累积的众多标题整理出版，命名为《美国国会图书馆字典式目录用标题表》，1975年8月改名为《美国国会图书馆标题表》，并沿用至今。2019年4月出版第41版。[①]

标题法的应用和发展引起人们对于分类法的重视和改进。杜威（Dewey）第一次采用标题法的原则编制出DDC的相关主题索引，这是把分类法与主题法相结合的一个重要举措。

（2）标题法的特点。标题法的优点：采用列举式词表，形式直观；采用定组式标题，结构固定，含义明确；按词表列举的标题和副标题进行标引，操作简便；通过参照方式对词汇进行控制，并揭示标题的相关性。

标题法的不足：由于采用列举方式，往往存在收词量巨大、专指度相对不足、修订量大等问题；采用定组式标题，无法从多角度多因素进行检索。

2. 元词法

（1）元词法的含义。元词法也称单元词法，是早期的后组式主题法，它是以元词作为主题标识，通过字面组配的方式表达文献主题的主题法。元词是指用来标引文献主题的、最基本的、字面上不能再分解的语词，如马克思、图书馆等。复合主题通常是通过对元词的组配获得的，如“塑料隔音板”由“塑料”“隔音”“板”3个元词组合而成。

（2）元词法的特点。元词法的优点：元词法词表体积小；标引专指度高；便于从不同角度检索；适合对专指主题进行标引。

元词法的不足：直接性差；不适合用于查找基本单元主题外延很大的元词文献，如

---

① 司莉．信息组织原理与方法．2版．武汉：武汉大学出版社，2020：113.

“经济”“科技”等主题；采用字面组配方法，在与语义分解不一致时，容易产生误差；早期的元词法没有建立参照系统，不利于相关资料的查找。

3. 叙词法

（1）叙词法的含义。叙词法是以从自然语言中精炼出来的、经过严格处理的语词作为文献主题标识，通过概念组配的方式表达文献主题的主题法类型。叙词，国内常称为主题词，是指经过规范化处理的、以基本概念为基础的表达文献主题的词和词组。叙词表为叙词法的依据，国外数量超过千种，国内超过 130 种，目前常用的是《汉语主题词表》。

（2）叙词法的特点。叙词法的优点：结构完备，词汇控制严格；组配准确，标引能力强；检索效率高，可灵活组配，多途径检索；检索系统适应能力强，可同时适用于手检和机检。

叙词法的不足：词表编制和管理的难度大，需花费较多人力、物力；文献标引需在概念分析的基础上进行，难度大，要求高，对标引人员的素质要求也较高。

（3）叙词法与元词法的异同。叙词法与元词法的相同点是将分面分类中的组配引入主题法，差异是叙词法以概念组配取代元词法的字面组配，二者有本质上的区别，具体表现为：

① 对语词单位的要求不同。概念组配要求词汇单位既能组配表达概念，又能独立表达概念，且在两种情况下概念表达应该一致，即组配结果应该表达一个概念，因此，概念组配不要求一定是单词，也可是词组；字面组配强调词汇单位的单元性，需是最小的单词，不能是词组，且单词独立表达概念的能力差，不能保证组配结果概念的唯一性。例如，“隧道二极管”“雪崩二极管”“信息用户”，均由于组配后表达的概念与拆分前表达的概念完全不同，不能用于简单的字面组配。

② 组配的原则方法不同。概念组配本质上是在概念分析的基础上进行概念组合，因此，交叉是符合概念逻辑的组配，即组配结果所要表达的概念同参与组配的概念之间是有逻辑交叉关系的，具有上下位关系（种属或者整分关系）；字面组配只进行语词的拆分和组合，符合语词规则，但不一定有概念逻辑关系，偶尔有两者重合的时候，但纯属偶然，并非原理本身所致。

③ 字面组配与概念组配实例分析。例如：脑肿瘤、河北梆子、香蕉苹果、熊猫蚊香。

若对以上概念使用字面组配，如下所示：

“脑＋肿瘤”⟶“脑肿瘤”——无误差

“河北＋ 梆子”⟶“河北梆子”——用“河北”检索有误差

“香蕉 ＋ 苹果”⟶“香蕉苹果”——用两个单词检索误差大

“熊猫 ＋ 蚊香”⟶“熊猫蚊香”——用单个词检索易产生歧义

若对以上概念使用概念组配，则如下所示：

“脑＋ 肿瘤”⟶“脑肿瘤”

“河北地方剧＋梆子”⟶“河北梆子”

“香蕉味水果+苹果”——→“香蕉苹果”

“熊猫牌商标+蚊香”——→“熊猫蚊香”

由以上比较可以看出，字面组配只有在与概念组配偶尔重合时误差小，其他情况下检索误差都比较大。因此，概念组配的检准率明显大于字面组配。

4. 关键词法

（1）关键词法的含义。关键词法是一种快速简便的检索方法，是指将文献原有的、能描述其主题概念的那些具有实质意义的词提取出来，不做规范化处理或只做少量的规范化处理，按字顺排列，以提供检索途径的方法。关键词指出现在文献中，并能反映主题的重要语词，一般是具有实质意义的语词（入口词）。例如，一篇题名为《关于文献标引的方法与步骤》的文献，其中只有“文献标引”“方法”“步骤”是关键词，其他如冠词、助词、连词、介词以及一些通用概念词（“作用”“理论”）等都可以列入非关键词表。

（2）关键词法的特点。关键词法的优点：标引无需主题分析和查看词表，简便易行；标引和索引易实现自动化，以保证信息更新的及时性；等等。

（3）关键词法与元词法的不同。元词的同义词和近义词是经过优选的，关键词保持用词原状，甚至对同一词的单复数和变格等词形变化不加统一而保持原状；同义词、近义词、一个词的不同形态并存；所有的关键词都是平等的，全部按字顺排列；若干关键词结合构成一条索引款目；全部关键词在检索系统中都彼此孤立，无任何联系。

关键词法在国外主要适用于计算机编制各种关键词索引，如单纯关键词索引、题内关键词索引、题外关键词索引等。

关键词法的不足：采用自然语词，规范化程度低，易造成漏检；关键词法不显示等级关系和相关关系，不易进行族性检索；由于检索系统编制效率的需要，关键词多限于从文献中抽取，特别是从标题中提取，由于部分文献标题不能充分反映文献主题而容易发生漏检。

5.2.3 叙词表概述

主题法是建立在对词汇控制的基础上的，词汇控制的目的就是通过语词的形式及所表达的含义、词与词之间关系的显示等方式将文献语言、标引语言和检索语言统一起来。换言之，就是使专业标引人员、用户检索人员在使用主题规范语言表达同一主题时，表达方式达成一致。在三种受控语言中，叙词法的发展最快，也最完备。我国目前使用最广泛的标引工具就是叙词法，以下关于主题法的词汇控制系统和结构体系的介绍，都以叙词法为依据。

1. 叙词表的含义

叙词表是继承了分类法、标题法、元词法和关键词法的某些原理和方法，形成的一种词汇表，是叙词法的具体承载体。其功能是将文献著者、标引者和读者的自然语言转换成规范化叙词语言。叙词表体系结构是以规范化的、受控的和动态性的叙词作为基本成分，以参照系统显示词间关系，并通过叙词的字顺表和辅助索引，标引、存储和检索文献的一种情报语言词汇表。叙词表的宏观结构如图 5－10 所示。

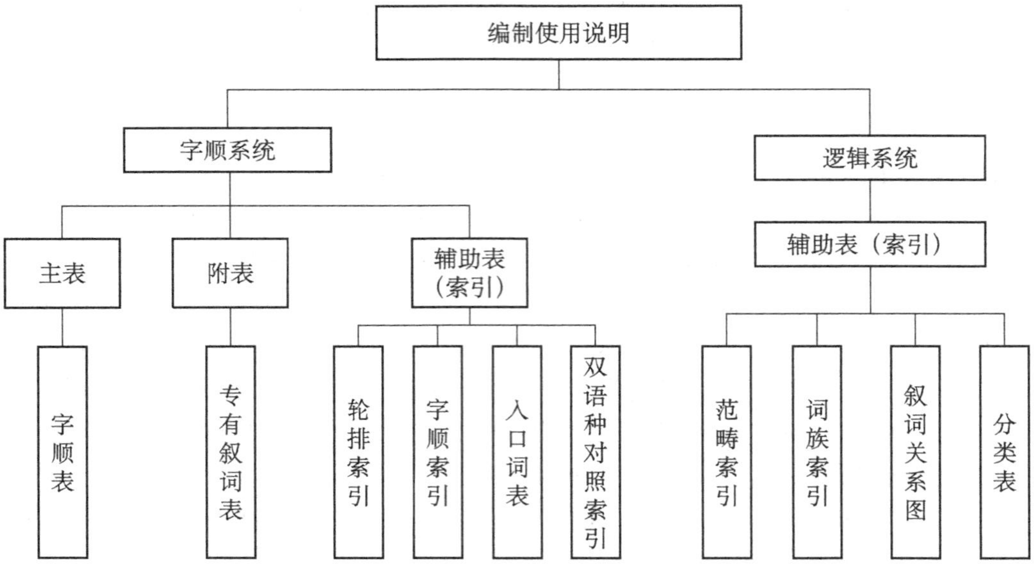

图 5－10　叙词表的宏观结构

叙词表的作用如下：提供一种知识结构；提供一种词汇控制工具；提供一种术语参照系统；提供一种动态词汇集合。总之，它试图提供一种方式，使得主题领域的术语得以规范化。

2. 叙词表的结构与功能

（1）字顺表。字顺表是将正式叙词款目与非正式叙词款目按字顺排列的词汇表，是叙词表的主体，基本构成单元包括叙词款目和非叙词款目，两者都由款目项、标记项及参照项组成。以《汉语主题词表》为例，其叙词款目样例如图 5－11 所示。

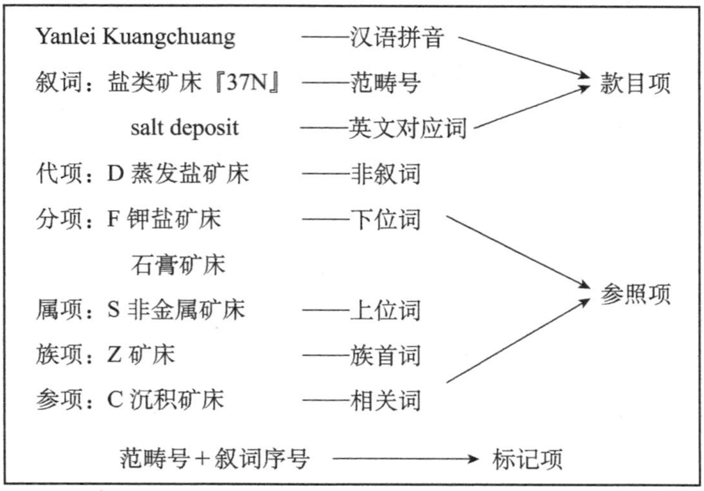

图 5－11　《汉语主题词表》叙词款目样例

（2）专有叙词表。专有叙词表将专有名称正式叙词和非正式叙词款目予以单独集中，并按字顺排列，其作用表现在：缩小主表篇幅，使字顺更加紧凑、简明；方便用户对专门领域叙词的查找；便于对专门领域叙词进行及时管理或增补。

专有叙词表的类型包括人名、地名、机构名、产品型号等，如《汉语主题词表》中有世界各国政区名称、自然地理区划名称、组织机构和人物四个专有叙词表。此外，建立典据文档和指定工具书亦是常用方法。

（3）双语种对照索引。它是叙词表中的辅助表的一部分，将全部或大多数叙词与其外语译名相对应，按外语译名字顺排列，是通过外文译名使用词表的辅助工具。其有助于在标引另一种语言的文献时选择叙词，也便于借助本国叙词表查检其他国家的检索工具。在我国，应用最多的还是英汉对照索引。这种索引在实际应用中也会涉及许多问题，如译名的单复数形式、译名与正式非正式叙词的对应关系、外文词的排列等。

（4）范畴索引。又称范畴表，是将叙词表正式叙词和非正式叙词表达的概念涉及的学科或范畴分成若干类，小类下按叙词字顺排列的一种词汇索引，因此，范畴索引又称分类索引，其功能主要是提供从内容角度查词的途径，并可作为概略分类的依据。

范畴索引编制内容通常包括以下几个部分：范畴索引类目的设置、范畴索引类目的组织、范畴索引类目标记的编码和确定范畴索引中的收入词范围。

在范畴索引类目设置过程中，一般以学科分类为基础，结合专业分类和词汇分类的特点进行，且类目设置一般比较概略，多数词表限于二、三级。

（5）词族索引。又称族系索引、等级索引、词族表。它是具有等级关系的正式叙词按其本质族性全展开显示的一种词族系统。其功能在于从一个词族中外延最广的叙词（族首词）出发，提供查找叙词的途径，并可以借助上位词、下位词和同位词明确词义。例如，关于“磨床”主题词的文献，可用“磨床”作为族首词，查不到时可扩展为其上位类“机床”。

词族索引中收词规则比较严格，索引中的词须是具有明确属分语义关系的正式叙词。每个词族中都有一个族首词，族首词主要是指那些能概括一族主题词的上位概念的词。当一个叙词同时从属于两个或多个词族时，一般在相应词族下同时予以反映，以便从不同角度查找。

（6）轮排索引。又称轮排表，是将叙词表的全部叙词按其所含词素的字顺进行排列，使含有相同词素的叙词集中在一起的词汇表。它是一种从词素的角度查找叙词的辅助工具，词素即具有检索价值的单元概念。轮排索引的功能主要有两个：一是提供查找叙词的多个字顺入口；二是将含有相同词素的词集中在一处，便于用户选准所需叙词，其收词范围可以根据需要确定（如是否收入非正式叙词等）。

综上，从实际应用中的叙词表结构出发，叙词表可划分为仅有字顺表的叙词表、主表同时有字顺表和分类表的叙词表（具有分类主题一体化的特征）、创建了辅助表（如轮排表、词族表以及英汉对照表等，这些表多属于大型叙词表，功能完善）的叙词表等，构建时可依据实际需求不同而在结构上有所侧重。

5.2.4 网络叙词表

1. 网络叙词表概述

（1）网络叙词表的概念。网络时代的发展为叙词表的应用提供了新的机遇。网络叙词表是以传统叙词表构建原理和原则为准则，通过定义语词的含义与范围，运用等同、等级、相关等关系揭示语词之间的联系，并用超链接的方式予以显示，借助网络浏览器进行访问的网络信息组织工具。当前，网络叙词表是叙词表应用于网络环境的主要形式，是传统知识组织工具在网络环境下的新发展和新应用，它以其独有的知识组织体系和语义结构为用户规范查询提供依据。

（2）网络叙词表的特点。随着叙词表网络化的普及，当前叙词表主要表现出如下特点：

① 叙词表构建方式的网络化与半自动化。表现为基于网络环境的多用户协同编制组织方式、适用于网络信息资源的词表结构组织框架调整以及计算机辅助编制技术开发，突破了传统上通过手工或者计算机操作的局限，大大提高了编制效率。

② 叙词表更新维护的动态化。借助数据挖掘技术从大规模语料库中进行叙词表知识内容的动态更新，以及基于用户交互的叙词表动态维护更新，使知识得以快速更新，显著提升了叙词表的时效性。

③ 叙词表应用方式的多样化。表现为采用叙词表进行语义关联以及在网络中的开放式应用和规范化共享，可有效组织和管理网络环境下各类数字化文献，并支撑术语服务、知识图谱构建等应用。①

（3）网络叙词表的类型。当前，叙词表在网络环境下的应用形式多样，在格式、所涉及的学科、结构上各有不同，从不同的角度出发，有不同的分类标准。

从网络叙词表的格式角度出发，可分为静态文本格式（TXT）叙词表、静态 HTML 格式叙词表、动态 HTML 格式叙词表、RDF 格式叙词表、XML 格式叙词表以及其他格式叙词表。目前，由于语义网技术的发展，基于 RDF、XML 等格式的叙词表在数量上更多，早期的静态文本格式（TXT）叙词表、静态 HTML 格式叙词表、动态 HTML 格式叙词表在数量上呈明显的下降趋势。

从所涉及的学科角度看，可以将叙词表划分为专科性的网络叙词表和综合性的网络叙词表。前者主要强调面向某特定学科、专业或领域，如面向农业科学及相关技术领域的《农业多语种叙词表》（AGROVOC Multilingual Thesaurus，网站主页见图 5-12）、《艺术与建筑叙词表》（AAT）、《通用多语种环境词表》（General Multilingual Environmental Thesaurus，https：//www.eionet.europa.eu/gemet/en/about/）等；后者是涉及多学科的语义工具，如 EuroVoc。

从结构上来看，叙词表可以分为独立于检索系统的叙词表和嵌入检索系统的叙词表，前者指的是现成的叙词表或者为检索系统编制的专用叙词表，并未嵌入检索系统，不属

① 宋培彦，陈白雪，王星．语义网环境下叙词表构建方法研究．情报科学，2018（2）：14-17，42.

图 5－12　AGROVOC 页面

资料来源：http：//agrovoc. uniroma2. it/agrovoc/agrovoc/en/.

于检索系统的一部分，大多数叙词表都是非嵌入式的；后者是指叙词表嵌入检索系统中，是检索系统的一部分，其功能直接影响到检索系统的整体功能，其中 ERIC 是有代表性的嵌入性叙词表（见图 5－13）。

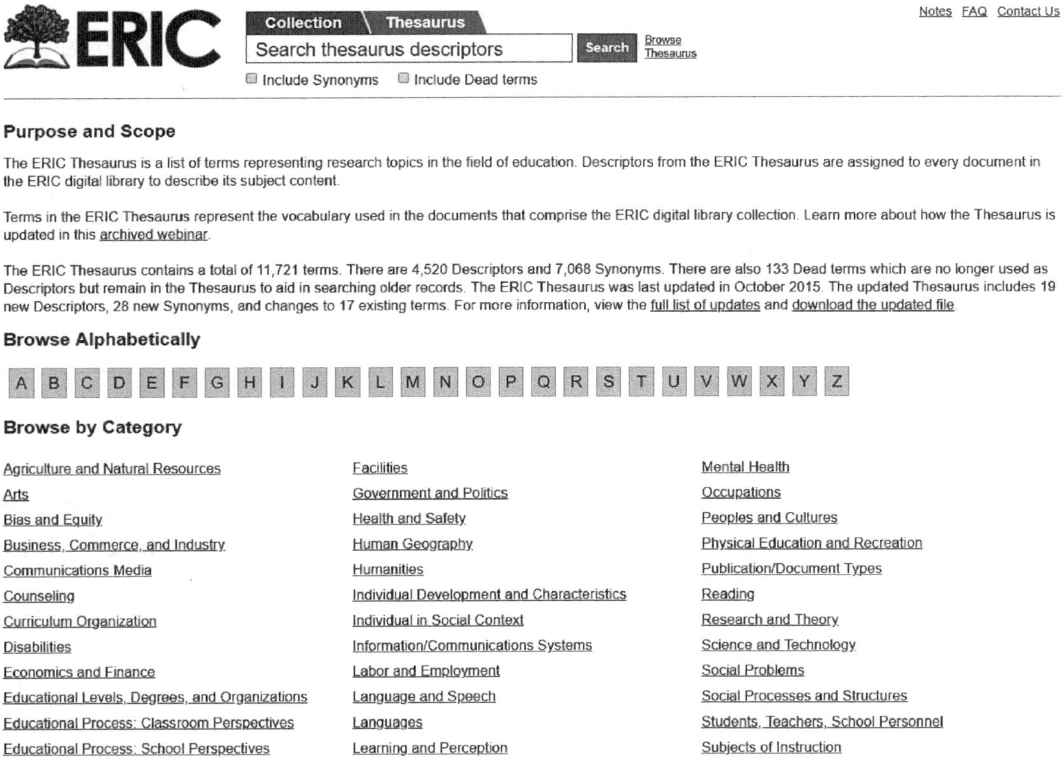

图 5－13　ERIC 的叙词表页面

资料来源：https：//eric. ed. gov/?ti＝all.

2. 网络叙词表应用实例

从结构上来看，当前网络叙词表应用可分为两类：独立于检索系统的叙词表的应用和嵌入检索系统的叙词表的应用。

（1）独立于检索系统的叙词表，如澳大利亚的《学校在线叙词表》(Schools Online Thesaurus，ScOT)。目前，多数叙词表都是独立于检索系统之外的，用户可以从这种叙词表中选择语词，构建检索表达式，再到检索系统中进行查找。此类叙词表既有涉及专门领域的专科性叙词表，也有综合性的叙词表，实现上多采用以可扩展标记语言(XML）为基础的语义语言，如 RDF、简单知识组织系统（SKOS)、网络本体语言(OWL）等。此处以澳大利亚的 ScOT 为例，简单介绍此类叙词表可以实现的基本功能(见表 5－1)，其主页见图 5－14。

表 5－1 ScOT 基本情况介绍表

编制与出版机构	澳大利亚教育服务①（Education Services Australia)
独立网址	http：//scot. curriculum. edu. au/index. html
相关网址	https：//www. esa. edu. au/
词表语种②	词表包括英语（英式、美式、澳大利亚英语、新西兰英语)、汉语、日语、海地语、印尼语、意大利语、阿拉伯语、希腊语、越南语、土耳其语、德语、法语、西班牙语、毛利语。但可视化功能目前仅支持英语。
应用领域	以标签形式描述澳大利亚课程（Australian Curriculum，一个教育网站）的所有课程；为国家在线教育服务（National Online Learning Services，NOLS）提供数字课程的主题访问③
术语数量	暂无
维护情况	使用 SPARQL 对元数据进行维护④
元数据应用	《ANZ-LOM 元数据应用文件》(ANZ-LOM Metadata Application Profile)⑤
建设时间	2014 年
最新版本	2016 年 6 月 4 日
描述工具	SKOS

资料来源：http：//scot. curriculum. edu. au/what_is_scot. asp.

① 一般检索查询。直接在首页（见图 5－15）输入检索词，系统会自动提供相关内容，而后单击相关内容即可跳转到结果页面。如输入“habitat”，就会出现和检索词相关的记录，单击感兴趣的记录，即可跳转到结果页面（见图 5－16)。

① https：//www. esa. edu. au/.
② http：//scot. curriculum. edu. au/download. asp.
③ http：//scot. curriculum. edu. au/showcase. asp.
④ http：//scot. curriculum. edu. au/maintenance. asp.
⑤ https：//scot. curriculum. edu. au/standards. asp.

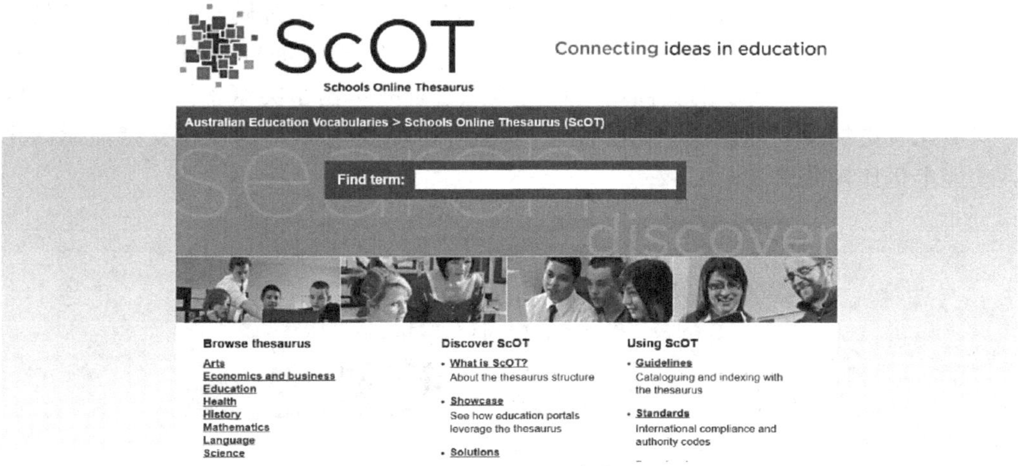

图 5-14　ScOT 主页

资料来源：http：//scot. curriculum. edu. au/index. html.

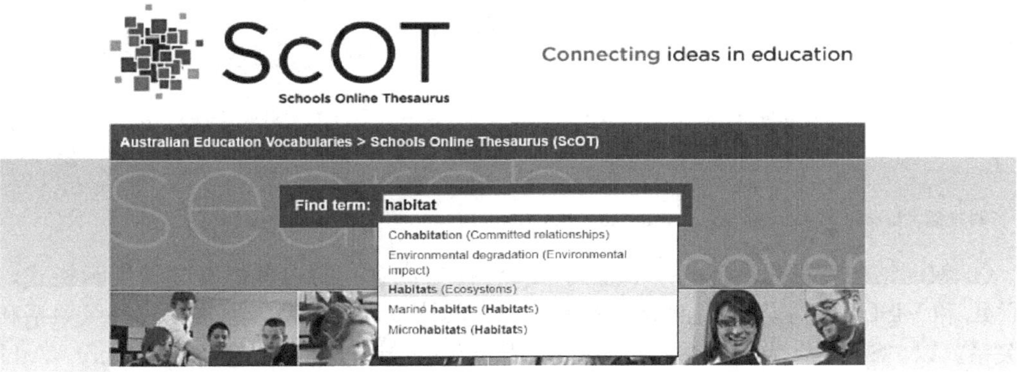

图 5-15　检索窗口

资料来源：http：//scot. curriculum. edu. au/index. html.

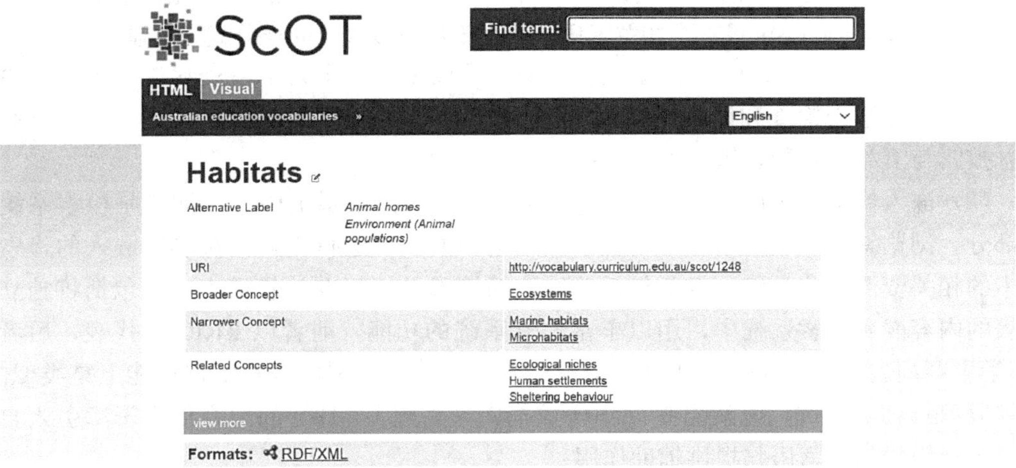

图 5-16　检索结果实例

资料来源：https：//vocabulary. curriculum. edu. au/scot/1248. html.

② 等级结构浏览。除了一般的检索之外，ScOT 还支持通过概念间的等级结构查找相关概念。此部分在首页的左侧。这里一共有十个大类（族首词），单击每一个大类都会直接跳转到如图 5－17 所示的页面，用户可以通过继续单击子类概念，不断探究等级结构，对概念有更加深刻的认识。需要注意的是，ScOT 的等级结构仅仅支持显示两个等级，功能上仍比较简单。

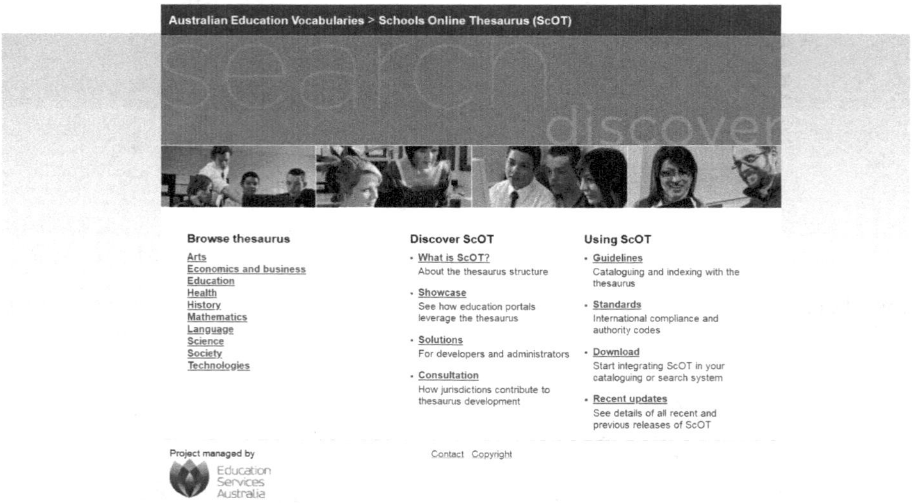

图 5－17 大类目录

资料来源：https：//scot. curriculum. edu. au/index. html.

③ 叙词结构可视化。任意一个叙词（或者称为概念）的内容都有两种展示格式，即 HTML 和 VISUAL，以可视化的形式展示叙词同其他叙词的关系，通常描述等级关系和相关关系。以“Sports”为例，在图 5－18 中，Physical activity 为其上位类，Archery，Athletics，Australian Rules，Badminton，Cheerleading，Combat sports，Golf，Gridiron football 等都是其下位术语，但由于内容较多，分成三页进行展示（请参见网站，图 5－18 仅显示部分内容）；Competition（Human relations），Fair play，Recreation，Sporting venues，Sports officials，Sports scientists 等都是相关术语，但由于数量较多，同样分成三页显示。

④ 编目和索引。ScOT 还具备编目功能，帮助用户为个人学习资料进行编目，主要功能包括层级结构检查和课程信息编目。此外，ScOT 还具备标引术语查询、最新版本信息披露与下载等功能，满足用户在不同情境下的需求。①

（2）嵌入检索系统的叙词表。如 PudMed。嵌入检索系统中的叙词表是检索系统的一部分。浏览叙词表后，用户可以直接使用选择的叙词进行检索，获取所嵌入的检索系统中的相关资源。此类叙词表既包括单纯依赖检索系统存在的叙词表，也包括将独立叙词表的内容嵌入检索系统中，用以丰富检索系统的功能，前者以 ERIC 为代表，后者以《医学主题词表》（MeSH）在 PubMed 中的应用为代表，但两者在实现功能上是类似的。此处以 PubMed 为例，该系统将 MeSH 数据库（见图 5－19）的内容作为子库引入自身系统中，为构建检索语句提供辅助作用。

① http：//scot. curriculum. edu. au/indexing. asp.

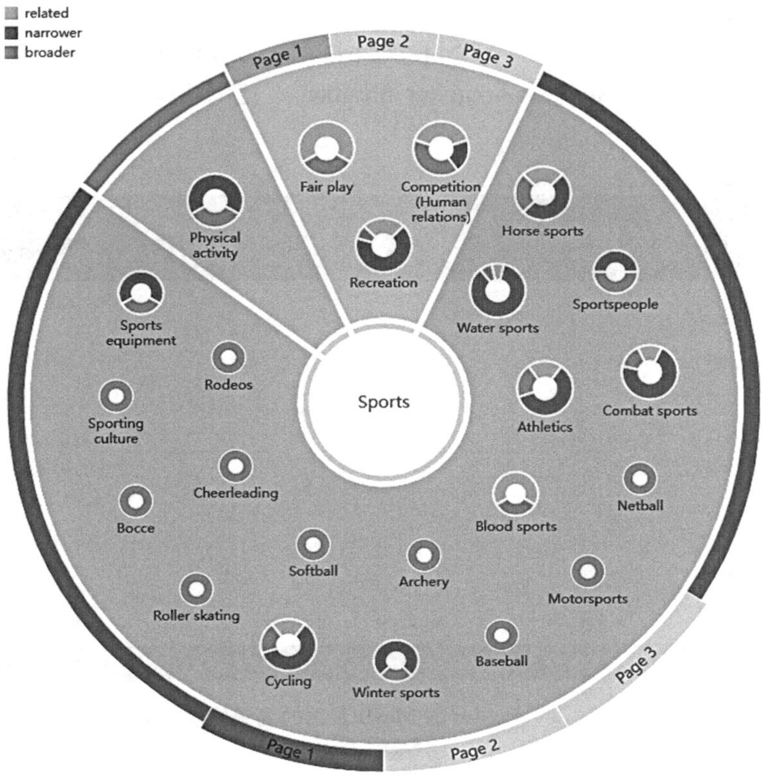

图 5－18　叙词结构可视化

资料来源：https：//vocabulary. curriculum. edu. au/scot/1477. visual.

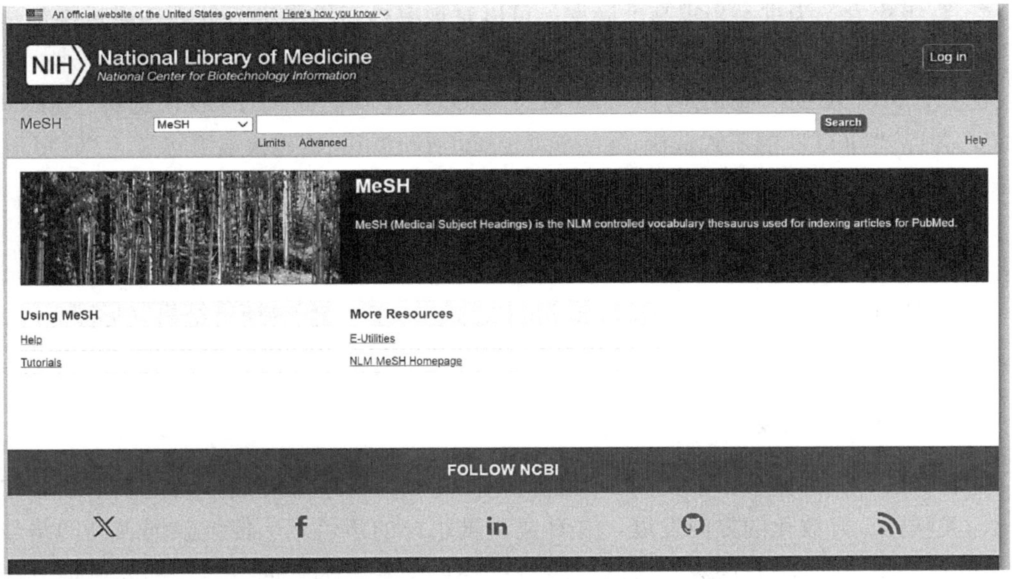

图 5－19　PuMed 的 MeSH 页面

资料来源：https：//www. ncbi. nlm. nih. gov/mesh/.

① 检索功能。PubMed 提供普通检索和高级检索，高级检索（见图 5-20）包括全字段检索（all fields）、术语检索（MeSH Term）、唯一标识符检索（MeSH Unique ID）、记录类型（record type）、登记号（registry number）、范围注释（scope note）、物质名称（substance name）等。

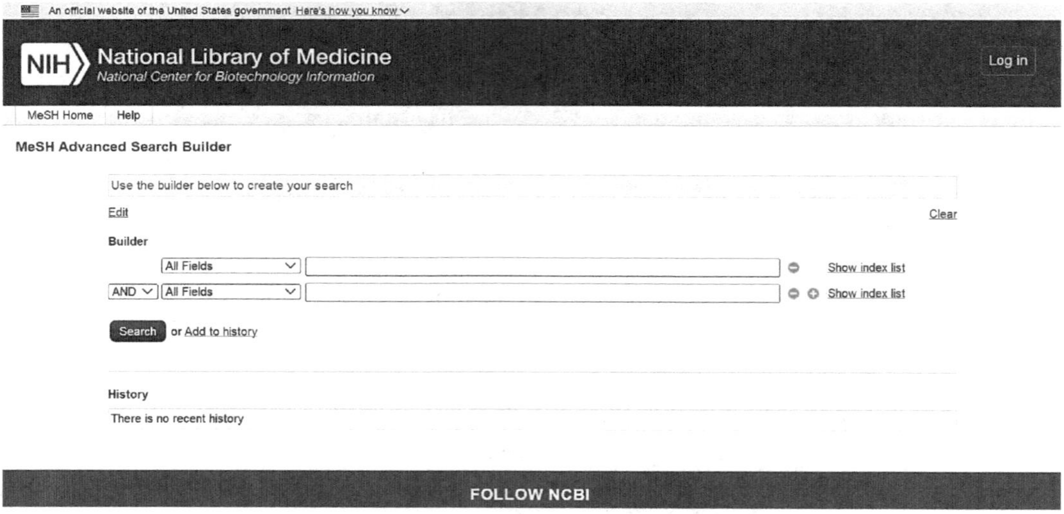

图 5-20　PuMed 的 MeSH 页面的高级检索功能

资料来源：https：//www. ncbi. nlm. nih. gov/mesh/advanced.

② 检索结果。这里直接以"Cold Temperature"为例进行说明。可得到检索语句构建的选项和涉及"Cold Temperature"的树状结构（见图 5-21）。

③ 高级检索。为进一步提高准确率，可以对现有检索结果进行处理，通过添加适当的检索条件，选择检索结果下面的相关选项，单击"Add to search builder"构建检索语句。例如，以"AND"形式选择"adverse effects"，以"OR"的形式选择"metabolism"，并以"NOT"的形式选择"prevention and control"，构建检索语句（（"Cold Temperature"[Mesh]）AND（"Cold Temperature/adverse effects"[Mesh]）OR（"Cold Temperature/metabolism"[Mesh]）NOT（"Cold Temperature/prevention and control"[Mesh]））。可检索得到符合"Cold Temperature/adverse effects"或"Cold Temperature/metabolism"，但均不包括"Cold Temperature/prevention and control"字段的所有结果（见图 5-22）。

最后得到的检索结果如图 5-23 所示。

3. 网络叙词表的发展

随着网络时代的到来，语义网、大数据、社交媒体等不断发展，叙词表不断朝着语义化、关联化、开放化的方向发展，并日益注重用户的角色。从传统叙词表到网络叙词表的发展变化，反映了叙词表发展的新态势，其本质是传统叙词表原理同先进信息技术的整合与改进，是对传统叙词表的结构、方法和技术的优化，是传统情报学理念在新技术下的成长与发展。表 5-2 从几个角度列出了二者的区别。

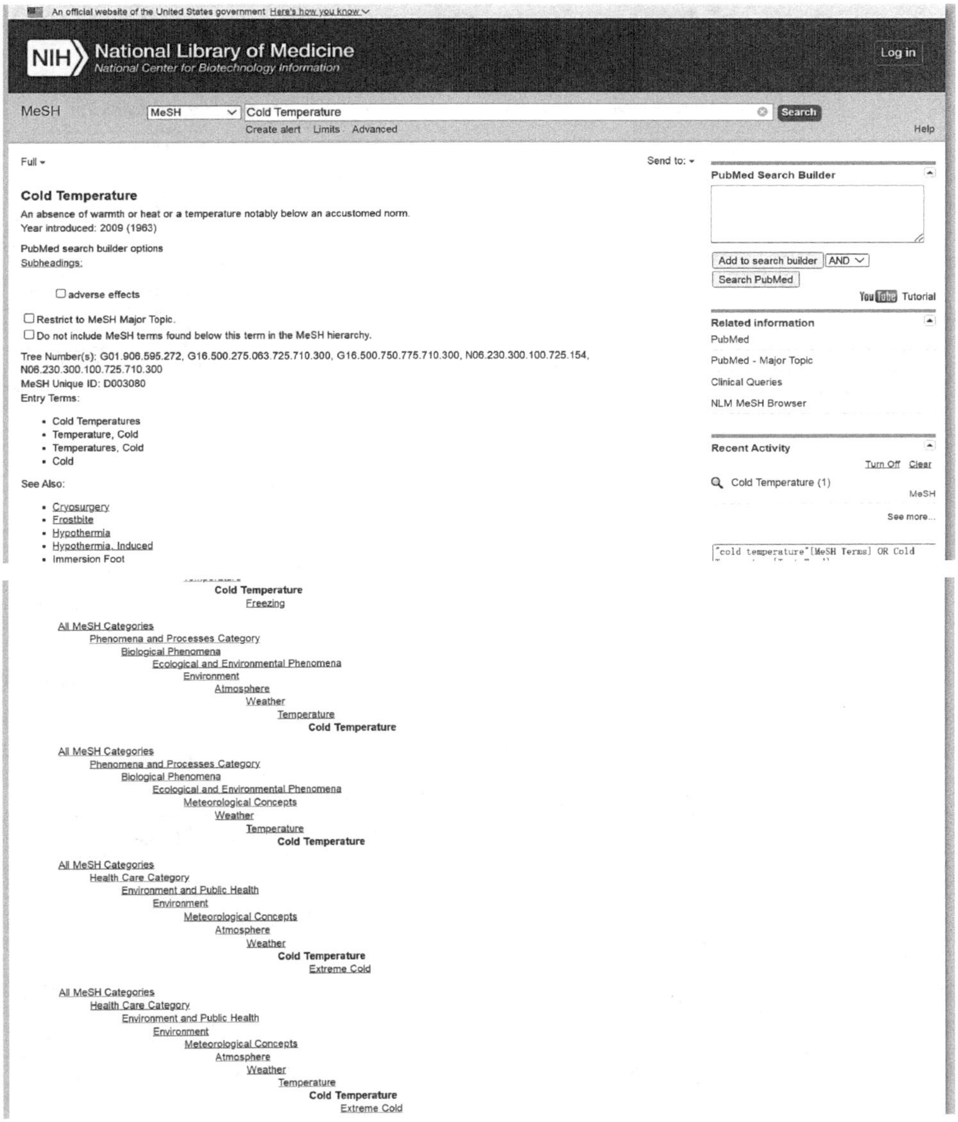

图 5-21　检索结果示例

资料来源：https：//www. ncbi. nlm. nih. gov/mesh/?term=Cold+Temperature.

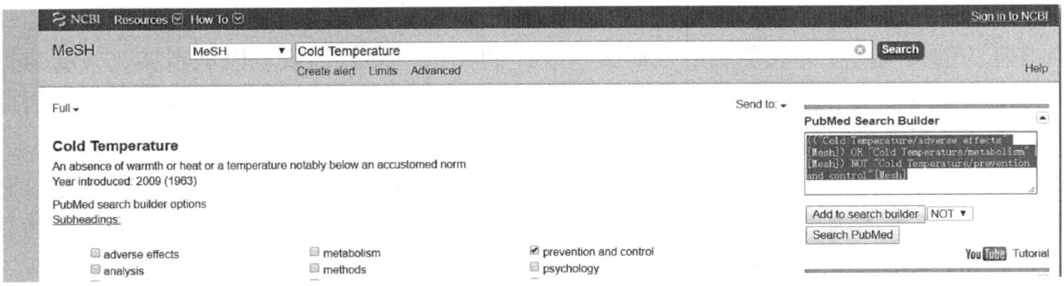

图 5-22　依据 MeSH 叙词表内容构建检索语句

资料来源：https：//www. ncbi. nlm. nih. gov/mesh/?term=Cold+Temperature.

图 5-23 检索结果示例

资料来源：https：//www. ncbi. nlm. nih. gov/pubmed?term=((%22Cold+Temperature%2Fadverse+effects%22%5BMesh%5D+OR+%22Cold+Temperature%2Fmetabolism%22%5BMesh%5D)+NOT+%22Cold+Temperature%2Fprevention+and+control%22%5BMesh%5D.

表 5-2 传统叙词表与网络叙词表的区别

	传统叙词表	网络叙词表
概念遴选	规范遴选，严格控制	兼顾规范与使用，入口率高
词间关系	涉及“用代”“属分”“参照”三种语义关系，注重单一叙词表的编制	注重语义集成与映射，关系详细，维度较多，便于验证
编制方式	以手工为主，结合专家经验	人机结合，半自动化，提供语料支持
可维护性	更新慢，维护成本较高	可动态更新，成本较低，时效性强
编制主体	以专家经验为主，包括内省与总结	专家与用户交互、协同；结合数据实证
使用环境	馆藏纸质信息为主	网络数字资源为主

资料来源：宋培彦，陈白雪，王星．语义网环境下叙词表构建方法研究．情报科学，2018（2）：15.

作为构建机器可理解语言的一种尝试，语义网为叙词表的建设提供了新的机遇，使叙词表在保持基本理念和结构的同时，在语义结构、数据格式、互操作等方面得到加强与改进。语义网时代为叙词表的发展提供了新的契机，使叙词表可以从本体、关联数据的角度去丰富自身功能，有利于更好地实现叙词表的映射、知识单元的检索以及术语服务的更新，并为自动处理等技术提供结构上的支持。

（1）与本体融合。关于本体的定义，目前国内外学者有诸多观点，学术界一直没有统一的定论，但存在基本的共识，即本体具有概念化、形式化、可共享、明确、描述领域知识这五大特征，这基本概括出了本体的实质内容。[①] 叙词表和本体都是基于概念或表

① 王向前，张宝隆，李慧宗．本体研究综述．情报杂志，2016（6）：163-170.

达概念的词汇，旨在表达领域知识及语义关系，服务于信息组织、标引、检索等。但传统叙词表收词规模有限，呈现方式和应用模式单一，以信息工作者使用为主；编制主要依赖专业人员，建设成本高、周期长，更新慢、维护困难。[①] 本体作为语义网的核心，提供了构建语义网的描述性词汇和语义基础[②]，这为叙词表的语义化应用提供了路径，本体与叙词表的融合成为叙词表发展的一个方向，并已取得了一定的成果。

目前来看，本体和叙词表的融合有两个趋势：一个是叙词表向本体的转化，主要是指基于叙词表的术语、概念关系，为相关本体的建设提供原始资料，其间设计各类信息技术和语义描述工具；另一个是将本体建设经验引入叙词表的建设之中，包括设计理念和本体描述语言等，实现传统叙词表向网络叙词表的合理变迁，以更好地适应语义网的相关要求，更丰富地揭示词间的语义关系，为各类创新应用做好准备。

（2）与关联数据融合。关联数据是语义网研究的阶段性产物。关联数据由于实施上具有独特优势，相较于建设成本高、研究领域小的本体，更适合轻量级语义描述，是实现传统叙词表向网络叙词表进行语义化描述的最佳方式之一。例如鲜国建等基于 SKOS，将《农业科学叙词表》（CAT）中的叙词及词间语义关系进行规范表达和关联描述，与《农业多语种叙词表》、《美国国家农业图书馆叙词表》（NALT）、EuroVoc、《美国国会图书馆标题表》（LCSH）等几大知识组织体系在概念实例层面建立语义关联；并基于开源工具 Virtuoso 构建 CAT 关联数据发布系统，提供概念解析、浏览导航、终端查询和 RDF 下载等关联数据服务。[③]

以结构化数据为基础的关联数据，能将孤立的数据整合到整个网络当中，打破图书馆原有数据孤岛，提高馆藏数据的可获得性和互操作性。[④] 网络叙词表发布为关联数据之后，可以实现概念元数据的建立与资源的自动关联，规范非结构化资源的语义标注，使用上位词进行资源聚合，利用相关词连接相关资源，进行基于语义的扩展检索等，是叙词表实现其功能的重要基础。关联数据技术在叙词表领域的推广为叙词表的语义化描述提供了另一个发展方向。

（3）叙词表映射。叙词表与其他组织体系的映射，成为数字环境下实现知识组织与知识检索的重要途径，叙词表间的映射更是实现不同知识库无缝融合的重要方法。[⑤] 2011 年的 ISO 25964[⑥] 标准主要包括叙词表的映射方法、映射数据管理、显示和应用等规范，彰显了互操作在知识组织中的重要性。[⑦]

---

① 赵捷，司莉，周李梅，等．国外叙词表的应用与发展趋势探讨．图书馆建设，2012（3）：58－62.

② 欧石燕．语义网与数字图书馆．南京：南京大学出版社，2017：31.

③ 鲜国建，赵瑞雪，寇远涛，等．农业科学叙词表关联数据构建研究与实践．现代图书情报技术，2013（11）：8－14.

④ 高劲松，刘洪秋．基于知识图谱的国内外关联数据研究分析．情报科学，2018（3）：117－124.

⑤ 常春．信息检索系统中的映射特征．情报杂志，2009（3）：141－143.

⑥ 国际标准 ISO 25964 是国际标准化组织于 2007 年 4 月以 N458 文件的形式发布的叙词表国际标准修订项目计划，是一项关于互操作规范的国际标准。ISO 25964 包含两部分，第一部分定义叙词表编制标准，第二部分阐述叙词表与其他词表的互操作，为不同叙词表间、叙词表和其他类型词表间建立映射及维护提供建议，为词表间互操作实践提供参考依据。

⑦ Information and Documentation—Thesauri and Interoperability with Other Vocabularies—Part 2：Interoperability with Other Vocabularies.［2023－12－29］. https：//www.iso.org/obp/ui/#iso：std：iso：25964：－2：ed－1：v1：en.

目前，国内外叙词表映射的主要项目包括：高级叙词表（HILT）项目[①]、OCLC 词表映射研究项目[②]、KoMoHe 项目[③]、美国一体化医学语言系统（UMLS）项目[④]、英文超级科技词表项目[⑤]。从国内外叙词表映射的实践中看出，叙词表映射的主要方式包括卫星表向中心表的映射、多表互相映射以及在多来源表之上构建概念层这三类集成方式。三种方式各有优缺点，可据具体需求进行选择。

从语种角度来讲，多语言映射也是叙词表互操作的常见形式。多语言信息检索的需求促进了相关领域对多语言叙词表映射的研究，在叙词表映射的基础上，搭建跨语言检索系统是目前多语言映射的主要实践，如多语言主题检索（MACS）等项目。通过对国内外多语言知识组织系统互操作的研究项目调查分析发现[⑥]，翻译重用、映射以及集成是目前实现多语言知识组织系统间互操作最为常用的三种方法，如何实现互操作的自动化并提高自动化的准确率是未来研究的方向和重点。

总之，叙词表的映射活动主要是为了发挥叙词表对概念的描述优势，在语义网环境下，实现对资源的有效描述，实现跨领域、跨语言的知识元检索，是语义网发挥作用的途径之一。

（4）叙词表建设的自动化。在当今网络时代，传统叙词表的搭建与加工也日益凸显出其自动化趋势。从实践的角度来看，以自动处理为主的叙词表加工活动，主要集中在“叙词表-本体”的语义网实践活动之中，部分研究以各种形式的语料库为基本材料搭建主题词表。前者主要是领域专家在对叙词表进行分析的基础上，制定出能够精确调整语义关系的转换规则，然后设计转换程序实现叙词表向本体的自动转换。[⑦] 后者主要以共现、筛选统计等方式，探究词间关系，进而实现词表的自动搭建。总之，叙词表的自动处理技术与语义网的发展有一种相辅相成的关系。正是语义网提供了计算机可理解的文本格式，进而为计算机实现叙词表的自动处理奠定了基础。

（5）面向用户的词表设计理念。要想使传统叙词表走向网络应用，应借鉴本体模式的各种理念和优势，满足以网络为主要信息获取渠道的用户需求，以用户易于理解为网络叙词表设计的基本理念。具体表现在：网络叙词表在术语和规范词建设方面，将用户检索词、网络高频词也纳入检索范围，在规范词和自由词之间建立有效的链接；叙词表中通用概念和专用概念应分别处理，方便领域用户使用；同义词归并时的优选词选择与规范、词间关系处理等，也应考虑该领域用户的使用习惯、词频、词形等。在语义网检索环境下，叙词表的编制和应用可以采用相应的技术实现可视化，弥补纸质版环境下词间关系显示不足、术语标注不足等缺陷，从而提高用户浏览和检索的便利性等。

---

① Nicholson D，McCulloch E，Joseph A. HILT：High-Level Thesaurus Project. Phase Ⅳ and Embedding Project Extension：Final Report，2009.

② 司莉，徐丽晓，吴钢，等．OCLC 术语服务研究：背景、进展与启示．中国图书馆学报，2007（1）：58－61.

③ Mayr P，Petras V. 交叉语词索引：术语映射及其对信息检索的影响．[2023－12－29]. https://archive.ifla.org/IV/ifla74/papers/129－Mayr_Petras-trans-zh.pdf.

④ 李丹亚，胡铁军，李亚子，等．UMLS 多词表整合机制研究．数字图书馆论坛，2012（4）：28－36.

⑤ 吴雯娜，鲍秀林．国家叙词库的体系结构与数据模型．中国图书馆学报，2016（2）：81－96.

⑥ 司莉，张孝天．多语言知识组织系统的互操作项目调查及研究．情报科学，2016（9）：3－6，17.

⑦ 段瑞龙，宋文．国内外叙词表转换本体方法研究综述．情报杂志，2012（7）：66－71.

总之，随着语义网和相关计算机技术应用的进一步发展，网络叙词表将在开放的知识服务情境中继续发挥其重要的基础建设作用。

5.3　分类主题一体化词表

信息组织发展到计算机网络时代，分类主题一体化是发展方向，也是自动标引提高工作效率的重要基础。分类法和主题法是两种信息组织序化方式，二者各有优缺点：分类法按类目体系编排，却无法提供良好的特性检索；主题法按事物编排，却无法提供良好的族性检索。随着社会信息化进程的加快，网络信息资源日益丰富，现实中的复杂需求已很难用单一的分类法或主题法来得到满足。在此背景下，同时利用分类法与主题法来对信息进行组织，显示了较强的应用价值。

5.3.1　分类主题一体化词表的含义

分类主题一体化词表是分类主题一体化的体现，是一种实现了分类语言和主题语言兼容互换的系统。具体指：在一个检索语言系统中，对其分类表和主题词表的术语、参照、标识、索引四部分实施统一的控制，从而能够满足分类标引和主题标引的需要，简称一体化检索语言或一体化词表，国外称之为分类法/叙词表系统。

1969年，英国情报学家艾奇逊等在《英国电气分面分类法》(第三版)的基础上编制了《分面叙词表：工程及相关学科的叙词表和分面分类法》，后者被学界认为是世界上第一部分类主题一体化词表。1983年，熊兴成编制了《常规武器工业分面叙词表》，这是我国第一部分类主题一体化词表。1994年，在《中图法》编委会的主持下，我国出版了《中国分类主题词表》，该词表为我国第一部大型综合性分类主题一体化词表。①

5.3.2　分类主题一体化的原理

分类主题一体化检索语言建立在分类检索语言与主题检索语言相通的基础之上，主要体现在：

(1) 二者拥有共同的理论基础及方法。分类检索语言与主题检索语言都是建立在概念逻辑、知识分类和术语学的理论基础之上，都应用了概念划分与概括、概念分析与综合的方法。

(2) 二者标识的本质相同。分类检索语言是用分类号作标识，而主题检索语言是用主题词作标识，在本质上都是代表一组相同主题文献的类集，是文献所论述事物(即主题概念)的字面形式。

(3) 二者处理对象相同。分类检索语言与主题检索语言的处理对象都是语义单元，

---

① 王立清. 信息检索教程. 2版. 北京：中国人民大学出版社，2008.

所类集的内容是相同的，表达的都是主题概念。①

5.3.3 分类主题一体化词表的类型

按照兼容互换及控制手段的不同，分类主题一体化词表可以分为三种：分面叙词表、分类主题词表和集成词表。

1. 分面叙词表

通常由一个分面或半分面的分类表和一个字顺叙词表组成（如表 5-3 所示），有的还附有轮排索引及英汉对照索引。两部分类目和主题词一一对应，其中，字顺主题词起着分类表字顺索引的作用，分类主题词起着传统主题词表范畴索引和词族索引的作用，可以直接用于分类标引和主题标引。如《建筑工业叙词表》《基础叙词表》《教育主题词表》《社会科学检索词表》《广播电视音像资料叙词表》《农业科学叙词表》等均为分面叙词表。

表 5-3 分面叙词表实例——《教育主题词表》

《教育主题词表》分面分类表	《教育主题词表》字顺叙词表
E·各级教育 00552	各级教育 E 00552
C 教育事业 D 01103	F 高等教育 00507
ED··高等教育 00507	基础教育 00716
D 大学教育	学前教育 02281
C 成人高等教育 GT8 00155	早期教育 02604
大学课程 NT791 00222	C 各类教育 00554
高等学校 GN 00512	教育事业 001103
留学生教育 FF 01370	高等教育 EP 00507
EP6···专业教育 02754	D 大学教育
EP61····文科教育 02038	S 各级教育 00552
C 文科院校 GN71 02039	F 本科 00049
EP63····工科教育 00564	……
D 工程教育	C 成人高等学校 00155
C 工科教育 GN74 00565	……
EP64····农林教育 01469	专业教育 EP6 02754
C 农林院校 GN75 01470	S 高等教育 00507
EP64····医学教育 02486	F 工科教育 00564
C 医科院校 GN76 02485	理科教育 01340
ES2···学历教育 02266	农林教育 01469
C 学历 JP77 02267	文科教育 02038
ES···非学历教育 00444	医学教育 02486
	工科教育 EP63
	D 工程教育
	S 专业教育 02754
	C 工科院校 00565
	理科院校 01340

① 戴维民. 信息组织. 3 版. 北京：高等教育出版社，2014.

2. 分类主题词表

分类主题词表又称为分类法-主题词表双向对照索引，如《中国分类主题词表》《装备科技信息分类主题一体化词表》等，这种对照索引通常包括分类号-主题词对应表（见表5-4）、主题词-分类号对应表（见表5-5），前者通常是每个类目列出对应的一个或多个主题词；后者是每个主题词列出对应的一个或多个分类号。从兼容水平看，分类主题词表不如分面叙词表，但其应用面超出分面叙词表。

表5-4 分类号-主题词对应表样例——《中国分类主题词表》

分类号	主题词
F84 保险	保险、保险业法、保险体制、保险应用学、短期保险、铁路运输保险……
F840 保险理论	专业再保险公司、保险企业、保险改革、保险模式、保险毛费率……
F840.4 保险业务	保险代理、保险合同、保险单、平安险、投保、赔付率……
F840.6 各种类型保险理论	交通运输保险、企业保险、人身保险、劳动保险、出口信用保险……
……	……

资料来源：http：//ct.istic.ac.cn/site/organize/world.

表5-5 主题词-分类号对应表样例——《中国分类主题词表》

主题词	分类号
保险	F84、C913.7、D922.55、E232、F840、F842……
保险/经济理论	F840
保险业务/投保/拒保/索赔/承保/续保/退保……	F840.4
意外伤害保险/健康保险/旅游保险/医疗保险/人寿保险……	F840.6
保险中介业务	F840.45
信用保险理论/保证保险理论	F840.682
……	……

3. 集成词表

是将某些特定主题领域的若干叙词表和分类表汇编成一种集成词表，一般是一个分类表对应多个主题词表或一个主题词表对应多个分类表的形式。例如，中国医学科学院编制的《中图法R类与MeSH、中医药学主题词表对应表》是一部将《中图法》与《医学主题词表》《中国中医药学主题词表》进行对照的集成词表；山西图书馆主持编制的是包括《中图法》、《中国科学院图书馆图书分类法》（简称《科图法》）、《中国人民大学图书馆图书分类法》（简称《人大法》）多种分类表与《汉语主题词表》对照的集成词表。

集成词表的功能在于标引人员可以同时完成文献的分类标引与主题标引，两种标引数据可以相互转换，从而节省人力物力。用户可以通过它在一个检索系统中同时进行分类检索与主题检索，从而提高检索效率，用分面分析的方法编制分类输入数据表，保证编表选词的全面性和均匀性。

就上述三种分类主题一体化词表而言，分面叙词表兼容性较强，集成词表编制费时，虽然其兼容水平不如分面叙词表，但是我国一贯使用的是分类检索语言，通过分类检索语言推广应用主题检索语言，比较符合我国的国情。①

5.3.4 《中国分类主题词表》及应用

1. 概述

《中国分类主题词表》是在《中图法》编委会的主持下，从 1987 年开始由全国 40 个图书情报单位共同参与编制，于 1994 年出版的一部大型文献标引工具书。它是在《中图法》第三版、《中国图书资料分类法》第三版和《汉语主题词表》的基础上，为实现分类主题一体化标引，为机助标引、自动标引提供支持，减小标引难度，提高检索效率和标引工作效率，编制而成的分类检索语言和主题检索语言兼容互换的工具。

2. 结构

《中国分类主题词表》从我国文献检索语言实践出发，选择了“分类法-叙词表对照索引式”的分类主题一体化词表结构，由以下两个表组成：

第一卷为“分类号-主题词对应表”，是《中国分类主题词表》从分类到主题，从类号到叙词的对照索引体系，包含了《中图法》《中国图书资料分类法》所有类目和对应的叙词款目以及对应的注释。

第二卷为“主题词-分类号对应表”，是《中国分类主题词表》从主题词到分类号，从标题到分类号的对照索引体系。它按主题词款目和主题词串标题的字顺排列，其后列出对应的分类号。主题词款目结构与《汉语主题词表》大体相同，但在族首词下进行全显示。其主要功能是文献主题标引和通过主题查找相关的分类号，是分类标引的辅助手段。

3. 电子版简介与使用

《中国分类主题词表》电子版是在《中国分类主题词表》标准的机读格式数据库和管理系统的基础上开发的可应用于网络环境下的分类主题一体化标引和检索工具。其原理是通过软件开发把分类法-主题词表结构化的机读数据，以多文档、多窗体形式呈现，用动态手段再现分类主题一体化的对应转换结构及语义结构，从而实现一体化机助标引和基于内容的信息检索等功能。电子版还从实现一体化标引和检索的功能要求出发，为不同用户设计个性化服务界面，弥补印刷版的线性体系结构和检索效率低、检准率和检全率低等功能缺陷。《中国分类主题词表》电子版界面如图 5－24 所示。

---

① 吴昌合．分类主题一体化：《中国分类主题词表》的特点．安徽大学学报，2000（6）：117－119.

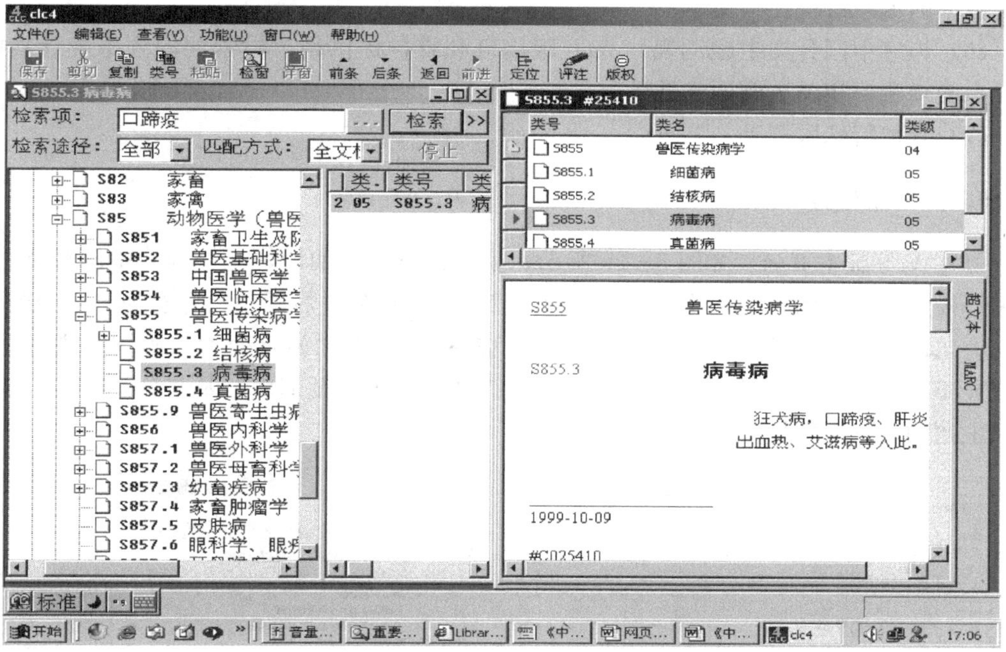

图 5-24 《中国分类主题词表》电子版界面

资料来源：http：//cct. nlc. cn/default. aspx.

4. Web 版简介

《中国分类主题词表》Web 版[①]的开发顺应网络环境的新需求，借鉴国内外的理论成果和实践经验，在《中国分类主题词表》电子版先期成果和研制实践的基础上，为我国各类信息资源的组织、检索和利用提供了一个最大最全面、可扩展更新的知识体系。《中国分类主题词表》是一个通用的数字型检索语言交换平台，具体提供如下服务和功能：

（1）提供各类知识内容、主题词、分类号的在线浏览、互动显示和多途径检索服务。

（2）提供文献检索服务，可与多个网络联机公共目录查询系统（OPAC）连接，提供文献信息内容的多库实时检索和学科导航服务。

（3）为分类标引用户提供利用分类号和主题词标引发送服务，把所需分类号或主题词粘贴到剪贴板供标引系统使用。

（4）为各类用户提供评论注释服务，针对知识款目或主题词或类目从任何角度添加评注，方便用户建立个人书签以及我们快速掌握读者及用户使用信息，提高《中国分类主题词表》的数据质量，以更好地开展知识服务。

（5）为图书馆界提供《中国分类主题词表》第二版和数据实时更新服务；利用其网络更新系统、检索词统计系统和评注系统可实时更新《中国分类主题词表》的数据，缩短《中国分类主题词表》维护修订周期，在《中国分类主题词表》第二版基础上，Web 版已增补 7 000 多条学科主题、个人名称、地理名称、机构名称等概念款目，并更新了

① 其网址为：http：//clc. nlc. cn/ztfzfbgk. jsp。

所有数据的关系系统。

（6）为《中国分类主题词表》Web 版修订和维护提供用户检索词的频率统计功能，以便系统增删改相关主题词或类目。

（7）其他特殊服务等。

5. Web 版使用

（1）Web 版主页面。如图 5－25 所示，主页面分上下两栏，上栏为《中国分类主题词表》检索途径、用户个人使用功能设置及管理；下栏分左右两栏，左栏为“《中图法》及与主题词对应表”，即“分类号-主题词对应表”，右栏初始页面为《中国分类主题词表》Web 版使用说明，选定类目后，页面变为“《汉语主题词表》及与分类号对应表”，即“主题词-分类号对应表”。

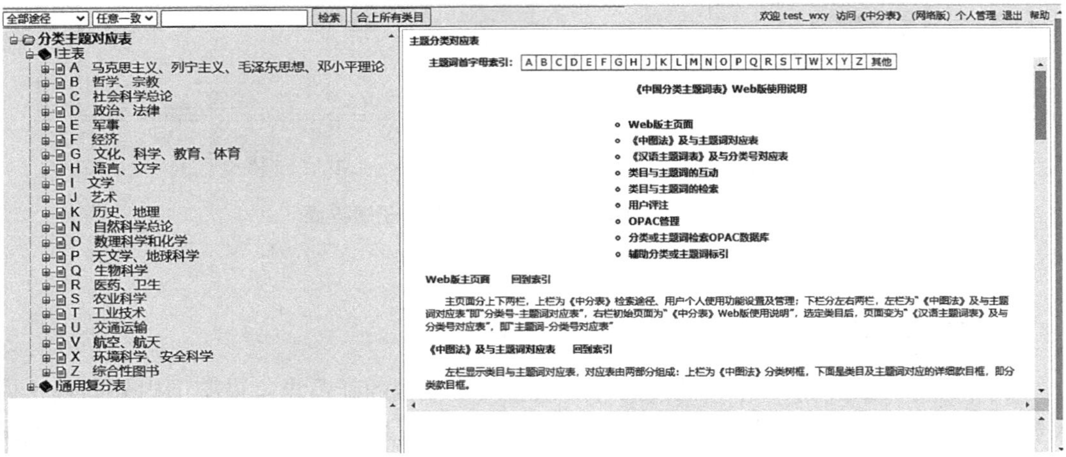

图 5－25 《中国分类主题词表》Web 版首页

资料来源：http：//clc. nlc. cn/ztfzfbgk. jsp.

Web 版主页面共有七个区。一区为检索工具栏，二区为分类树框，三区为分类款目框，四区为主题词字顺列表，五区为主题词款目框，六区为分类号检索结果，七区为主题词检索结果。当输入检索词检索时，六区和七区显示检索结果，不检索时不显示。

（2）《中图法》与主题词对应表。左栏显示类目与主题词对应表，对应表由两部分组成：上栏为《中图法》分类树框（二区），下栏是类目及主题词对应的详细款目框（三区），即分类款目框。

分类款目框用来显示分类体系的微观结构，包括类号、类名、类目注释以及类目对应和包含的主题词，横线下为本分类款目记录的控制号（以大写字母 C 开头）。点击类号可定位到分类树该类目节点，点击主题词可定位到该主题词款目。

（3）《汉语主题词表》与分类号对应表。右栏为主题词-分类号对应表。它由两部分组成：上栏为主题词字顺列表（四区），下栏为主题词款目框（五区）。

主题词字顺列表将主题词表的所有主题词按汉语拼音进行排列，主题词款目框显示当前主题词的款目内容，包括主题词汉语拼音、款目主题词、注释、主题词英译名、对应分类号、参照关系词（包括代（用）、属、分、族、参）、主题词款目记录的控制号（以大写字母S开头）、评注等。

（4）类目与主题词的互动。《中国分类主题词表》是分类与主题一体化表，其类目和主题词概念存在着对应的语义关系。在Web版中，通过“互动”展示这种对应关系。所谓“互动”，是指当用户在分类表或主题词表中选中一个语义单元时，其对应结构会自动定位到与该选中的语义单元对应的关系类或关系词，从而为用户全面、准确掌握类或词的概念，迅速确定标引或检索用词提供了方便。

（5）类目与主题词的检索。通过多种途径检索有关概念，快速定位到相应的分类或主题标识系统，是词表发挥其“提供查找标引和检索所需概念，并通过显示相关语义网络帮助人们明确概念含义”作用不可或缺的基本功能。检索词表通过位于词表最上方的检索工具栏（一区）完成，检索工具栏包括“检索途径”“匹配方式”“检索词输入框”“执行检索按钮”四部分。

5.3.5 分类主题一体化的应用价值

一体化词表的应用是近些年网络信息组织无法回避的主题，一体化词表具有的独特结构及功能优势为提升网络资源组织效率提供了便利。从现有研究成果中可以看出，除了医学和农业专业领域之外，其他领域的学者也开始尝试引入分类主题一体化模式，如国防军事、电子政务等领域。总体而言，一体化词表主要应用于标引与检索、词表互操作、本体构建、关联数据发布、知识发现等多个方面。①

1. 提升标引与检索效率

利用分类主题一体化可以同时完成文献信息的主题标引和分类标引，一次标引能同时获得主题标引和分类标引的结果，在提升标引的规范性和准确性的同时，也提高了标引工作效率。即使在自动标引日益普及的今天，这种优势也同样明显。例如一些选择自动标引的知识库，由于需要兼顾主题标引和分类标引，利用一体化词表成为降低标引成本的一种必要手段。

此外，分类主题一体化可以为提高检索效率提供保障。通过分类浏览或主题检索的方式，用户可以随意切换不同检索方式，还可通过分类与主题的相互限定改变检索范围，以达到扩检或缩检的目的。如在数字图书馆中，将《中国分类主题词表》与OPAC链接，能够实现网络联机检索目录的功能，可以为用户提供学科分类导航和概念检索服务。②

2. 促进词表互操作

当今网络环境中，信息资源在结构、情境及表达等方面的多样性，使得形成的不同知识组织系统具有异构性，直接影响到了资源共享。因此，如何通过检索语言之间的兼

① 姜冠兰，张敏．分类主题一体化词表的国内研究进展述评．数字图书馆论坛，2020（8）：15－21.

② 卜书庆．基于《中分表》的国家数字图书馆知识组织思考．图书馆论坛，2009（6）：194－198.

容互换来改变这种局面，成为知识组织研究的重点。词表互操作显然是一种可以促进系统间兼容共享的有效手段，它可以满足用户对信息资源进行跨库、跨领域、跨语言检索的需求。例如，针对不同检索语言之间的互操作，有学者以《中国分类主题词表》为核心体系构建了教育集成词库，利用同现映射、相似度计算等方法，实现了多部分类法、叙词表和《中国分类主题词表》的兼容。① 在不同语种词表间的互操作方面，有一些学者还研究了《农业科学叙词表》与《农业多语种序词表》之间的中英文映射，并在此基础上提出了跨语言搜索引擎的设计方案。②

3. 为本体构建提供辅助支持

众所周知，本体语义丰富、结构复杂且规范程度较高，其功能是可以提高异构系统之间的互操作性，能较好地满足网络环境语义关系中不断变化的动态需求，有助于知识资源的获取及传播，但本体的构建成本很高也是不争的事实。因此，利用分类主题一体化词表与本体相一致的特性，将传统的分类法、主题词表等知识组织体系中的相关概念改造成本体不失为一种便利且有效的方式。例如，基于一体化词表同时提供知识等级体系和主题概念的语义关联，构建本体概念时可以直接复用词表已有的选词、词间体现的概念关系、参照关系等来确立概念属性，进而降低本体构建成本，提高本体构建效率，这已成为业界共识。

当前将一体化词表用于本体构建通常会选择两种形式，分别为完全复用型和语义辅助型。③ 前者是指在构建本体时完全以词表中的主题词、分类类目词作为术语集，来构建不同的领域本体，如民乐本体、图书情报本体、旅游本体、教育领域本体等。后者则是指构建本体时不仅使用原词表，而且要扩展到词表以外的自然语言，最典型的就是近些年对网络用户参与建设的标签语词的引入。例如，有学者通过标签将《中国分类主题词表》和大众分类法进行融合，复用《中国分类主题词表》中分类主题词的语义关系和术语集，再结合标签语义关系和高频标签辅助构建了一个散文领域本体，在对网络资源进行深入揭示的同时，也体现了本体构建所用术语集的新颖性。④

4. 与关联数据发布的融合

作为传统知识组织系统，一体化词表体现了静态管理资源的特点，因此整个系统是相对封闭和孤立的，在与外部网络应用进行开放链接方面尚显能力不足，这无疑妨碍了其在网络资源索引和检索方面的应变能力。⑤ 关联数据的出现为其指出了一个新的发展方向，关联数据主张在不同数据间建立联系，将孤立的资源关联起来，因此，可以将关联

---

① 刘华梅，侯汉清．基于受控词表互操作的集成词库构建研究．中国图书馆学报，2010（3）：67－72.

② Liang A C，Sini M. Mapping AGROVOC and the Chinese Agricultural Thesaurus：Definitions，Tools，Procedures. New Review of Hypermedia and Multimedia，2006（1）：51－62；常春，卢文林．基于叙词表映射的农业跨语言检索系统设计．情报学报（增刊），2008：294－296.

③ 张云中，张丛昱．利用《中分表》与大众分类法构建本体：基于融合的视角．情报科学，2016（10）：49－55.

④ 同③.

⑤ 范炜，邹庆．《中国分类主题词表》的术语网络服务探索：以主题词规范数据为例．图书情报工作，2012（14）：40－46.

数据的理念和技术方法与一体化词表相结合。目前在这类研究中，一体化词表的主要作用是构建关联数据的基本语义关系模型，为其他关联数据提供语义结构和关系描述框架。如有学者依托《中国分类主题词表》叙词及词间关系建立关系型本体库，实现了学位论文、书目信息等多类型学术资源的语义化组织与关联化发布。①

思考题

1. 试述分类法的类型及特点。
2. 试述分类法在网络信息组织中的应用。
3. 试述叙词法与元词法的异同并分析叙词法的特点。
4. 什么是网络叙词表？简述其应用类型。
5. 简述分类主题一体化词表的类型。

推荐阅读

1. 司莉．信息组织原理与方法．武汉：武汉大学出版社，2011.
2. 周宁．信息组织．4版．武汉：武汉大学出版社，2017.
3. 曹树金，罗春荣．信息组织的分类法与主题法．北京：北京图书馆出版社，2000.
4. 戴维民．信息组织．3版．北京：高等教育出版社，2014.
5. 欧石燕．语义网与数字图书馆．南京：南京大学出版社，2017.
6. 赵捷，司莉，周李梅，等．国外叙词表的应用与发展趋势探讨．图书馆建设，2012（3）.

① 任瑞娟，濮德敏，王剑宏，等．基于Drupal实现多类型学术资源的语义化组织与关联化聚合．情报科学，2015（5）：63-67.

第6章

元数据

概要

本章分为三节。6.1节介绍元数据的基本概念、种类、特点及结构；6.2节讨论了几种常用的元数据描述标准；6.3节介绍了几种元数据标记语言。

学习要点

元数据的基本概念、种类、特点及结构；都柏林核心元数据元素集的结构与功能；几种常用的元数据标记语言。

学习目标

了解元数据的基本概念、种类、特点及结构；掌握不同元数据描述标准的功能及应用规则；掌握几种元数据标记语言。

6.1 元数据概述

元数据（metadata）一词作为计算机科学领域的专用术语最先出现在美国国家航空航天局的《目录交换格式》（Directory Interchange Format，DIF）中，而后被广泛应用于地理界、艺术界、博物馆界、图书信息界等。目前，metadata存在不同的译法，主要有“元数据”“描述数据”“诠释资料”等。

6.1.1 元数据的基本概念

元数据最简单的英文定义是“data about data”，即元数据是有关数据的数据，这是人们普遍认同的一个定义，也是具有最广泛外延的一个定义。然而，由于不同的专业领域所针对的对象不同，对元数据的描述也是有区别的。

在地理界，元数据由表示数据特性的信息组成，用于为数据产品提供文献；在数据仓库中，元数据是指关于数据的数据，用以描述数据仓库的数据和环境。政府信息领域则认为元数据是构成政府信息定位服务（Government Information Locator Service,

GILS）体系的分布式信息资源目录，用来描述信息资源的内容、位置、服务方式、存取方法等。国际图书馆协会联合会（International Federation of Library Associations and Institutions，IFLA）对元数据的定义是：元数据即描述资料的资料（data about data），可用来协助对网络数字信息资源进行辨识、描述，指示其位置的资料。

尽管不同专业领域对元数据的定义不同，但其本质是一样的，即元数据是一种有效的信息资源组织和管理工具，是一种编码体系，它可以帮助人们检索和确认所需要的信息资源，可以对数据单元进行详细、全面的著录描述，可以支持信息资源的存储和使用管理，支持对信息资源进行长期保存。

6.1.2 元数据的种类

元数据种类繁多，依据不同的标准可以将元数据分为不同的种类。依据元数据的复杂程度可将其分为三种：

第一种直接采用原始资料（即未结构化的资料）的资源描述格式，一般性的网络资源查寻工具、搜索引擎皆属此类，例如 Lycos、雅虎、AltaVista 等。

第二种使用结构化资料，可支持字段查询。此类元数据描述的数据结构简单，可由非专业人士或资源创建者自行著录，主要目的在于提供针对大量数字信息资源的搜寻功能，倾向于对个别对象的描述，而不做多元化对象关系的描述。目前图书馆界积极发展的都柏林核心元数据属于此类。

第三种使用完整的资源描述架构，用来记录文件或描述一组对象，以及彼此间的相互关系。除了可提供定位与搜寻功能外，此类元数据完整地描述对象间的复杂关系，可表现特殊领域或特定文献资源的特质与内涵，所以此类元数据需要具有专业知识背景的人士建立与维护，方能满足其专业需求。例如《档案编码著录标准》（EAD）。

此外，根据元数据的用户可以将其分为技术元数据和商业元数据。技术元数据提供给数据仓库的技术人员，供其在仓库的开发和维护中使用；商业元数据是商业用户在仓库中寻找它们所需商业信息的辅助工具。

根据元数据所支持的功能，可分为描述性元数据（descriptive metadata）、管理性元数据（administrative metadata）和结构性元数据（structural metadata）。描述性元数据有助于发现和确定资源；管理性元数据是支持资源管理的数据；结构性元数据是将复杂或复合资源的各部分整合到一起并且使其整体可用的数据。也可将元数据分为技术元数据、权限元数据、保存元数据和资源发现元数据。技术元数据，说明数字信息资源的类型、存储格式和采用的技术标准；权限元数据，说明信息资源的责任人或产权关系；保存元数据，说明信息资源的存储位置，用 URL 等来标识；资源发现元数据，说明信息资源的类别、主题标志等。

6.1.3 元数据的特点

随着信息网络的发展，产生了大量的数字信息资源，而使用者对数字信息资源也提出了新的要求，所以不断发展新的资源描述形式，用来协助辨识、描述数字信息资源以及指示资源位置，成为网络信息组织发展的必然趋势。

简单地说，元数据具有传统目录的著录功能，即以简单的资料描述资源的内容，这将有助于资源的使用者及管理者透过元数据了解并辨识资源，进而去利用及管理资源。从信息资源数字化的角度来看，元数据可以说是数字式目录，它描述了收藏资料的内容或特色，有助于资料检索，对庞大多样的数字信息资源做有效的组织与整理。因此，元数据具体有如下特点：

（1）描述性：这是所有元数据的最本质的特征。元数据是描述数据的数据，它通过一种约定俗成的规则来描述对象，以组织和管理信息资源。

（2）动态性：元数据不是静止不变的，它随着所描述对象的变化而变化。

（3）多样性：这是指元数据的类型多样，一个描述对象的元数据会有各方面的特征，故从不同的角度对其进行划分会产生不同的结果。

（4）复杂性：主要表现在两个方面，一方面元数据既可以是集合概念，也可以是个体概念，元数据中还可以包括其他元数据；另一方面，对不同的描述对象，有些元数据项是必须有的，而有些却不是必须有的，即强制性的元数据与选择性的元数据共存。

（5）多层次性：这有两方面的含义，一方面是指元数据所描述对象的多层次性，另一方面是指元数据使用对象的多层次性。

（6）支撑性：在某种程度上元数据相对内容而言处于次要的地位，但又是必不可少的，它有效地维护所描述对象的原始性和完整性，因此，元数据对内容起着重要的支撑作用。另外，元数据的支撑性还表现在它与所描述对象的共存，能保证资源的长期使用，即在计算机系统乃至标准停用后，仍可继续使用其所描述的对象。

6.1.4 元数据的结构

元数据方案定义了元数据的结构及内容，通常元数据的总体结构可以分为三个层次：内容结构、句法结构和语义结构。

（1）内容结构。内容结构定义元数据的构成元素，可包括描述性元素、技术性元素、管理性元素、结构性元素。这些构成元素要满足元数据的功能需求，因此往往与元数据的功能相对应。这些元素可以自己定义，也可从相关标准中选取，当某个元素来自某个外部标准时，需要注明来源和出处。例如机读目录（MARC）所依据的《国际标准书目著录》（ISBD）标准，《档案编码著录标准》所参照的《国际档案著录标准（通则）》（ISAD（G））等，均需说明来源。

（2）句法结构。句法结构定义元数据的格式及描述方式。例如，元素选取使用规则、元素描述方法（如都柏林核心元数据采用 ISO/IEC 11179 标准）、元素结构描述方法（如 MARC 结构、标准通用标记语言（SGML）结构、可扩展标记语言（XML）结构）等。有时句法结构需要标明元数据与所描述对象是捆绑在一起的，还是作为独立数据存在但以一定形式与数据对象链接的。同时，还需描述与相关标准、文档类型定义（DTD）结构等的链接关系。

(3) 语义结构。语义结构定义元素的具体描述方法，体现元数据的语义特征。例如描述元素时所采用的标准、遵循的描述规范或自定义的描述要求。

有些元数据方案本身定义了语义结构，有些则由应用该元数据方案的具体单位规定语义结构，例如都柏林核心元数据建议日期元素采用 ISO 8601，资源类型采用都柏林核心类型，数据格式可采用 MIME，识别号采用 URL、数字对象标识符（DOI）或国际标准书号（ISBN）。

6.2 元数据描述标准

下面将按照元数据的应用领域，分别介绍几种重要的元数据方案。

6.2.1 都柏林核心元数据元素集

1. 简介

都柏林核心元数据元素集（Dublin Core metadata element set），是目前发展比较成熟的元数据标准，在图书信息界及网络界得到了广泛的认可。为了寻求一种非图书馆人员可轻松掌握和使用的信息资源著录格式，以提高网络资源的开发利用率，联机计算机图书馆中心和国家超级计算机应用中心（National Center for Supercomputing Application，NCSA）在 1995 年联合召开了第一届元数据研讨会。来自图书馆、计算机及有关领域的专家学者经过讨论，创建了只包含能够描述数字信息资源基本特征的都柏林核心元数据元素集，并明确了元素的描述语义。其后都柏林核心工作小组经过多次研讨，使都柏林核心元数据元素集日趋完善，并取得了以下成果：

(1) 确立都柏林核心元数据元素集的 15 个核心元素。

(2) 确定了附加的都柏林核心元数据元素集限定词——堪培拉限定词（第四届元数据研讨会在澳大利亚首都堪培拉召开，正式确定了附加的都柏林核心元数据限定词，俗称堪培拉限定词）。

(3) 采用超文本标记语言和资源描述框架作为主要的语法格式。

由此可见，都柏林核心元数据是由都柏林核心工作小组拟定的标识数字信息资源的一种简要目录模式。

由于都柏林核心元数据元素集具有简单、易于理解、可扩充及能与其他元数据形式进行桥接等优点，1998 年 9 月，国际互联网工程任务组（IETF）正式接受都柏林核心元数据元素集，将其作为一个正式标准予以发布。这 15 个未结构化的都柏林核心元数据元素被简称为 DC 1.0 版本。1999 年 7 月，DC 1.1 版本发布。该版本总结了 DC 1.0 发布以来对都柏林核心元数据元素定义的修改，每一个元素都使用 ISO/IEC 11179（《信息技术 数据元的规范与标准化》）中关于数据元素描述标准来定义。

2. 结构

都柏林核心元数据元素集由 15 个核心元素（也可称为基本字段）组成，其标识及元素释义如表 6-1 所示。

表 6-1　都柏林核心元数据元素集的核心元素

元素	标识	定义	解释
题名	Title	赋予资源的名称	使资源成为众所周知的有代表性的正规名称
创建者	Creator	创建资源内容的主要责任者	创建者包括个人、组织或机构
主题	Subject	资源内容的主题描述	用来描述资源主要内容的关键语词或分类号码表示的有代表性的主题词
描述	Description	有关资源内容的说明	该说明可以包括但不限于：摘要、内容目次、内容图示或内容的文字说明
出版者	Publisher	使资源以现有形式被获得和利用的责任者	包括个人、组织或机构
贡献者	Contributor	对资源内容负有责任的实体	包括个人、组织或机构
日期	Date	与资源生命周期中的一个事件相关的时间	资源产生或有效使用的日期、时间。推荐使用 ISO 8601［W3CDFT］定义的编码形式，使用的是 YYYY-MM-DD 形式
类型	Type	资源内容类型	包括种类、功能、体裁或作品集成级别等描述性术语。推荐从可控次标（如都柏林核心类型［DCT1］）中选用有关术语。对于资源物理或数字化的表现形式，采用“格式”项的描述
格式	Format	资源物理或数字化的表现形式	可包括媒体类型或资源容量。也可用于限定资源显示或操作所需的软件、硬件或其他设备，如容量包括数据所占空间等
标识符	Identifier	依据有关规定分配给资源的标识性信息	对资源的标识采用符合正规标识系统的字符串和数字组合。正规标识系统包括统一资源标识符、统一资源定位符、数字对象标识符以及国际标准书号、国际标准刊号（ISSN）等
来源	Source	可获取现存资源的有关信息	当前资源可能部分或全部源于来源元素所标识的资源。建议使用正规标识系统确定的字符串或数字标引资源来源信息

续表

元素	标识	定义	解释
语种	Language	资源内容使用的语言种类	推荐使用由 RFC 1766 定义的语种代码，它由两位字符（源于 ISO 639）组成。作为可选项，可选用两位字符的国家代码（源自 ISO 3166），如“en”表示英语，“fr”表示法语
关联	Relation	对相关资源的参照	推荐对关联的标识采用符合正规标识系统的字符串和数字组合
覆盖范围	Coverage	资源内容的领域或范围	包括空间定位（地名或地理坐标）、时代（年份、日期或日期范围）或权限范围
权限	Rights	拥有的该资源相关权利	包括资源版权管理的说明，或者对这一信息的服务的参照。通常包含知识产权、著作权等

以上每个字段都可选并可重复，且各字段可以任意排列。每一个字段可以通过堪培拉限定词进一步扩展。例如都柏林核心元数据元素集扩展出了 12 个二级元素。

3. 功能

从都柏林核心元数据元素集的结构，不难看出其功能如下：

（1）查找。都柏林核心元数据元素集的设计主要是为了支持数字信息资源的发现或查找，其元素意在成为用户查找数字信息资源的最重要依据。都柏林核心元数据元素集中题名、主题、创建者、贡献者均可作为检索点。此外，这些元素内容可以优化，对其采用受控词汇和规范控制，则能更好地发挥查找的功能。

（2）识别。识别被检索的特定信息资源和区别相似信息资源。然而，都柏林核心元数据元素集中也存在一些与信息资源识别相关的检索项：日期、类型、格式和标识符。例如，元素“日期”能提供识别版本的信息，但是这对支持用户的需要而言是不充分的。

（3）选择。都柏林核心元数据元素集的意图不只是为用户在多个检索结果中做出选择提供重要的信息，例如，元素“描述”可能对资源的相关性评估更有用。虽然在一定程度上，用户可以将任何一个元素作为选择的依据，但是都柏林核心元数据元素集不能成为资源的完全代替品，只是在某种程度上可以替代资源，用来支持资源的选择。

（4）获取。都柏林核心元数据元素集的目的之一是支持数字信息资源的检索，在网络环境下，元素“标识符”中的准确地址可以超越时间的限制，全面支持数字信息资源的获取。

4. 应用特点

到目前为止，网络信息资源著录的元数据方案有多种，但越来越多的迹象表明都柏林核心元数据元素集已成为事实上的一个标准。它一出现就被北美、欧洲、亚洲和大洋洲 20 多个国家认同，不只是图书馆、博物馆，不少政府机构、商业组织也正在使用或准备采用。主要原因在于都柏林核心元数据元素集有着独特的优点：

（1）简易性：都柏林核心元数据元素集只有 15 个元素，且每个元素的语义易于理解，适合各种背景的人员使用。非编目人员可以根据元素的含义自学使用，制作者可以此标引自己的网页和出版物，来提高检索效率。

（2）可扩展性：都柏林核心元数据元素集的格式具有弹性化和扩展性，允许使用者为了特定目的或在特定的学科领域增加一些必要的著录信息。例如，可以与其他元数据如 RDF、美国机读目录格式（USMARC）等连接使用，提高都柏林核心元数据元素集在不同元数据系统中的互操作性，保证其具有与不同环境兼容和扩展的功能。

（3）广泛适用性：可根据不同行业选择不同的元数据进行描述。例如，对地图、天体、艺术品、多媒体等均可选择内容项目以及可关联项目进行描述。

（4）可重复性：都柏林核心元数据元素集解决了多创作者、多版本、多语种等的著录问题。例如，都柏林核心元数据元素集通过它的可重复性，即可实现一个主页由多个协作者完成和维护，或由几种语种揭示的状况，从而可以满足网络信息组织的多样化需求。

（5）灵活性：对某些主题元素的描述既可用规范化词表（如 LCSH）标引，也可用指定的分类法（如 DDC）标引，还可用关键词标引，反映了都柏林核心元数据元素集可以为专业和非专业用户同时提供选择的能力。

当然，都柏林核心元数据元素集并非十全十美，它也不可避免地存在一些缺点。

（1）字段定义上的模糊性。都柏林核心元数据元素集由于没有建立规则和过程来控制数据元素的内容，只考虑著录上的弹性空间，元素定义相对简单。容易造成对元素定义的不同理解，在判断资料的元素时会出现格式不统一的问题，直接影响了都柏林核心元数据元素集的使用频率。例如创建者与贡献者的区分，主要与次要的界限如何划分等。

（2）限定词的设定使都柏林核心元数据元素集变得复杂化。为了让标引的对象更加明确，并提高检准率和检全率，都柏林核心元数据元素集致力于限定词著录控制表的研究。这样做一定程度上可以解决上述问题，但也增加了著录者的负担，发展到一定程度时，著录者恐怕也会像著录 MARC 一样，要进行相当的训练并严格遵循大量的规则才能完成资料的著录。

（3）互通性。都柏林核心元数据元素集没有对每一项具体著录做出规定，完全根据网页制作者对都柏林核心元数据元素集的理解以及著录特点扩展所要著录的项目而定。但当通用的著录项目扩展到一定程度时，资料彼此间的互通性可能会降低，跨系统的解读能力和资料运用的精确性下降，从而造成资料检索利用上的困扰。

5. 应用前景

随着网络技术的不断发展，都柏林核心元数据元素集非常注重以下两个方面的建设：

（1）基于记录格式的元数据。在当前数据库应用中，主流开发人员已经在关系数据库和存储库中使用并将继续使用都柏林核心元数据元素集的词汇表。该词汇表基于

XML，是一种可扩展的标记语言，用于将元数据记录的内容指定为结构化文档。应用之间的互操作性体现在对固定格式的坚持，如都柏林核心元数据元素集的 15 个核心元素以及额外的 DCMI 元数据术语等。虽然基于记录的方法相对容易部署，但不同结构格式之间的互操作性则需要依赖难以维护和使用的特别映射。

XML 格式的都柏林核心元数据元素集的应用如下所示。[①]

```
<dc:subject xml:lang="en">seafood</dc:subject>
<dc:subject xml:lang="fr">fruits de mer</dc:subject>
### 5.3 Example-a qualified DC record
<?xml version="1.0"?>

<metadata
  xmlns="http://example.org/myapp/"
  xmlns:xsi="http://www.w3.org/2001/XMLSchema-instance"
  xsi:schemaLocation="http://example.org/myapp/ http://example.org/myapp/schema.xsd"
  xmlns:dc="http://purl.org/dc/elements/1.1/"
  xmlns:dcterms="http://purl.org/dc/terms/">

  <dc:title>
    UKOLN
  </dc:title>
  <dcterms:alternative>
    UK Office for Library and Information Networking
  </dcterms:alternative>
  <dc:subject>
    national centre,network information support,library
    community,awareness,research,information services,public
    library networking,bibliographic management,distributed
    library systems,metadata,resource discovery,
    conferences,lectures,workshops
  </dc:subject>
  <dc:subject xsi:type="dcterms:DDC">
    062
  </dc:subject>
  <dc:subject xsi:type="dcterms:UDC">
    061(410)
  </dc:subject>
  <dc:description>
```

① http：//www.dublincore.org/specifications/dublin-core/dc-xml-guidelines/.

```
        UKOLN is a national focus of expertise in digital information
        management. It provides policy, research and awareness services
        to the UK library, information and cultural heritage communities.
        UKOLN is based at the University of Bath.
      </dc:description>
      <dc:description xml:lang="fr">
        UKOLN est un centre national d'expertise dans la gestion de l'information
        digitale.
      </dc:description>
      <dc:publisher>
        UKOLN, University of Bath
      </dc:publisher>
      <dcterms:isPartOf xsi:type="dcterms:URI">
        http://www.bath.ac.uk/
      </dcterms:isPartOf>
      <dc:identifier xsi:type="dcterms:URI">
        http://www.ukoln.ac.uk/
      </dc:identifier>
      <dcterms:modified xsi:type="dcterms:W3CDTF">
        2001-07-18
      </dcterms:modified>
      <dc:format xsi:type="dcterms:IMT">
        text/html
      </dc:format>
      <dcterms:extent>
        14 Kbytes
      </dcterms:extent>

    </metadata>
```

（2）基于重组语句的元数据。自 20 世纪 90 年代末开始，万维网联盟的工作组开始研究语义网。这个构想是由资源描述框架和域名系统（DNS）实现的，该系统可以将 URI 标识为网上资源。2000 年，都柏林核心元数据元素集是第一批运用 RDF 发布词汇表并使用永存 URI 的。面对开放式网络的混乱和复杂，RDF 的目标是实现部分互操作性。在 RDF 中，元数据不是由已知结构的离散、有界记录组成，而是由无界、无模式的碎片组成，这些碎片由原语句组成，并可通过将多个源合并到其中重新组合。在基于语句的元数据中，多个源之间的互操作性是通过使用共享的 URI 或映射到共享的 URI 中产生的。

RDF 格式的都柏林核心元数据元素集的应用如图 6－1 所示。

Term Name:	contributor
URI:	http://purl.org/dc/terms/contributor
Label:	Contributor
Definition:	An entity responsible for making contributions to the resource.
Comment:	Examples of a Contributor include a person, an organization, or a service.
Type of Term:	Property
Refines:	http://purl.org/dc/elements/1.1/contributor
Has Range:	http://purl.org/dc/terms/Agent
Version:	http://dublincore.org/usage/terms/history/#contributorT-001

图 6-1　RDF 格式的都柏林核心元数据元素集应用样例

资料来源：http：//www.dublincore.org/specifications/dublin-core/dcmi-terms/2012-06-14/#elements-contributor.

6.2.2　机读目录

机读目录（Machine-Readable Cataloging，MARC）是计算机能够识别和阅读的一种目录。1965 年 1 月，美国国会图书馆提出了《标准机器可读目录记录款式的建议》，即 MARC Ⅰ格式。1967 年，MARC Ⅱ正式面世，即为现在通常简称的 MARC。此后，世界许多国家和地区图书馆都相继采用 MARC 格式建立自己的机读目录系统。1972 年，国际图书馆协会联合会在美国机读目录格式的基础上，推出了国际机读目录格式（UNIMARC），各国也相应推出了本国的机读目录格式，如中国（CNMARC）、日本（JAMARC）等。

1. MARC 记录的结构特点

（1）可变格式、可变长字段的记录格式：这种格式兼容性强，伸缩性大，字段的设置可多可少。每个字段采用可变长的记录格式，更符合书目信息处理的特点。此外，有些字段是固定长的，则采用固定长字段的记录格式。

（2）采用目次方式：这是可变长字段存取的标识符——值编组的格式。这种格式可大量节省计算机进行数据比较的时间，提高处理速度。另外，它可方便字段顺序的改变和字段内容的修改。

（3）每条 MARC 记录分三个区：头标区、目次区和数据区。数据区又由控制区和可变区组成，所以有时也称为四个区。

（4）物理记录和逻辑记录的关系：MARC 格式采用固定长字段不定形式的方式记录数据。每个物理记录的长度是 4 096 个字节，因此，经常在一个字段中存放多个 MARC 记录，或一个 MARC 记录分存于两个或两个以上字段中。但是，不管一个 MARC 记录有多长，都仅有一个头标区和目次区。

2. 常用的几种 MARC 格式

（1）UNIMARC。UNIMARC 是“国际机读目录格式”的英文简称，是由国际图书馆协会联合会（简称国际图联）制定的一种供国际交换用的机读目录数据交换格式。这一格式将内容标识符标准化，避免了各国使用本国 MARC 系统的标识符的专指性，且减少了手工目录的痕迹。各国的书目机构将本国 MARC 格式的书目记录转换为 UNIMARC 格式，供其他国家使用，实现国际数据的交换，而各国国内的书目记录格式仍可保留各自的 MARC 格式。因此，许多国家都使用 UNIMARC 格式作为国际机读书目记录交换的格式，如欧盟已经将 UNIMARC 作为联盟内所有国家采用的 MARC 标准以实现书目记录的统一和共享。

2017—2018 年国际图联推进了 UNIMARC 的实施，内容包括：

① 开发和维护 UNIMARC 格式。UNIMARC 的主要目的是促进书目机构或图书馆之间书目数据的国际交换。与此同时，UNIMARC 也是开发新型机读书目格式的模板。

② 改进网络版 UNIMARC 格式，以便用户能够轻松高效地获取所有 UNIMARC 相关的新闻、附加内容和修正方案。

③ UNIMARC 作为关联数据计划，将致力于实现平等、自由地获取信息和知识。

④ 西亚 UNIMARC 用户小组会议将支持伊朗国家图书馆培养应用标准化数字格式代码的能力。

⑤ 国际图书馆协会联合会继续将 UNIMARC 格式用作图书馆参考模型和世界公认准则，并致力于指导图书馆及文化遗产资源元数据的创建。[①]

（2）MARC21。2000 年，美国和加拿大通过协商就 MARC 的格式达成一致，产生了两者共同遵循的 MARC 格式——MARC21。MARC21 并不是一个新的格式，而是为适应各类型文献记录在不同系统间的交换以及满足格式一体化的需要而产生的。它由美国国会图书馆与加拿大国家图书馆联合编写，是一个将 USMARC 和 CANMARC 相融合的 MARC 格式，并对 MARC 中五种类型的数据格式进行详细的定义和阐释。

MARC21 书目数据格式（bibliographic format）——对编码描述、检索和控制不同形式信息资源的数据元素进行详细说明。

MARC21 规范数据格式（authority format）——对如何编制用于识别书目记录的内容并保持其唯一性和一致性的规范记录予以说明，目的是通过编制规范与记录实现对书目记录的控制。

MARC21 馆藏数据格式（holding format）——用于对各种形式信息资源的馆藏数据与位置数据编码进行详细说明。

MARC21 分类数据格式（classification data format）——用于编制分类号、相关说明等数据元素编码，按分类数据格式建立的分类记录可用于维护和发展类标。

MARC21 社会信息格式（community information format）——用于说明如何建立与事件、项目、服务等相关的非书目信息记录，这些信息可整合到公共查询目录中供用户查询。

---

① https：//www. ifla. org/publications/unimarc-action-plan? og=33.

(3) CNMARC。我国对MARC的研究始于20世纪80年代。《中国机读目录格式》(China MARC Format，CNMARC) 曾于1996年作为行业标准 (WH/T 0503—96) 实施。如今MARC格式已成为我国图书馆及情报部门信息资源交流和交换必不可少的工具。CNMARC根据UNIMARC格式设计原则制定，并结合了汉字的特点，其中表示系统和数据代码规定得比较详细，目前已广泛应用于我国图书馆和信息部门的中文书目记录。

CNMARC的结构与USMARC格式相同，每一条CNMARC记录由记录头标、地址目次区、数据字段区、记录结束符组成。

① 记录头标：按照GB/T 2901—2012的规定，每条记录都以24位字符的记录头标开始。它含有GB/T 2901—2012定义的关于记录结构的数据和为GB/T 2901—2012的特定形式而定义的数据元素。这些数据元素包括记录类型、书目级别、在层次等级中的位置、记录完整程度以及采用ISBD规则的完整程度。记录头标中的数据元素主要用来满足记录处理的需要，同时也可间接地用于标识书目记录本身，具体如表6-2所示。

表6-2　CNMARC记录头标的数据元素

<table>
<tr><th colspan="2">数据元素名称</th><th>字符数</th><th>字符位置</th><th>说明</th></tr>
<tr><td colspan="2">记录长度</td><td>5</td><td>0～4</td><td>用五位十进制数字代码表示整个记录的字符总数，包括记录头标、地址目次区、数据字段区和记录结束符。当为了交换而组装成MARC记录时，该项数据通常由计算机自动生成。</td></tr>
<tr><td colspan="2">记录状态</td><td>1</td><td>5</td><td>用一位字符代码表示记录处理状态。
c=经修改的记录；
d=被删除的记录；
n=新记录；
o=曾发行较高层记录；
p=曾发行不完整的记录或出版前记录。</td></tr>
<tr><td>执行代码</td><td>记录类型</td><td>1</td><td>6</td><td>表示记录类型。
a=文字资料（手稿除外）；
b=文字资料（手稿）；
c=乐谱印刷品；
d=乐谱手稿；
e=测绘制图资料印刷品；
f=测绘制图资料手稿；
g=投影和录像资料（电影、胶卷、幻灯片、透明胶片、录像制品）；
i=录音制品（非音乐）；
j=录音制品（音乐）；
k=二维图形（图画、设计图等）；
l=电子资源；
m=多媒体；
r=三维制品和教具；
u=拓片。</td></tr>
</table>

续表

数据元素名称		字符数	字符位置	说明
执行代码	书目级别	1	7	a=分析级（组成部分）； i=集成性资源； m=专著； s=连续出版物； c=合集。
	层次等级	1	8	表示同一文档中所在记录与其他记录的层次关系。 #=层次关系未定或不采用层次结构； 0=无层次关系； 1=最高层次记录； 2=低于最高层次的记录（所有低层次记录）。
	未定义	1	9	标识空位“#”。
指示符长度		1	10	用一位十进制数字代码表示字段指示符长度，格式中取值“2”。
子字段标识符长度		1	11	用一位十进制数字代码表示子字段标识符的长度，格式中取值“2”。
数据基地址		5	12～16	用五位十进制数字代码表示第一个数据字段相对于记录首位的起始字符位置。数据基地址在组装 MARC 记录时自动生成。
记录附加定义	编目等级	1	17	用一位字符代码表示机读记录的完整程度以及编制记录时是否核对过原文献。 #=完全级（编制机读记录时曾核对过编目实体）； 1=次级 1（编制机读记录时未核对过编目实体）； 2=次级 2（编目实体出版之前制作的书目记录，通常不完整）； 3=次级 3（非完整编目的书目记录，且发行机构以后不确定能否将其升级为完全级的记录）。
	著录格式	1	18	用一位字符代码表示该记录所采用的著录规则情况，说明在编制 200～225 字段是否依据了 ISBD 的规定。 #=完全采用 ISBD 格式； i=部分或不完全的 ISBD 格式； n=非 ISBD 格式。
	未定义	1	19	标识空位“#”。
地址目次区项目结构		4	20～23	用四位字符代码为地址目次区中每一个地址目次项的结构提供说明。 “字段长度”的长度（20）表示每个地址目次项内“字段长度”部分的字符位数，格式取值“4”； “起始字符位置”长度（21）表示每个地址目次项内“起始字符位置”部分的字符位数，格式取值“5”； “执行定义部分”长度（22）表示每个地址目次项内“执行定义部分”所占的字符位数，格式取值“0”； 未定义（23）标识空位“#”。

② 地址目次区：提供该记录数据字段区记录情况的有关数据，包含三个部分：三位数字表示的字段号、四位数字表示的数据字段长度和五位数字表示的字段起始字符位置。地址目次区的结构如下所示：

一地址目次区 目次项 1			目次项 2			其他目次项	
字段号	字段长度	起始字符位置	字段号	字段长度	起始字符位置	……	字段分隔符

③数据字段区：其中所含数据有如下两种形式。

数据（控制）字段（00 -）结构：

数据	字段分隔符

数据字段（010 至 999）结构：

指示符		子字段标识	子字段数据	其他子字段	
指示符 1	指示符 2	$a	数据	……	字段分隔符

数据字段区由若干定长和变长字段构成，每个字段之间用字段分隔符隔开。每个字段（“00 -”字段除外）均由两个指示符以及随后的任意数目子字段组成。CNMARC 将字段按照功能分为九个功能块（见表 6 - 3）。

表 6 - 3 CNMARC 数据字段功能

功能块	含义	定义的主要字段
0——标识块	用以标识记录或在编文献的号码	001 记录标识号 003 永久记录标识 005 记录处理时间标识 010 国际标准书号（ISBN） 011 国际标准连续出版物号（ISSN） 012 指印标识 013 国际标准乐谱号（ISMN） 014 论文标识号 015 国际标准技术报告号（ISRN） 016 国际标准音像制品编码（ISRC） 017 其他标准号 020 国家书目号 021 版权登记号 022 政府出版物号 035 其他系统控制号 036 音乐导句 040 CODEN 号（连续性资源） 071 出版编号 072 通用产品代码（UPC） 073 国际物品号（EAN） 091 统一书刊号（UBSN） 092 订购号 094 其他编号

续表

功能块	含义	定义的主要字段
1——编码信息块	包含编码数据元素。字段中的数据以字符位置定义。各子字段标识符后第一个字符位置为0位	100 通用数据处理 101 文献语种 102 出版或制作国别 105 编码数据字段：专著性文字资料 106 编码数据字段：形态特征 110 编码数据字段：连续性资源 115 编码数据字段：投影制品、录像制品和电影制品 116 编码数据字段：图形资料 117 编码数据字段：三维制品和实物 120 编码数据字段：测绘制图资料——一般性特征 121 编码数据字段：测绘制图资料——形态特征 122 编码数据字段：文献内容涵盖时段 123 编码数据字段：测绘制图资料——比例尺与坐标 124 编码数据字段：测绘制图资料——特定资料标识 125 编码数据字段：录音制品与乐谱 126 编码数据字段：录音制品——形态特征 127 编码数据字段：录音制品与印刷乐谱播放时间 128 编码数据字段：音乐演出与总谱 130 编码数据字段：微缩品——形态特征 131 编码数据字段：测绘制图资料——大地、坐标网络与垂直测量 135 编码数据字段：电子资源 140 编码数据字段：外国古籍——一般性数据 141 编码数据字段：外国古籍——藏本形态特征 191 编码数据字段：拓片 192 编码数据字段：中国民族音乐 193 编码数据字段：中国古籍——一般性数据 194 编码数据字段：中国古籍——藏本形态特征
2——著录信息块	包含除“附注项”和“标准编号与获得方式项”以外的GB/T 3792—2021规定的著录项目	200 题名与责任说明 205 版本说明 206 资料特定细节项：测绘制图资料——数字数据 207 资料特定细节项：连续性资源卷期编号 208 资料特定细节项：印刷乐谱的特定说明 210 出版发行等 211 预定出版时间 215 载体形态项 225 丛编项
3——附注块	包含以自由行文方式对著录项目或检索点作进一步陈述的附注信息，可涉及文献内容特征及其物理组成的各个方面	300 一般性附注 301 标识号附注 302 编码信息附注 303 著录信息的一般性附注 304 题名与责任说明附注 305 版本与书目沿革附注 306 出版发行等附注 307 载体形态附注 308 丛编附注

续表

功能块	含义	定义的主要字段
		310 装订及获得方式附注 311 连接字段附注 312 相关题名附注 313 主题检索附注 314 责任附注 315 资料（或出版物类型）特定细节附注 316 现有藏本附注 317 出处附注 318 操作附注 320 文献内书目、索引附注 321 被外部文献索引、摘要和引用附注 322 制作者附注（投影制品、录像制品和录音制品） 323 演出者附注（投影制品、录像制品和录音制品） 324 原作版本附注 325 复制品附注 326 出版或更新周期附注（连续性资源） 327 内容附注 328 学位论文附注 330 提要或文摘附注 332 引文附注 333 使用对象附注 334 获奖附注 336 电子资源类型附注 337 系统需求附注（电子资源） 345 采访信息附注 393 系统外字符附注
4——款目连接块	记录中的每个款目连接字段所包含的数据字段，均嵌入被连记录的字段标识符、字段指示符和子字段标识符。各款目连接字段应包括足够的数据以标识被连记录或被连文献本身（如无记录）	从编、补编等 410 丛编 411 附属丛编 412 摘录或单行本来源 413 摘录或单行本 421 补编、增刊 422 正编、正刊 423 合订、合刊 424 被……更新 425 更新 先前款目 430 继承 431 部分继承 432 替代 433 部分替代 434 吸收 435 部分吸收 436 由……、……和……合并而成 437 分自 后继款目 440 由……继承

续表

功能块	含义	定义的主要字段
		441 由……部分继承 442 由……替代 443 由……部分替代 444 并入 445 部分并入 446 分成……、……和…… 447 与……、……合并而成…… 448 改回 其他版本 451 同一媒介的其他版本 452 不同媒介的其他版本 453 译为 454 译自 455 复制自 456 复制为 层级 461 总集 462 分集 463 单册 464 单册分析 其他关系 470 被评论作品 481 还装订有…… 482 与……合装 488 其他相关作品
5——相关题名块	包含除正题名外，出现在出版物上的与在编文献相关的题名	统一题名 500 统一题名 501 作品集统一题名 503 统一惯用标目 不同题名 510 并列正题名 511 半题名 512 封面题名 513 附加题名页题名 514 卷端题名 515 逐页题名 516 书脊题名 517 其他题名 518 现代标准书写题名 其他相关题名 520 曾用题名（连续性资源） 530 识别题名 531 微缩题名（连续性资源） 532 展开题名 540 编目员补充的附加题名 541 编目员补充的翻译题名 545 分部题名 560 人为题名

续表

功能块	含义	定义的主要字段
6——主题分析块	包含按照词语或符号的不同体系构成的主题数据。此外还包含有关在编文献的物理特征和呈现形式，出版与演奏等的检索点以及当前复本的近期史	主题标目 600 个人名称主题 601 团体名称主题 602 家族名称主题 604 名称和题名主题 605 题名主题 606 论题名称主题 607 地理名称主题 608 形式、体裁或物理特性标目 610 非控主题词 615 主题范畴（暂定） 616 商标主题 617 有等级的地理名称主题 书目史 620 出版、演奏地与日期 621 源起地与日期 主题分析 660 地区代码（GAC） 661 时间范围代码 分类法 675《国际十进分类法》（UDC） 676《杜威十进分类法》（DDC） 680《美国国会图书馆分类法》（LCC） 686 国外其他分类法分类号 690《中国图书馆分类法》（CLC） 692《中国科学院图书馆图书分类法》（LCCAS） 696 国内其他分类法分类号
7——责任块	包含对在编文献的创作负有某种责任形式的个人或团体的名称。需要建立检索点的责任泛指所有与文献有关的个人、团体或家族以及出版者，也包括录音等类型资料出版时所用的商标	个人名称 700 个人名称——主要责任 701 个人名称——等同责任 702 个人名称——次要责任 团体或会议名称 710 团体名称——主要责任 711 团体名称——等同责任 712 团体名称——次要责任 家族名称 720 家族名称——主要责任 721 家族名称——等同责任 722 家族名称——次要责任 其他名称 716 商标 730 名称——责任实体 统一标目 740 法律和宗教文本统一惯用标目——主要责任 741 法律和宗教文本统一惯用标目——等同责任 742 法律和宗教文本统一惯用标目——次要责任

续表

功能块	含义	定义的主要字段
8——国际使用块	包含国际上一致约定的不适合在 0 -至 7 -功能块处理的字段	801 记录来源 802 ISSN 中心 830 编目员一般附注 850 馆藏机构代码 852 馆藏位置和索书号 856 电子资源地址与检索 886 无法被包含的源格式数据

资料来源：段明莲．信息资源编目．2 版．北京：北京大学出版社，2008：118 - 168.

字段标识符中含有“9”的字段，即 9 -、- 9 -、- 9 等字段，或子字段＄9，是 GB/T 33286—2016 标准在 UNIMARC 基础上追加的适合中国使用的字段或子字段。

④ 记录结束符：用以标识该记录结束和与下一个记录的区分。

3. CNMARC 著录样例

示例 1：国家数字图书馆的联机公共目录查询系统中的 CNMARC 格式著录。点击 http：//opac. nlc. cn/F/RXJDYGV3BHK374U1SYMGAHQXS7AYKFANPP81NQGRCFP2K9B814 - 12164? func=full-set-set&set_number=161066&set_entry=000001&format=999，进入页面后，可找到 MARC 格式（见图 6 - 2）。

MARC格式

<table>
<tr><td>FMT</td><td>BK</td></tr>
<tr><td>LDR</td><td>-----nam0 22-----   450</td></tr>
<tr><td>001</td><td>012536167</td></tr>
<tr><td>005</td><td>20231020132250.0</td></tr>
<tr><td>010</td><td>|a 978-7-121-46051-7 |d CNY74.00</td></tr>
<tr><td>100</td><td>|a 20230914d2023   em y0chiy50   ea</td></tr>
<tr><td>1010</td><td>|a chi</td></tr>
<tr><td>102</td><td>|a CN |b 110000</td></tr>
<tr><td>105</td><td>|a y   z   001yy</td></tr>
<tr><td>106</td><td>|a r</td></tr>
<tr><td>2001</td><td>|a 信息组织 |b 专著 |f 叶继元编著 |9 xin xi zu zhi</td></tr>
<tr><td>205</td><td>|a 3版</td></tr>
<tr><td>210</td><td>|a 北京 |c 电子工业出版社 |d 2023</td></tr>
<tr><td>215</td><td>|a 468页 |d 26cm</td></tr>
<tr><td>300</td><td>|a 工业和信息化部“十四五”规划教材 “十二五”普通高等教育本科国家级规划教材 “十三五”江苏省高等学校重点教材</td></tr>
<tr><td>330</td><td>|a 本书共9章，内容包括：信息组织概述、信息组织的理论与方法基础、信息描述语言、信息著录法、信息标引法、信息排检法、信息组织成果与工具、语义网环境下的信息组织以及非网络环境下的信息组织。</td></tr>
<tr><td>6060</td><td>|a 信息组织 |x 高等学校 |j 教材</td></tr>
<tr><td>690</td><td>|a G254 |v 5</td></tr>
<tr><td>701 0</td><td>|a 叶继元 |f (1955.12~) |4 编著 |9 ye ji yuan</td></tr>
<tr><td>090</td><td>|a G254 |b yjy</td></tr>
<tr><td>096</td><td>|a G254 |b yjy</td></tr>
<tr><td>CAT</td><td>|a ZWCFWB1 |b 01 |c 20230914 |l NLC01 |h 1450</td></tr>
<tr><td>CAT</td><td>|a ZWSJW05 |b 40 |c 20230918 |l NLC01 |h 1704</td></tr>
<tr><td>CAT</td><td>|a ZWSJHT3 |b 60 |c 20230922 |l NLC01 |h 1623</td></tr>
<tr><td>CAT</td><td>|a ZWGFW08 |b 60 |c 20231020 |l NLC01 |h 1322</td></tr>
<tr><td>OWN</td><td>|a ZB301</td></tr>
<tr><td>SYS</td><td>012536167</td></tr>
</table>

图 6 - 2 国家数字图书馆联机公共目录查询系统 CNMARC 格式样例

示例2：GB/T 33286—2016 中的 CNMARC 示例如图 6－3 所示。

本例显示丛书的层级关系。丛书《望岳文库》包含多个系列，每个系列包括若干种图书，《文艺理论系列》是其中一个系列，《方法论意识与问题化意识》是《文艺理论系列》中的一种。例中4—连接的是001记录标识号，只有当相关联的记录都在同一个系统中时，才可使用这种连接方法，下同。

记录头标： 字符位置 5 6 7 8
赋值 o a m 2

001 003403621
005 20070608111403.0
010 ##$a7-5607-3213-5$dCNY25.00
100 ##$a20070328d2006####em#y0chiy50#####ea
101 0#$achi
102 ##aCNb370000
105 ##$ay####z###000yy
106 ##$ar
200 1#$a方法论意识与问题化意识$9fang fa lun yi shi yu wen ti hua yi shi$b专著$f马龙潜著
210 ##$a济南$c山东大学出版社$d2006
215 ##$a391页$d21cm
225 2#$a望岳文库$i文艺理论系列
330 ##$a本书内容包括：对当代文学理论体系哲学基础的认识、新世纪马克思主义美学研究的基本格局和特点、美学方法论与艺术本质观、什么是文艺美学等。
462 #0$1001003147307
606 0#$a文艺美学$x研究
690 ##$aI01$v5
701 #0$a马龙潜$f(1945.7-)$9ma long qian$4著
801 #0aCNb110017$c20070110

图6－3 GB/T 33286—2016 中的 CNMARC 示例

资料来源：http://www.gb688.cn/bzgk/gb/newGbInfo?hcno=82F3F8B2D6F9612D03542ABE2A9AA2BA.

4. 由 MARC 到 BIBFRAME

（1）MARC 面临的困境。MARC 诞生 50 余年来为图书馆书目数据的编目、存储、管理等业务做出了重大贡献，直到现在仍在图书馆界占有一席之地。但是随着图书馆所处环境发生重大变化，语义网及关联数据的应用，促使图书馆将资源融入全球网络环境中，并对资源进行立体化的描述和关联。而 MARC 在粒度、语言和可扩展性方面的问题都限制了图书馆书目数据的共享和重用，为此，相关组织针对 MARC 的格式及模型方面进行了探索。

首先，在格式方面，理论和实践探索都取得实效。MARCXML 的出现是 MARC21 的 ISO 2709 结构向 XML 结构的一个完整转化，不改变原来 MARC 记录的内容。瑞典国家图书馆将瑞典联合书目（LIBRIS）发布为关联数据，这是首个实现图书馆书目数据关联数据化的实例。2011 年 7 月，大英图书馆发起了《英国国家书目》（British National Bibliography，BNB）项目，将 MARC21 格式的书目数据转换为关联数据的 RDF /XML 格式。2012 年 6 月，联机计算机图书馆中心将 WorldCat.org 中的书目元数据发布为关联数据，是目前互联网上最大的关联书目数据。这些项目使书目资源能够真正融入网络环境，为进一步的数据挖掘奠定基础。

其次，在模型方面的探索亦取得重要进展。随着大规模共享书目数据库的发展以及用户对网络化存取资源的需求日益增强，书目数据处理的环境发生重大变化。在此背景下，国际图书馆协会联合会发布了“书目记录的功能需求”（Functional Requirements for Bibliographic Records，FRBR），以帮助用户完成查找、识别、选择和获取的任务。2008 年 1 月，大英图书馆、加拿大国家图书馆和美国国会图书馆合作成立了 RDA/MARC 工作组，目的在于确定 MARC21 需要做出哪些修改以便与 RDA 保持一致，并确保在未来能够实现数据的有效交换。

这些探索在促使书目数据共享和重用方面凸显了 MARC 的价值，但同时也存在一些局限性，例如格式方面主要是对 MARC 进行解构，将 MARC 格式的记录转换到其他数据承载格式，始终未能摆脱 MARC 模式的限制。在进行书目记录时，概念模型不可能完成对资源的描述，缺乏针对不同应用场景选取不同元素而形成元数据的方案。此外，以 FRBR 模型为基础的新编目规则 RDA，尽管拥有注册的元素集与取值词表，形成了元数据标准，适应了关联的需要，但其主要还是以 MARC 作为实践中的承载格式。在此背景下 BIBFRAME 应运而生，它以网络为基础构架，塑造了一个通用的描述框架并力图实现两个目标：整合现有的书目资源，满足图书馆具体的编目需求；创建一个新的书目环境，使图书馆融入更广泛的信息社会。

（2）BIBFRAME 的优势。BIBFRAME 的全称为“书目框架计划”（Bibliographic Framework Initiative），也曾被称为“书目框架迁移计划”，是美国国会图书馆联合 Zepheira 公司共同研发的书目数据模型。该计划主要包括三个方面：模型与实体、术语词表、编码和打包规则。模型与实体提供了书目框架的应用对象和描述深度，术语词表提供了规范控制的基础，编码和打包规则提供了机器理解的手段。

自 2011 年 5 月，美国国会图书馆与 Zepheira 公司宣布合作开发新一代书目框架计划以来，BIBFRAME 经过数据建模、相关评估、草案发布、转换测试等一系列的工作，于 2013 年 1 月正式发布其完整模型。2016 年 1 月，BIBFRAME 2.0 问世，其间美国国会图书馆根据早期 BIBFRAME 的测试结果对模型的各种细则做了进一步修正和改进：提供了 BIBFRAME 面向公众的官方网站（http：//bibframe.org/），并通过模型视图、分类视图和列表视图这三种展示方式，对 BIBFRAME 的词表进行解析，便于用户研究和使用；陆续发布了 BIBFRAME 的规范草案和关系草案；对 BIBFRAME 的具体属性进行修订等。

与 MARC 相比，BIBFRAME 具有独特的优势：

① 与 MARC 的兼容性。BIBFRAME 继承了 MARC 的很多特点，比如丰富的语义和严格的一致性。首要任务是能够“容纳”当前所有的 MARC 记录，从而平滑过渡到新的格式，由新的万维网时代的系统软件进行管理。

② 超越书目记录格式。BIBFRAME 试图描述的资源类型远不止书目，还包括博客文章、静态动态图像、3D 影像、计算机程序、软件、数据集、实物等等，并为 MARC/MODS，RDA，Schema.org，DCMI 等资源描述模式提供映射方案。因此书目框架的适用性并不局限于图书馆领域，也适用于博物馆、档案馆等机构，以及更广泛的类似

机构。

③ 严格区分抽象内容和它的物理/数字表现。在 BIBFRAME 的关联数据模型中，作品和规范数据属于抽象内容，实例数据属于载体表现，在描述时分开进行，一个作品与它的规范数据和实例之间是一对多的关系，都分别赋予 URI 后，可以更灵活准确地解释它们之间的关系，用 RDF 编码并序列化后，可被机器理解。

④ 面向语义网的书目数据格式。BIBFRAME 把“用 HTTP URI 来标识一切事物”这一原则发扬光大，无论是对作品、人、地点、机构等规范数据，还是针对每一个实例，甚至包括与“作品”相关的封面、书评、描述等都用 HTTP URI 来唯一标识。这样就提供了一种互联网环境下跨系统、跨领域的网络资源规范控制方法，使得 BIBFRAME 既能够满足图书馆的特殊需求，又能与更广泛的相关应用进行整合。

综上，由于 MARC 格式和模型的局限性，基于 RDF 和 XML 的 BIBFRAME 具有强大的生命力，兼容 FRBR 和 RDA 的 BIBFRAME 在替代 MARC 的道路上已经迈出步伐。但 BIBFRAME 要投入实践还有相当长的一段路要走，MARC 适应现有编目规则，目前缺乏兼容 BIBFRAME 的集成管理软件，基于 RDF 并遵从关联数据元数据结构编码的其他编目理论不时提出并得到不同程度的响应，因此 BIBFRAME 自身还需不断完善并努力推广。

6.2.3 政府信息定位服务

政府信息定位服务（Government Information Locator Service，GILS），是一种支持公众搜寻、获取和使用政府公开信息资源（包括电子信息资源）的开放环境下的分布式信息资源及利用体系。GILS 项目的目的是为公众提供可以方便地检索、定位、获取公用信息资源的服务。

1. GILS 的产生背景

20 世纪 90 年代初期，美国开始研究项目“联邦政府信息识别与描述详细目录/定位系统”；1994 年 12 月美国商务部将 GILS 计划作为联邦政府信息处理标准（FIPS—192）颁发，这是对 GILS 系统的技术说明和指导。1995 年初美国行政管理与预算局发布了“OBM Bulletin 95—01”，是美国政府部门第一份关于落实 GILS 建立的指导性文件，它将 GILS 作为美国政府信息基础设施的核心组成部分进行建设；1995 年美国国会的《文书削减法》（Paperwork Reduction Act）明确地以法律形式要求各联邦机构以 GILS 来组织和向公众传递政府信息。[①]

2. GILS 的结构

GILS 体系是一个分布式信息资源利用体系。各政府机构利用 GILS 规定标准描述自己的信息资源，建立相应的资源目录和检索系统（GILS 定位器或 GILS 服务器）；如果

---

① 赵志荣，张晓林．GILS：结构、元数据、应用．情报科学，2000（9）：816－819.

信息资源本身是数字化资源，则在资源目录和实际资源间建立链接；公众可以通过互联网直接检索这些目录数据，并通过链接直接获取相关数字化资源。GILS 体系的基本构建要素是对具体资源进行描述的元数据，即 GILS 定位记录（GILS Locator Record），它用来描述信息资源的内容、位置、服务方式、存取方法等，描述对象主要是来自政府的公用信息资源。①

GILS 必备的核心元素如下：

● 题名（title）——用于传递重要信息的元素，在选择非常相似的文件时用户可以根据它做出最初的判断。

● 创始者（originator）——用于识别最初产生该信息的机构，从美国政府手册的机构列表中获取。

● 摘要（abstract）——信息体的叙述性描述。

● 目的（purpose）——描述信息体功能及提供该信息体的意图。

● 机构项目（agency program）——标识信息资源支持的项目或任务。

● 获取方式（availability）——描述资源的获取方式的子元素的集合。

● 经销商（distributor）——提供了诸如姓名、地址、电话号码、服务时间等有关经销商的很多子元素。

● 订购过程（order process）——解释某个信息体是如何从经销商那里获得的。

● 数据来源（source of data）——标识数据的提供者（可以是多个），比如，该数据是机构自己制作的还是从外面的机构接收的。

● 获取限制（access constraints）——描述限制公众获取被描述信息体的任何条件。

● 联系点（point of contact）——由许多子元素组成，提供了获取有关信息来源的进一步信息时需要联系的组织或个人的信息。

● 目录号（schedule number）——用来标识信息资源的相关标识符，以便于记录管理。

● 控制标识符（control identifier）——由创始机构编制的用于与所有其他机构相区别的唯一识别号。

● 记录来源（record source）——创建该 GILS 记录的组织的名称（不是信息资源的创建者）。

● 最后修改日期（date of last modification）——记录的最后一次修改日期。（如果从来没有修改过的话，就是记录创建的日期。）

另外，还有一些可选元素，如受控词表、空间参照地区表、内容时间表和互见格式。这类可选元素没有规定大多数核心元素字段应该著录的内容，但规定了部分字段的内容和格式。比如，时间应该以 YYYY - MM - DD 这样的形式表达，机构的名称必须以在美国政府手册中见到的形式表示而且要严格执行，地址中州的名称要使用邮件中用到的两个字符缩写。

同时，GILS 服务器遵循 Z39.50 协议检索 GILS 数据，在实际传送记录时支持的数

---

① 冯项云，肖珑，廖三三，等．国外常用元数据标准比较研究．大学图书馆学报，2001（4）：15 - 21，91.

据传输格式有四种，可以根据对方要求选择其一：USMARC、通用记录语法（Generic Record Syntax，GRS）、SGML、简单非结构化文本记录语法（Simple Unstructured Text Record Syntax，SUTRS）。其中 SUTRS 是一种无结构的文本格式，数据元素内容的排列由服务器自行定义。

3. GILS 的特点

（1）简洁易用的元数据。GILS 元数据具有易识别、易创建的特点，GILS 系统实际上是一组分布式信息资源目录的集合，核心要素是这些目录中对具体资源进行描述的元数据。

（2）强调语义映射。GILS 强调语义映射。元数据元素看起来超越了信息格式，但实际上不同种类的元数据元素仍有一定差别。GILS 认为元数据在字段命名、编码格式上不必达成一致，但一定要强调语义上的一致。

（3）使用定位记录。定位记录是 GILS 服务器资源目录中对具体资源进行描述的记录，用于查找和定位政务信息资源，是 GILS 的基本构建要素。随着电子信息资源的大量涌现，定位记录得以完善，作用得以扩展，它可指向各种数字化和非数字化的资源，所以它可描述任何事物，比如网络资源、书籍信息、人物、会议、文章、工程项目、组织等等。GILS 实际上是一种通过查找描述我们所要使用的信息之特征的“定位记录”来实现信息查询的方式。

（4）具备可扩展性。在世界范围内，许多信息机构在建立 GILS 系统时，直接依据有关标准，不做出更详细的规定，但有些机构还是根据实际需求进行了扩充，如增加使用指南进行详细说明，使用指南规定了机构的职责、元数据被更新的频率、元数据元素是否必备等。GILS 可通过两种途径进行扩展：一是增加具体的使用指南，如美国联邦 GILS 系统（U. S. Federal GILS）；二是直接在规范中增加元素或子元素，如《空间地理概要》（Geospatial Profile）就对 GILS 核心元数据做了扩展。

（5）使用交互页面。以美国政府出版局（GPO）的 GILS 体系为例，登录 GPO 的站点，通过 GILS 交互界面（https：//www. govinfo. gov/），用户可以检索该机构的 GILS 记录。交互界面提供多个检索入口，可直接在检索窗口中输入检索词，也可选择下拉菜单中的类别进行限制性检索，甚至可以远程登录其他服务器，检索农业部、国防部、内政部、环境保护署、卫生与公共服务部、原子能委员会等联邦机构的 GILS 数据库。

目前，GILS 在美国得到广泛应用。美国联邦政府的部级机构基本上都建立了 GILS 服务器，如商务部、国防部；而美国多数州级政府也开始建立 GILS 服务系统，如佛罗里达、纽约、加利福尼亚、华盛顿、密苏里、俄亥俄、弗吉尼亚等的州政府。GPO 的 GILS 站点除可检索本部门的 GILS 记录外，还存储另外 35 个联邦机构的 GILS 记录供检索，提供了政府机构 GILS 站点目录。

加拿大也是积极推广 GILS 的国家，并结合本国情况进行了规定。例如，它规定 GILS 记录使用英语和法语同时描述元素，只使用 GILS 核心元素及其子元素，不使用自定义元素，并以全国性指南形式对各种元素数据描述方式做出了具体的规定。除此之外，GILS 在日本、俄罗斯等也得到广泛应用。

6.2.4 VRA 视觉资源核心类目

VRA 视觉资源核心类目（VRA Core Categories for Visual Resources，简称 VRA Core）是为在网络环境下描述艺术、建筑、史前古器物、民间文化等艺术类可视化资源而建立的元数据标准。

随着信息技术尤其是数字化技术的发展，数字图像、数码照片等视觉资源的数量迅速增加，为了适应发展迅速的网络环境，对包括艺术、建筑、史前古器物、民间文化等艺术类视觉资源及由它们生成的数字对象（图像、照片等）进行描述以便更好地管理、组织和交换，美国视觉资源协会（Visual Resources Association，VRA）参照艺术作品著录类目（CDWA）设计了视觉资源核心类目，并于 1996 年正式公布第一版。经过多次的试行与修订，2007 年 4 月正式发布的 VRA Core 4.0 为目前的最新版。

1. 产生及发展

1993 年美国视觉资源协会成立了数据标准委员会（DSC），收集了来自美国和加拿大各地超过 60 家视觉资源机构的数据元素，通过分析、归类将数据元素分为四类——描述物件或作品的元素，描述信息载体（视觉文档或代用品）的元素，馆藏管理元素，用于辅助文档的元素。后来，数据标准委员会通过参考 CDWA，将物件和代用品元素的目录与其对比并标记出了与之匹配的元素项。但是 CDWA 中的元素并不能完全满足图像描述的需求。

1996 年美国视觉资源协会推出了 VRA Core 1.0，它定义了 21 个元素，并且对各类目做出了定义和示例，并就词汇控制术语给出了建议。

1997 年，经过美国视觉资源协会纽约年会的一个开放论坛讨论以及其他信息领域专家小组的评估，发布了 VRA Core 2.0，拓宽了描述对象的范围，对某些类目的含义进行了精炼和澄清，并且增加了类目或类目限定词。

到 2000 年，VRA Core 3.0 正式发布执行。这一版本共定义了 17 个元素，且部分元素下设子元素；将 VRA Core 2.0 中的作品与视觉文档元素合并成一个通用的元素集；增加了一个新的元素记录类型（Record Type），用来界定被描述资源属于哪一种类型（作品或图像）。

2005 年 12 月美国视觉资源协会推出了 VRA Core 4.0 测试版，并且获得了来自图书馆、博物馆以及相关领域专家的大量反馈，在此基础上进行进一步的改进，并于 2007 年 4 月发布 VRA Core 4.0 正式版。

2. VRA Core 4.0 的核心元素

VRA Core 4.0 定义了三种资源：作品、图像、合集。作品是独特的艺术文化产品，可以是一幅画，也可以是一个建筑物。图像则是作品的全部或者部分可视化呈现，比如画作的数位影像、建筑物的照片。合集则是作品或者影像的成组的资源。

VRA Core 4.0 定义了 19 个元素，包括作品、合集或图像（work，collection or image），代理（agent），文化背景（cultural context），日期（date），描述（description），

题字（inscription），地点（location），材质（material），测量（measurements），关联（relation），权利（rights），来源（source），状况版本（state edition），风格时期（style period），主题（subject），技巧（technique），文本参考（textref），题名（title），作品类型（work type）等。

VRA Core 4.0 核心结构可以应用于不同类别的作品、图像和合集的各种组合。

3. VRA Core 4.0 的应用特点

（1）对象描述的唯一性。在著录过程中，依然遵循一对一的原则，即一条目录只描述一个对象信息，“作品”与“图像”作为两个独立的著录主体，可以运用<relation>款目将它们彼此联结；能区分目标对象的原件或替代物，例如，具有原创性、唯一性的作品，其中包括艺术创作品（绘画、雕塑）、表演（作曲、演出）与把作品以另一种形态表现的影像（照片、幻灯片、数字影像文件）。

（2）简单易用性。虽然 VRA Core 最初是参照 CDWA 设计出来的，但并不像其那么烦琐，VRA Core 4.0 在保证灵活性的基础上，能够简洁地对博物馆物件、艺术品、图像进行描述。

（3）易于共享。与旧版本不同的是，VRA Core 4.0 要求以 XML 编码，这也是 VRA Core 4.0 的一大特点，这也是为了实现更加有效的编目、检索、记录共享和交换，图 6-4 即为某作品的 XML 编码表达形式。在 VRA Core 4.0 版本中，依照 XML 编码语

Display **VRA Core 4 Example 16: Statue within memorial** xml

```
<?xml version="1.0" encoding="UTF-8"?>
<vra xmlns="http://www.vraweb.org/vracore4.htm"
    xmlns:xsi="http://www.w3.org/2001/XMLSchema-instance"
    xsi:schemaLocation="http://www.vraweb.org/vracore4.htm http://www.loc.gov/standards/vracore/vra-
strict.xsd">
    <work id="w_5" source="Core 4 Sample Database (VCat)" refid="5">
        <agentSet>
            <display>Henry Bacon (American architect, 1866-1924)</display>
            <notes/>
            <agent>
                <name vocab="ULAN" refid="500029359" type="personal">Bacon, Henry</name>
                <dates type="life">
                    <earliestDate>1866</earliestDate>
                    <latestDate>1924</latestDate>
                </dates>
                <culture>American</culture>
                <role>architect</role>
            </agent>
        </agentSet>
        <culturalContextSet>
            <culturalContext>American</culturalContext>
        </culturalContextSet>
        <dateSet>
            <display>1911-1912 (design); 1914-1922 (creation)</display>
            <date type="design">
                <earliestDate>1911</earliestDate>
                <latestDate>1912</latestDate>
            </date>
            <date type="creation">
                <earliestDate>1914</earliestDate>
                <latestDate>1922</latestDate>
            </date>
        </dateSet>
```

图 6-4 VRA Core 4.0 的 XML 编码示例

资料来源：core.vraweb.org/examples/html/example016_full_xml.html.

法，限定词被转换成子元素（Sub-element）和属性（Attribute），这也是为了使核心类目能够用 XML 来表达。另外，CDMA 也有其 XML 模式，这样就保证了两者之间能够更加方便地进行元数据复用和交换。

6.3 元数据标记语言

都柏林核心元数据主要解决元数据的语义及结构问题，类似于文献编目中的著录项目和著录单元，那么标记语言及其编码则要解决元数据的句法，即形式化描述的问题，类似于文献编目中的著录格式。因此，利用标记语言进行编码是对文档进行结构化的一种手段，是确定其文档结构的一种机制。标记语言主要有标准通用标记语言、超文本标记语言和可扩展标记语言等。

6.3.1 标准通用标记语言

1. 简介

标准通用标记语言（SGML）是用于文献标记的国际标准，符合国际标准 ISO 8879：1986《信息处理——文本和办公室系统——标准通用置标语言》（Information Processing—Text and Office Systems—Standard Generalized Markup Language）。它是一套设计标记语言的规则，用来描述文献的结构，以便文献能够跨越计算机平台被交换。

2. SGML 的结构与原理等

（1）SGML 的结构。SGML 由三部分组成，即语法定义、文件类型定义和文件实例。其中，文件类型定义用来说明文件的结构和语法参数。文件实例是 SGML 的主体部分。

（2）SGML 的原理。SGML 独立于平台和应用的文本文档的格式、索引和链接信息，为用户提供一种类似于语法的机制，用来定义文档的结构和指示文档结构的标签。标记分为程序标记和描述标记。

（3）SGML 文档。一个典型的 SGML 文档可以被分为三个层次：结构、内容和样式。

结构：为了描述文档的结构，SGML 确定了文档类型定义，它为组织文档的元素（如章和章标题、节和节标题等）提供了一个框架。

内容：指的是文档自身，即原始信息。内容包括信息名称（标题）、段落、项目列表和表格中的具体内容，如具体的图形、声音、视频和动画等。

样式：SGML 定义样式的设置标准，即文档样式语言和规范语言。

SGML 主要处理结构和内容的关系。在以 SGML 显示文献时，允许文本与结构分离，而不使用文字处理器。在编码中“结构”部分意味着要说明：这是题名、这是第一章、这是部分标目、这是一个段落、这是引用的陈述，等等。在替代记录中，应该说明的构成部分包括作者、题名、载体描述、主题等。

SGML 非常灵活，足以定义无数的标记语言。SGML 以实体（事物、对象）、元素和属性（性质）的形式定义数据。实体，就是即将被编码的一个“事物”（或信息体）。元素是文本中的某一个特定部分，如题名、章节题名、部分标目或段落、出版者的名称、分类号等。属性则是关于某个要素的特定信息，如提供从中提取主题词的词表的名称。实体、元素、属性之间的关系也可以使用 SGML 进行描述。

SGML 规定由分隔符（delimiter）和标识符（tag）组成的标记。分隔符为固定的符号（如“＜”“＞”“＜/”），用于组织标识符（如，＜author＞就是一个标识符）。标识符通常出现在元素的前后，形式为：＜标识符＞元素＜/标识符＞。如：

＜author＞Edward Gaynow＜/author＞

SGML 采用“…”或‘…’为属性值划定界限，如：＜quote lang＝‘spa’＞Que pasa＜/quote＞。标识符可以实现层层嵌套，这与 MARC 的子字段相似。以下为一套取自 TEI 的嵌套的标识符：

＜FileDesc＞＜title Stmt＞＜title＞…＜title＞＜/author＞＜/title Stmt＞＜publicationStmt＞…＜/publicatiStmt＞＜/fileDesc＞

3. SGML 的特点

（1）通用性：指 SGML 可以支持无数的文档结构类型，比如报告、技术手册、章节目录、设计规范、信函和备忘录等。

（2）独立性：指它与硬件、软件独立。SGML 可以创建与特定硬件无关的文档，因此很容易与使用不同计算机系统的用户交换文档。

6.3.2 超文本标记语言

超文本标记语言（Hypertext Markup Language，HTML）简单易学，通过标记来定义文档内容以什么样的形式显现，只描述信息的显示方式而未对信息内容本身进行描述，标记的集合是固定的，用户不能增加自己有意义的标记。

1. 简介

HTML 是一种用来制作超文本文档的简单标记语言，HTML 通过使用各种标记来标识文档的结构以及超链接的信息，是为网页创建和其他可在网页浏览器中看到的信息设计的一种标记语言，是经过简化的 SGML 在文档类型定义中的具体应用。

HTML 的形成途径一般有三种：手工直接编写（如用 HTML 编辑工具）；通过某些格式转换工具将现有的其他格式文档（如 Word 文档）转换成 HTML 文档；也可由 Web 服务器（或称 HTTP 服务器）动态生成。

2. HTML 的标记语法和文档结构

HTML 的标记总是封装在一对尖括号（< >）之中。

（1）单标记。这种标记单独使用就能完整地表达意思，这类标记的语法是：<标记> 内容。例如 “I love creation of Webpage.
It's a wonderful place.” 显示成：

I love creation of Webpage.

It's a wonderful place.

其中，换行标记
属于空标记，它的作用是将标记后的所有内容显示于下一行。

（2）双标记。由 “始标记” 和 “尾标记” 两部分构成，必须成对使用。这类标记的语法是：<标记> 内容 </标记>。例如 “<b> Creation of Webpage </b> is my favourite.” 显示成：

Creation of Webpage is my favourite.

其中，<b> </b>称为双标记或围堵标记。它以始标记<b>及尾标记 </b> 标示文字 Creation of Webpage，令它显示成粗体，两者失其一都会发生错误显示。

（3）标记属性。许多单标记和双标记的始标记内可以包含一些属性，语法是：<标记 属性 1 属性 2 属性 3 … >，各属性之间无先后次序，属性也可省略（即取默认值）。例如，单标记<hr>表示在文档当前位置画一条水平线：

```
<hr size=3 align=left width="75%">
```

其中，属性 size 定义线的粗细，属性值取整数，缺省为 1。属性 align 表示对齐方式，可取 left（左对齐）、center（居中）、right（右对齐）；属性 width 定义线的长度，可取相对值（“百分数” 表示相对于充满整个窗口的百分比），也可取绝对值（用整数表示屏幕像素点的个数，如 width=300）。

（4）HTML 文档结构。

```
<html>              //文件开始标记
<head>              //文件的头部开始标记
<title>HTML</title>  //头部
</head>             //头部结束标记
<body>              //文件的主体开始标记
</body>             //主体结束标记
</html>             //文件结束标记
```

示例如下：

```
<html>
<head>
<title>National Digital Library</title>
<meta name="detscription" content="You can retrieve anything you want to know">
<meta name="keywords" content="digital book,database,pictures,file,films">
```

```
<meta http-equiv="content-type" content="text/html; charset=GB2312"/>
<meta name="robots" content="all">
</head>
</html>
```

3. HTML的功能和特点

形成在线的文档，包括标题、文本、表格等；通过超级链接检索在线信息；为获取远程服务而设计表单；文档中直接包含电子表格、视频剪辑、声音剪辑以及其他一些应用。其不足是可扩展性和交互性差，没有考虑语义性，难以实现智能化的信息检索以及为用户提供个性化服务。

6.3.3 可扩展标记语言

1. 简介

可扩展标记语言（Extensible Markup Language，XML）是SGML的一个分支。随着网络的发展，很多人认为HTML过于简单，应用起来难以达到满意的效果。一段时间以来，人们一直在探求一种全力支持SGML的方法。但是SGML异常复杂，用SGML编制程序非常复杂。为弥补HTML的不足，人们开始开发XML以解决上述问题。

XML的用途主要有两个：一是作为元标记语言，设定标记语言的标准；二是作为标准交换语言，负责描述交换数据。

2. XML的结构

XML将信息的内容、结构和表示分开定义，其应用组成与SGML相似，也是由实体、元素和属性组成。其语法表现形式为：

```
<标记属性=值> 信息内容</标记>
```

前为开始标记，后为结束标记，需成对出现，开始标记中的“属性”则提示计算机处理用的参考信息，这种形式表现清晰明了。示例如下：

```
<!--address.dtd-->
<!ELEMENT address(name,street,city,state,postal-code)>
<!ELEMENT name(title?,first-name,last-name)>
<!ELEMENT title(#PCDATA)>
<!ELEMENT first-name(#PCDATA)>
<!ELEMENT last-name(#PCDATA)>
<!ELEMENT street(#PCDATA)>
<!ELEMENT city(#PCDATA)>
<!ELEMENT state(#PCDATA)>
<!ELEMENT postal-code(#PCDATA)>
```

3. XML 的特点

XML 文档是纯文本文档，任何文本编辑器或可视化开发工具都可创建和编辑 XML 文档。XML 可格式化。有了 XML 以后，数据与它的显示是分离的，可为同一数据指定不同的样式表进行输出。XML 具有很强的超级链接性。可以定义双向链接、多目标链接、扩展链接和两个文档之间的链接。XML 易于处理。XML 对格式的定义更为严格，并具有层次结构，更易于处理。XML 的不足就是通用性和安全性能较 SGML 差一些。

思考题

1. 什么是元数据？它有哪些种类？
2. 简述元数据的特点。
3. 什么是都柏林核心元数据元素集？简述都柏林核心元数据元素集的元素及其含义。
4. 简述 MARC 记录的结构特点及几种常用的 MARC 格式。
5. 试述 GILS 与 VRA 视觉资源核心类目的核心元素。

推荐阅读

1. 叶继元．信息组织．北京：电子工业出版社，2010.
2. 周宁．信息组织．4 版．武汉：武汉大学出版社，2017.
3. 戴维民．信息组织．3 版．北京：高等教育出版社，2014.
4. 冯项云，肖珑，廖三三，等．国外常用元数据标准比较研究．大学图书馆学报，2001（4）.
5. 胡小菁．BIBFRAME 核心类演变分析．中国图书馆学报，2016（3）.

第三部分

知识组织

第7章
知识组织系统

概要

本章分为四节，7.1 节讨论了知识组织的提出及其发展阶段；7.2 节讨论了知识组织系统的定义及类型；7.3 节讨论了知识组织系统的特点；7.4 节讨论了知识组织系统的强大功能。

学习要点

知识组织的发展阶段；知识组织系统的定义；知识组织系统的类型；知识组织系统的特点；知识组织系统的功能。

学习目标

认识知识组织的发展；明确知识组织系统的定义；了解知识组织系统的类型；掌握知识组织系统的特点；明确知识组织系统的功能。

7.1　知识组织概述

随着知识组织的不断推进，出现了用来组织信息、改善知识管理的各种知识组织工具。知识组织系统作为各种类型知识组织工具的总和，在资源描述与表示层面发挥了重要作用，推动了资源的深层次开发与利用。

1. 知识组织的提出

"知识组织"一词始见于1929年，由英国著名的分类法专家布利斯（H. E. Bliss）首次提出，并在情报学的分类系统和叙词表研究基础上发展起来。20世纪70年代，达尔伯格（Dahlberg）再次提出了"知识组织"的概念，认为它是人类知识的系统化、概念化组织。[①] 而知识组织的正式命名由1989年在德国法兰克福成立的国际知识组织学会提出，经过多次关于知识组织课题的研讨后，国际知识组织学会于1993年将《国际分类法》（*International Classification*）刊名改为《知识组织》（*Knowledge Organization*），

① Dahlberg I. Grundlagen universaler Wissensordnung：Probleme und Möglichkeiten eines universalen Klassifikationssystems des Wissens. De Gruyter，1974.

并发表了一系列关于知识组织的理论、方法、表示、文献评论等的论文，其主要目的是促进知识组织系统的研究、发展和应用。[①] 实际上，知识组织包括两部分内容：一是知识组织系统，它作为知识组织的工具，承担着知识组织的功能；二是知识组织过程，利用知识组织系统实现对资源的描述及标引。

2. 知识组织的发展阶段

计算机网络的出现极大地推动了网络信息资源的产生和传播，也带来了信息泛滥、信息冗余等问题。为了管理庞杂的网络信息资源组织，美国计算机学会（ACM）数字图书馆国际会议成立了网络知识组织系统（Network Knowledge Organization System，NKOS）工作组。该组织致力于网络信息资源功能和数据模型的讨论，以使知识组织系统（例如分类系统、叙词表、地名词典和本体）提供网络交互式信息服务，支持对各种网络信息资源进行描述和检索。为推动知识组织的发展，NKOS 工作组每年都会选择一个主题召开研讨会，2020 年 NKOS 工作组举行了虚拟会议，主要关注健康和医疗以及整体知识组织系统。该会议通常与数字图书馆联合会议（JCDL）、欧洲数字图书馆会议（ECDL）和数字图书馆理论与实践国际会议（TPDL）一起举办。[②]

1998 年万维网创始人蒂姆·伯纳斯-李首次提出语义网的构想，阐述了语义网的基本思想：利用语义来重新组织、存储和获取信息，使信息变成机器可识别的知识。语义网技术的应用使知识组织的内涵更为完善，旨在将知识组织系统转换为机器可读的形式，广泛应用于资源描述与标引，提升机器的语义理解能力。而国内对知识组织的系统研究大约始于 1998 年，特别受国际知识组织学会成立以及国际研究的影响，在 1992—1998 年关于知识组织的研究达到高潮；之后，随着网络信息的爆炸式增长及受 NKOS 工作组成立的影响，研究重点也随之转向了网络环境下的信息组织方法及语义层面的知识组织。因此，从知识组织的发展过程来看，可将其分为三个阶段：以图书、期刊等传统文献为基础的文献组织，应用主题词表、分类法实现对文献资源的标引；以网络资源处理为核心的信息组织，应用元数据标准实现对网络资源的描述；以揭示文献中的知识单元为基础的知识组织，将大量的本体及语义网络工具应用到资源的描述及标引中。

（1）文献组织。文献组织是随着文献的激增诞生的，是知识组织的初级形态，是根据传统文献的内容、性质对文献进行概念逻辑划分，分门别类地组织和揭示文献的方法。由于早期信息技术的发展尚处于起步阶段，因此图书馆领域的分类、编目、主题标引等是文献组织的主要形式，如美国图书馆学家杜威编制的《杜威十进分类法》以及比利时的拉芳田（H. Lafontaine）和奥特莱（P. Otlet）创建的《国际十进分类法》（是在《杜威十进分类法》的基础上编制的一部国际性图书分类法，广泛应用于图书馆文献资源组织中）。

（2）信息组织。随着计算机及网络技术的兴起和飞速发展，信息的生产和传播空前

---

① 周宁．信息组织．2 版．武汉：武汉大学出版社，2001.

② Networked Knowledge Organization Systems/Services/Structures NKOS. [2020 - 10 - 20]. https://nkos.slis.kent.edu/.

便捷，导致信息量呈指数级增长，信息质量参差不齐。信息的海量和无序与用户的有限精力及准确获取信息的需求形成了矛盾。为了让数字化信息资源得到有序管理和开发利用，信息组织随之产生，它旨在利用一定的科学规则和方法，通过对信息外在特征和内容特征的表征和排序，实现无序信息流向有序信息流的转换，从而实现信息的有效流通，促进用户对信息的有效获取和利用。受互联网影响，网络信息资源在类型、结构、形式、环境等方面发生了巨大的变化，与传统文献组织相比，信息组织面临的最为关键的问题就是对网络信息资源的规范化描述，以建立符合资源特点的描述标准和规范。① 为此，图书馆界、情报学界、网络界等相关领域专家进行了多方面的努力，包括对原有标准的改进和新标准的创建，如都柏林核心元数据元素集标准的制定。

（3）知识组织。随着文献组织和信息组织的理论及方法不断成熟，人们对知识获取的需求不断深入，需要对知识内容进行更为精细的组织和分析，由此知识组织应运而生。起初人们认为知识组织主要是指由图书馆员、档案管理员、信息专家、学科专家以及图书馆、档案馆和其他类型的“内存机构”执行的文档描述、标引和分类等活动。② 但随着不同学科知识的交融，对知识组织的探索不再局限于图书界、情报界，其定义也扩展为对概念知识的揭示和理解。知识组织对包括主观知识（隐性知识）和客观知识（显性知识）的知识客体进行整理、加工、揭示、控制等，即通过对知识进行关联关系的深度挖掘和语义揭示，为用户提供有效知识或信息。知识组织更加注重用户汲取知识并解决问题的需求，对知识组织相关处理技术提出了更高的要求。随着语义网技术的发展，知识组织朝着更深层、更广泛的领域发展，并成为图书馆学、情报学、计算机科学、知识工程学、现代语言学、认知心理学等领域共同研究的课题。

7.2 知识组织系统的定义及类型

7.2.1 知识组织系统的定义

“知识组织系统”于1998年在美国计算机学会数字图书馆国际会议上，由网络知识组织系统工作组首次提出。知识组织系统被用来统称用于组织和管理知识的各种模式，囊括分类表、主题词表、语义网络及本体等多种类型。③

7.2.2 知识组织系统的类型

不同学者从多个维度探究知识组织系统的划分依据，提出知识组织系统的多种类型。霍奇（Hodge）是较早提出知识组织系统类型的学者，其基于知识组织系统的结构和复

---

① 周宁．信息组织．2版．武汉：武汉大学出版社，2001.

② Hjørland B. What is Knowledge Organization (KO)? Knowledge Organization，2008 (2-3)：86-101.

③ Hodge G. Systems of Knowledge Organization for Digital Libraries：Beyond Traditional Authority Files. Council on Library and Information Resources，2000.

杂性、术语间关系以及历史功能等将其分为三大类：第一类是结构简单的术语列表，注重术语的定义和罗列，包括术语表、名称规范档等；第二类是具有一定层次结构的受控词表，受控词表强调应用规范性词汇表示资源的主题内容，包括分类表、主题词表；第三类是包含高度结构化或复杂系统的关系表，其主要关注术语之间的关系定义，包括语义网络、本体。下面分别对术语表、主题词表、分类表、名称规范档、语义网络、本体进行介绍。

1. 术语表

术语表是属于特定语言的名称集合，每一个名称通过标记、符号、语词或称谓表示一个概念，即为了支持术语使用的一致性，定义了特定语言的名称集合，以实现广泛的语言交流。① 术语表有列表（以一定顺序排列的有限术语集）、字典（术语及其定义的字母顺序列表，在适用的情况下为每个术语提供不同的含义）、同义词表（出于检索目的而被视为等同的术语的集合）、地名表（分类和命名的地理空间表）、各类专业术语表等。② 其词汇控制手段少，且通常不定义语义关系类型，相对于受控词表而言，不用于信息检索，主要定义术语的名称、概念注释。例如，在美国地名表（U. S. Codes of Geographic）中，编码为 0335 的地名对应的规范地名为明尼苏达州的波伊斯福尔特保留地。

2. 主题词表

主题词表的基本构成包括主题词名、语义关系、范畴号，主题词表可分为标题表、叙词表等类型，其中叙词表是其主要形式。叙词表是控制和结构化的词汇表，采用主题概念揭示资源特征，使资源按主题集中，满足了用户按主题检索资源的需求。主题词表揭示了主题概念之间的等级、等同、相关关系，可以分为综合叙词表及领域叙词表。不同于关键词表，叙词表定义了概念的规范表达形式，将规范词称为叙词，非规范词称为非叙词（入口词），并建立了两者之间的关系。目前国内外重要主题词表有《汉语主题词表》《美国国会图书馆标题表》《医学主题词表》等。主题词表逐步改变了原有的人工构建方式，采用机器辅助的半自动构建方式，概念的收集、概念关系的搭建及检测、概念的表示尽可能地运用机器处理，实现词表的快速更新与维护。

3. 分类表

分类表的基本构成要素包括类号、类名、类间关系，通过构建类目组织体系来划分资源，使资源按类组织，满足用户按类目检索资源的需求，揭示了类目之间的等级、并列及参照关系。因此，分类表作为定位各类资源的类目或范畴系统，可用于组织纸质或电子信息资源，允许通过浏览书架或分类目录实现检索；同时分类表作为互操作的重要工具，使跨机构和跨库检索成为可能。分类表主要分为等级列举式、分面组配式、列举-

---

① Hearn S. International Standard ISO 25964 - 2：Information and Documentation—Thesauri and Interoperability with Other Vocabularies—Part 2：Interoperability with Other Vocabularies. Cataloging & Classification Quarterly，2015(1 - 4)：112 - 115.

② Zeng M L. Knowledge Organization Systems (KOS). Knowledge Organization，2008 (2 - 3)：160 - 182.

组配式三种类型。等级列举式分类表依照类目的顺序给定类号，充分展示了类目的等级结构，适用于实体图书馆的排架。分面组配式分类表遵循组配分析原理仅罗列简单类目，而复杂类目以简单类目的组配形式表示。该体系导致类目规模小，有利于表达复杂概念，并可实现多维检索。当前面向网络资源的分面组配式分类体系就是其典型应用，有益于网络用户通过分面检索逐步使检索结果精确。而列举-组配式分类表有机地将两者进行结合。

国内外常用的分类表有很多，其中《杜威十进分类法》《中国图书馆分类法》《美国国会图书馆分类法》《国际十进分类法》影响力较大，被许多图书馆使用。除了这些以专家为中心构建的分类表，当前出现了以用户为中心构建的分类体系，如大众分类法，其采用用户打标签的方式对资源进行分类，最终选用高频率的标签作为划分资源的依据，一定程度上弥补了传统分类体系的类目陈旧、概念更新慢、分类体系不能反映用户需求等缺陷。

4. 名称规范档

名称规范档，也称为名称规范表，是实体名称集合。名称规范档的主要目的是识别唯一的命名对象，通过名称及名称变体形式，提供对名称实体记录的检索，以实现名称标目的统一性，能够达到名称识别及资源聚合的目的。① 规范的名称类型有个人、机构、地名、题名等。名称规范档所提供的语义关系信息较少，等同关系信息多，等级及相关关系信息少，但提供了关于名称的额外信息以帮助用户区分它们，如出生/死亡日期、家庭关系、地点、相关作品、语言等。由于名称规范档多为人工构建，费时费力，因此，名称规范档的共建共享成为当前的发展趋势。目前国内外重要的名称规范档有名称规范合作项目（Name Authority Cooperative Program，NACO）、连接及探索规范档项目（Linking and Exploring Authority Files，LEAF）、虚拟国际规范文档（Virtual International Authority File，VIAF）等，它们都是多个机构联合共建的典型。

5. 语义网络

随着自然语言处理的出现，语义网络有了长足的发展。知识组织系统中的概念和术语的结构不仅是层次结构，更是一种网络。概念被认为是节点，概念之间的关系构成了不同节点之间的关联，可能包括特定的整体关系、因果关系或父子关系等。

WordNet② 是一个由普林斯顿大学认知科学实验室在心理学教授米勒（George Armitage Miller）的指导下建立和维护的大型英语词典，现在广泛应用于机器翻译、文本理解、问答系统。WordNet 不仅把单词按照字母的顺序排列出来，还根据单词表达的意思形成一个“单词的网络”，WordNet 提供了一种更有效的词典信息和现代语义计算的连接方式，支持自动的文本分析以及人工智能应用。因此，WordNet 虽然表面上像英语

---

① Hearn S. International Standard ISO 25964-2：Information and Documentation—Thesauri and Interoperability with Other Vocabularies—Part 2：Interoperability with Other Vocabularies. Cataloging & Classification Quarterly，2015(1-4)：112-115.

② WordNet 的一些入门性介绍.[2020-06-10]. https：//www.cnblogs.com/KingKou/p/4126344.html.

词典，但实际上更像语义网络，它将相同意义的单词集合在一起，依照单词的具体语义，通过消除歧义，在词汇网络中找到和特定单词更相近的其他单词。

WordNet 由名词、动词、形容词和副词组成，各自形成自己的同义词网络。在 WordNet 中，具有相同意义的单词出现在同一概念节点中，例如单词“shut”和“close”，位于同一概念节点中的单词组成了自身的同义词集，每一个同义词集还包括一个或多个简短的释义。大多数情况下，同义词集中还给出了简短的例句，用来说明同义词集中的单词的用法。WordNet 3.0 共包含 117 659 个概念节点，其中名词性概念节点共有 82 115 个，占据了大约 70%。语义关系是语义网络中的重要内容。WordNet 中定义了多种语义关系，包括同义关系、反义关系、上位/下位关系、部分/整体关系、蕴含关系等，其中最常用的是上位/下位关系，大概占据了所有语义关系的 80%。[①] 例如，group 为 family 的上位词，brother 与 sister 互为反义关系，body 与 person 为部分/整体关系。

FrameNet[②] 是基于框架语义学理论，通过实际文本中使用单词的注释示例而形成的人类和机器可读的英语词汇数据库。菲尔莫尔（Charles J. Fillmore）等提出的框架语义学认为，若要理解语言中词语的意义，必须要具备概念结构，即语义框架的知识。词语的意义是由语义框架显示出来的。例如，烹饪通常涉及做饭的人（cooker），烹饪的食物（food），烹饪时用来盛装食物的器皿（container）和加热设备（heating instrument），表示为一个名为 apply_heat 的框架，而 cooker，food，heating instrument，container 称为框架元素（FE）。触发该框架的词（如油炸、烘烤、煮沸和烧烤）被称为 apply_heat 框架的词汇单元（lexical unit，LU）。FrameNet 定义了框架之间的关系[③]，包括继承关系（inherits from，is inherited by）、使用关系（uses，is used by）、子框架（subframe，has subframe（s））、先前顺序关系（precedes，is preceded by）、透视关系（perspective on，is perspectivized by）、致使关系（is causative of，is inchoative of）、参照关系（see also）、隐喻关系（metaphor）等。如 apply_heat 框架与 intentionally_affect 和 activity 为继承关系；与 absorb_heat 是致使关系；与 cooking_creation 是参照和使用关系。

HowNet[④] 以汉语和英语的词语所代表的概念为描述对象，以揭示概念与概念之间以及概念所具有的属性之间的关系为基本内容。HowNet 作为一个面向计算机并借助计算机建立的常识知识库，构建的知识是网而不是树，旨在揭示多重语义关系网络，为自然语言处理系统的建立提供最终需要的知识库。义原是其最基本的、不易于再分割的意义的最小单位。例如，“人”作为一个复杂的概念，是一个具有多种属性的集合体，也可以把属性看作一个义原。因此，所有的概念都可以分解成各种各样的义原，并利用有限的义原集合来描述概念之间的关系以及属性与属性之间的关系，从而建立知识系统。以事件类为例，将中文中事件义原字或词提取出 3 200 个，通过合并及归类、合理调整或适

---

① 张思琪．基于 WordNet 的语义相似度计算方法的研究与应用．北京：北京交通大学，2017.

② What is FrameNet?．[2020－06－25]．https：//framenet. icsi. berkeley. edu/WhatIsFrameNet.

③ Ruppenhofer J，Ellsworth M，Petruck M R L，et al. FrameNet Ⅱ：Extended Theory and Practice.[2020－09－25]．https：//framenet2. icsi. berkeley. edu/docs/r1. 7/book. pdf.

④ HowNet.[2020－07－01]．https：//openhownet. thunlp. org/about_hownet.

当扩充，形成了 800 多个事件义原的标注集以及由它们标注的中文的事件概念。HowNet 中主要体现的关系有施事-事件关系（agent-event）、受事-事件关系（patient-event）、场所-事件关系（location-event）、上下位关系（hypernym-hyponym）、同义关系（synonym）、反义关系（antonym）、对义关系（converse）、部分-整体关系（part-whole）、属性-宿主关系（attribute-host）、材料-成品关系（material-product）、工具-事件关系（instrument-event）、时间-事件关系（time-event）、值-属性关系（value-attribute）、实体-值关系（entity-value）、事件-角色关系（event-role）、相关关系（concepts co-relation）等。如“医生”是“医治”的施事者，而“患者”是“罹患”的经历者，同时是“医治”的受事者等。

6. 本体

本体是形式化共享概念的模型，定义了概念及概念之间的关系，并采用形式化语言对其进行描述。相对于受控词表的语义关系，本体的语义关系定义较为严格，比如叙词表中的等级关系需进一步分为属种、整体与部分、实例关系，以备本体推理使用。本体还可根据具体应用领域定义其他语义关系，如医患关系、师生关系、疾病与治疗关系等。此外，一些大规模语义知识库采用本体方式进行资源整合，如 DBpedia① 是 2007 年由柏林自由大学、莱比锡大学及 OpenLink 软件公司合作公开发布的一个知识库，是从维基百科抽取出来的链接数据集，是数据库版本的维基百科。它在多语言的维基百科中抽取结构化的信息，以关联数据的形式发布，用户可通过 SPARQL 进行语义查询，目前提供了 125 个语种的本地版本供用户访问和下载。

因此，知识组织系统既包含传统知识组织工具，如分类表、叙词表，也包括本体、语义网络等语义网环境下的新型工具，它们在知识管理及应用中发挥着重要作用。尤其是在语义网的不断发展及推进下，新型语义知识工具的创建采用一种人和机器均可读的形式定义了概念以及概念之间的各种语义关系，加强了不同知识工具之间的关联，同时可用于知识库的底层数据建模，使检索系统的应用更加智能化。

7.3 知识组织系统的特点

语义网的发展完善了知识组织系统，使其从传统上图书情报领域内部使用的信息组织工具朝语义化、智能化网络应用的方向拓展。其对资源的描述由原有的文献单元向知识单元深化，描述粒度变细且逐步向用户需求靠近，并注重机器的理解。整体呈现出描述对象概念化、语义关系多样化、描述语言形式化、数据开放关联化等特点。

1. 描述对象概念化

从术语表到语义网络、本体，知识组织系统的描述对象从原来以词汇为中心向以概

---

① Auer S，Bizer C，Kobilarov G，et al. DBpedia：A Nucleus for a Web of Open Data. The Semantic Web，2007：722-735.

念为中心转变。概念是人类的思维单元，其由代表一定语言的词汇或符号来表示，可以使用自然语言或者人工语言表示。由于语言表述的丰富性及自由性，不同的词汇可指代同一个概念①，同一词汇在不同语境中的含义也不同，从而导致词汇与概念不具有一一对应关系。指代物、概念、术语三者构成了对事物的基本认识。概念反映了一定的指代物，术语用以表述指代物的符号系统。术语表仅罗列现实存在的各种术语，通过释义、注释等方式对词汇含义进行区分，并未从概念角度对词汇进行分类，无法体现出词汇在概念层面的抽象性。叙词表引入了规范词，为指代同一概念的多个词建立用代关系，并建立了概念之间的属分关系、交叉及并列关系，较大程度上体现了以概念为核心的特征。本体则以概念为出发点，所构建的共享概念模型强调知识表达的明确性与形式化，其所定义的函数、关系、公理充分揭示了概念与属性及概念之间的关系，从而为机器可理解及信息共享奠定基础。以概念为核心的知识组织系统描述相关资源，意味着不同资源共享相同的概念体系，计算机非常易于抽取及集成相关信息，一定程度上提高了资源间数据交流及集成的效率。②

2. 语义关系多样化

知识组织系统是由代表知识领域的概念及概念关系构成。概念之间彼此依赖、互相联系，所形成的关系称为语义关系，这种关系通常由概念的外延所决定，而概念的含义可以通过语义关系进一步明确。知识组织系统中，语义关系从等同、等级、相关三种关系发展为针对不同领域的多种关系，如因果、来源、代理等。语义关系越丰富，定义越严格，所形成的概念模型越能为知识组织系统的进一步应用奠定坚实基础，从而更好地满足其他数据模型的需求。通过对概念的描述，实现以概念为核心的检索，突破原有以词汇为核心的形式匹配，更易于帮助用户找到所需要的检索对象。一些学者③将语义关系分为两大类，即组合关系、聚合关系，如图 7－1 所示。组合关系通常存在于文档中，通过文档中词汇共现或者大众分类系统中标签共现的方式而构建，其可以作为构建组合关系的实验文档。聚合关系通常独立于文档，构建于一定的知识组织系统中。根据类型的差异，聚合关系可分为等同关系、等级关系、相关关系。等同关系又可细分为同义关系、同源关系、反义关系。同义关系表示两个词指代同一概念，如简称与全称、变异名称、不同语种形式等都属于此类型；同源关系表示随着时间变化而采用不同的术语形式，如不同时期的称谓形式；反义关系表示两个概念之间互相排斥，外延没有重合，如生与死。等级关系表示两个概念之间存在包含关系，分为上下位关系、部分整体关系、实例关系。在上下位关系中，下位类既具有与上位类同样的属性，又有自己特有的属性，两者属于层级关系，如学生与小学生；部分整体关系表示整体概念由若干部分概念组成，如元素与集合、部门与机构、材料与物体等；实例关系指罗列其主要元素关系，各主要元素作

---

① Zeng M L. Knowledge Organization Systems (KOS). Knowledge Organization, 2008 (2－3): 160－182.

② 贾君枝．面向数据网络的信息组织演变发展．中国图书馆学报，2019 (5): 51－60.

③ Stock W G. Concepts and Semantic Relations in Information Science. Journal of the American Society for Information Science and Technology, 2010 (10): 1951－1969; Peters I, Weller K. Paradigmatic and Syntagmatic Relations in Knowledge Organization Systems. Information-Wissenschaft und Praxis, 2008.

为个体概念被看作实例，如摩托车与大阳摩托车。相关关系指除等级关系、等同关系之外的关系，包括参照关系及其他。参照关系为存在一定联系的两个概念建立关系，如产品与厂家、作品与作者等。

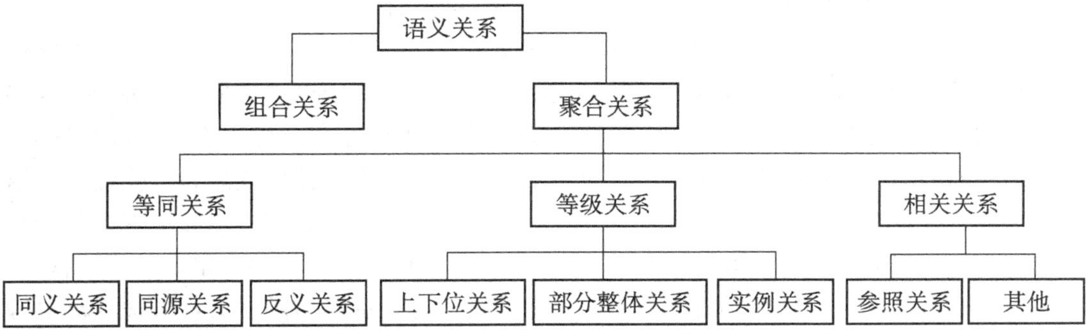

图 7-1　概念之间的语义关系

3. 描述语言形式化

描述语言形式化意味着采用机器可读的形式进行表述。知识组织系统的形式化描述推动了语义网的发展，为语义网提供了丰富的知识基础设施。早期信息组织工具有纸质的分类表、主题词表，随后将其转换为计算机可读形式，以便于数字化存储及管理，但已有格式并不能使机器很好地理解及标引资源，而本体的形式化表述推动着知识组织系统向此方向演进。形式化描述语言有 SKOS，RDF/RDF Schema，OWL 等，其对各个知识组织系统的类、属性及其关系进行明确界定，并进行限制说明，以增强其语义表述能力，拓展其在数据网络环境下的应用范围，为进一步实现各个系统之间的交互，以及外部资源及应用软件集成提供便利。下面简要介绍几种形式化描述语言。

SKOS。万维网联盟语义网下的工作组于 2005 年发布 SKOS①，强调为知识组织系统的表达提供强有力且简单的机器理解方式。作为 RDF 的应用的一种中间语言，其提供表达叙词表、分类表、主题词表等受控词表的概念模型的基本结构及内容，提供了一条将已有知识组织系统导入语义网的标准的、低成本迁移路线，同时也为开发和共享全新的知识组织系统提供一种轻量级的直观语言，从而使叙词表在形式化表示过程中，都遵循一定的规范，定义一个标准的模型，这样保证了形式化的叙词表具有共享特征，使实现 SKOS 化的叙词表与本体之间的互操作成为可能。

RDF/RDF Schema 和 OWL。一个 RDF 声明由一个特定的资源和一个指定的属性以及属性的取值组成。RDF 用一套特定的术语来表达声明中的各个部分。这几个部分分别称为主体、谓词和客体。用于识别事物的部分叫作主体；用于区分所声明对象主语的各个不同属性（如作者、创建日期、语种等）的部分叫作谓词；声明中用于区分各个属性值的部分叫作客体，客体可以是另一个资源，也可以是一个常量，即一个由 URI 制定的资源或者一个简单的字符串，抑或是 XML 中定义的简单类型。RDF 表达式是三元组集

① SKOS Core Vocabulary Specification. [2020-10-06]. https://www.w3.org/TR/swbp-skos-core-spec/.

合，采用具有节点和边的图来表示，称为 RDF 图，图中每个三元组都表示为节点-边-节点的连接。一个 RDF 图可代表多个三元组。RDF 定义用于描述资源的框架，在描述资源属性时，会用到许多词，这些词的含义与用法在 RDF 中并没有涉及。为了定义词汇集，保证用户可以按照规范自定义词汇，RDF Schema（以下简称 RDFS）由此产生。它是一种 RDF 词汇集描述语言，定义如何用 RDF 描述词汇集，并提供了一个用来描述 RDF 词汇集的词汇集。其定义了用来描述类、属性和其他资源以及它们之间关系的类和属性。RDFS 可以对子类、子属性、属性的定义域和值域约束以及类的实例进行描述，但若用一般的本体表示语言，其表达能力还不够，因此需要一种描述能力更强的本体语言，为此万维网联盟于 2004 年提出了 OWL，进一步扩展了 RDFS，添加了更多用于描述属性和类的词汇，如增加了类之间的不相交性、基数限制、等价性、丰富的属性特征、枚举类，通过提供更多具有形式语义的词，使网络信息拥有确切的含义，可被计算机理解并处理。OWL 是一种语义网语言，旨在表示关于事物（事物组）、事物之间关系的丰富而复杂的知识，提供类、属性、实例和值，并存储为语义网文档。与 RDF 相比，OWL 拥有更大的词汇表，添加了更多用于描述属性和类型的词，如类间的等价性、属性特征如对称性，是一门具有更强大的机器解释能力的强大语言，可以与以 RDF 编写的信息一起使用。

4. 数据开放关联化

数据开放关联理念在大数据的应用环境下得到充分体现，基于 RDF 数据模型能够实现不同数据源实体之间的链接，推动数据网络的形成。数据集彼此关联为数据的深层次开发与利用提供了保障。随着越来越多的机构参与到数据开放中，结构化数据之间的关联所形成的数据网络规模不断扩大，不仅使用户能够无缝浏览各种级别的数据，而且为跨领域、跨部门的数据集成应用提供了可能。知识组织系统中概念体系开放意味着可以被越来越多的资源所应用，未来所产生的价值将更大。万维网联盟图书馆关联数据孵化小组（W3C Library Linked Data Incubator Group）旨在推动图书馆数据的全球性互操作，以提高图书馆数据在互联网环境下的重用性。① 知识组织工具如受控词表、名称规范档纷纷走向开放关联，2009 年 DDC 首次转换为关联数据，DDC22 中最高三级类目以 11 种语言发布为关联数据。《国际十进分类法》简表发布了 SKOS 版关联数据，2009 年，OCLC 把 VIAF 发布为关联数据，并建立与维基百科的连接，网站访问量明显增加。德国国家图书馆在 2010 年 4 月宣布将其名称和主题规范数据发布为关联数据，匈牙利国家图书馆也宣布将其名称/主题规范数据发布为关联数据。《艺术与建筑叙词表》（AAT）发布了 RDF 版，不仅提供概念体系的浏览，还提供 SPARQL 端点供用户下载数据，以较好地嵌入外部应用。

因此，为提升知识组织工具的利用率，减少资源浪费，关联开放数据（LOD）运动兴起，进一步促进了各种知识组织工具彼此互相链接，提高了数据重用。DBpedia 作为

---

① Library Linked Data Incubator Group Final Report.［2022-03-10］. https://www.w3.org/2005/Incubator/lld/XGR-lld-20111025.

最早加入 LOD 云图的数据集，目前已成为其核心枢纽，并与 YAGO，GeoNames，OpenCyc 等许多本体建立了链接。各种类型词表的构建及使用并非独立的，词表以多种方式进行彼此链接参引，一个词表可以通过引用其他词表的属性或类来扩展；或者建立概念之间的某种对应关系而形成丰富的词表网络。

7.4 知识组织系统的功能

知识组织系统通常是因特定目的为特定领域而构建，可以以多种方式使用并支持多种功能。了解知识组织系统的功能对于规划和使用知识组织系统，最大限度予以应用至关重要。本节结合知识组织系统的特点，分析其以下具体功能。

（1）提升信息检索效率。促进信息检索和多语言访问是知识组织系统的基本功能。知识组织系统涵盖了用于组织信息和促进知识管理的多种类型的术语表达工具及本体，其作用是组织文档资源以便于用户使用，从而达到快速检索和访问的目的。如在传统图书馆中，应用分类法能够满足将单件存放在书架单个位置等方面的需求，可同时应用主题词提供超出单个物理位置限制的多个访问点。[①] 在网络环境中，网络资源的数量增加导致用户获取资源的难度增加，尤其是使用自然语言搜索时，返回的主题相关度不尽如人意。而知识组织系统为自由文本搜索领域提供了专业性术语，将用户提问词转换为主题词来访问网络资源，支持资源发现过程中的查询最优化，从而有效地实现对资源文档的表示及索引，实现基本的关键词检索或基于词表等的辅助检索。通过使用知识组织系统消除歧义，用户可以准确地获取所需资源。运用语义网络、本体实现语义扩展，从语义层面上理解用户提问及文本特征，实现语义检索甚至是智能检索。通过实现不同知识组织系统之间的互操作或构建特定领域的潜在语义结构模型，能实现跨机构、跨语种的一站式检索。

（2）实现知识共享。知识组织系统充分利用专家知识，描述了特定领域或学科的基本概念及概念间关系。知识组织系统之间相互关联、彼此借鉴，为形成大规模知识节点网络奠定了基础。各个工具在被创建过程中充分引用相关领域词表中的类/属性信息，作为本词表中属性或类信息的描述信息，词表之间相互引用，有效减少了同一概念的重复建设，提供了统一的解释，减少了歧义，达到了知识共享的目的。[②] 如 FOAF 词表人物类经常被用作其他描述人物的词表中属性的值域或定义域，以提供语义理解和支持。当机构之间开展资源合作时，为提高信息处理效率，需要对分散的知识组织工具进行集成，在彼此之间建立关联，以满足用户的不同语种不同类型需求。如致力于名称规范档共建共享的项目 VIAF，旨在使各个国家图书馆名称规范档之间建立连接，实现名称规范档全球范围内的应用，降低名称规范档编目成本，促进各个机构之间的数据共享，提高用

---

① Hodge G. Systems of Knowledge Organization for Digital Libraries：Beyond Traditional Authority Files. Council on Library and Information Resources，2000.

② Knowledge Organization Systems. Overview. [2020－07－01]. http：//www. dsoergel. com/SoergelKOSOverview. pdf.

户获取的便利性，使用户能够用自己熟悉的语言从本地图书馆访问不同语种、不同脚本和不同格式的规范数据。同时，当前已有多个传统知识组织系统发布了自己的浏览器，如 MeSH Browser，AAT Brower 等，其通过自身数据的开放与外部数据的互联，增加了对受控词表的访问入口，服务对象由原来的机构内部扩展至网络用户，增加了用户对词表的访问，可以被越来越多的资源所应用，促进了知识组织系统的共享。①

因此，知识组织系统通过其所提供的系统化术语实现对资源的描述，从而使全球用户对概念的界定达成共识，并致力于使各个领域形成通用语言，以便通过这种通用语言在不同资源间架构桥梁，帮助用户从查询的一端利用多个不同机构的资源数据，以获取更多知识实现知识的大范围共享。

（3）支持文本语义理解，便于本体或元数据建模。为了构建知识组织，需要利用一种知识表示方法对不同领域内的概念、关系加以描述。知识组织系统通过提供概念的含义和语境，充当参考工具，帮助用户制作可理解的文本，支持数据建模。如受控词表、本体、术语表等都可有效帮助用户在特定的语境中识别并理解概念的含义，同时可借用相应的知识组织系统工具进行建模。此外，知识组织系统中的语义关系可以帮助用户对网络数据资源进行有效组织和描述，以形成元数据记录，更好地表示资源的特征及结构。RDF 数据集是结构化数据的集合，数据集中的每一个资源由一个实体元素（如类或属性）和该元素的一个“值”组成。元素通常选自元数据、本体等，如都柏林核心元数据元素集词表、FOAF 词表等。元素的“值”取自值词表，值词表定义了用作元数据记录中元素值的资源（如主题实例、艺术风格或作者），包括叙词表、分类法、名称规范档等类型的知识组织系统。② 可以看出知识组织系统已成为语义表述的重要黏合剂。

（4）实现语义知识导航。知识组织系统中通过描述概念与概念之间的关系，形成了简单的知识分类等级关系或复杂的概念语义地图，有助于支持信息检索者（机器及用户）的知识获取及学习过程。检索即学习，通过检索实践，人们可以唤起头脑中的信息，从而促进学习。③《中国图书馆分类法》是我国应用比较广泛的分类法，注重类目设置的系统性和逻辑性，类目划分层层展开，逐级进行，其类目深度达 11 级，共有 52 917 个类目④，对领域知识进行了系统呈现。利用结构化语义知识导航，还可以支持商品、服务等搜索及浏览。利用知识组织系统揭示、组织专业类资源，知识组织系统可以充当用户信息需求与知识资源之间的桥梁，明确指导用户进行知识发现。当浏览或直接搜索网页上的主题及站点时，用户能够通过导航模式来识别感兴趣的对象而事先无须知道它的存在⑤，促进了偶然信息的产生。尤其是谷歌提出的知识图谱的构建推动了知识组织系统的可视化，将知识组织系统中的概念以语义地图的模式得到充分体现，使得导航模式可以

---

① 贾君枝，李衎．传统知识组织系统的关联数据化发展．数字图书馆论坛，2020（3）：33－40.

② 同①.

③ Poojak A，Henry L R，Mark A M，et al. How to Use Retrieval Practice to Improve Learning What is Retrieval. [2020－10－08]. http：//pdf. retrievalpractice. org/RetrievalPracticeGuide. pdf.

④ 曾建勋，贾君枝，吴雯娜．国家科技计划领域分类体系研究．情报学报，2018（8）：796－804.

⑤ Hodge G. Systems of Knowledge Organization for Digital Libraries：Beyond Traditional Authority Files. Council on Library and Information Resources，2000.

从主题、作品、时间、人物等多个维度去展现数据资源。如YAGO是一个巨大的语义知识库，其通过利用WordNet的同义词集与维基百科的分类体系进行了融合集成，具有丰富的概念分类体系，目前拥有超过1 000万个实体（如个人、组织、城市等），便于用户浏览和检索。此外，YAGO还为很多知识条目增加了时间和空间维度的属性描述信息。[①]

（5）支持互操作。知识组织系统所提供的基于知识系统的概念框架，架起了用户信息需求与文档集、自然语言与受控词汇之间的桥梁，较好地推动了计算机与计算机、人与计算机的交流，通过建立知识组织工具之间的映射，实现了跨语种、跨库系统的操作，能够促进集成或统一访问多个数据库，满足用户一站式的检索需求。尤其在实现人员或应用程序的知识推理过程中（例如人工智能的问答），需要多个数据资源来源的支持，进行不同机构之间的数据资源的整合或集成。而这种资源整合的实现依赖于特定领域的词表等知识组织系统的支持，通过知识组织系统的互操作，将不同数据集资源进行描述并进行数据匹配，从而实现数据交换、整合的目的。为了适应特定领域不同层次用户对知识组织的需要，知识组织系统涵盖了用于多种目的的多种系统，造成有些术语在不同的语境和不同的社区中使用，形成了术语多样化的局面，也因此激发了知识组织系统互操作的功能需求。

国内外开发了不同知识组织系统之间的互操作项目，包括不同主题词表、分类表及分类表和主题词表之间的互操作等。如联机计算机图书馆中心通过人工和统计的方法建立了基于MARC21格式的互操作模式，即《美国教育资源信息中心叙词表》与《美国国会图书馆标题表》的直接映射，以实现两者之间的互操作，为用户跨库浏览与检索提供支持。[②] 由英国、法国、德国、瑞士国家图书馆共同完成的多语言主题检索项目，分析了SWD（德语）、RAMEAU（法语）、LCSH（英语）三种标题表之间的匹配关系，通过实现三者等同连接，创建了链接与查询系统，实现了图书馆目录的跨语言主题检索。Renardus[③] 项目是欧盟主持，由芬兰、丹麦、德国、法国、瑞典、英国的国家图书馆、研究中心及主题网关等合作开展的有关词表映射的跨域项目。国内典型的互操作项目《中国分类主题词表》是基于在分类表和主题词表的互操作方面的研究成果，通过建立《中国图书馆图书分类法》和《汉语主题词表》之间的映射编制而成。[④] 这些互操作实践进一步推动了资源的集成应用。

随着Web 3.0及智能时代的到来，知识组织系统的类型、内容特征及功能都发生了巨大变化，从基本的术语罗列到潜在的语义关系揭示，从封闭的图书馆机构向交流合作的多机构开放互联，从单一化资源组织向多元化数据融合，从资源主题描述向基于概念的知识拓展，知识组织系统在信息资源的描述、组织、管理、发现等方面的强大功能已得到图书情报界和相关领域的广泛认可，也将随着新的技术载体的不断诞生而变得更加强大。

---

① YAGO多语言知识库．[2019-10-18]．http：//www.openkg.cn/dataset/yago.

② 司莉．知识组织系统的互操作及其实现．现代图书情报技术，2007（3）：29-34；胡滨，吴雯娜．国内外知识组织系统互操作模式及方法研究．情报科学，2012（9）：1291-1297.

③ 司莉．知识组织系统的互操作及其实现．现代图书情报技术，2007（3）：29-34.

④ 胡滨，吴雯娜．国内外知识组织系统互操作模式及方法研究．情报科学，2012（9）：1291-1297.

思考题

1. 简述知识组织的发展阶段。
2. 什么是知识组织系统？知识组织系统具有哪些类型？
3. 知识组织系统具有哪些特点？
4. 知识组织系统的功能是什么？

推荐阅读

1. 周宁．信息组织．2版．武汉：武汉大学出版社，2001.

2. Hjørland B. What is Knowledge Organization（KO）? Knowledge Organization, 2008（2－3）.

3. Zeng M L. Knowledge Organization Systems（KOS）. Knowledge Organization, 2008（2－3）.

4. 贾君枝．面向数据网络的信息组织演变发展．中国图书馆学报，2019（5）.

第8章
本　体

概要

本章分为四节，8.1 节讨论了本体的定义、构成要素及类型，并从多角度将本体与叙词表进行了对比；8.2 节讨论了用于描述概念的形式化本体描述语言的发展及本体描述语言的原语内容；8.3 节讨论了本体的构建原则、方法，以及从叙词表到本体的转化，并介绍了应用 Protégé 工具构建本体的实例；8.4 节讨论了典型本体类型的实例，包括知识库本体 DBpedia、通用本体 DBpedia、基因本体等。

学习要点

本体的定义；本体的构成要素；本体的类型及其与叙词表的区别；本体描述语言的发展；RDF/RDFS，OWL 的语法及构成原语；本体的构建原则、方法；从叙词表到本体的转化；不同本体类型的实例。

学习目标

认识本体的定义；掌握本体的构成要素；明晰本体的类型及其与叙词表的区别；明确本体描述语言的发展现状；了解 RDF/RDFS，OWL 的语法及构成原语；把握本体的构建原则；熟悉本体的构建方法；清楚从叙词表到本体的转化；了解不同类型的本体。

8.1　本体概述

近年来，互联网快速发展，面对信息海洋，如何利用、管理和维护海量信息并为用户提供有效的服务就成为一项重要而迫切的研究课题。为了适应这些要求，本体作为一种能够在语义和知识层面上描述信息的概念模型工具，自被提出就引起了众多科研人员的关注。本体的概念来自哲学领域，最早引入本体概念的是人工智能领域，旨在解决知识表示和知识组织方面的有关问题。本体的概念和方法进入知识组织领域是在 2000 年初，知识组织领域引入本体的目的是要解决语义检索、资源组织等问题。

8.1.1 本体简介

本体（ontology）一词源于哲学。在哲学中，本体论是形而上学的一个分支，其定义为“对世界上客观事物的系统描述，即存在论”。哲学中的本体论关心的是客观现实的抽象本质，本体论的目标是揭示那些基本的类别或种类，将现实世界划分为对象的自然类别。而在计算机领域，本体可以从语义层面描述知识，可视为描述某个学科领域知识的通用概念模型，其在计算机领域的定义经历了一个演化过程。格鲁伯（Gruber）等给出了本体的一个最为流行的定义，即“本体是概念模型的明确的规范说明”①。博斯特（Borst）进一步强调本体的形式化，即“本体是共享概念模型的形式化规范说明”②。斯图德（Studer）等将本体的定义扩展为“本体是共享概念模型的明确的形式化规范说明”③。其中，“概念模型”即本体是通过抽象客观世界的概念而得到的模型，其含义独立于具体的环境状态；“明确”指所使用的概念及使用这些概念的约束都有清晰的界定；“形式化”指本体是计算机可读的，即能被计算机处理；“共享”指本体中体现的是共同认可的知识，反映的是相关领域中公认的概念集，即本体针对的是团体而非个体的共识。

本体的目标是获取、描述和表示相关领域的知识，提供对该领域知识的共同理解，确定该领域内共同认可的词汇，并从不同层次的形式化模式上给出这些词和词间相互关系的明确定义，以达到人机交流的效果，用于数据交流、共享、互操作和重用等。

8.1.2 本体的构成要素

任何科学理论都有它的研究对象，这些对象构成一个不空的集合，称为论域（domain of discourse）。一般来说，一个本体刻画一个论域。一个典型的本体由有限个术语以及它们之间的关系组成。佩雷斯（Perez）等归纳出本体由五种要素构成：类（class）或概念（concept）、关系（relation）、函数（function）、公理（axiom）、实例（instance）。④

类或概念指任何事务，如工作描述、功能、行为、策略和推理过程。从语义上讲，它表示的是对象的集合，其定义一般采用框架结构，包括概念的名称，与其他概念之间关系的集合，以及用自然语言对概念的描述。

关系指概念之间的交互作用，通常包括类的层次结构如子类关系，在语义上关系对应于对象元组的集合。除了子类关系之外，本体还可以包括以下信息：属性、值约束、不

---

① Gruber T R，Stanford Knowledge Systems Lab，Alto P，et al. Toward Principles for the Design of Ontologies Used for Knowledge Sharing? . International Journal of Human-Computer Studies，1995（5-6）：907-928.

② Borst W N. Construction of Engineering Ontologies for Knowledge Sharing and Reuse. Enschede：University of Twente，1997.

③ Studer R，Benjamins V R，Fensel D. Knowledge Engineering，Principles and Methods. Data and Knowledge Engineering，1998（1）：161-197.

④ Gomez-Perez A，Benjamins V R. Applications of Ontologies and Problem-Solving Methods. AI Magazine，1999（1）：119.

相交描述、对象间逻辑关系的规定。其中基本的关系有四种：part of，kind of，instance of，attribute of。part of 表示概念之间部分与整体的关系。kind of 表示概念间的继承关系，类似于面向对象中的父类和子类之间的关系。给出两个概念 C 和 D，记 C'＝{x | x 是 C 的实例}，D'＝{x | x 是 D 的实例}，如果属于 D' 的任意的 x，都属于 C'，则称 C 为 D 的父概念，D 为 C 的子概念。instance of 表示概念的实例和概念之间的关系，类似于面向对象中的对象和类之间的关系。attribute of 表示某个概念是另外一个概念的属性，例如概念“价格”可作为概念“桌子”的一个属性。

函数指一类特殊的关系。在这种关系中前 $n-1$ 个元素可以唯一决定第 n 个元素，如 mother of 关系就是一个函数，mother of（x，y）表示 y 是 x 的母亲，x 可以唯一确定它的母亲 y；如 hasSpouseOf 就是一个函数，hasSpouseOf（周恩来，邓颖超）表示邓颖超是周恩来的爱人。

公理代表永真断言，如概念乙属于概念甲的范围。实例代表元素，从语义上讲实例表示的就是对象。

在实际应用中，不一定严格地按照上述五种要素来构造本体。同时概念之间的关系也不仅限于上面列出的四种基本关系，可以根据特定领域的具体情况定义相应的关系，以满足应用的需要。

图 8－1 呈现了一个简单的运输工具本体，轿车、卡车、型号、颜色、发动机等都是该领域的一些关键概念。一般来讲，联系刻画了类的层次性，一个层次描述了一个类 C 是另一个类 C' 的子类，C 中的每个对象都属于 C'。其中轿车和卡车是运输工具下的两个类，与运输工具这个大类具有 kind of 关系，即轿车和卡车都是运输工具的子类；发动机和轮胎与卡车之间具有 part of 关系，即发动机和轮胎是卡车的一部分；型号、颜色与价格是轿车和卡车的属性，与轿车和卡车间具有 attribute of 关系；“价格＝200 000”是轿车价格的实例。

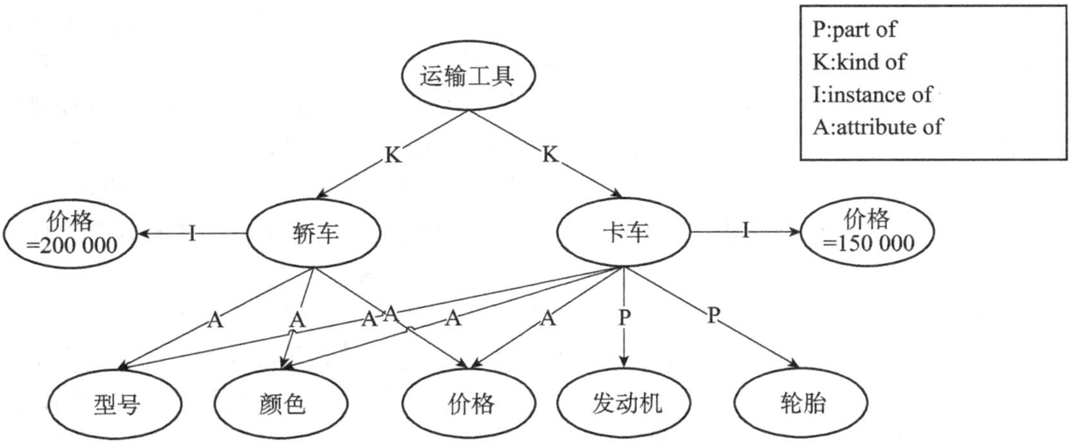

图 8－1　运输工具本体示例

万维网环境中，本体提供了对给定领域的一种共识。这种共识对于消除术语差别是必要的。比如，一个应用中的邮政编码可能正好是另一个应用中的区域代码，另一种情况是两个不同的应用可能使用同样的术语来表示不同的含义。在本体 A 中，术语"course"可能指道路，而在本体 B 中可能指课程。通过把各自的术语映射到一个公共本体或者定义本体之间的直接映射，可以消除这些术语差别。

8.1.3 本体的类型

瓜里诺（Guarino）提出以详细程度和领域依赖度作为本体划分的依据。[①] 详细程度是相对模糊的概念，是指描述或刻画建模对象的深度。详细程度高的称为引用本体（reference ontologies），是以万维网上已有的本体为对象构建的，其应用是为了保存各种本体的元数据；详细程度低的称为共享本体（share ontologies）。也可依据本体对领域的依赖程度，由高到低将其划分为四种类型：顶层本体（top-level ontologies）、领域本体（domain ontologies）、任务本体（task ontologies）和应用本体（application ontologies）。事实上在顶层本体和领域本体之间还存在起衔接作用的中层本体。四种本体的关系如图 8－2 所示。

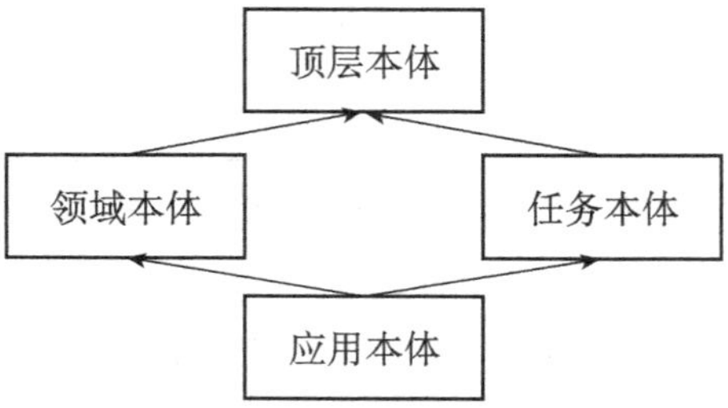

图 8－2 四种本体的关系

顶层本体用于描述最普遍的概念及概念之间的关系，如空间、时间、事件、行为等，与具体的应用无关，其他本体均为其特例。SUMO、Cyc 等属于顶层本体。SUMO 最初由奈尔斯·伊恩（Niles Ian）和皮斯·亚当（Pease Adam）共同开发，现在由技术知识公司（Teknowledge Corporation）维护。SUMO 合并了多个顶层本体，描述了人类认知及现实世界的范畴，采用 SUO-KIF 格式，并与一些中层本体如 MILO 和领域本体建立了联结。Cyc 提取了单词 encyclopedia（百科全书）中的三个字母，该项目始于 1984 年，由 Cycorp 首席执行官、斯坦福大学教授道格拉斯·莱纳特（Douglas Lenat）发起。Cyc 是一个试图综合日常生活常识，建立综合的本体库和数据库的人工智能工程，其目标是使人工智能具有与人相似的推理能力。

领域本体用于描述特定领域中的概念和概念之间的关系。在这类本体中被表示的知识是针对特定学科领域的，如飞机制造、基因工程、化学元素周期表等。它们提供了某个学科领域中的概念集合以及概念之间的关系，或者该学科领域的重要理论。例如，化学元素（chemical-elements）是化学元素周期表的本体。

---

① Guarino N. Semantic Matching: Formal Ontological Distinctions for Information Organization, Extraction, and Integration. Information Extraction a Multidisciplinary Approach to an Emerging Information Technology, 1997: 139－170.

任务本体用于描述特定任务或行为中的概念及概念之间的关系。例如航空指挥决策领域的任务本体。任务本体与领域本体既有相同点，也有不同点。相同点是，两者都是根据对领域的依赖程度来划分的，使用 OWL 进行描述；不同点是，领域本体一般只包含领域相关的静态数据（术语及之间的关系）；而任务本体不仅要描述特定任务领域所需要的相关静态数据，而且要提供任务从设定到完成的整个过程的动态控制和数据管理，以及整个动态过程中对所需要的各类资源的动态变化数据的支持。①

应用本体用于描述既依赖于某个特定领域又依赖于某项课题的知识。因此，这类本体与解决问题的方法相关联。一个应用本体涉及用来描述专业领域的概念，包含给定领域模型所需的所有知识，这些概念是解决问题的方法体系的组成部分，因此应用本体通常是领域本体和方法的结合，它们明确表示出在特定解决问题的方法体系中，专业领域的概念所起的作用。如建筑部件应用本体②对建筑部件的概念体系进行了明确的定义，构建了建筑部件在地理信息系统（Geographic Information System，GIS）和建筑信息模型（Building Information Model，BIM）领域的空间尺度体系，并对建筑部件应用本体进行分类抽象，确定建筑部件的等级关系，并层层抽象建筑部件几何、属性、语义、关系信息的逻辑表达、物理存储方式，组织建筑部件的空间层次和语义信息，实现了多层次部件化组织。

8.1.4 本体与叙词表的比较

叙词表是一种语义词典，由术语及术语之间的各种关系组成，能反映某学科领域的语义相关概念，主要用于检索时的后控制和标引时自动或辅助选择索引词，是提高查全率、实现多语种检索和智能化概念检索的重要途径。③ 其作为传统的信息组织工具，在20世纪五六十年代便得到快速发展并逐渐趋于成熟。叙词表对信息组织和检索发挥了重要的作用，但是随着网络信息资源呈几何级数增长，叙词表越来越难以满足人们将大量杂乱的信息和知识进行序化的需求，于是本体思想被引入知识组织领域。

叙词表和本体的相同之处是两者均基于概念对知识进行组织，均属于知识组织系统，且很多本体的构建可以以叙词表作为基础和起点。由于叙词表本身具有层次结构和不同类型，所以叙词表本身也可视为轻量级本体，将传统叙词表向本体进行转化，有助于知识的共享和再利用。叙词表和本体的区别在于两者组织信息的本质方法不同。两者在逻辑表达形式、组织结构、语义关系、性能和功能及交互性等方面都存在差异，本体之所以能够得到快速发展，也正是由于其在这些方面具有显著的优势。叙词表和本体的比较见表 8-1。④

---

① 倪欢，许卓明．OWL 本体查询技术研究．河海大学学报（自然科学版），2006（3）：333-336.

② 樊龙飞．基于应用本体的建筑物模型部件化数据组织研究．北京：北京建筑大学，2019.

③ 李景，钱平．叙词表与本体的区别与联系．中国图书馆学报，2004（1）：36-39.

④ 孙兵．知识组织工具的发展趋势浅析：基于分类表、叙词表和知识本体的比较研究．图书馆学刊，2009（11）：86-88.

表 8-1　叙词表和本体的比较

差异点	叙词表	本体
逻辑表达形式	规范术语	自然语言或半自然语言
组织结构	字顺表、专有叙词表、轮排索引、双语种对照索引、范畴索引、词族索引等	类或概念、关系、函数、公理、实例
语义关系	等同、等级、相关关系；属于一维关系	语义关系丰富，本体中概念分布是四维空间中可伸缩的网状结构
性能	线性分布，不易修改和更新	开放体系、可重用、可增删节点，可随时修改和更新
功能	词汇库	概念集、语料库、知识库，具有逻辑推理和演绎功能
交互性	人人交互	人机交互

从逻辑表达形式来看，叙词表运用规范术语来表述知识，如术语、专有名词或者专业词汇等，而本体中的概念可以用自然语言或半自然语言来表达，更接近人们的日常习惯，便于人们理解。

从组织结构上来说，叙词表分为字顺系统和逻辑系统两种，字顺系统包含字顺表、专有叙词表、轮排索引、双语种对照索引等；而逻辑系统也称为分类系统，包含范畴索引、词族索引等，这样的组织结构利用“用、代、属、分、参、族”来显示简单的语义关系。本体则是利用类或概念、关系、函数、公理、实例来构建某一类知识，将具体知识抽象化后，建立概念间更为细腻而全面的联系，从而使得知识点或概念以网状结构分布在多维空间中。① 而且顶层本体一旦被成功构建，便可以重复使用，例如时间、空间等无领域差异的概念，避免了对于知识的重复分析，为知识共享打下了良好的基础。相比较而言，叙词表更注重“词”之间的关系，而本体侧重于描述“概念”之间的关系。②

从语义关系上说，叙词表中只包含等同、等级、相关的语义关系，而本体概念间的关系描述更为广泛深入、全面细致。除了这些基本的语义关系，还包括实例、部分、不相交及具体领域内的各种关系。③

在性能和功能方面，叙词表是一个词汇库（语料库）但不是知识库，而本体不只是概念集、语料库，更是一个知识库。叙词表可以表达简单的语义关系，但知识点仍然是线性分布，难以详尽地描述概念之间的联系，并存在相对封闭、难以更新的问题。本体弥补了叙词表在知识表述上的不足，在表达复杂语义关系的同时还可以利用谓词逻辑进行推理和演绎，使其达到机器学习的智能要求，因此实现了叙词表无法实现的人机交互

① 李娜，任瑞娟．叙词表、分类法与分布式本体．现代情报，2007（12）：122-124，127.

② 赵焕洲，唐爱民．对两种知识组织系统：叙词表与 Ontology 的比较研究．情报理论与实践，2005（5）：469-471.

③ 孙兵．知识组织工具的发展趋势浅析：基于分类表、叙词表和知识本体的比较研究．图书馆学刊，2009（11）：86-88.

功能。不仅如此，本体还是一个开放的体系，可以随领域的更新和发展，随时修改和更新。① 利用本体动态更新的特点，可以找出学科的发展规律。

8.2 本体描述语言

本体作为一种共享的、对概念的形式化描述，需要使用事先规定的语言。有代表性的本体描述语言可以划分为两类：基于谓词逻辑的本体描述语言和基于网络的本体描述语言。基于谓词逻辑的本体描述语言的不足之处在于有些概念及概念关系难以用谓词逻辑准确表示，形式化表示具有局限性。基于网络的本体描述语言使得用户可以为领域模型编写清晰的、形式化的概念描述，因此它应该满足以下要求：良好定义的语法与语义、有效的推理支持、充分的表达能力及表达的方便性。

8.2.1 本体描述语言的发展

本体描述语言是用来描述本体的，使用户可以为领域模型编写清晰、形式化的概念描述。本体描述语言的发展是一个逐渐完善的过程。本体描述语言的产生与 HTML 关系匪浅。HTML 源于 SGML，是目前编写网页的标准语言。SGML 是一个国际标准（ISO 8897），阐释一种独立于设备和系统且人机均可读的信息表示方法。遵从 SGML 的语言称为 SGML 应用语言，HTML 就是这样一种应用语言，由于 SGML 与互联网相关的某些用途过于复杂，因此引入了 HTML。为弥补 HTML 的一系列缺陷（如 HTML 文档不包含结构信息），XML 应运而生，之后为提高重用性定义了 XML Schema。然而，XML 并没有提供任何表示数据语义的手段，因此 RDF 作为能够表达语义的数据模型产生了，对 RDF 进行进一步限定形成了 RDFS，RDFS 刻画了 RDF 资源的属性和类的词汇描述语言，带有关于这些属性和类的一般到特殊关系的层次结构语义。

1999 年，致力于语义网研究的美国国防高级设计研究署代理置标语言（DARPA Agent Markup Language，DAML）委员会在美国成立，其目标是为下一代语义网提供坚实的基础。当时 RDFS 已被建议为 W3C 的标准语言，但由于 RDF 和 RDFS 的表达能力非常有限，粗略地说，RDF 局限于二元谓词，RDFS 局限于子类分层和属性分层，以及属性的定义域和值域的限定，语义表达能力不能满足 DAML 的需求。为此，DAML 吸取面向对象语言和基于框架的知识表达语言方面的经验，扩展了 RDFS，形成了新的本体建模语言 DAML-ONT。DAML-ONT 与 RDFS 耦合得非常紧密，其和 RDFS 一样缺乏充分的语言规范，在应用时很容易导致人机之间的语义冲突。

欧洲信息技术委员会资助项目 On-To-Knowledgy 研究设计了另一个用于语义网的本体描述语言——本体推理层（Ontology Inference Layer，OIL），将基于框架的本体中的建模原语、万维网标准语言（如 XML，RDF），以及描述逻辑中简单且定义完好的语义

① 覃华兵．知识组织工具：本体研究．武汉：武汉大学，2006.

描述部分结合起来。OIL 提供了基于框架和描述逻辑的本体模型建模机制；具有简单、清楚的定义，完备的语义；能够提供自动的推理支持（如类的一致性和包容关系的检查）。DAML+OIL 从描述逻辑入手，建立于 W3C 的标准 RDF 和 RDFS 之上，并以更丰富的建模原语扩展了 RDF 和 RDFS，它是 OWL 的起点。W3C 总结了以上几种语言的开发经验，于 2004 年正式推出了 OWL。OWL 针对各方面需求设计而成，既要保证 DAML-ONT/OIL/RDFS 的兼容性，又要保证更强大的语义表达能力，还要保证描述逻辑的可判定推理。本体描述语言发展历程如图 8－3 所示。目前，W3C 推荐的与本体描述语言相关的标准有三个：RDF、RDFS 和 OWL。

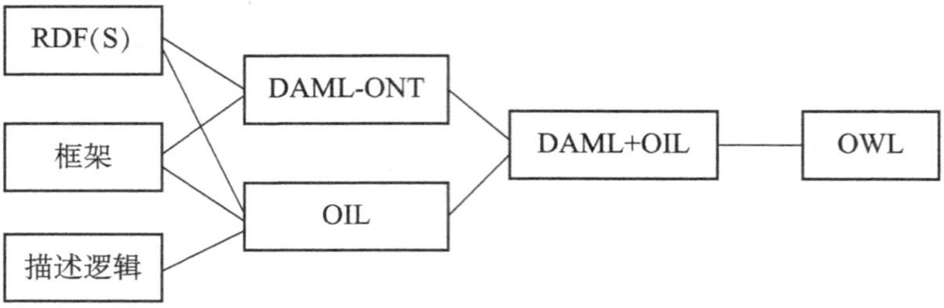

图 8－3　本体描述语言的发展历程

8.2.2　RDF 和 RDFS

RDF 即资源描述框架，是 W3C 于 2004 年 2 月发布的一个推荐标准。其功能是利用当前存在的多种元数据标准来描述各种网络资源，形成人机可读的、可以由计算机自动处理的文件。RDF 是采用 XML 处理元数据的应用，为描述图像、文档和它们之间的相互关系定义了一个简单数据模型。RDF 由一系列陈述（statement）即资源-属性-属性值三元组组成。RDF 没有假定特定应用领域。由于 RDF 不针对任何领域，对用户而言必须定义他们在这些陈述中使用的术语，用户可以使用称为 RDFS 的模式语言来精确定义自己的术语表，RDFS 可以定义词汇，规定什么属性可以作用于什么类型的对象，属性可以取什么值，也可以描述对象间的关系。简而言之，RDF 用于资源描述，但它并不直接描述资源，而是定义了描述资源的规则，RDFS 用于定义自己的术语表。综合起来，这些技术定义了在不同机器间交换任意数据的一种标准化语言的组成部分：

RDF——数据模型

RDFS——语义

Turtle/RDFa/RDF-XML——语法

1. RDF 的基本概念

RDF 的基本概念包括资源、属性、陈述和图。资源是一个对象，即我们希望描述的“事物”。资源可以是人、时间、地点等。每个资源都有一个独一无二的 URI。一个 URI 可以是一个 URL，也可以是另一种唯一的标识符。URI 表明万维网上资源所处的位置，可以是电话号码、ISBN 或者是一个地理位置。由于 URI 的唯一性，它提供了一种可以无歧义地标识一个资源的机制。例如，如果想指称一个苹果（水果），可为其分配一个URI，使它不会和苹果公司混淆，以解决一词多义问题。URI是RDF背后的关键支撑设计方案，允许每个资源拥有全球唯一的命名方案，使用该机制能够有效缓解迄今为止困扰分布式数据表示的一词多义现象。一般来说，我们假定URI是一个网络资源的标识符。属性是一类特殊的资源，描述资源之间的关系，如“friend of”“written by”“located in”等。属性和资源都由URI标识。陈述即声明，断言了资源的属性。一个陈述是由资源、属性、属性值组成的三元组。属性值可以是另一个资源，也可以是一个字符串。由资源、属性、属性值组成的三元结构类似于句子中的主语、谓语、宾语，并且主语、谓语和宾语这三个组成元素都是通过URI标识的，所以它具有语义表述的特性。图8-4即用图形的方式来书写声明，例如，“长城位于北京”。如图所示，带标签的节点通过带标签的边连接，边是有方向的，方向是从声明的主语到声明的宾语，声明的属性被标记在边上。①

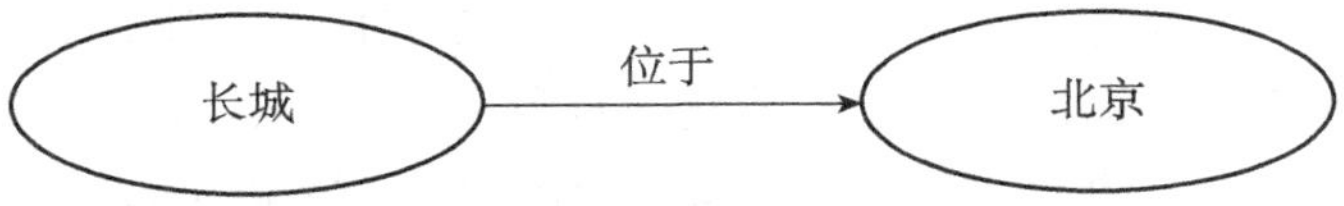

图8-4 一个用图形表示的RDF陈述

节点上的标签是主语和宾语的标识符，一个声明的宾语可以是另一声明的主语。例如，如图8-5所示，“北京是城市”，这种图形化表示强调了RDF是一个以图为中心的数据模型这一概念。事实上，RDF和人工智能领域中的语义网络类似。我们能够继续扩展有关资源信息的图。图可以以一种分布式的方式，由多个不同的参与人员使用相同的URL来创建，这使得可以创建一个允许知识被重用的数据网络。例如，如果我们在网上发现描述北京的RDF，可以仅通过使用该URL来重用这些信息。

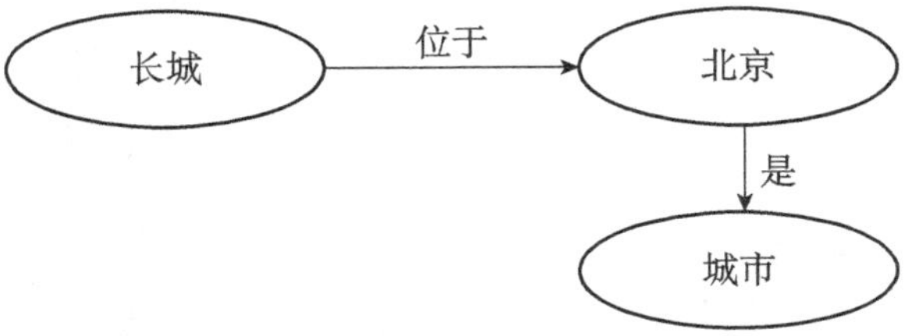

图8-5 一个用图形表示的RDF陈述

RDF允许对陈述进行陈述，这样的陈述可用于描述对另一个陈述的看法，比如赋予一个陈述真实性；或者声明一个陈述从哪里来，例如可以描述一个关于长城位置的声明是由一个叫李明的人创建的。RDF对此提供了两种实现的机制。

第一种称为具体化。具体化即引入一个辅助对象，如图8-6所示，引入对象“位置陈述”，其主语是“长城”，谓语是“位于”，宾语是“北京”。可以将这个声明作为另一个三元组的主语来定义创建者。

这种方法相对粗笨但是很必要，因为RDF只允许三元组，所以无法直接给一个三元

① 安东尼奥，海尔梅莱恩．语义网基础教程．北京：机械工业出版社，2008.

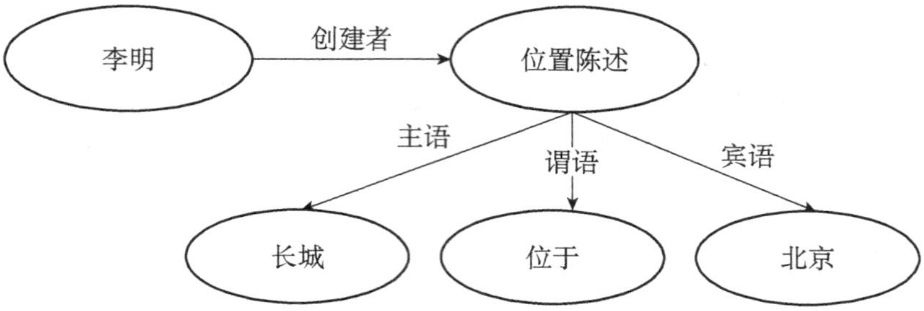

图 8-6　具体化的一个例子

组增加一个标识符（那样的话就成了四元组）。正由于具体化处理的费力，在较新版本的 RDF 标准中引入了命名图的概念，可以将一个标识符赋予一个陈述或陈述集合，且该标识符可以在普通的三元组中引用，这种方法更加直接。简言之，一个命名图允许圈出一个 RDF 陈述的集合并为这些陈述提供一个标识符。①

由上所述，RDF 只使用二元属性，可以将一个三元组（x，P，y）想象成一个逻辑公式 $P(x, y)$，其中二元谓词将对象 x 关联到对象 y。这个限制在很多时候不适用，因为人们经常使用二元以上的谓词，即可能需要谓语包含两个以上的参数。这样的谓语可以通过使用几个二元谓词来解决。比如一个包含三个参数的谓语 referee（X，Y，Z），其直观含义是：X 是 Y 和 Z 的裁判。可以引入新的辅助资源 Game 和二元谓词 referee，player1，player2。可以用下面的方法表示 referee(X，Y，Z)：

referee(Game，X)

player1(Game，Y)

player2(Game，Z)

如图 8-7 所示，尽管使用三元谓词表示更加简单，但使用二元谓词确实简化了整个数据模型。

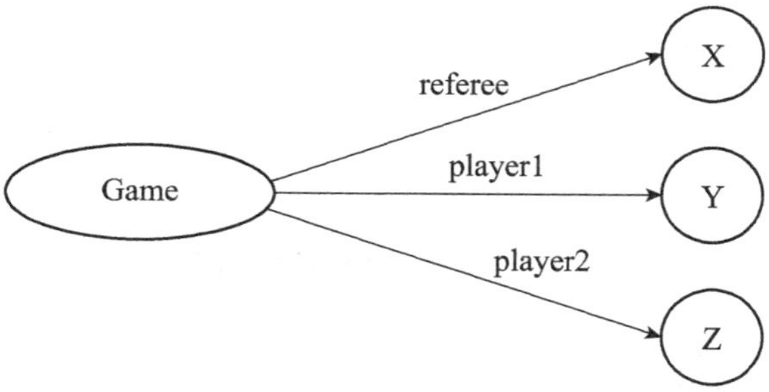

图 8-7　三元谓词的表示

2. RDF 语法

从前面的章节，我们已经看到一种图形化的 RDF 语法，这种语法便于人理解但不是机器可解释的，也不是标准化的语法。“序列化”概念源自计算机科学领域，原意是将内

---

① 安东尼奥，海尔梅莱恩．语义网基础教程．北京：机械工业出版社，2008.

存中的处理对象转换为可以存储或传输的形式的过程，序列化后的对象数据可以被其他代码访问或修改。关联数据序列化是指利用关联数据技术，采用特定本体或词汇集，对目标数据进行语义描述，并将其转换为某种关联数据格式，如 RDF/XML，N-triple 等的过程。编写 RDF 图可以采用多种不同的序列化格式。然而同一个图用不同方法编写会产生完全相同的三元组，因此它们在逻辑上是等价的。

下面介绍几种标准化的机器可读的语法，包括：RDF/XML（RDF 的 XML 语法）；RDF 语言的 Turtle 家族（N-Triples，Turtle，TriG，N-Quads）；JSON-LD（基于 JSON 的 RDF 语法）；RDFa（用于 HTML 和 XML 嵌入）。

（1）RDF/XML。RDF/XML 是 RDF 在 XML 中的编码，它允许 RDF 被已有 XML 处理工具使用。一个 RDF 文档由一个 rdf：RDF 元素构成，其内容是一系列描述。RDF 以 XML 作为编码与传输的语法，此外，RDF 需要通过 XML 的命名空间（namespace）来指定属性词汇的来源。

下面用某大学课程和授课者的一个 RDF 文档对文档内部元素和属性进行解释：

```
<rdf:RDF
xmlns:rdf = "http://www.w3.org/1999/02/22-rdf-syntax-ns#"
xmlns:xsd = "http://www.w3.org/2001/XMLSchema#"
  xmlns:uni = "http://www.mydomain.org/uni-ns#">
  <rdf:Description rdf:about = "949352">
    <uni:name>Grigoris Antoniou</uni:name>
    <uni:title>教授</uni:title>
  </rdf:Description>
  <rdf:Description rdf:about = "949311">
    <uni:name>Michael Maher</uni:name>
    <uni:title>副教授</uni:title>
  </rdf:Description>
  <rdf:Description rdf:about = "CIT1111">
    <uni:courseName>离散数学
</uni:courseName>
    <uni:isTaughtBy rdf:resource = "949352"/>
  </rdf:Description>
  <rdf:Description rdf:about = "CIT1112">
    <uni:courseName>程序设计
</uni:courseName>
    <uni:isTaughtBy rdf:resource = "949311"/>
  </rdf:Description>
</rdf:RDF>
```

该 RDF 文档使用扩展的 XML 命名空间机制。在 XML 中，命名空间用于避免二义性，而在 RDF 中，命名空间可以用于 RDF 文档的导入。rdf：Description 元素中的 rdf：about 属性等价于一个 ID 属性，但它通常用于暗示，即被某个陈述断定的对象已经在其他地方被“定义”了。rdf：Description 元素的内容称为属性元素，如元素 uni：

courseName 和 uni：isTaughtBy 都被定义为 CIT1111 的属性-属性值二元组的取值，因此，上例对应了两个 RDF 陈述。

上述例子存在一定缺陷：没有严格定义课程和授课者之间的关系，只是借助相同的名字隐含存在。对于机器来说，使用相同的名字可能只是一种巧合，例如，讲授课程 CIT1111 的教师 Grigoris Antoniou 可能和 ID 为 949352 的 Grigoris Antoniou 不是一个人。因此需要一个形式化的规定，规定讲授课程 CIT1111 的教师就是 ID 为 949352 的教师，其姓名是 Grigoris Antoniou。使用 rdf：resource 属性可以达到这个效果：

```
<rdf:RDF
xmlns:rdf="http://www.w3.org/1999/02/22-rdf-syntax-ns#"
  xmlns:uni="http://example.org/university#">
  <rdf:Description rdf:about="CIT1111">
    <uni:courseName>离散数学
</uni:courseName>
    <uni:isTaughtBy rdf:resource="#949352"/>
  </rdf:Description>
  <rdf:Description rdf:about="949352">
    <uni:name>Grigoris Antoniou</uni:name>
    <uni:title>教授</uni:title>
  </rdf:Description>
</rdf:RDF>
```

需要注意的是，如果已经在 RDF 文档中使用 ID 属性而不是 about 属性来定义 ID 为 949352 的教师的这个资源，必须在 rdf：resource 属性值 949352 前面加上#：

```
<rdf:RDF
xmlns:rdf="http://www.w3.org/1999/02/22-rdf-syntax-ns#"
  xmlns:uni="http://example.org/university#">
  <rdf:Description rdf:about="CIT1111">
    <uni:courseName>离散数学
</uni:courseName>
    <uni:isTaughtBy rdf:resource="#949352"/>
  </rdf:Description>
  <rdf:Description rdf:about="id949352">
    <uni:name>Grigoris Antoniou</uni:name>
    <uni:title>教授</uni:title>
  </rdf:Description>
</rdf:RDF>
```

对于外部定义的资源，这个规定同样有效。例如，引用外部定义的资源 CIT1111 时，就把"http：//www.mydomain.org/uni-ns/#CIT1111"作为 rdf：about 的值，其中"http：//www.mydomain.org/uni-ns/#CIT1111"为定义 URI。该描述使用 ID 属性定义了 URI 段，使用该 URI 段可以引用该描述。

可以在其他描述的内部定义描述，例如可以把前面例子中的描述换成下面的嵌套描述。

```
<rdf:RDF
xmlns:rdf = "http://www.w3.org/1999/02/22-rdf-syntax-ns#"
  xmlns:uni = "http://example.org/university#">
  <rdf:Description rdf:about = "CIT1111">
    <uni:courseName>离散数学
</uni:courseName>
    <uni:isTaughtBy rdf:resource = "#949352"/>
  </rdf:Description>
  <rdf:Description rdf:about = "id949352">
    <uni:name>Grigoris Antoniou</uni:name>
    <uni:title>教授</uni:title>
  </rdf:Description>
</rdf:RDF>
```

其他课程仍然可以和 949352 发生关系，即尽管一个描述可以在其他描述内部进行定义，但它仍是全局有效的。

在上述例子中，所有描述都针对两类不同的资源：课程和授课教师。这个事实对读者来说不言而喻，但是由于没有明确声明，因此机器无法解读。在 RDF 中，可以使用 rdf：type 元素对其进行陈述。下面是包含类型信息的描述。

```
<rdf:RDF
xmlns:rdf = "http://www.w3.org/1999/02/22-rdf-syntax-ns#"
  xmlns:uni = "http://example.org/university#">
  <rdf:Description rdf:about = "CIT1111">
    <rdf:type
rdf:resource = "http://example.org/university#course"/>
    <uni:courseName>离散数学
</uni:courseName>
    <uni:isTaughtBy rdf:resource = "#949352"/>
  </rdf:Description>
  <rdf:Description rdf:ID = "id949352">
    <rdf:type rdf:resource = "http://example.org/university#授课者"/>
    <uni:name>Grigoris Antoniou</uni:name>
    <uni:title>教授</uni:title>
  </rdf:Description>
</rdf:RDF>
```

此外，RDF 提供了两种 XML 语法来对 RDF 资料模型进行编码：第一种称为序列语法（serialization syntax），是以正规的方式来表达完整的 RDF 资料模型；第二种称为简略语法（abbreviated syntax），是以较精简的方式来表达 RDF 资料模型的一部分，理想的状况是希望 RDF 解释器能够支持这两种语法，让用户能自由混合使用。

下面是 RDF 语法的一个实例，用序列语法表示如下：

```
<?xml version = "1.0"?>
```

```
<RDF
 xmlns = "http://www.w3.org/1999/02/22-rdf-syntax-ns#"
xmlns:DC = "http://purl.org/metadata/dublin-core#">
  <Description
about = "http://www.dlib.org/dlib/may98/miller">
    <DC:title>
      An introduction to the Resource Description Framework
    </DC:title>
    <DC:creator>Eric Miller</DC:creator>
    <DC:date>1998 - 0501</DC:date>
  </Description>
</RDF>
```

第一行表示这是一个 XML 文件，第二至四行声明了 RDF，DC 两个命名空间，描述中所有的属性都来自这两个命名空间中的一个；RDF 的主要部分写在 Description 标签之中，这里以 title，creator，date 三个属性来描述一个资源，这个资源的 URI 就是 Description 的属性 about 的值（http：//www.dlib.org/dlib/may98/miller）。

这个例子如果以简略语法来表示则为：

```
<?xml version = "1.0"?>
<rdf:RDF
xmlns:rdf = "http://www.w3.org/1999/02/22-rdf-syntax-ns#"
xmlns:dc = "http://purl.org/metadata/dublin-core#">
    <rdf:Description
 rdf:about = "http://www.dlib.org/dlib/may98/miller">
      <dc:title>An introduction to the Resource
Description Framework</dc:title>
      <dc:creator>Eric Miller</dc:creator>
      <dc:date>1998 - 05 - 01</dc:date>
  </rdf:Description>
</rdf:RDF>
```

其中 Description 是一个空元素（empty element），因此在语法上要遵守 XML 空元素的表示法。比较一下序列语法与简略语法，可以发现在序列语法中，属性（title，creator，date）以 Description 的子元素来表示；而在简略语法中，属性（title，creator，date）以 Description 的属性来表示。由于这两种表示法对应相同的数据模型，所以这两种表示法是相等的，不过这两种表示法在浏览器中的呈现可能会不同。在序列语法中，属性是以元素来表示的，因此属性值会显示出来；而在简略语法中，由于属性是以属性来表示的，因此属性值不会显示出来。①

（2）RDF 语言的 Turtle 家族。这是一种基于文本的 RDF 语法，起初，RDF/XML 是 RDF 的唯一语法，但由于 Turtle 更容易阅读，所以它作为一种额外标准被采纳。

---

① 安东尼奥，海尔梅莱恩．语义网基础教程．北京：机械工业出版社，2008.

Turtle 文本文件使用的后缀名是“. ttl”。

我们将介绍四种密切相关的语法。我们从 N-Triples 开始，因为它提供了编写 RDF 三元组的基本语法。Turtle 则通过各种形式扩展了这个基本语法，提高了可读性。随后我们讨论 TriG 和 N-Quads，它们分别是 Turtle 和 N-Triples 的扩展。

N-Triples 为序列化 RDF 图提供了一种简单的基于行的纯文本方式。

```
<http://example.org/bob#me><http://www.w3.org/1999/02/22-rdf-syntax-ns#type><http://xmlns.com/foaf/0.1/Person>. //01 行
<http://example.org/bob#me><http://xmlns.com/foaf/0.1/knows><http://example.org/alice#me>. //02 行
<http://example.org/bob#me><http://schema.org/birthDate>"1990-07-04"^^<http://www.w3.org/2001/XMLSchema#date>. //03 行
<http://example.org/bob#me><http://xmlns.com/foaf/0.1/topic_interest><http://www.wikidata.org/entity/Q12418>. //04 行
<http://www.wikidata.org/entity/Q12418><http://purl.org/dc/terms/title>"Mona Lisa". //05 行
<http://www.wikidata.org/entity/Q12418><http://purl.org/dc/terms/creator><http://dbpedia.org/resource/Leonardo_da_Vinci>. //06 行
<http://data.europeana.eu/item/04802/243FA8618938F4117025F17A8B813C5F9AA4D619><http://purl.org/dc/terms/subject><http://www.wikidata.org/entity/Q12418>. //07 行
```

每一行代表一个三元组。元素用尖括号括起来，行尾的点表示三元组的结束。在 03 行中，我们看到一个文本的示例，数据类型通过^^分隔符附加到文本。日期表示遵循 XMLSchema 数据类型 date 的限制。因为字符串文字非常普遍，N-Triples 允许用户在编写字符串文本时省略数据类型。因此，05 行中的“Mona Lisa”等同于“Mona Lisa”^^xsd：string。如果是语言标记字符串，则标记直接出现在字符串后面，用@符号隔开，例如“La Joconde”@fr（蒙娜丽莎的法语名）。

非正式图形可以用以下方式表示为 N 个三元组，如图 8-8 所示。[①]

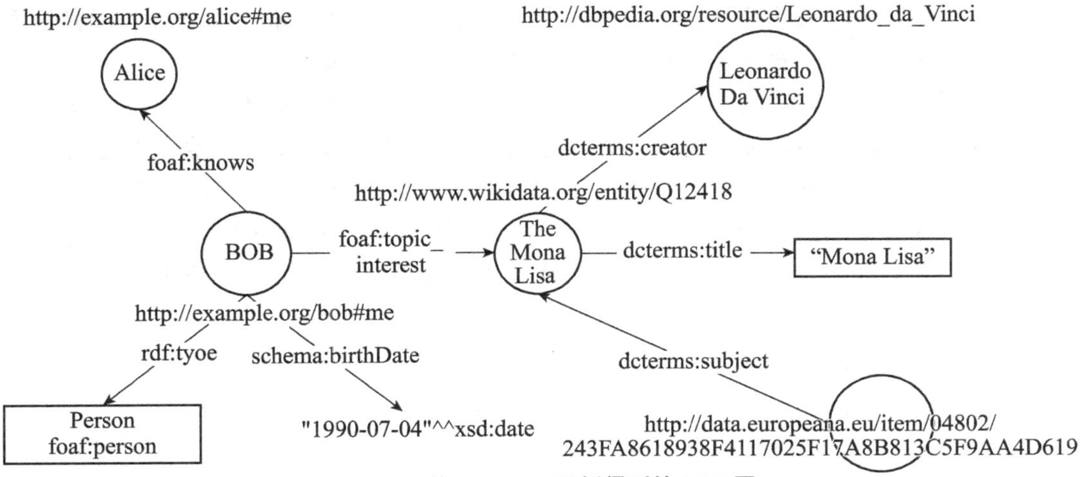

图 8-8 从 N-Triples 示例得到的 RDF 图

① W3C. RDF 1.1 Primer. https：//www.w3.org/TR/2014/NOTE-rdf11-primer-20140624/.

N-Triples 通常用于交换大量 RDF，以及使用面向行的文本处理工具处理大型 RDF 图。

Turtle 是 N-Triples 的扩展。除了基本的 N-Triples 语法外，Turtle 还引入了许多语法快捷方式，例如支持命名空间前缀、列表和数据类型文本的速记。Turtle 在易于编写、易于解析和可读性之间进行了权衡。图 8－8 所示的图形可以用 Turtle 表示如下：

```
BASE<http://example.org/>//01 行
PREFIX foaf:<http://xmlns.com/foaf/0.1/>//02 行
PREFIX xsd:<http://www.w3.org/2001/XMLSchema#>//03 行
PREFIX schema:<http://schema.org/>//04 行
PREFIX dcterms:<http://purl.org/dc/terms/>//05 行
PREFIX wd:<http://www.wikidata.org/entity/>//06 行
<bob#me>//07 行
        a foaf:Person;//08 行
        foaf:knows <alice#me>;//09 行
        schema:birthDate"1990-07-04"~xsd:date;//10 行
        foaf:topic_interest wd:Q12418.//11 行
wd:Q1241815//12 行
        dcterms:title"Mona Lisa";//13 行
        dcterms:creator <http://dbpedia.org/resource/Leonardo_da_Vinci>.//14 行
<http://data.europeana.eu/item/04802/243FA8618938F4117025F17A8B813C5F9AA4D619>//15 行
dcterms:subject wd:Q12418.//16 行
```

Turtle 示例在逻辑上与 N-Triples 示例相同。01～06 行包含许多引用 URI 的前缀声明。通过用前缀替换相应的 URI，例如 foaf：Person 对应<http：//xmlns.com/foaf/0.1/Person>。

07～11 行显示了 Turtle 如何为同一主语的一个三元组提供描述。08～11 行指定了<http：//example.org/bob#me>作为它们的主题。08～10 行末尾的分号表示其后面的谓词-宾语对是一个新的三元组的一部分，它们的主语是 bob#me。

08 行显示了一种特殊的语法的例子。三元组应非正式地理解为"Bob（is）a Person"。谓词是 rdf：type，作用是为实例与类建立关系，省略掉是为了符合人的直觉。

Turtle 的语法只支持对单个图的规范，TriG 是 Turtle 的一个扩展，支持以 RDF 数据集的形式对多个图进行规范。在 RDF 1.1 中，任何合法的 Turtle 文档都是合法的 TriG 文档，可以把它看作一种语言。多个 RDF 图及 RDF 数据集可以用 TriG 表示，如下所示：

```
BASE<http://example.org/>//01 行
  PREFIX foaf:<http://xmlns.com/foaf/01/>//02 行
  PREFIX xsd:<http://www.w3.org/2001/XMLSchema#>//03 行
  PREFIX schema:<http://schema.org/>//04 行
  PREFIX dcterms:<http://purl.org/dc/terms/>//05 行
  PREFIX wd:<http://www.wikidata.org/entity/>//06 行
```

```
GRAPH <http://example.org/bob>//07 行
 {//08 行
   <bob#me>//09 行
       foaf:knows <alice#me>;//10 行
       schema:birthDate"1990-07-04"^^xsd:date;//11 行
       foaf:topic_interest wd:Q12418.//12 行
 }//13 行
GRAPH <https://www.wikidata.org/wiki/Special:EntityData/Q12418>//14 行
 {//15 行
   wd:Q1241820//16 行
       dcterms:title"Mona Lisa";//17 行
       dcterms:creator<http://dbpedia.org/resource/Leonardo_da_Vinci>.//18 行
<http://data.europeana.eu/item/04802/243FA8618938F4117025F17A8B813C5F9AA4D619>//19 行
       dcterms:subject wd:Q12418.//20 行
 }//21 行
<http://example.org/bob>//22 行
   dcterms:publisher <http://example.org>;//23 行
   dcterms:rights<http://creativecommons.org/licenses/by/3.0/>.//24 行
```

这个 RDF 数据集包含两个命名图，GRAPH <http://example.org/bob> 和 GRAPH<https://www.wikidata.org/wiki/Special:EntityData/Q12418>是这两个图的名称。命名图中的三元组放在匹配的大括号之间。可以选择在图形名称前面加关键字 GRAPH 以提高可读性。三元组和顶部指令的语法符合 Turtle 语法。最后三行指定的两个三元组不是任何命名图的一部分。它们一起构成了这个 RDF 数据集的未命名（"默认"）图。图 8-9[①] 显示了该例产生的三元组。

N-Quads 是 N-Triples 的一个简单扩展，用于交换 RDF 数据集。N-Quads 允许向三元组中添加第四个元素，即一个该三元组所属数据集的国际化资源定位符（IRI），这是一个可选元素。以下是上述 TriG 示例的 N-Quads 版本：

```
<http://example.org/bob#me><http://www.w3.org/1999/02/22-rdf-syntax-ns#type><http://xmlns.com/foaf/0.1/Person><http://example.org/bob>.//01 行
<http://example.org/bob#me><http://xmlns.com/foaf/0.1/knows><http://example.org/alice#me><http://example.org/bob>.//02 行
<http://example.org/bob#me><http://schema.org/birthDate>"1990-07-04"^^<http://www.w3.org/2001/XMLSchema#date><http://example.org/bob>.//03 行
<http://example.org/bob#me><http://xmlns.com/foaf/0.1/topic_interest><http://www.wikidata.org/entity/Q12418><http://example.org/bob>.//04 行
<http://www.wikidata.org/entity/Q12418><http://purl.org/dc/terms/title>"Mona Lisa"<https://www.wikidata.org/wiki/Special:EntityData/Q12418>.//05 行
<http://www.wikidata.org/entity/Q12418><http://purl.org/dc/terms/creator><http://db-
```

① W3C. RDF 1.1 Primer. https://www.w3.org/TR/2014/NOTE-rdf11-primer-20140624/.

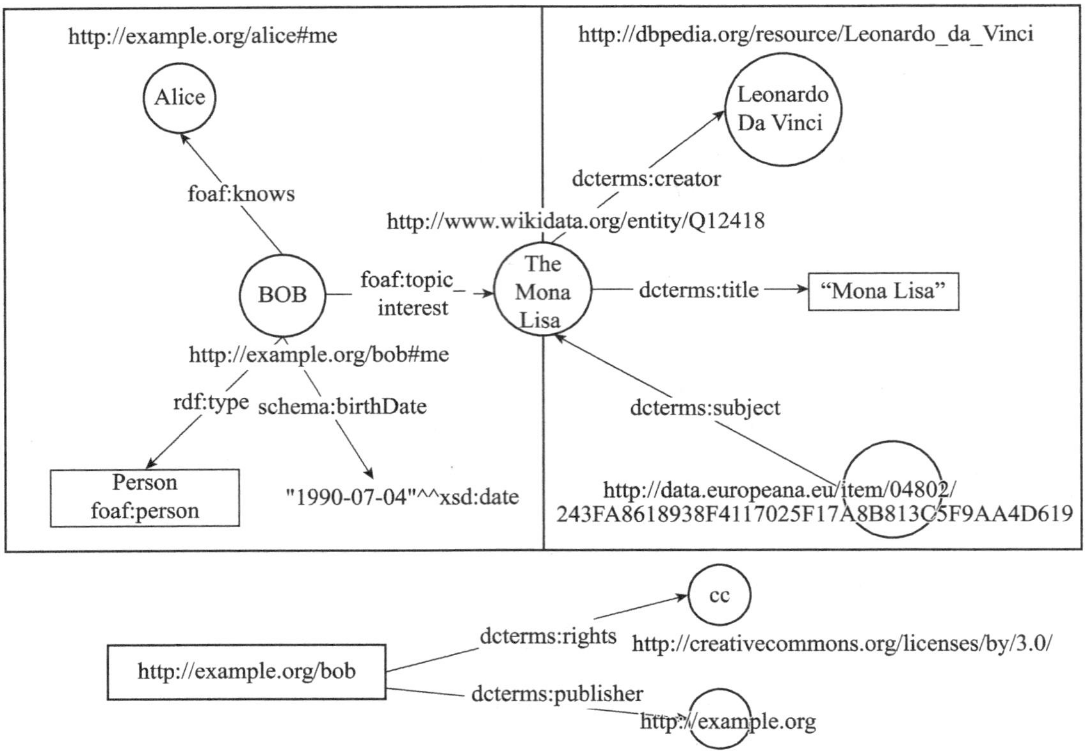

图 8-9　从 TriG 示例得到的 RDF 图

```
pedia.org/resource/Leonardo_da_Vinci> <https://www.wikidata.org/wiki/Special:EntityData/Q12418>. //06 行
    <http://data.europeana.eu/item/04802/243FA8618938F4117025F17A8B813C5F9AA4D619> <http://purl.org/dc/terms/subject> <http://www.wikidata.org/entity/Q12418> <https://www.wikidata.org/wiki/Special:EntityData/Q12418>. //07 行
    <http://example.org/bob><http://purl.org/dc/terms/publisher><http://example.org>. //08 行
    <http://example.org/bob> <http://purl.org/dc/terms/rights> <http://creativecommons.org/licenses/by/3.0/>. //09 行
```

N-Quads 示例中有九行代码，01～07 行表示四元组，其中最后一个元素构成图 IRI。图 IRI 前的三元组指定语句的主语、谓语和宾语，遵循 N-Triples 的语法约定。08 行和 09 行表示未命名（默认）图中的语句，它们缺少所属图 URI，因此构成规则的三元组。与 N-Triples 一样，N-Quads 通常用于交换大型 RDF 数据集，以及使用面向行的文本处理工具处理 RDF。

（3）JSON-LD。JSON-LD 为 RDF 图和数据集提供了 JSON 语法。只需进行很少的改动，JSON-LD 就可将 JSON 文档转换为 RDF。JSON-LD 为 JSON 对象提供了通用标识符，在这种机制中，JSON 文档可以引用网络上其他地方的另一个 JSON 文档中的描述对象，以及数据类型和语言处理。JSON-LD 还提供了一种通过使用@graph 关键字序列化 RDF 数据集的方法。

下面的 JSON-LD 示例为对图 8－8 的编码。

```
{//01 行
"@context":"example-context.json",//02 行
"@id":"http://example.org/bob#me",//03 行
"@type":"Person",//04 行
"birthdate":"1990-07-04",//05 行
"knows":"http://example.org/alice#me",//06 行
"interest"://07 行
{//08 行
    "@id":"http://www.wikidata.org/entity/Q12418",//09 行
    "title":"Mona Lisa",//10 行
    "subject_of":"http://data.europeana.eu/item/04802/243FA8618938F4117025F17A8B813C5F9AA4D619",//11 行
    "creator":"http://dbpedia.org/resource/Leonardo_da_Vinci"//12 行
}//13 行
}//14 行
```

02 行的@context 键指向一个描述如何将文档映射到 RDF 图的 JSON 文档（见下文）。每个 JSON 对象对应一个 RDF 资源。该例中，使用@id 关键字表示所描述的资源是 http：//example.org/bob#me。@id 关键字在 JSON-LD 文档中用作键时，指向标识与当前 JSON 对象对应的资源的 IRI。04 行描述资源的类型，05 行开始描述资源的属性，如出生日期、朋友、兴趣等。为了进一步描述《蒙娜丽莎》这幅画，创建了一个新的 JSON 对象。

本例中使用的 JSON 文档如下所示：

```
{//01 行
"@context":{//02 行
"foaf":"http://xmlns.com/foaf/0.1/",//03 行
"Person":"foaf:Person",//04 行
"interest":"foaf:topic_interest",//05 行
"knows":{//06 行
  "@id":"foaf:knows",//07 行
  "@type":"@id"//08 行
},//09 行
"birthdate":{//10 行
    "@id":"http://schema.org/birthDate",//11 行
    "@type":"http://www.w3.org/2001/XMLSchema#date"//12 行
},//13 行
"dcterms":"http://purl.org/dc/terms/",//14 行
"title":"dcterms:title",//15 行
"creator":{//16 行
    "@id":"dcterms:creator",//17 行
```

```
        "@type":"@id"//18 行
    },//19 行
    "subject_of":{//20 行
        "@reverse":"dcterms:subject",//21 行
        "@type":"@id"//22 行
      }//23 行
    }//24 行
}//25 行
```

上例描述将 JSON-LD 文档映射到 RDF 图中。04～09 行指定将 Person、interest 和 knows 映射到 03 行定义的 foaf 命名空间中的类型和属性。@id 关键字在 JSON-LD 文档中用作键时，指向标识与当前 JSON 对象对应的资源的 IRI，因此 08 行通过使用@type 和@id 关键字，指定 knows 有一个值，该值将被解释为 IRI。10～12 行将出生日期映射到 schema. org 属性 IRI 并指定其值可以映射到 xsd：date。14～23 行描述了如何将标题、创建者和主题映射到都柏林核心元数据属性 IRI。21 行的@reverse 关键字用于指定当使用此上下文的 JSON-LD 文档遇到“subject_of”：“x”时，我们应该将其映射到 RDF 三元组，其中 subject 是 x 的 IRI，它的属性是 dcterms：subject。

（4）RDFa。RDFa 是一种 RDF 语法，可用于在 HTML 和 XML 文档中嵌入 RDF 数据，用于描述或标注 HTML 网页的内容，这使得搜索引擎能够在抓取网页时聚合这些数据，并使用它来丰富搜索结果。RDFa 在 HTML 标签的属性中嵌入 RDF，下面的 HTML 示例对图 8－8 所示的 RDF 图进行了编码。

```
<body prefix="foaf:http://xmlns.com/foaf/0.1/02//01 行
      schema:http://schema.org/03//02 行
      dcterms:http://purl.org/dc/terms/>//03 行
<div resource="http://example.org/bob#me"typeof="foaf:Person">//04 行
<p>//05 行
     Bob knows <a property="foaf:knows"href="http://example.org/alice#me">Alice</a>//
06 行
     and was born on the <time property="schema:birthDate"datatype="xsd:date">1990-07-
04</time>. //07 行
     </p>//08 行
     <p>//09 行
       Bob is interested in <span property="foaf:topic_interest"//10 行
        resource="http://www.wikidata.org/entity/Q12418">the Mona Lisa</span>. //11 行
     </p>//12 行
</div>//13 行
<div resource="http://www.wikidata.org/entity/Q12418">//14 行
     <p>//15 行
       The <span property="dcterms:title">Mona Lisa</span> was painted by//16 行
       <a property="dcterms:creator"href="http://dbpedia.org/resource/Leonardo_da_Vinci">
Leonardo da Vinci</a>//17 行
```

```
        and is the subject of the video//18 行
        <a href = "http://data.europeana.eu/item/04802/243FA8618938F4117025F17A8B813C5F9
AA4D619">'La Joconde à Washington'</a>.//19 行
      </p>//20 行
    </div>//21 行
    <div resource = " http://data.europeana.eu/item/04802/243FA8618938F4117025F17A8B813C5F
9AA4D619">//22 行
        <link property = "dcterms:subject" href = "http://www.wikidata.org/entity/Q12418"/>//
23 行
        </div>//24 行
        </body>//25 行
```

这个标注可以生成和之前 Turtle 表示的完全一样的 RDF，因为 RDF 被编码在诸如 span、paragraph、link 之类的标签里，因此在显示 HTML 页面时不会被浏览器解析。和 RDF/XML 类似，RDFa 的命名空间使用 xmlns 声明来编码，谓语和主语通过使用 HTML 层次结构来进行关联。

上面的示例包含四个特殊的 RDFa 属性，可以在 HTML 中规范 RDF 三元组：resource，property，typeof，prefix。01 行中的 prefix 属性与 Turtle 前缀类似，指定 IRI。严格地说，这些特定的前缀可以省略，因为 RDFa 有一个预定义的前缀列表，其中包括本例使用的前缀。div 元素有一个 resource 属性，指定可以在这个 HTML 元素中生成 RDF 语句的 IRI。04 行中 typeof 属性的含义类似于 Turtle 中定义 http：//example.org/bob#me 是一个 rdf：type 为 foaf：Person 的实例。在 06 行中，可以看到一个 property 属性，该属性的值（foaf：konws）被解释为 RDF 属性 IRI；href 属性的值（http：//example.org/alice#me）在这里被视为三元组的宾语。因此，从 06 行得到的 RDF语句是：<http：//example.org/bob#me> <http：//xmlns.com/foaf/0.1/knows> <http：//example.org/alice#me>。在 07 行中，可以看到一个三元组，它的对象是文本值。HTML 要求 time 元素的内容是某个有效的时间值。通过使用时间元素的内置 HTML 语义，RDFa 可以将值解释为 xsd：string。在 10～11 行中，resource 属性也被用于指定三元组的对象。16 行包含文本（“Mona Lisa”）的第二个示例，在这里定义为 span 属性的内容。如果 RDFa 无法推断文本的数据类型，它将假定数据类型为 xsd：string。[1]

上述每种 RDF 语法适用于不同的场景。然而，必须意识到尽管可能会使用不同的语法，但是它们底层的数据模型和语义都是相同的。

RDF 具有如下几个特点：易控制，使用简单的资源-属性-属性值三元组，所以很容易控制，即使是数量很大的时候；易扩展，在使用描述资源的时候，词汇集和资源描述是分开的，所以很容易扩展；包容性，允许任何人定义自己的词汇集，并可以无缝地使用多种词汇集来描述资源；可交换性，RDF 使用 XML 语法，可以很容易地在网络上实现数据交换；易集成，在 RDF 中属性值可以是资源，这样就可以很容易地对多个描述进行整合，以达到发现知识的目的。

[1] W3C. RDF 1.1 Primer. https：//www.w3.org/TR/2014/NOTE-rdf11-primer-20140624/.

虽然具有上述许多优点，但它所提供的建模原语非常基础，且 RDF 是领域无关的，只是提供了一个模型，因此需要对其做进一步扩展。RDFS 在 RDF 基础上增加了许多语义原语，如类、属性以及类和属性之间的隶属关系等，用来进一步增强对资源语义的描述能力。下面来介绍 RDFS。

3. RDFS 的基本概念

RDF 是领域无关的，没有定义任何领域的语义，这需要用户借助 RDFS 来完成。RDFS 可以定义类之间的层次关系，也可以定义属性之间的层次关系，RDF 与 RDFS 涉及不同的层次。

（1）类和属性。考虑一个 RDF 陈述：离散数学由 David Billington 讲授。用户希望谈论一个具体的授课者，例如 Grigoris Antoniou，以及一门具体的课程，如离散数学，RDF 已经可以实现这一点。除此之外，用户可能还希望谈论课程、授课者、教授等。两者的区别在于：第一种情况谈论的是个体对象，即资源，而第二种情况谈论的是定义对象类型的类。

类可以看作元素的集合，属于类的个体对象成为该类的实例。在 RDF 中，使用 rdf：type 规定实例和类之间的关系。类的一个重要作用是运用模式（schema）对 RDF 文档所能表达的东西加以限制，借助类型可以防止用户写出无意义的表达式。例如：

离散数学由程序设计讲授。

103 教室由 Grigoris Antoniou 讲授。

第一个陈述是错误的，因为课程只能由授课者讲授，而不能由课程讲授。这意味着属性“由……讲授”的值受到了某种约束，即属性的值域受到了限制。

第二个陈述也是错误的，因为只有课程才可以被讲授，这意味着属性的主语受到了约束，用数学语言说就是属性的定义域受到了限制。

（2）类层次和继承。一旦有了类，就希望在它们之间建立联系，假设已经有了下面这些类：教师、教授、行政职员、教工、技术人员、副教授、助理教授。这些类彼此之间都有一定的联系，例如，每一个教授都是教师。我们称“教授”是“教师”的子类，或称“教师”是“教授”的父类。子类关系定义了类的层次结构，如图 8－10 所示。一般而言，如果类 A 的所有实例都是类 B 的实例，那么 A 就是 B 的子类。RDFS 并不要求所有的类都形成一个严格的层次结构。换言之，所形成的可能并不是树状层次，一个类可以有多个父类。

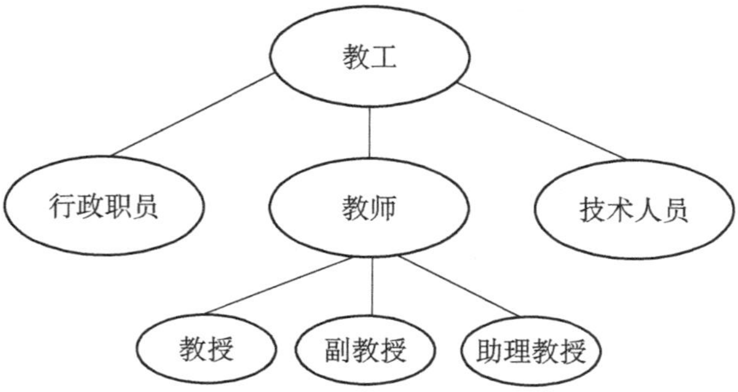

图 8－10　类层次结构图

类层次具有非常实际的意义。考虑下面的值域限制：课程只能由教工讲授。

根据上述限制，Grigoris Antoniou 不能讲授课程，因为没有陈述表明 Grigoris Antoniou 为教工。如果在描述中插入这条陈述，可以解决这个问题，但这样的做法比较费力，更好的做法是让 Grigoris Antoniou 从教师这个类继承教工这个类的授课能力。RDFS 的类具有继承性，这样一来，RDFS 就限定了子类的语义，通过这样的语义定义，RDFS 成为可以为特定领域定义语义的语言。换句话说，RDFS 是一个原始本体语言。

RDFS 可以定义类之间的层次关系，对于属性来说同样如此。如“由……讲授”是“参与”的子属性。如果课程 c 是由教师 a 讲授的，则 a 也参与到 c 中。但是反过来未必成立，例如 a 可能是助理教授，负责批改作业但不教授课程。①

一般而言，如果 $P(x, y)$ 成立必然有 $Q(x, y)$ 成立，则称 P 是 Q 的子属性。

类、继承和属性也出现在计算机领域中，如面向对象程序设计。尽管有很多相似之处，但差别也是显而易见的。在面向对象程序设计中，一个对象的类定义可以用于该类的属性，即给一个类增加新的属性就意味着改变这个类。但是在 RDFS 中，属性是全局定义的，它们并不在类定义中作为属性封装起来，用户可以定义一个已有类的新属性而不改变这个类。

一方面，RDFS 可以使用别人定义的类，通过引用新的属性对其进行改写以满足自己的需要；另一方面，这种对属性的处理与面向对象程序设计和建模领域已经广泛使用的标准方法不同，这是 RDF/RDFS 的一个特征。

(3) RDF 和 RDFS 的层次。考虑一个 RDF 陈述：离散数学由杰克讲授。这个陈述的模式可以由下列类和属性组成：授课者，教师，教工，第一学年课程，由……讲授，参与，电话，员工 ID。图 8-11 描述了该例子中 RDF 和 RDFS 的层次。图中，方框表示属性，虚线上面的椭圆表示类，虚线下面的椭圆表示实例。

如图 8-11 所示，RDF 采用资源-属性-属性值的“主谓宾”结构（或称三元组），提供一种框架容器，位于下层，没有假定任何特定的应用领域，是机器语义理解的结构基础。而 RDFS 用于定义自己的术语表，规定属性、类以及它们之间的关系等，位于 RDF 的上层，是描述资源的一种定义语言。

4. RDFS 语言

RDFS 的建模原语包括核心类、用于定义关系的核心属性、用于约束属性的核心属性、用于具体化的常用属性、容器类、工具属性等。

(1) 核心类。

rdfs：resource，所有资源的类。

rdfs：Class，所有类的类。

rdfs：Literal，所有文字（字符串）的类。到目前为止，文字是 RDF/RDFS 中仅有的数据类型。

rdfs：Property，所有属性的类。

rdfs：Statement，所有具体化陈述的类。

---

① 安东尼奥，海尔梅莱恩．语义网基础教程．北京：机械工业出版社，2008.

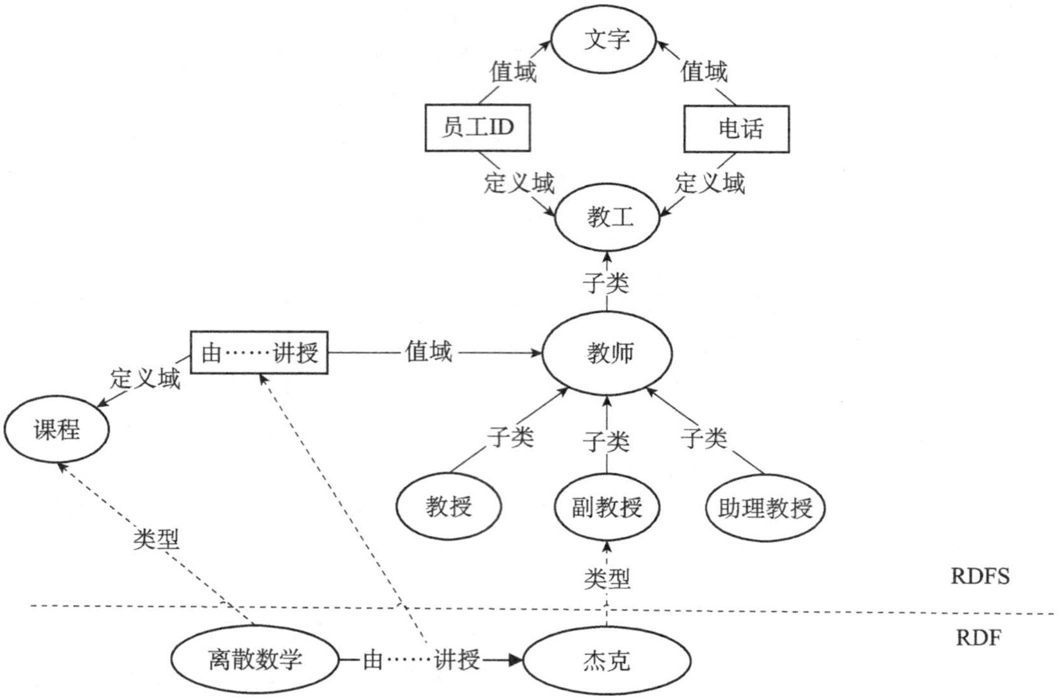

图 8-11 RDF 和 RDFS 的层次

例如，授课者可以定义如下：

```
<rdfs:Class rdf:ID="授课者">
......
</rdfs:Class>
```

（2）用于定义关系的核心属性。

rdf：type，把一个资源和它所属的类联系起来，将该资源声明为该类的实例。

rdfs：subClassOf，把一个类和它的父类联系起来。一个类的所有实例同时也是其父类的实例。注意，一个类可以是多个类的子类。例如，女教授可以是女性的子类，也可以是教授的子类。

rdfs：subPropertyOf，把一个属性和它的一个父属性联系起来。

下面陈述了这样一种子类关系——所有授课者都是教工：

```
<rdfs:Class rdf:about="授课者">
<rdfs subClassOf rdf:resource="教工"/>
</rdfs:Class>
```

注意，rdfs：subClassOf 和 rdfs：subPropertyOf 具有传递性。此外，rdfs：Class 是 rdfs：resource 的子类（类也是资源），并且 rdfs：resource 是 rdfs：Class 的一个实例（rdfs：resource 是所有资源的类，所以它也是一个类）。基于同样的原因，每个类都是 rdfs：Class 的实例。

（3）用于约束属性的核心属性。

rdfs：domain，限定属性 P 的定义域，声明任何拥有某个给定属性的资源是定义域类的一个实例。

rdfs：range，限定属性 P 的值域，声明一个属性的取值是值域类的实例。

下面的例子规定，电话号码只能为教工所有，并且它的值只能是文字。

```
<rdf:Property rdf:ID="电话号码">
<rdfs:domain rdf:resource="#教工"/>
<rdfs:range rdf:resource="&rdf;Literal"/>
</rdf:Property>
```

在 RDFS 中，还有：

rdfs：ConstraintResource，所有约束的类。

rdfs：ConstraintProperty，包含定义约束的所有属性，仅有两个实例：rdfs：domain 和 rdfs：range。它也被定义为 rdfs：ConstriantResource 和 rdf：Property 的子类。图 8－12 描述了 RDFS 中部分建模原语的子类层次。

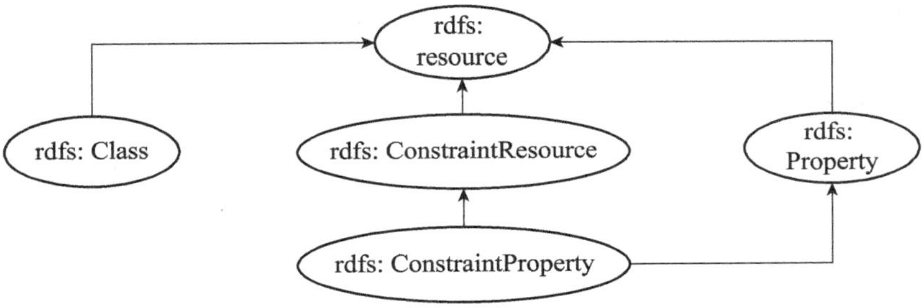

图 8－12 RDFS 部分建模原语的子类层次

下面的例子规定，电话号码只能为教工所有，并且它的值只能是文字。

```
<rdfs:Property rdf:ID="电话号码">
  <rdfs:domain rdf:resource="教工"/>
  <rdfs:range rdf:resource="&rdf;Literal"/>
</rdfs:Property>
```

（4）用于具体化的常用属性。

rdf：subject，把一个具体化的陈述映射为它的主语。

rdf：predicate，把一个具体化的陈述映射为它的谓语。

rdf：object，把一个具体化的陈述映射为它的宾语。

（5）容器类。

RDF 还允许用一个标准的方法表达容器，可以表达包、序列或选择，如下所示：

rdf：Bag，所有无序容器的类。

rdf：Seq，所有有序容器的类。

rdf：Alt，所有可选容器的类。

rdfs：Container，所有容器的父类，包括前面提到的三种。

（6）工具属性。

一个资源可以在网络上的不同地方被定义和描述。下列属性允许用户把这些地址链接起来：

rdfs：seeAlso，把资源和解释它的另外一个资源联系起来。

rdfs：isDifinedBy，是 rdfs：seeAlso 的子属性，把资源和定义它的位置（通常是一个 RDFS）联系起来。

为用户提供更多的信息也很有用，这可以使用下列属性来实现：

rdfs：comment，注释，通常是一段话，与资源相关联。

rdfs：label，资源可以附带一个用户友好型标签，它可以作为 RDF 文档的图形化表示中节点的名称。

下面给出一个大学的例子，用来分析课程和授课者之间的关系，并提供该领域的一个概念模型，也就是一个本体。①

```
<rdf:RDF
  xmlns:rdf = "http://www.w3.org/1999 /02 /22-rdf-syntax-ns#"
  xmlns:rdfs = "http://www.w3.org/2000/01/rdf-schema#">
<rdfs:Class rdf:ID = "授课者">
  <rdfs:comment>授课者类,所有授课者都是教师.</rdfs:comment >
  <rdfs:subClassOf rdf:resource = "#教师"/>
</rdfs:Class>
<rdfs:Class rdf:ID = "教师">
  <rdfs:comment>教师类</rdfs:comment>
  <rdfs:subClassOf rdf:resource = "#教工"/>
</rdfs:Class>
  <rdfs:Class rdf:ID = "教工">
    <rdfs:comment>教工类</rdfs:comment>
</rdfs:Class>
<rdfs:Class rdf:ID  = "课程">
  <rdfs:comment>课程类</rdfs:comment>
</rdfs:Class>
<rdf:Property rdf:ID = "参与">
  <rdfs:comment>关联授课者和所讲授的课程</rdfs:comment>
  <rdfs:domain rdf:resource = "#课程"/ >
  <rdfs:range rdf:resource = "#授课者"/ >
</rdf:Property>
<rdf:Property rdf:ID = "由……讲授">
  <rdfs:subPropertyOf rdf:resource = "参与"/ >
</rdf:Property>
  <rdf:Property rdf:ID = "电话">
  <rdfs:comment>它是教工的属性,值是文字类型.</rdfs:comment>
  <rdfs:domain rdf:resource  = "#教工"/ >
```

① 安东尼奥，海尔梅莱恩．语义网基础教程．北京：机械工业出版社，2008.

```
  <rdfs:range rdf:resource="&rdf; Literal"/>
  </rdf:Property>
</rdf:RDF>
```

RDF 为表示和处理元数据提供了一定的基础。RDF 使用基于图的数据模型，核心概念包括资源、属性、声明和图。一个声明是一个资源-属性-属性值的三元组。RDF 通过四种标准语法（RDF/XML、RDF 语言的 Turtle 家族、JSON-LD 和 RDFa）来支持语法层的互操作性。RDF 体现了分布式数据的思想，允许知识的递增构建以及共享和复用。RDF 是领域无关的。RDFS 是一种基本的本体描述语言，提供了一组具有固定含义的建模原语。核心概念有类与子类关系、属性与子属性关系，以及定义域和值域限制，其提供了一种描述具体领域知识的机制。

8.2.3 OWL

RDF 模型的核心是用三元组来描述资源之间的二元关系。通过 RDF 和 RDFS 可以表示一些简单的语义，例如子类和子属性关系、属性的定义域和值域的约束以及类的实例等。但 RDF 和 RDFS 用作一般的本体表示语言时，其语义表达能力显得太弱，还有很多特性不支持。比如，RDFS 中不能声明两个或多个类、属性和个体是等价、不等价或者不相交的，不能通过类的交、并和补来构建新类，不能对属性值可能或真实的取值范围进行约束，不能声明属性的传递性、函数性、对称性等特征。

正是由于 RDF 和 RDFS 具有上述一些缺陷，因此需要一种比其描述能力更为强大的本体描述语言，既能支持合理有效的推理，又能对本体知识进行充分的描述。因此，W3C 提出了 OWL，作为在语义网上表示本体的推荐语言。OWL 通过提供附加的形式语义的词汇集，具有比 XML、RDF 和 RDFS 更好的机器可理解性。

1. OWL 类型划分

理想情况下，OWL 应该是 RDFS 的一个扩展，以便继续使用 RDFS 中类和属性的含义（rdfs：Class；rdfs：subClassOf 等），并添加一些建模原语来增强其表达能力，这样的扩展也符合语义网的层次结构。但简单地扩展 RDFS 不能同时保证表达能力和推理效率。RDFS 有一些强有力的建模原语，例如 rdfs：Class（所有类的类）和 rdfs：Property（所有属性的属性）这样表达能力很强的构造，如果在这些原语的基础上继续扩展，则计算性能是无法保证的。

如果满足本体描述语言的全部需求，既具有高效率的推理支持，又具有由 RDFS 与完整逻辑的组合形成的语言一样强大的表达能力，则会使开发人员难以做到完美折中，于是开发人员根据各类特征需求定制了三种 OWL 子语言，分别是 OWL Full，OWL DL，OWL Lite。

OWL Full 使用了 OWL 的所有原语，允许这些原语与 RDF/RDFS 任意组合，甚至通过原语间的相互作用来改变预定义原语的含义。例如，在 OWL Full 中可以对所有的类施加基数约束，从而限制本体表达的类的个数。OWL Full 的优点是在语法和语义上都相对于 RDF 完全向上兼容——任何合法的 RDF 文档都是合法的 OWL Full 文档；任何有效的 RDF/RDFS 推论都是有效的 OWL Full 推论。OWL Full 的缺点是表达能力过于强大，是不可判定的，从而排除了完备或高效推理支持的任何希望。

OWL DL 在保持计算完整性和可判定性的前提下，提供了尽可能强大的表达能力。其包含 OWL 的全部语言构造成分，但使用受到一些限制（如一个类可以是许多类的子类，但不能是另一个类的实例）。描述逻辑是 OWL 的形式化基础，OWL DL 提供了描述逻辑的推理功能，是 OWL Full 的子语言。其优点是保证了高效率的推理支持；缺点是不能与 RDF 完全兼容，合法的 RDF 文档一般需要通过一些扩展和限制才能成为合法的 OWL DL 文档，但每个合法的 OWL DL 文档都是合法的 RDF 文档。

OWL Lite 是对 OWL DL 进一步限制的子语言。比如 OWL Lite 没有枚举类、类不相交陈述、任意基数约束等。其优点是容易掌握和实现；缺点是表达能力有限。

这三个子语言之间是严格向上兼容的：合法的 OWL Lite 本体都是合法的 OWL DL 本体；合法的 OWL DL 本体都是合法的 OWL Full 本体；有效的 OWL Lite 推论都是有效的 OWL DL 推论；有效的 OWL DL 推论都是有效的 OWL Full 推论。这三种语言的关系如图 8 - 13 所示。

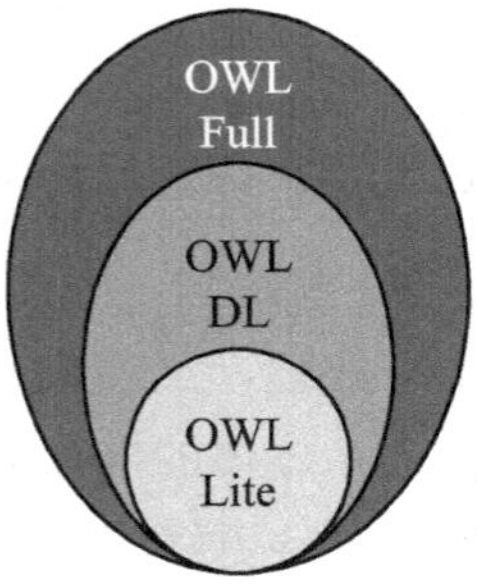

图 8 - 13　OWL 三种子语言之间的关系

OWL 在很大程度上仍然使用 RDF 和 RDFS：所有 OWL 变体都使用 RDF 语法；实例声明和 RDF 一样，使用 RDF 描述和类型信息；OWL 的构造，如 owl：Class，owl：DatatypeProperty，owl：ObjectProperty 等，是对 RDF 中对应构造的特殊化。

OWL 与 RDF/RDFS 的一些建模原语之间的子类关系如图 8 - 14 所示。

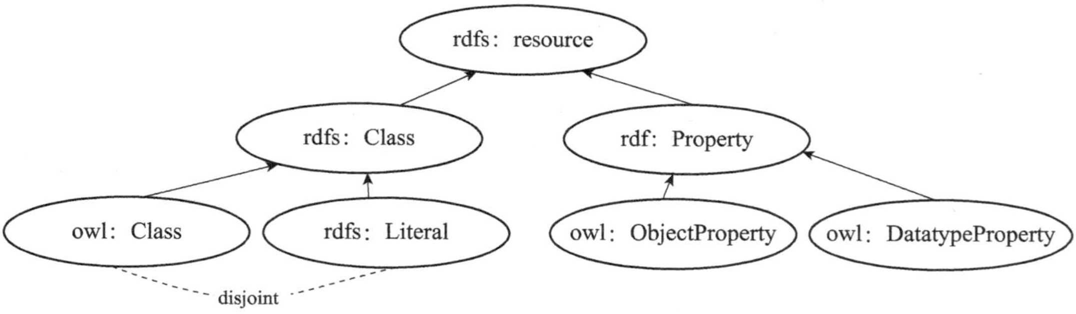

图 8 - 14　OWL 和 RDF/RDFS 建模原语间的子类关系

OWL 的部分构造符及其含义如表 8-2 所示。

表 8-2 OWL 的部分构造符及其含义

OWL 类构造符		OWL 公理构造符	
构造符	含义	构造符	含义
intersectionOf	类的交	subClassOf	子类
unionOf	类的并	EquivalentClass	类等价
complementOf	类的补	disjointWith	类不相交
oneOf	枚举	sameIndividualAs	个体等价
allValuesFrom	全称限定	differentFrom	个体不等
someValuesFrom	存在限定	subPropertyOf	子属性
hasValue	值限定	EquivalentProperty	属性等价
cardinality	基数值	inverseOf	互逆属性
maxCardinality	最大基数	SymmetricProperty	对称属性
minCardinality	最小基数	TranstiveProperty	传递属性

2. OWL

OWL 以 RDF 和 RDFS 为基础，使用基于 XML 的 RDF 语法。一个 OWL 文档由头部、类公理、属性元素、属性约束构成。下面对每一部分进行详细介绍。①

(1) 头部。OWL 文档通常称为 OWL 本体或 RDF 文档。一个 OWL 本体的根元素是一个 rdf：RDF 元素，用来指定一系列命名空间。

```
<rdf:RDF
  xmlns:owl = "http://www.w3.org/2002/07/owl#"
  xmlns:rdfs = "http://www.w3.org/2000/01/rdf-schema#"
  xmlns:xsd = "http://www.w3.org/2001/XMLSchema#"
  xmlns:rdf = "http://www.w3.org/1999/02/22-rdf-syntax-ns#"
  xmlns:xml = "http://www.w3.org/XML/1998/namespace">
```

一个 OWL 本体可以以一组“簿记”断言开始，这些断言聚集在一个 owl：Ontology 元素中，包括注释、版本控制和其他本体导入等。如：

```
<owl:Ontology rdf:about = "949318">
  <rdfs:comment>本体例子</rdfs:comment>
  <owl:priorVersion
    rdf:resource = "http://www.mydomain.org/uni-ns-old"/>
      <owl:imports
      rdf:resource = "http://www.mydomain.org/persons"/>
  <rdfs:label>大学本体</rdfs:label>
</owl:Ontology>
```

① 安东尼奥，海尔梅莱恩．语义网基础教程．北京：机械工业出版社，2008.

这些断言中只有 owl：imports 会影响本体的逻辑含义，它导入其他本体，将其内容作为当前本体的一部分。需要注意的是，命名空间用于消除二义性，导入的本体则提供了可用的定义。还要注意，owl：imports 具有传递性，若本体 A 导入了本体 B，本体 B 导入了本体 C，则本体 A 也导入了本体 C。

（2）类公理。类的定义用 owl：Class 元素，所有 OWL 类组成的类是所有 RDFS 类组成的类的一个子类。

```
<rdfs:Class rdf:ID = "Class">
  <rdfs:label> Class </rdfs:label >
  <rdfs:comment> The class of all OWL classes </rdfs:comment>
  <rdfs:subClassOf rdf:resource = "&rdfs; Class"/>
</rdfs:Class >
```

Thing 是 OWL 中最一般的对象类，而 Nothing 是最特殊的类，即空对象类。下面的关系成立：

```
<Class rdf:ID = "Thing">
  <rdfs:label>Thing</rdfs:label >
  <unionOf rdf:parseType = "Collection">
    <Class rdf:about = "#Nothing"/>
    <Class>
      <complementOf rdf:resource = "#Nothing"/>
    </Class>
    </unionOf>
</Class>

<Class rdf:ID = "Nothing">
  <rdfs:label>Nothing </rdfs:label>
  <complementOf rdf:resource = "#Thing"/>
</Class>
```

① 子类关系。子类关系的定义和 RDFS 中的类似。例如，可以定义副教授是教师的子类。

```
<owl:Class rdf:ID = "副教授">
  <rdfs:subClassOf rdf:resource = "#教师"/>
</owl:Class>
```

② 类不相交。类不相交可以用 owl：disjiontWith 元素断定。例如，断定副教授和教授与助理教授都是类不相交的，这些断言可以放在上边的定义中，也可以通过 rdf：about 引用其 ID。这种机制是从 RDF 继承而来的。

```
<owl:Class rdf:about = "#副教授">
  <rdfs:disjiontWith rdf:resource = "#教授"/>
  <rdfs:disjiontWith rdf:resource = "#助理教授"/>
```

```
</owl:Class>
```

③ 类等价。类等价可以用 owl：EquivalentClass 元素定义。

```
<owl:Class rdf:ID="教师">
  <rdfs:EquivalentClass rdf:resource="#教工"/>
</owl:Class>
```

rdfs：subClassOf 可以规定一个类 C 是另一个类 C' 的子类，于是 C 的所有实例是 C' 的实例，而 C' 通常是匿名的。有两个预定义的类：owl：Thing 和 owl：Nothing，前者是最一般的类，包含所有的东西，后者是空类。每个类都是 owl：Thing 的子类和 owl：Nothing 的父类。owl：Restriction 定义了一个没有 ID 的匿名类，它不是由 owl：Class 定义的，并且局部有效——只能在该约束出现的地方使用。类有两层含义：由 owl：Class 定义的具有 ID 的类；由满足一组约束条件的个体组成的局部匿名类，即由其他类的组合得到的匿名类。

由于 owl：EquivalentClass 表示的类等价隐含一个子类关系，它总是出现在两个类之间。与之相似的是属性等价 owl：EquivalentProperty。不相交陈述也只能作用于两个类之间。

```
<rdf:Property rdf:ID="EquivalentClass">
  <rdfs:label>EquivalentClass</rdfs:label>
  <rdfs:subPropertyOf rdf:resource="&rdfs;subClassOf"/>
  <rdfs:domain rdf:resource="#Class"/>
  <rdfs:range rdf:resource="#Class"/>
</rdf:Property>
<rdf:Property rdf:ID="EquivalentProperty">
  <rdfs:label>EquivalentProperty</rdfs:label>
  <rdfs:subPropertyOf rdf:resource="&rdfs;subPropertyOf"/>
</rdf:Property>
<rdf:Property rdf:ID="disjointWith">
  <rdfs:label>disjointWith</rdfs:label>
  <rdfs:domain rdf:resource="#Class"/>
  <rdfs:range rdf:resource="#Class"/>
</rdf:Property>
```

④ 类的布尔组合（交、并、补）。除了子类关系、类不相交和类等价之外，所有的类都可以进行布尔组合（交、并、补）。交指的是可以声明一个类是两个或者多个类的交集，这个类的每个成员是交集中每个类的成员。并指的是某个类等价于两个或两个以上的类，该类的每个成员至少是并集中一个类的成员。一个类 A 的补 C 是所有不属于 A 的类的集合，即 A 和 C 不相交且 A 和 C 的并集等价于 owl：Thing。换句话说，补总是 A 的不相交类的超集。

类的补由 owl：complementOf 定义，例如，可以描述课程和教工不相交：

```
<owl:Class rdf:about="#课程">
```

```
  <rdfs:subClassOf>
    <owl:Class>
      <owl:complementOf rdf:resource="教工"/>
    </owl:Class>
  </rdfs:subClassOf>
</owl:Class>
```

如上所示，每门课程都是教工补集的一个实例，即课程不是教工。也可以用 owl：disjointWith 达到同样的目的。

类的并由 owl：unionOf 定义：

```
<owl:Class rdf:ID="大学人员">
  <owl:unionOf rdf:parseType="Collection">
    <owl:Class rdf:about="#教工"/>
    <owl:Class rdf:about="#学生"/>
  </owl:unionOf>
</owl:Class>
```

此处没有规定教工和学生不相交，教工也可能同时是学生。

类的交由 owl：intersectionOf 定义：

```
<owl:Class rdf:ID="计算机系教师">
  <owl:intersectionOf rdf:parseType="Collection">
    <owl:Class rdf:about="#教师"/>
    <owl:Restriction>
      <owl:onProperty rdf:resource="#属于"/>
      <owl:hasValue rdf:resource="#计算机系"/>
    </owl:Restriction>
  </owl:intersectionOf>
</owl:Class>
```

上面定义了两个类的交，其中一个是匿名类——所有属于计算机系的对象，它与教师的交集即计算机系教师。

⑤ 枚举。枚举指用最直接（尽管无意义且计算成本高昂）的方式来定义类，可以用 owl：oneOf 元素来表达，列举一个类包含的所有成员，例如对星期这个类进行枚举：

```
<owl:Class rdf:ID="星期">
  <owl:oneOf rdf:parseType="Collection">
    <owl:Thing rdf:about="#星期一"/>
    <owl:Thing rdf:about="#星期二"/>
    <owl:Thing rdf:about="#星期三"/>
    <owl:Thing rdf:about="#星期四"/>
    <owl:Thing rdf:about="#星期五"/>
    <owl:Thing rdf:about="#星期六"/>
    <owl:Thing rdf:about="#星期日"/>
```

```
</owl:oneOf>
</owl:Class>
```

（3）属性元素。OWL 有两种主要属性：对象属性和数据类型属性。事实上，针对一些属性的特征，OWL 还提供了额外的属性类型，下面对这些属性进行概述。

① 对象属性。对象属性是描述两个不同类的实例之间关系的属性。如下，由……讲授（isTaughtBy）在课程类与教师类之间建立关联。

```
<owl:ObjectProperty rdf:ID="由……讲授">
    <rdfs:domain rdf:resource="#课程"/>
    <rdfs:range rdf:resource="#教师"/>
    <rdfs:subPropertyOf rdf:resource="#参与"/>
</owl:ObjectProperty>
```

② 数据类型属性。数据类型属性是描述类与其实例之间关系的属性，将对象与数据类型值相关联，如年龄属性值域是非负整数。OWL 没有任何预定义数据类型，也不提供特别的定义机制，但可以使用 XML Schema（以下简称为 XMLS）提供的数据类型。虽然 XMLS 提供了一种机制支持用户自定义数据类型，但这些派生数据类型不能在 OWL 中使用。事实上，并非所有 XMLS 内嵌数据类型都可以在 OWL 中使用。OWL 参考文档中列出了所有可以在 OWL 中使用的 XMLS 数据类型，包括一些最常用的数据类型，如字符串、整数、布尔类型、时间和日期等。

```
<owl:DatatypeProperty rdf:ID="年龄">
  <rdfs:range
rdf:resource="http://www.w3.org/2001/XMLSchema#nonNegativeInteger"/>
  </owl:DatatypeProperty>
```

③ 标注属性。标注属性是一些不携带任何 OWL DL 直接语义含义的属性。标注属性特别用于为 OWL 本体、类、属性和个体添加可读的标签、注释或者解释。具体如下所示：

```
<owl:AnnotationProperty rdf:ID="标签">
      <rdfs:range rdf:PlainLiteral/>
      <rdfs:subPropertyOf rdfs:label/>
     </owl:AnnotationProperty>
```

标签属性的类型是 owl：AnnotationProperty，值域是 rdf：PlainLiteral。这是一个针对自然语言文本的特殊 RDF 数据类型，即无类型文字可以拥有一个语言标签。标签属性是 rdfs：label 的一个子属性。通常情况下，标注属性将拥有文字值，但是它们也可能被用于关联非文字资源。

④ 顶层和底层属性。OWL 中的所有对象属性是 owl：topObjectProperty 的子属性。这个属性被定义为关联本体中所有个体的属性。相反，owl：bottomObjectProperty 不关联任何个体。类似地，owl：topDataProperty 将所有个体关联到任何可能的文字值，而 owl：bottomDataProperty 不关联任何个体到任何值。

⑤ 传递属性。从关于 rdfs：subClassOf 的讨论可知，该关系具有传递性。“高于”“优于”等关系都是具有传递性的，如 isCheaperThan，可以用下面的方式定义 isPartOf 属性为传递性：

```
<owl:ObjectProperty rdf:ID="isPartOf">
      <rdf:type owl:TranstiveProperty/>
</owl:ObjectProperty>
```

传递属性是所谓的复合属性，它们可以通过多步被声明，例如，给定：

```
<owl:Class rdf:ID="BaronWayApartment">
      <isPartOf rdf:resource="#BaronWayBuilding"/>
      </isPartOf>
</owl:Class>
<owl:Class rdf:ID="BaronWayKitchen">
      <isPartOf rdf:resource="#BaronWayApartment"/>
      </isPartOf>
</owl:Class>
```

可以用推理机推导出：

```
<owl:Class rdf:ID="BaronWayKitchen">
      <isPartOf rdf:resource="#BaronWayBuilding"/>
      </isPartOf>
</owl:Class>
```

⑥ 对称和非对称属性。某些属性，如 isAdjacentTo 是对称的，即如果 a：isAdjacentTo b，则反过来也成立。例如“同年级”“同胞兄弟”等关系具有对称性。可以用下面的方式定义一个属性为对称的：

```
<owl:ObjectProperty rdf:ID="isAdjacentTo">
      <rdf:type owl:SymmetricProperty/>
</owl:ObjectProperty>
```

其他属性，例如 isCheaperThan 关系是非对称的。可以用下面的方式定义一个属性为非对称的：

```
<owl:ObjectProperty rdf:ID="isCheaperThan">
      <rdf:type owl:AsymmetricProperty/>
      <rdf:type owl:TransitiveProperty/>
</owl:ObjectProperty>
```

传递性 owl：TransitiveProperty 只能用于对象属性。对称性、函数性等属性也类似。

```
<rdf:Property rdf:ID="TransitiveProperty">
  <rdfs:label>TransitiveProperty</rdfs:label>
  <rdfs:domain rdf:resource="#ObjectProperty"/>
  <rdfs:range rdf:resource="#ObjectProperty"/>
```

```
</rdf:Property>
```

⑦ 函数性和逆函数性属性。对于某些属性，每个个体通过该属性总是最多存在另一个相关个体，即规定一个属性对任何对象最多只能取一个值，例如“年龄”“身高”等。owl：InverseFunctionalProperty 定义逆函数性，即规定一个属性对不同的对象不能取相同的值，例如“身份证号”。例如，hasNumberOfRooms 是一个函数性属性，而 hasRoom 属性是逆函数性的。

```
<owl:ObjectProperty rdf:ID="hasNumberOfRooms">
        <rdf:type owl:DatatypeProperty/>
        <rdf:type owl:FunctionProperty/>
</owl:ObjectProperty>
<owl:ObjectProperty rdf:ID="hasRoom">
        <rdf:type owl:InverseFunctionalProperty/>
</owl:ObjectProperty>
```

需要注意的是，如果两个公寓 a1 和 a2 通过 hasRoom 关联到相同的房间，这个不一定有错，这些个体可以被推断为是同一个个体。

⑧ 自反和反自反属性。一个属性的自反性意味着每个个体通过该属性关联到自身。例如，每个事物 isPartOf 其自身。另外，反自反性意味着没有个体通过该属性关联到自身。大多数定义域和值域不相交的属性事实上是反自反的。一个例子是 rents 属性：

```
<owl:ObjectProperty rdf:ID="isPartOf">
        <rdf:type owl:ReflexiveProperty/>
</owl:ObjectProperty>
<owl:ObjectProperty rdf:ID="rents">
        <rdf:type owl:IrreflexiveProperty/>
</owl:ObjectProperty>
```

（4）属性约束。除了之前介绍的属性类型外，可以根据属性与类及其他属性如何关联来指定属性的额外属性。一些和 RDFS 中的类似，另一些则完全是新的。

① 定义域和值域。OWL 处理属性的定义域和值域的方式与 RDF 模式一样。如果一个属性断言超过了一个 rdfs：range 或 rdfs：domain，实际的值域或定义域是在属性公理中指定的类的交集。

② 逆属性。OWL 可以定义属性的“逆属性”，逆属性指两个属性的定义域和值域相反，假设属性 A 和属性 B 互为逆属性，属性 A 的定义域是属性 B 的值域，属性 A 的值域是属性 B 的定义域。例子如下：

```
  <owl:ObjectProperty rdf:ID="讲授">
    <rdfs:range rdf:resource="#课程"/>
    <rdfs:domain rdf:resource="#教师"/>
    <owl:inverseOf rdf:resource="#由……讲授"/>
</owl:ObjectProperty>
```

③ 属性等价。属性等价将一个个体与同一组中的其他个体联系起来，可用于创建同义属性。同义属性指两个属性的含义相同，其定义域和值域也相同，可以进行替换。属性等价可用 owl：EquivalentProperty 定义。

```
<owl:ObjectProperty rdf:ID="授课">
  <owl:EquivalentProperty rdf:resource="#讲授"/>
</owl:ObjectProperty>
```

④ 不相交属性。不相交属性指两个属性不相交，即两个属性的定义域或值域不同，不相交属性可以用 owl：propertyDisjointWith 定义。

```
<owl:ObjectProperty rdf:ID="授课">
  <owl:propertyDisjointWith rdf:resource="#管理"/>
</owl:ObjectProperty>
```

其中授课的定义域是教师，值域是课程，管理的定义域是行政职员，值域是后勤工作。

⑤ 全称限制、存在限制和值限制。全称限制 owl：allValuesFrom 用来规定 owl：onProperty 指定属性的可能取值范围，即要求所有值都只能从指定的类（这里是教授）中选取。下面的例子要求一年级课程只由教授讲授。

```
<owl:Class rdf:about="#一年级课程">
  <rdfs:subClassOf>
    <owl:Restriction>
      <owl:onProperty rdf:resource="#由……讲授"/>
          <owl:allValuesFrom rdf:resource="#教授"/>
    </owl:Restriction>
  </rdfs:subClassOf>
</owl:Class>
```

值限制 owl：hasValue 用来规定指定属性必须取 owl：hasValue 规定的特定值，可以用如下内容声明数学课由 David Billington 教授来讲授：

```
<owl:Class rdf:about ="#数学课">
  <rdfs:subClassOf>
    <owl:Restriction>
      <owl:onProperty rdf:resource="#由……讲授"/>
          <owl:hasValue rdf:resource="#David Billington"/>
    </owl:Restriction>
  </rdfs:subClassOf>
</owl:Class>
```

owl：allValuesFrom 和 owl：hasValue 的不同之处在于，owl：allValuesFrom 指定属性的取值范围是类，而 owl：hasValue 指定属性的取值对象是实例。

存在限制 owl：someValuesFrom 表示 owl：onProperty 指定属性的可能取值范围，即要求至少有一个值能从指定的类中选取，可以用存在限制 owl：someValuesFrom 规定所有教师至少要教一门本科课程。

```
<owl:Class rdf:about="#教师">
  <rdfs:subClassOf>
    <owl:Restriction>
      <owl:OnProperty rdf:resource="#讲授"/>
              <owl:someValuesFrom rdf:resource="#本科课程"/>
      </owl:Restriction>
    </rdfs:subClassOf>
</owl:Class>
```

比较一下 owl：allValuesFrom 和 owl：someValuesFrom。在本例中，使用后者要求存在一门本科课程由某教师讲授，当然这个教师还可能讲授研究生课程，这对应于逻辑中的存在量词，也可以使用前者要求本科课程的每个讲授者都是教授，对应逻辑中的全称量词。

⑥ 类属性约束。OWL 中的约束用来定义由满足给定条件的对象组成的类。

```
<rdf:Class rdf:ID="Restriction">
  <rdfs:label>Restriction</rdfs:label>
  <rdfs:subPropertyOf rdf:resource="#Class"/>
</rdf:Class>
```

所有下列属性只能出现在约束定义中，它们的定义域都是 owl：Restriction，但值域有所不同：

```
<rdf:Property rdf:ID="onProperty">
  <rdfs:label>onProperty</rdfs:label>
  <rdfs:domain rdf:resource="#Restriction"/>
  <rdfs:range rdf:resource="&rdf;Property"/>
</rdf:Property>
<rdf:Property rdf:ID="allValuesFrom">
  <rdfs:label>allValuesFrom</rdfs:label>
  <rdfs:domain rdf:resource="#Restriction"/>
  <rdfs:range rdf:resource="&rdf;Class"/>
</rdf:Property>
<rdf:Property rdf:ID="hasValue">
  <rdfs:label>hasValue</rdfs:label>
  <rdfs:domain rdf:resource="#Restriction"/>
</rdf:Property>
<rdf:Property rdf:ID="minCardinality">
  <rdfs:label>minCardinality</rdfs:label>
  <rdfs:domain rdf:resource="#Restriction"/>
  <rdfs:range rdf:resource="&xsd;nonNegativeInteger"/>
</rdf:Property>
```

owl：maxCardinality 和 owl：cardinality 的定义类似于 owl：minCardinality，owl：someValuesFrom 的定义则类似于 owl：allValuesFrom。

还需注意，owl：onProperty 允许对对象属性或数据类型属性加以约束。因此，施加约束的属性（restricting properties）如 owl：allValuesFrom 的值域不是 owl：Class（对象类），而是更一般的 rdfs：Class。

owl：ObjectProperty 是 rdf：Property 的特殊情况，owl：DatatypeProperty 类似。

```
<rdf:Class rdf:ID="ObjectProperty">
  <rdfs:label>ObjectProperty</rdfs:label>
  <rdfs:subClassOf rdf:resource="&rdf;Property"/>
</rdf:Class>
```

（5）实例。OWL 中类的实例声明和 RDF 一样：

```
<rdf:Description rdf:ID="949352">
  <rdf:type rdf:resource="#教师"/>
</rdf:Description>
```

这等价于

```
<教师 rdf:ID="949352"/>
```

也可以更详细一些，例如：

```
<教师 rdf:ID="949352">
  <uni:年龄 rdf:datatype="&xsd;integer">39</uni:年龄>
</教师>
```

与典型的数据库系统不同，OWL 不采用命名唯一性假设，因为具有不同名字或 ID 的两个实例不一定是不同的。例如，假设规定每门课程最多由一位教师讲授：

```
<owl:ObjectProperty rdf:ID="由……讲授">
  <rdf:type rdf:resource="&owl;FunctionalProperty"/>
</owl:ObjectProperty>
```

随后又规定某一门课程由两位教师讲授：

```
<course rdf:ID="CIT1111">
  <由……讲授 rdf:resource="#949318"/>
  <由……讲授 rdf:resource="#949352"/>
</course>
```

这不会导致 OWL 推理机制报错，相反，系统会正确推出资源“949318”和“949352”等价。要确保不同个体是不同的，必须明确地陈述它们是不相等的：

```
<授课者 rdf:ID="949318">
  <owl:differentFrom rdf:resource="#949352"/>
</授课者>
```

经常需要做出这样的不相等陈述，如果有大量个体不相等，则相应陈述的数量将呈爆炸式增长。为此，OWL 提供了一个简略表示法，把不相等的个体放在一个列表中：

```
<owl:AllDifferent>
  <owl:distinctMembers rdf:parseType = "Collection">
    <授课者 rdf:ID = "949318">
    <授课者 rdf:ID = "949352">
    <授课者 rdf:ID = "949111">
      </owl:distinctMembers>
</owl:AllDifferent>
```

注意，owl：distinctMembers 只能和 owl：AllDifferent 组合使用。

总的来说，OWL 是网络本体的建议标准，用于描述知识的语义以便提供机器处理。OWL 以 RDF/RDFS 为基础；使用基于 XML 的 RDF 语法，用 RDF 描述定义实例，使用了大部分建模原语，具有强大的表达能力和描述逻辑严格形式化的特点。OWL 的逻辑基础可以提供推理服务，既支持本体设计，又使得其在描述网络资源方面更接近自动处理过程。尽管 OWL 在实际使用中已提供了足够丰富的内容，但它仍在进一步扩展，为进行更强大的逻辑推理提供支持。

8.3 本体构建

目前已有的本体很多，出于对各自问题域和具体工程的考虑，构造本体的过程也是各不相同的。由于没有一个标准的本体构造方法，不少研究人员出于指导人们构造本体的目的，从实践出发，提出了不少有益于构造本体的标准。明确本体的构建原则，了解著名的本体构建方法及工具，对于完成本体构建具有一定的指导意义。

8.3.1 本体构建原则

由于针对不同领域、不同问题的本体构建过程不尽相同，学者根据各自的工程实践，提出了多种本体设计原则及方法，其中格鲁伯在 1995 年指出本体构建要遵循以下原则①：

（1）明确性（clarity）：本体需对相关概念的含义进行有效表述，其概念界定应客观且形式化，定义概念时应基于场景需要，尽可能用完整性定义来取代局部性定义。

（2）一致性（coherence）：本体应支持与定义相符合的推理，确保定义和推理在逻辑上保持一致。

（3）可扩展性（extensibility）：在构建本体时，应提供确定的概念基础来完成预期

---

① Gruber T R，Stonford Knowledge Systems Lab，Alto P，et al. Toward Principles for the Design of Ontologies Used for Knowledge Sharing? . International Journal of Human-Computer Studies，1995（516）：907 - 928.

可见的任务，使在对新术语进行定义期间，可以不必修改本体中原有的定义。

（4）最小编码偏差（minimal encoding bias）：为本体进行编码是为了便于描述本体或执行本体，因此，本体的编码应趋于最小化，以使本体在面对多类型编码时也可实现知识共享。

（5）最小本体承诺（minimal ontological commitment）：为实现知识共享，本体构建时应要求最小本体承诺，即在构建特定领域本体时仅需定义知识共享需要的术语。

8.3.2 本体构建方法

目前国内外较出名的本体构建方法主要有七步法、循环获取法、五步循环法、IDEF5 法、Methontology 法等，下面分别对这几种方法进行介绍。

1. 七步法

七步法①由斯坦福大学开发，主要用于领域本体的构建。其提出的七个步骤如图 8－15 所示。

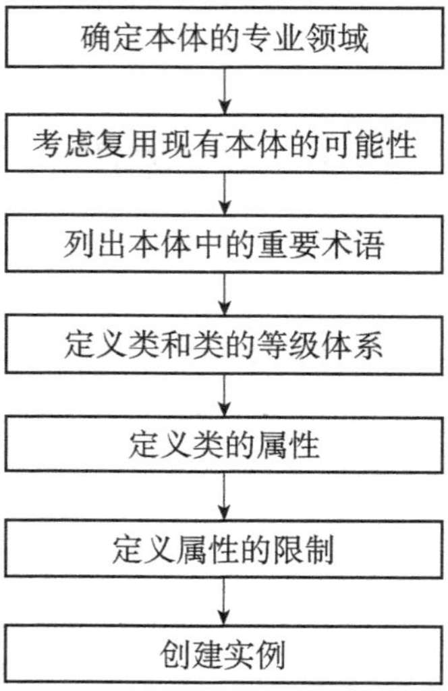

图 8－15　七步法本体构建流程

第一步是确定本体的专业领域，也就是说，构建本体时需要回答以下几个基本问题：本体将涵盖什么领域？为什么要使用本体？本体可以回答什么问题？谁将使用和维护本体？在本体设计过程中，这些问题的答案可能会发生变化，但是它们都有助于限制本体建模的范围。

第二步是考虑复用现有本体的可能性，任何领域都没有一个完全正确的本体，大多数本体构建不会从零开始，而会选择复用现有的本体。目前网络上有很多可重用的本体库，例如，Ontolingua 本体库（http：//www.ksl.stanford.edu/software/ontolingua/）、DAML 本体库，

① Noy N F，McGuinness D L. Ontology Development 101. Stanford：Stanford University，2001.

也可以考虑复用许多公开的商业本体（例如，UNSPSC（www. unspsc. org），RosettaNet，DMOZ）。

第三步是列出本体中的重要术语，即列出希望对用户做出陈述或向用户解释的所有术语。获取术语的完整列表很重要，这样就不必担心它们表示的概念之间的重叠，术语之间的关系，或这些概念可能具有的属性，或者这些概念是类还是属性。

第四步是定义类和类的等级体系，定义类的等级体系主要有三种方法：自上而下法、自下而上法和综合法。自上而下法指本体开发过程从定义领域中最通用的概念开始，然后定义一些专门化的概念；自下而上法指本体开发过程从定义最具体的类开始，随后将这些类划分为更一般的类；综合法是自上而下法和自下而上法的结合，首先定义更重要的类，然后适当地对其进行概括和细分。这三种方法在本质上并没有优劣之分，采取哪种方法在很大程度上取决于领域本体创建者的个人偏好。对于许多本体开发者来说，综合法通常更容易操作，因为“中间”的类往往是该领域中更具描述性的类。在开发类的等级体系时要牢记以下两条准则：确保类层次结构正确，注意类等级关系的传递性、类层级结构的演变、类的名称及避免类层次循环等问题；分析类等级体系中的同级类，确保同级类属于同一类的直接子类；大多数知识表示系统允许在类层次结构中进行多重继承，即一个类可以是多个类的子类；确定是类还是实例，取决于本体的潜在应用范围，首先要确定表示形式中最低的粒度的级别，实例是本体中最具体的概念。

第五步是定义类的属性，一旦定义了一些类，就必须描述类的内部结构，为类添加属性。通常，需要定义以下几种对象属性：“固有”特性，即类本身具有的性质，例如葡萄酒的味道；“外部”属性，即人为给类添加的性质，例如葡萄酒的名称和来源；“关系”属性，即类与其他类或实例之间的关系，例如制造属性，代表葡萄酒和酿酒厂之间的关系，以及该葡萄酒所用的葡萄。

第六步是定义属性的限制，属性限制包括属性值的类型、属性的定义域和值域、值的数量（基数）等。例如，名称属性的值是一个字符串。生产属性（例如“酿酒厂生产这些葡萄酒”）可以具有多个值，并且这些值是葡萄酒类的实例。

第七步是创建实例，定义一个类的实例需要选择一个类，创建该类的单个实例，填写属性值。

本体构建是一个具有创造性、庞大且需要不断更新的工程，不同人员设计的本体存在一定的差异，本体的潜在应用以及设计者对领域的理解和看法会影响其进行本体设计时的选择。该方法是一种较为实用的本体开发方法，但缺少“检查和评估以及用户的反馈”环节。

2. 循环获取法

循环获取法①由基兹（Kietz）等在 2000 年提出，是一种环状结构，面向文本来构建本体，共有五个步骤。利用循环获取法构建本体的流程如图 8－16 所示。

---

① Kietz J U，Volz R，Maedche A. Extracting a Domain-Specific Ontology from a Corporate Intranet. Association for Computational Linguistics，2000.

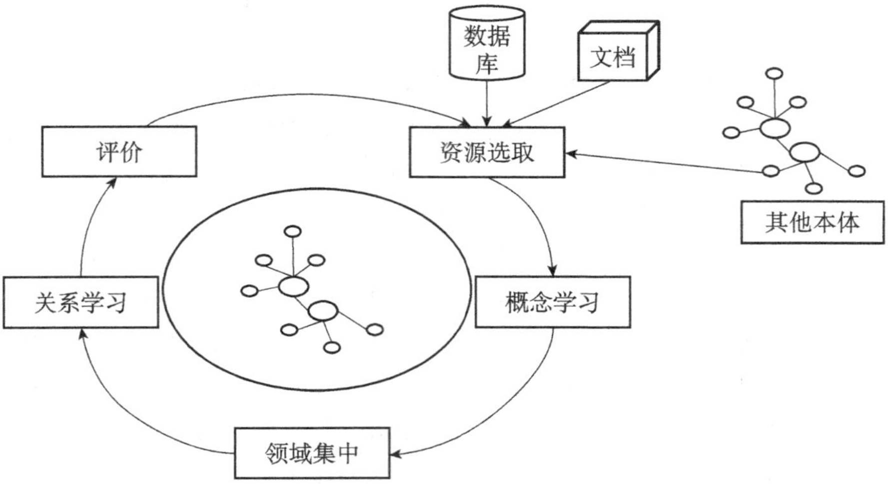

图 8－16　循环获取法本体构建流程

资源选取是起点，任何大型的通用本体（Cyc，Dahlgren）、语义网络（WordNet，GermaNet）或者领域相关的本体（TOVE 等）都可以作为这个过程的开始。选定基础本体后，用户必须确定用于抽取领域相关实体的文本。然后是概念学习，从选择的文本中获取领域相关的概念，建立概念之间的分类关系，构建目标本体模型。再就是领域集中，除去和领域无关的概念，只留下和领域相关的概念。下一步是关系学习，除了基础本体中继承的关系，其他关系通过学习从文本中抽取。最后是评价，根据本体的应用目的进行本体评估，以确定最终本体，还可以进一步地重复上述过程。

3. 五步循环法

该方法由梅德切（Maedche）、施塔布（Staab）提出，面向语义网来构建本体，共有五步①，这五步可以在本体构建完成后不断循环以实现更新。其基本流程如图 8－17 所示。

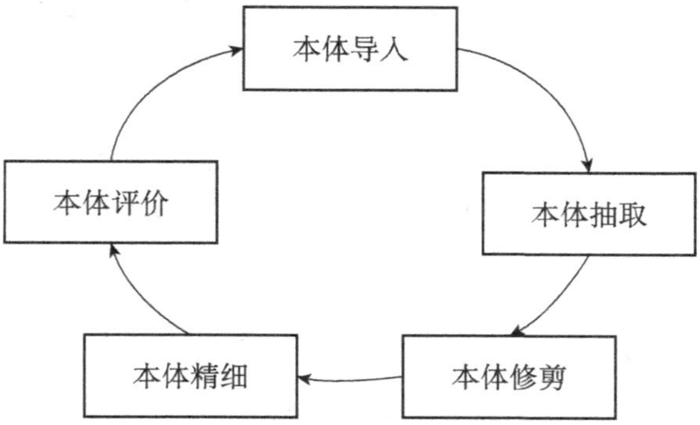

图 8－17　五步循环法本体构建流程

① Maedche A，Staab S. Ontology Learning for the Semantic Web. IEEE Intelligent Systems，2001（2）：72－79.

本体导入阶段：在构建之初导入现有本体，通过本体合并来达到本体重用的目的。

本体抽取阶段：学习网络文件，从网络文件中提取本体概念用以构建目标本体模型。

本体修剪阶段：此阶段的目标是调整本体库，使之达到最好的状态。为此需要剔除与所研究本体不相关的领域本体，对本体库的范围进行适当的缩小。

本体精细阶段：此阶段为本体库的调整阶段，调整的根据为建立本体的应用目的，从而保证本体能够拥有良好的粒度，方便本体的使用以及发展。本体精细包含调整、维护、扩展等。

本体评价阶段：根据本体的应用目的进行本体评估，以确定最终本体。

五步循环法适合语义网环境下的本体构建。该方法的问题在于：对整个循环的初始化步骤不够重视，所体现的本体构建方法相对超前，可操作性不强，低水平的本体学习技术也将增大本体构建的难度、延长本体构建的时间，不利于语义网模式下大规模建设本体。

4. IDEF5 法

IDEF5 法[①]是 Knowledge Based Systems 公司开发的用于描述和获取企业本体的一种结构化本体开发方法。IDEF5 法以直观自然的形式表示真实世界的对象、对象特性、对象之间的相互关系。IDEF5 法通过三种核心元概念——种类、属性以及关系表述本体模型：种类表示一个实体或者活动，属性描述一个种类所具有的特性，关系描述种类和种类之间的联系和限制。IDEF5 法提供了两种语言形式，即图表语言和细化说明语言来获取某个领域的本体，这两种语言互为补充。

IDEF5 法创建本体的四个主要步骤是：(1) 流程分析：该步骤包括确定本体建模领域，分析企业业务流程。(2) 流程活动分解及信息提取：该步骤包括分解业务流程活动、进行语义信息抽取。在数据源获取基础上，对业务流程的各个活动进行有效分解并明确活动之间的关系，在此采用 IDEF 家族的 IDEF0 法对业务流程进行功能建模。IDEF0 法是一个通用性很强的结构化的系统分析工具，它有助于集中关注问题域，便于进行更详细的分析，可以精确分解、描述系统的功能活动及其关系。(3) 活动种类、属性以及关系提取：通过 IDEF5 法捕获流程服务的实体及其属性，以及实体和实体之间的关系。依据 IDEF0 法构建的流程活动及其信息，分析出每个活动的输入、输出和每个活动涉及的领域知识、资源以及活动执行条件、状态信息。在此基础上，使用 IDEF5 法捕获抽取本体模型的关键概念和属性。(4) 图示化本体模型建立。(5) 本体优化与验证：对构建的模型进行精炼与确认，保证实体抽取建模的合理性。IDEF5 法本体构建流程如图 8-18 所示。

IDEF5 法是一种具有扎实的理论和实践基础的方法，用于实现本体的建立、修改和维护。该方法所提供的图形符号及规范语义为获取本体提供了可视化支持，容易被理解，有助于降低开发成本。其缺点在于 IDEF5 细化描述语言是结构化文本语言，但其提供的

---

① Menzel C，Mayer R J. The IDEF Family of Languages. Handbook on Architectures of Information Systems，1998：209-241.

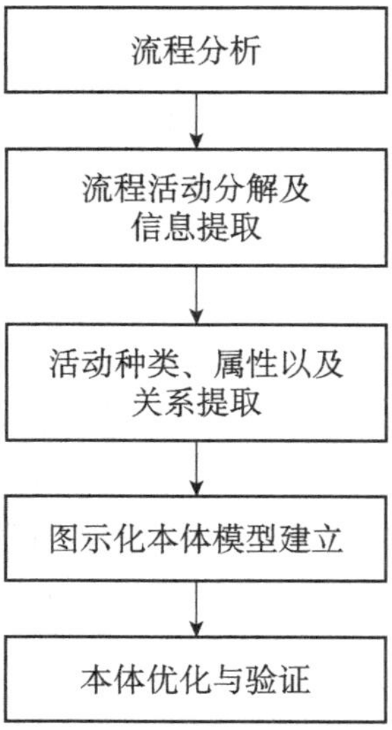

图 8－18　IDEF5 法本体构建流程

构造元素较少，而且没有定义任何模块化构造，没有循环开发的意图，难以有效支持本体重用。

5. Methontology 法

该方法是在结合了骨架法和 GOMEZ-PEREZ 方法后，提出的一种更为通用的本体构建方法。其中骨架法（Skeletal Methodology），又称企业法（Enterprise），是乌斯科尔德（Uschold）和金（King）开发爱丁堡大学企业建模本体的经验总结，专门用来创建企业本体。该方法清晰地描述了本体开发和指导方针，提出了确定本体应用目的和范围、本体分析、本体表示、本体评价、本体建立的基本流程。[①] Methontology 法[②]更接近软件工程开发方法，它将本体开发进程和本体生命周期区别开来，并使用不同的技术予以支持。该方法支持在知识层面完成本体构建，其开发过程基于进化原型的生命周期，且确定各阶段所需手段、输出格式以及评价手段。利用该方法进行本体构建的流程包括：(1) 工程管理阶段：涉及规划、控制、质量保证等问题。(2) 本体开发阶段：分为规范化、概念化、形式化、执行等步骤。(3) 维护阶段：包括知识获取、系统集成、评价、文档说明、配置管理五个步骤。Methontology 法本体构建流程见图 8－19。采用该方法构建的本体大多为化学领域本体，如描述化学领域知识的化学本体（有关化学元素周期表的本体）、描述与环境污染防护措施相关的领域知识的环境污染本体、参考本体等。

6. 各本体构建方法的比较分析

五步循环法和循环获取法比较相似，都强调本体迭代循环，支持本体演进，但五步

---

① Brett C M A, Brett A M O. Electrochemistry Principles, Methods, and Applications. Oxford Press, 1993.

② Fernández-López M, Gómez-Pérez A, Juristo N. METHONTOLOGY: From Ontological Art Towards Ontological Engineering. Facultad de Informática de Madrid. 1997.

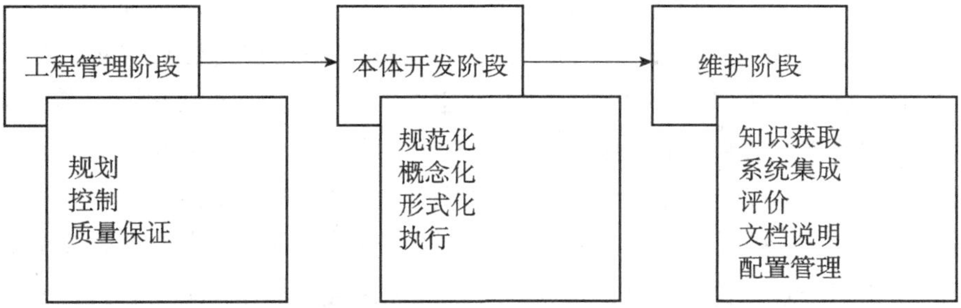

图 8-19 Methontology 法本体构建流程

循环法是用于语义网环境下本体学习的本体构建方法，而循环获取法是基于文本的领域本体构建方法，缺乏具体的技术。骨架法和 IDEF5 法多用于企业领域本体的构建，主要区别在于骨架法是流程导向的构建方法，提供了构建方法学框架；IDEF5 法可通过提供图表语言和细化说明来构建企业领域的本体。Methontology 法和七步法主要用于构建领域知识本体，Methontology 法是以化学领域的本体构建方法为基础，经过改进发展而来的，构建方法更为通用；七步法是基于本体构建工具 Protégé 的本体构建方法，较为实用，应用广泛。

各种本体构建方法的优缺点如表 8-3 所示。每种方法都有各自的适用领域，不同领域的知识概念各不相同，使得构建方法的适用性和通用性大大降低。并且多数方法不支持本体的循环迭代，忽视了本体演进的需要。所以，在使用构建方法时，多数学者会对方法进行适应性改进，即将其中两种或多种方法进行融合，然后按照改进后的方法构建本体。因此，在构建本体时应尽量选择合适的构建方法，并结合领域知识的特点进行改进。①

表 8-3 各种本体构建方法的优缺点

方法	优点	缺点
IDEF5 法	提供本体构建的方法框架和文档化的步骤及具体内容，有助于本体重用	缺乏具体的技术和方法；没有循环开发本体的意图
Methontology 法	适合开发大型本体；重视本体重用；相关技术工具、知识来源和知识获取方法描述详细	缺乏具体的本体评估方法；没有体现本体的演进
七步法	专门用于构建领域本体，方法实用，较为成熟	缺少检查和评估以及用户的反馈环节
五步循环法	重视本体循环迭代，适合语义网的本体构建	对初始化步骤的重视不够；可操作性不强；不适用于构建大型本体
循环获取法	提出本体获取新方法，采用环状结构的开发思路；明确本体循环迭代的重要性	缺乏具体的方法和技术

① 王向前，张宝隆，李慧宗．本体研究综述．情报杂志，2016（6）：163-170.

本体构建是一项费时费力的工程，通常采用人工构建、半自动构建、自动构建三种方式。人工构建方式完全由领域专家确定知识和知识关系，该方法严格控制内容，质量有保证。目前，已有的大型本体基本都是人工建立的。如由米勒（Miller）等人组织构建的语义网络是用自然语言解释的包括 10 000 多个术语的词典①；最大最全的本体是美国得克萨斯州奥斯汀的 MCC 和 Cycorp 共同研发的大型常识知识库系统 Cyc 本体，该本体中包括约 50 000 个概念，概念之间的约束和关系超过 4 000 000 个，为常识知识的多个方面提供形式化的公理理论。② 中文领域，董振东和董强耗时十年建立了第一个中文本体知识库——知网（HowNet）。③ 半自动构建方式由人工参与、机器辅助实现，机器辅助可能发生在本体构建过程的不同阶段，如概念知识提取、概念关系获取等阶段。半自动构建方式强调人在构建过程中的作用，尤其是在内容控制方面的作用。本体自身的复杂性和严格的建模要求，使得它的创建离不开专家的参与，任何准则、工具和方法都只能辅助建模过程。目前出现了一些计算机辅助构建的工具，如 Protégé，OntoEdit，WebOnto，Ontolingua 等，通过人机交互的方式构建本体。自动构建方式完全由计算机自动实现概念和关系内容的获取，如微软公司的商业产品 MindNet④ 就是基于全自动方式构建的，其知识来源于词典和百科全书。对于本体自动构建，国外已有不少学者提出多种研究设想和实验方法，自动构建的知识来源主要有自由文本、机器可读的词典、知识数据库、半结构化文本、语料库、叙词表等资源。自动构建应用的方法和技术主要有语言学方法、机器学习方法、自然语言处理方法等。

8.3.3 从叙词表到本体的转化

就目前来看，如果仅靠专家参与而不依赖已有的知识分类及组织体系，本体的构建是一项费时费力的复杂工程。为提高构建效率，许多学者提出对现有的词表如字典、叙词表、分类表等进行共享重用，在此基础上构建本体，这样既省时省力，又能使这些词表在新的环境下得到进一步发展。

由于叙词表包含丰富的领域概念和一定的语义关系，在表达知识结构上与本体有着天然的联系，包含了本学科领域中相对比较完整的术语，因此，国内外很多学术团体都在尝试基于叙词表进行本体的构建，研究重点在于叙词表向本体转换的方法。叙词表转化为本体的方式主要包括手工转换、半自动/自动转换两种。手工转换指领域专家在分析叙词表的叙词及语义关系的基础上，手工建立概念模型，并将叙词表转为本体的概念，将词间关系及注释转为本体的语义关系，最后通过添加领域知识等语义丰富机制

① Miller G A. WordNet：a Lexical Database for English. Communications of the ACM，1995（11）：39－41.

② Lenat D B. CYC：A Large-Scale Investment in Knowledge Infrastructure. Communications of the ACM，1995（11）：33－38.

③ Dong Z D，Dong Q. HowNet—A Hybrid Language and Knowledge Resource. 2003 International Conference on Natural Language Processing and Knowledge Engineering，2003.

④ Richardson S D. MindNet：Acquiring and Structuring Semantic Information from Text. Proc. COLING-ACL'98，1998.

来完善本体。这种纯手工方式主要出现在叙词表转换本体研究的早期。半自动/自动转换方法是领域专家在对叙词表进行分析的基础上，制定出能够精确调整语义关系的转换规则，然后设计转换程序实现叙词表向本体的自动转换。由于本体比叙词表更复杂，语义关系更明确，建模要求更严格，所以，叙词表向本体的转换离不开领域专家的参与，本体构建工具只能作为辅助工具，通过叙词表构建本体，现在还无法实现完全的自动转换。

目前国内外不少学者都提出了对叙词表进行共享重用，在此基础上构建本体，并且也在实践中进行了尝试。阿姆斯特丹大学信息科学系的维林加（Wielinga）等人，利用AAT建立了一个描述艺术对象的本体。① 转化的主要方法是建立实体的描述模型（以家具为例），采用25个元数据元素来进行描述；然后将家具的描述属性同AAT中的特定部分联系起来，使其术语能够成为描述属性的属性值；最后添加领域知识，尤其是在对属性值的约束上，限定属性值的范围，使之具有语义检索的能力。农业本体服务（Agricultural Ontology Service，AOS）是联合国粮农组织（FAO）负责的项目。② 在该项目中，有尝试将《农业多语种叙词表》改造成语义关系丰富的农业本体。其构建方法是首先建立食品与农业（Food and Agriculture）本体的框架结构，分析叙词表中模糊混乱的用、代、属、分、参逻辑关系，明确各种语义关系。采用计算机辅助识别的语义关系模式，利用本体编辑软件，采用以人工为主、计算机辅助的方式转化本体，强调整个转化过程都必须经过严格的人工审核。国防科技信息中心尝试利用《国防科学技术叙词表》构建小型军用飞机领域本体。③ 选取了与军用飞机相关的约100个概念，采取中间展开的本体构造方法，即最先选取最重要的概念，再确定其他相关概念的方法来构建本体，概念之间的等级关系根据词表的关系来确定。概念之间的属性关系根据本体对象军用飞机的特点确立，如飞机操纵性、飞机稳定性等。该本体选取RDFS作为描述语言，开发工具为KAON。曾新红④利用OWL语言来描述《中国分类主题词表》，采用面向概念的模式将其表示为本体，即词表中的每一个正式主题词都表示为概念类的个体，属、分、参等关系在概念与概念之间声明。

由于叙词表较其他词表而言，具有更清晰的语义结构，便于从中抽取概念及关系，目前已有10多种叙词表通过各种方法转化为本体，从构建方法的差异性角度而言大致可分为以下三大类：利用形式化语言将叙词表直接转化为本体；通过改造叙词表概念之间的关系构建本体；基于叙词表构建本体。

（1）利用形式化语言将叙词表直接转化为本体。利用形式化语言将叙词表转化为本体，即采用XML/RDFS/OWL语法对现有词表进行形式化描述，不对词表做任何调整。SKOS语言作为叙词表转化为本体的建模语言，建立了以描述逻辑为基础的本体知识表

---

① Wielinga B J，Schreiber A T，Wielemaker J，et al. From Thesaurus to Ontology. First International Conference on Knowledge Capture，2001.

② Soergel D，Lauser B，Liang A，et al. Reengineering Thesauri for New Applications：the AGROVOC Example. Journal of Digital Information，2003 (4)：1-23.

③ 唐爱民，真溱，樊静．基于叙词表的领域本体构建研究．现代图书情报技术，2005 (4)：1-5.

④ 曾新红．《中国分类主题词表》的OWL表示及其语义深层揭示研究．情报学报，2005 (2)：151-160.

示及其语义模型，定义了比 RDFS 更为丰富的关系类，如子类、不相交类、等价类、交集、补集、并集等，而且扩展了属性及属性约束。

阿姆斯特丹大学的阿西姆（Assem）① 等人介绍了一种不对叙词表做任何调整，直接将叙词表换成 RDF（S）和 OWL 的方法，将《医学主题词表》转化成本体。曾新红②在中文叙词表本体共建共享系统中，根据中文叙词表的特点、描述逻辑及 OWL 语法，制定了将中文叙词表转化为 OWL 本体的规则，根据转化规则设计的转化程序可将中文叙词表自动转化为 OWL 格式。

总的来说，利用形式化语言将叙词表转化为形式化本体，大致可以分为四个步骤：对叙词表进行分析，包括叙词表的概念模型、概念模型和数据模型之间的关系、多语言问题的识别等，在分析的基础上确定概念体系；句法转换，包括叙词表结构翻译，尽可能完整地在叙词表原格式和 RDF 格式之间进行转换；语义转换，为类和属性增加额外的 RDFS 和 OWL 约束，描述概念之间的相关关系等；标准化的过程，形成形式化本体。

该方法主要在叙词表和本体转化研究的早期应用，由于不对词表进行任何调整，只是采用形式化语言进行与本体之间的转化，存在较多问题。叙词表的基本单位是叙词款目，每个款目由叙词、分类号和各种参照项组成。其参照项主要有用、代、属、分、参等，分别用来表示叙词之间的等同、等级、相关等语义关系。由于叙词表的定义并不严格，其划分并未完全遵守同一种逻辑关系，因而出现了一种关系可能会有几种划分方式的问题。如等级关系中就可能包含：子类关系，如教师和副教授；整体和部分关系，如桌子和抽屉；类和实例关系，如建筑和长城；生产关系，如苹果和产地；属性关系，如苹果和颜色；属性值关系，如苹果和红色等。由于本体是语义逻辑推理的基础，其概念之间的关系可以由用户自行定义，这在一般的叙词表中是不存在的。因此，针对叙词表语义逻辑关系不严密的问题，需要对叙词表概念之间的关系进行改造使之成为本体。

（2）通过改造叙词表概念之间的关系构建本体。通过改造叙词表概念之间的关系构建本体的方法，基于本体论的思想，对词表的概念进行增删，消除术语间的歧义，调整概念之间的关系，对词表改进以生成新的本体。如联合国粮农组织成立了农业本体服务项目小组，采用自动本体学习系统，通过机器学习自动抽取概念间的关系，将《农业多语种叙词表》转换为农业本体。③ 研究者采用 Ontoligua 系统探索将教育资料网关中的受控词表转换为本体。④ 马修斯（Matthews）提出了用 RDFS 表示叙词关系来建立本体的方法。研究者运用 RDFS 对《欧洲语言社会科学叙词表》（ELSST）中的经济学款目进行了改造⑤，将叙词表中各叙词之间的关系用不同的属性进行定义，比如将语言属性用“islanguageof”表示，类型属性用“hastypeof”属性表示等，增加了属

① Assem M V，Menken M R，Schreiber G，et al. A Method for Converting Thesauri to RDF/OWL. The Semantic Web-ISWC 2004，2004.

② 曾新红．中文叙词表本体：叙词表与本体的融合．现代图书情报技术，2009（1）：34-43.

③ Lauser B，Sini M，Liang A，et al. From AGROVOC to the Agricultural Ontology Service/Concept Server：An OWL Model for Creating Ontologies in the Agricultural Domain. Dublin Core DCMI，2006.

④ Jian Q，Stephen P. Converting a Controlled Vocabulary into an Ontology：The Case of GEM. Information Research，2001（2）：94.

⑤ 王素芳．Ontology 与叙词表的融合初探．大学图书馆学报，2005（1）：74-78.

性之间的关系。

该方法改变了之前不对叙词表做任何调整的利用形式化语言将叙词表直接转化为形式化本体的方法，该方法在一定程度上能够解决叙词表语义逻辑不严密的问题。主要有三步：第一步是对原叙词表概念类进行提取，标记出概念类，利用叙词表的等级关系建立概念等级；第二步是确定属性，将叙词术语定义、分类代码、范围注释等分别作为属性，对叙词表本身的关系进行 RDF 改造，完善其语义关系；第三步是确定属性值和属性约束。大多数叙词表采用这种方式进行本体转化，用 RDFS 语言将叙词表中的关系表示出来。

（3）基于叙词表构建本体。除了上述方法，还可以基于叙词表进行领域本体的构建，该方法的不同之处在于并不是对叙词表直接进行本体转化，而是在构建领域本体框架的基础上，将叙词表和领域本体概念进行映射来构建一个新的领域本体。在此本体构建中，叙词表的作用主要在于提供术语和作为构建最初本体模型的依据。

维林加等[①]提出了用 RDFS 表示叙词内容来构建本体的方法，以 AAT 为例，发展了用 RDFS 来存储的 AAT 形式，然后进一步使用 Protégé 构造了 AAT 家具本体。AAT 是一种按照分面方式构建的叙词表，将艺术品的信息分为物理特性、材料等分面。每个分面使用的是严格的上下位关系，一个特定概念在整个等级中只出现一次，逻辑较严谨。由于 AAT 采用典型的层面和分级的概念框架，这一类分面形式的叙词表可以将叙词表某个子集作为本体的某一类属性的值直接引入。家具本体的构建步骤如下：其一，建立家具的描述模型，即确定需要什么样的信息来描述家具。一个家具实体可以用 25 个元数据来描述。这些元数据作为家具的属性出现，其限定词用下位属性表示。其二，将家具属性和 AAT 的特定子集联系起来，使其能成为家具属性的值。将家具的属性如颜色、年代等与 AAT 中相应的子集联系起来，使这些子集成为家具属性的值。其三，添加领域知识，特别是能够约束家具属性值的知识。如一个后乔治时期的柜子，材料是桃花心木。这种知识有两个作用：限定属性值的范围；提供一定的语义检索，如输入桃花心木，可检索出后乔治时期的柜子。

基于叙词表的领域本体构建的步骤主要如下：首先，在确定叙词表和领域本体的应用范围的基础上对领域本体进行整体设计，进一步对领域本体进行详细设计，详细设计包括选取叙词表中的叙词作为领域本体中的概念或类，此间可以根据领域本体的应用范围增加新的概念；其次，根据叙词间的层次关系确定本体概念间的等级关系，包括叙词表中的等同关系、等级关系、相关关系等，在词间关系与类间关系之间建立映射，根据叙词表的限定词、注释等为领域本体添加属性限制，为本体概念添加实例等；再次，采用 XML，RDF，RDFS 或 OWL 进行领域本体表示；最后，进行本体评价，从而完成叙词表到本体的转化。[②]

本体的构建较为复杂，不仅需要领域专家的参与帮助，还会耗费大量的人力与物力。与现存叙词表相比，本体具有如下附加价值：在类、子类和交叉类之间的关系上，具有

---

① Wielinga B J ，Schreiber A T，Wielemaker J ，et al. From Thesaurus to Ontology. First International Conference on Knowledge Capture，2001.

② 陈果．基于领域概念关联的网络社区知识聚合研究．武汉：武汉大学，2018.

更深层次的语义网；具有以一种描述性语言来表达概念和关系的能力；异质系统中构建的本体具有再利用性和共享性；可以进行推理。因而研究者在将叙词表转化为本体时，需遵循以下原则①：

第一，对概念进行更具体的描述。叙词表是从整体意义上来描述对象的，但是从用户的实际使用来看，他们通常寻找数字对象整体中的一些细节，因而本体需要丰富这些描述词并表达出这些信息。第二，将现存词表转化成一个本体意味着不仅要在词表中增加更多的类或子类，还应详细地列出这些类之间的关系。第三，考虑到描述概念和概念之间关系的语言的能力，因此要选取合适的转化语言。一种正式的描述性语言是基于描述逻辑的，其真正意义在于它的表达性具有推理能力。第四，应考虑到本体的再利用性和共享性。第五，在基于叙词表进行领域本体构建时，考虑到词表表达概念的语义清晰性，必要时可参考多个词表。总之，将叙词表转化成一个支持推理、语义关系丰富全面、没有歧义的本体，促进了知识的共享和推理，本体附加到词表中的价值应描述对象是如何分类的以及对象之间是如何互相关联的，而这项工作有一定的难度，目前主要表现在叙词表向本体转化过程中词间关系的语义关系的完善方面，转化过程依旧存在一些亟待解决的问题，如转化效率、质量等问题，所以仍需继续研究。

8.3.4 本体构建实例

本体的构建离不开工具的支持。随着本体在人工智能、语义网、电子商务、信息检索等领域的广泛应用，本体已经成为现在的一个研究热点，涌现出了许多本体构建工具。选择合适的构建工具对于快速、成功地构建一个本体至关重要。

Protégé 是斯坦福大学为知识获取而开发的一个工具，可以免费下载，并支持中文。Protégé 开发界面友好，本体开发人员可以在需要时迅速访问相关的信息，可以直接实施导航和管理本体的操作。树型控制实现了在类层次结构中进行迅速和简单的导航。

Protégé 因其拥有众多的插件以及出色的设计而成为当下应用最为广泛的本体编辑器之一。它具有以下优势：拥有较多注册用户，不断推出新的版本，可扩展性好，能够以多种方式存储本体，具有很好的互操作性，界面非常简单友好及支持中文等。正是这些优点，使得 Protégé 成为人们构建本体的首选工具之一。

一个本体的组成单元包括以下内容：个体，个体代表知识领域中我们感兴趣的那些具体对象，个体有时被称作实例；属性，属性是个体之间的二元关系，换句话说，属性把一对个体连接起来；类，类可以被理解为包含若干个体的集合，类需要被形式化地描述出来，这些描述精确地界定了个体究竟能否成为某个类的成员的具体标准，不同的类可以被组织为体现父类子类关系的属性大纲结构。下面以 Protégé 的使用为例，构建一个大学本体。

（1）类。大学本体中有很多类，例如专业、人员、课程等，在 Protégé 中可以方便

① 王素芳．Ontology 与叙词表的融合初探．大学图书馆学报，2005（1）：74－78.

地创建类，如图 8－20 所示。

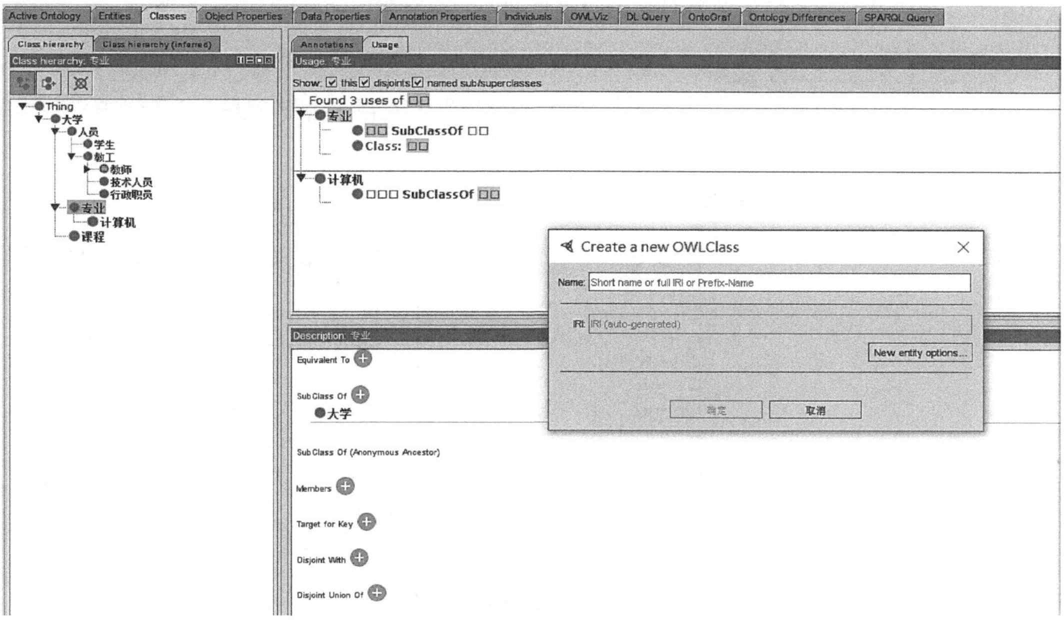

图 8－20　创建一个类

子类：在 OWL 中表示隐含关系，例如副教授是教师的子类。不相交的类：把一组类区分开（如果 A 类和 B 类不相交，那么属于 A 类的个体不能同时属于 B 类），如图 8－21 所示，让人员和专业、课程两个类均不相交。

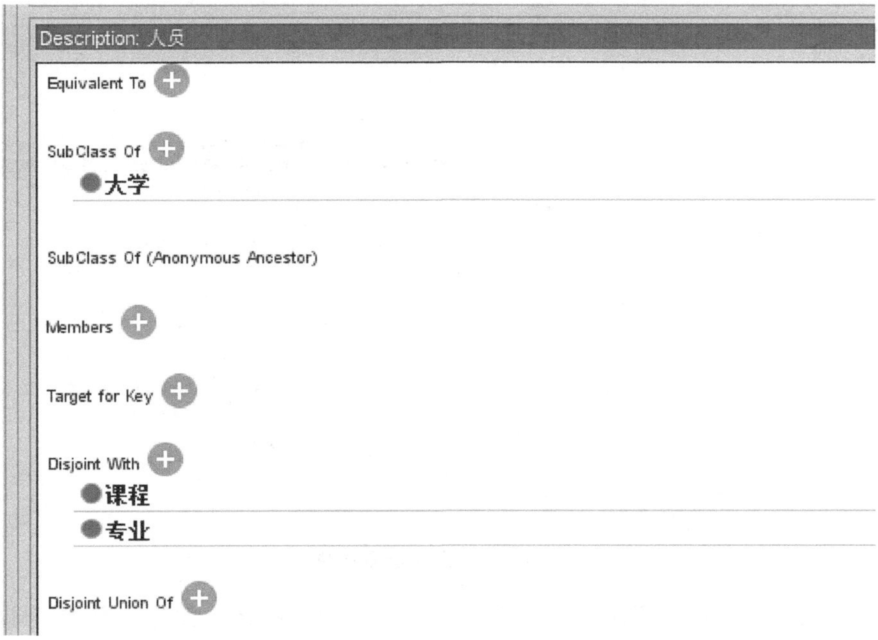

图 8－21　设置类不相交

（2）属性。定义对象属性。这里定义了三个对象属性，讲授、由……讲授、开设，其中讲授、由……讲授为互逆属性，用 Inverse Of 关系表示，如图 8－22 所示。

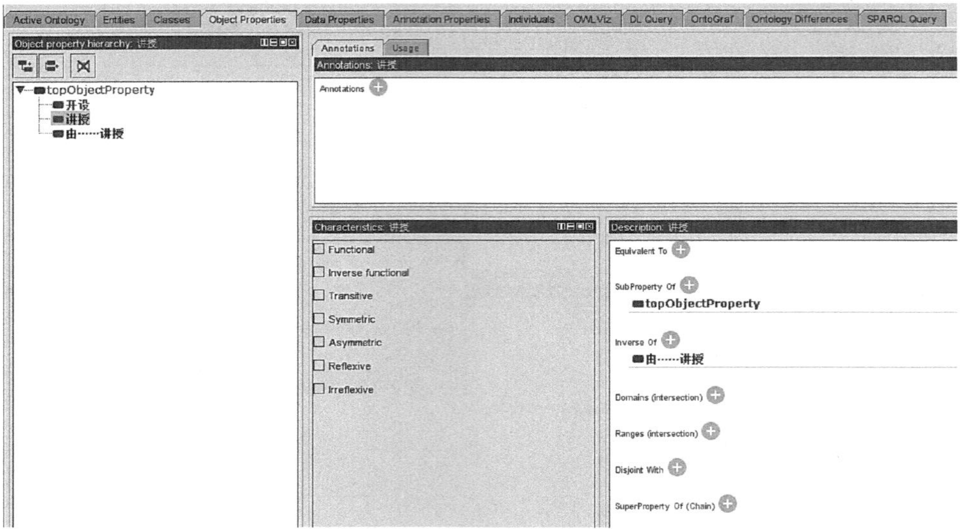

图 8－22 设置互逆属性

对象属性特性。例如讲授关系具有继承性，用 Transitive 表示，将讲授属性的定义域设置为教师、值域设置为课程，那么由于讲授属性具有继承性，所以教授、副教授、助理教授三个教师的子类都具有讲授的属性，如图 8－23 所示。

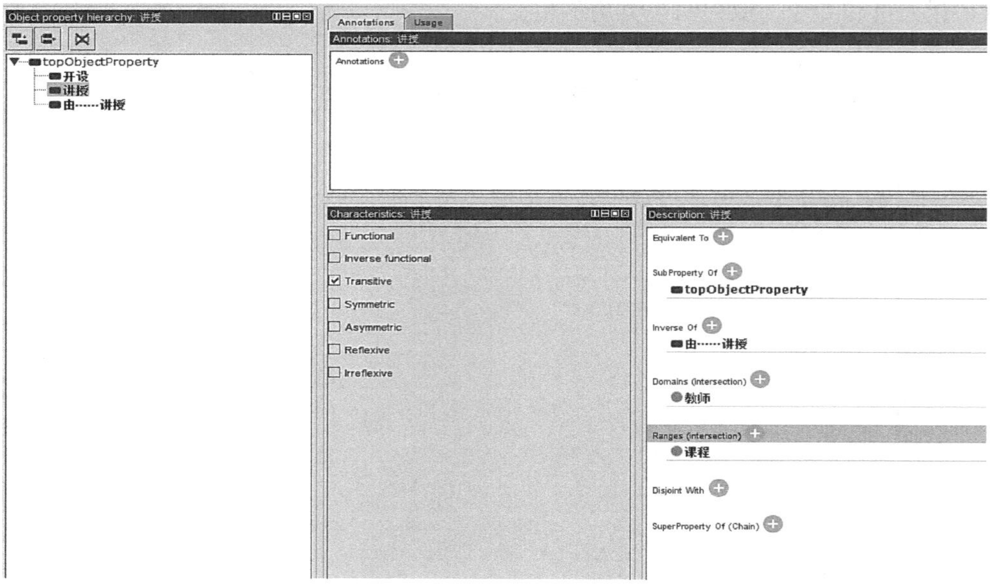

图 8－23 设置继承属性

设定属性的定义域和值域。以讲授属性为例，定义域为教师，值域为课程，如图 8－24 所示。

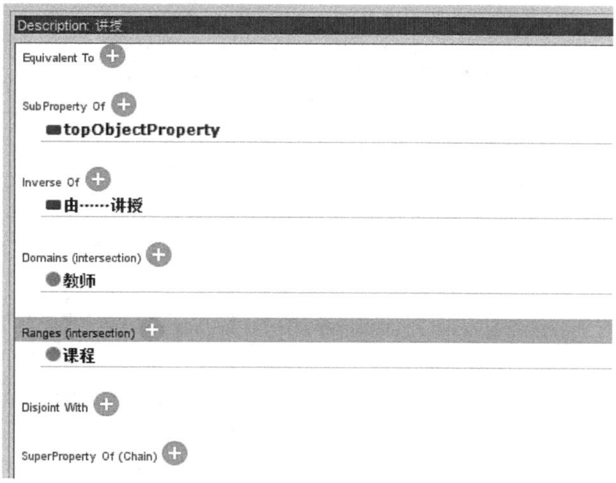

图 8-24 设置属性的定义域和值域

(3) 实例。添加实例。如图 8-25 所示，添加了八个实例。

图 8-25 添加实例

设置实例类型时，将 David Billington，Michel Maher，Grigoris 三个实例设置为教师类，具体再将 Grigoris 和 Michel Maher 设置为教授类的实例，将 David Billington 设置为副教授的实例，将离散数学、线性代数、程序设计、计算理论、信息组织五个实例设置为课程类，如图 8-26 所示。

之后可以为实例添加属性，设置程序设计由 David Billington 讲授，如图 8-27 所示。同理可以设置线性代数、信息组织由 Grigoris 讲授，设置 David Billington 讲授离散数学和计算理论。

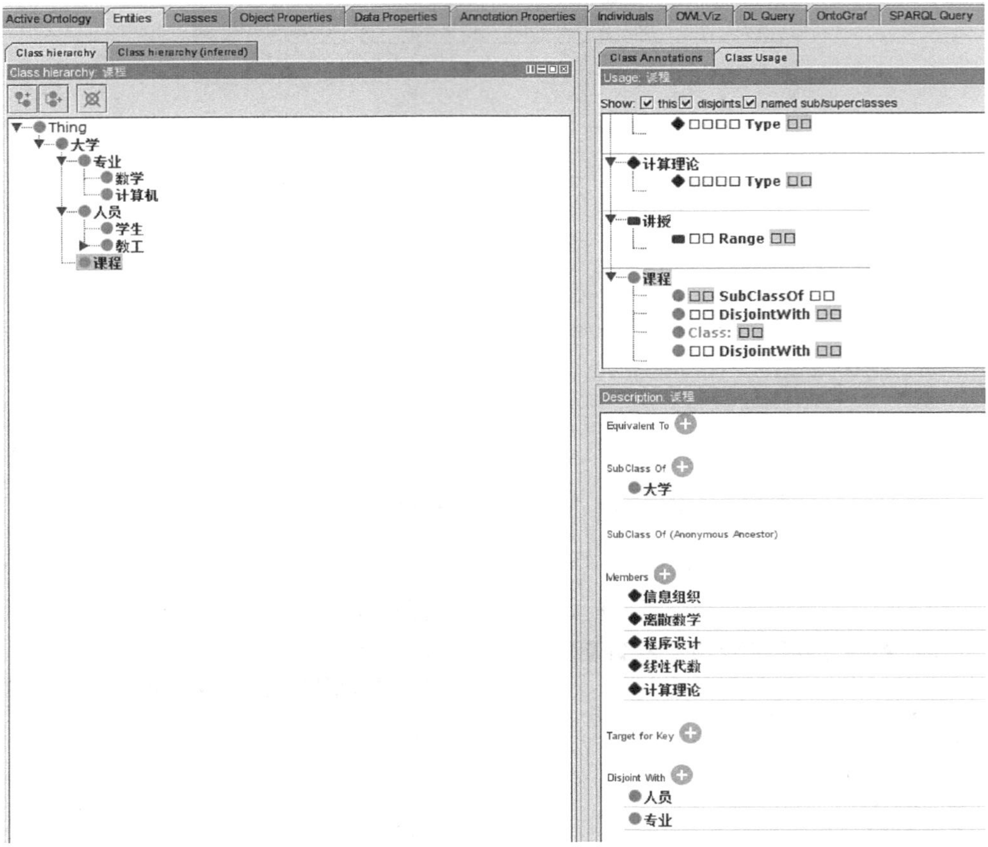

图 8-26　设置实例类型

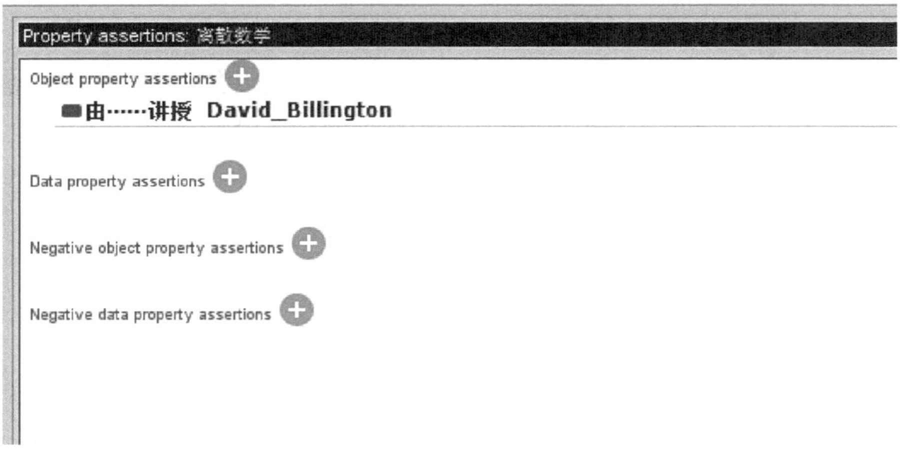

图 8-27　设置实例属性

（4）类间关系。建立类与类之间的关系。设置人员类、专业类、课程类互不相交；将教师类的 Equivalent To 属性定义为教师是教工并且讲授一些课程，如图 8-28 所示。教工类下有教师、技术人员、行政职员三个子类；教师类下有教授、副教授、助理教授三个子类。

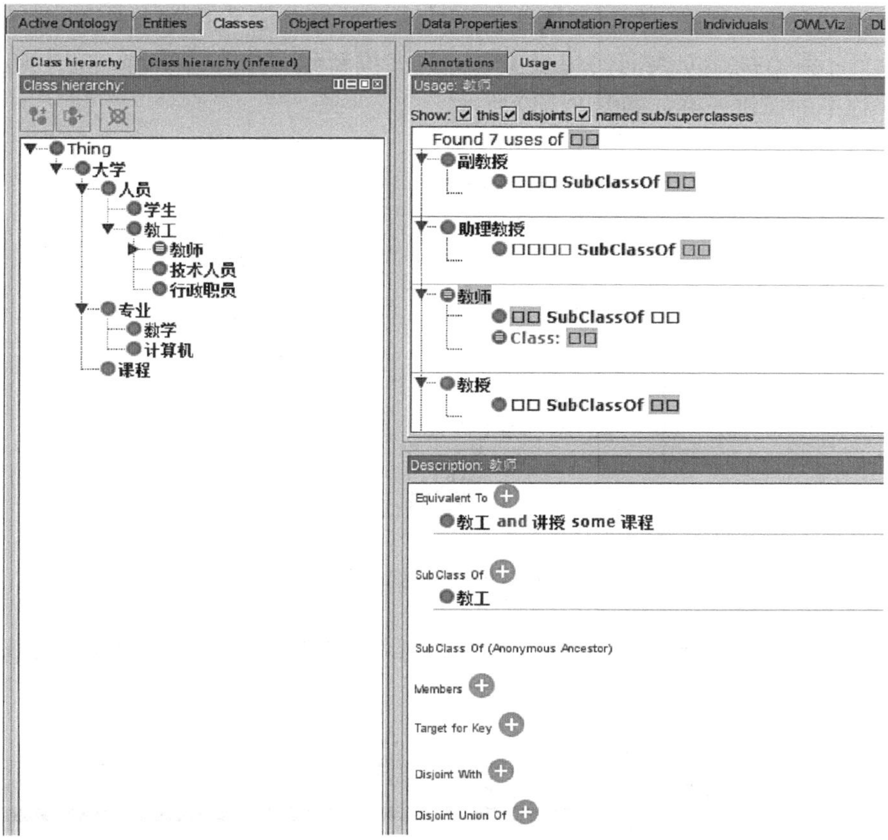

图 8-28 设置类的 Equivalent To 属性

(5) 推理机。推理机是 Protégé 的重要功能之一，如图 8-29 所示。我们不仅可以用推理机判定一个类的定义是否一致，还能利用充分必要条件发现一些隐含的信息。

图 8-29 推理机

可以通过在类中创建实例，设置实例属性的定义域和值域的方法来将类划分到所属的层级，而不是直接建立类间的层级关系。比如说新建一个类为讲师，它不属于专业、人员、课程中的任何一类，如图 8-30 所示。

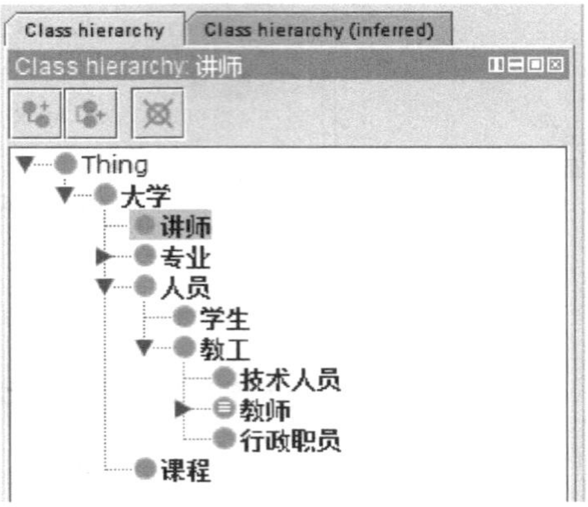

图 8-30 新设置一个类

再添加一个实例李明，设置为讲师的实例，可以讲授线性代数课程，如图 8-31 所示。

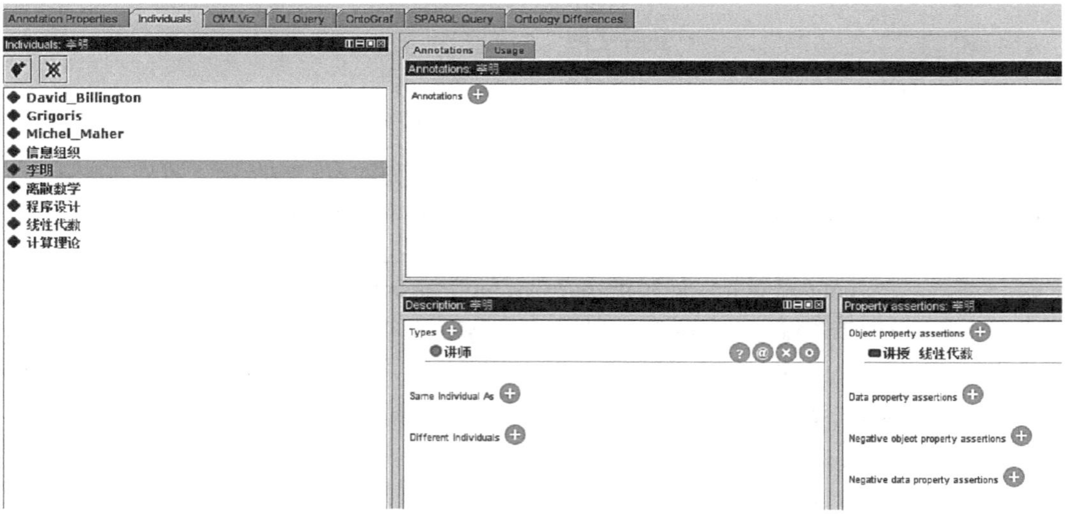

图 8-31 新设置一个实例

加载并且启动推理机，就可以进行推理、查询、可视化工作，类层级结构发生变化。假定课程只能由教师讲授，可以利用推理机将讲师推理为教师的子类，这符合现实的逻辑关系，如图 8-32 所示。

（6）可视化。利用 Protégé 的 OntoGraf 插件可以进行本体可视化表示，形成类的层级关系，如图 8-33 所示。图 8-34 为图 8-33 中不同类型的链接所代表的关系。

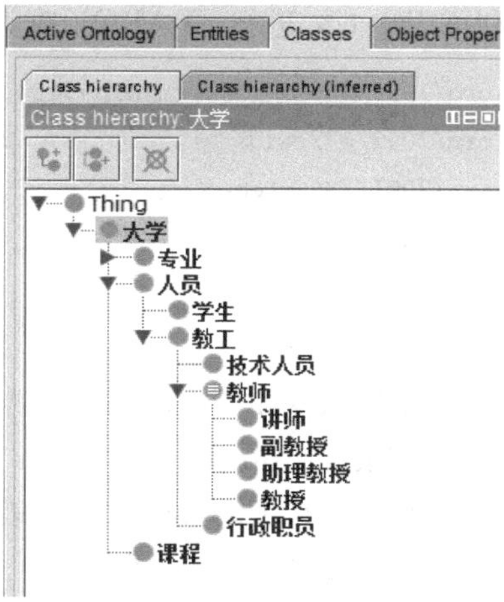

图 8-32 使用推理机

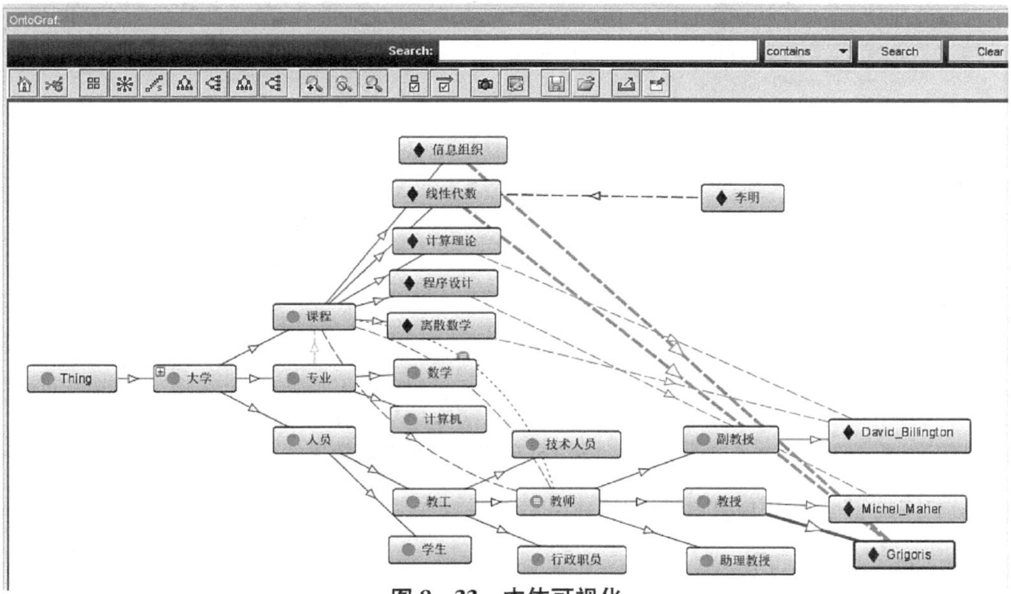

图 8-33 本体可视化

图 8-34 关系表示

（7）SPARQL 查询。可利用 Protégé 进行 SPARQL 查询。例如下列查询：

```
PREFIX rdf:<http://www.w3.org/1999/02/22-rdf-syntax-ns#>
PREFIX owl:<http://www.w3.org/2002/07/owl#>
PREFIX xsd:<http://www.w3.org/2001/XMLSchema#>
PREFIX rdfs:<http://www.w3.org/2000/01/rdf-schema#>
SELECT ?subject ?property ?object
    WHERE { ?subject ?property ?object }
```

该 SPARQL 查询首先引用了 rdf，owl，xsd，rdfs 四个词表的命名空间，SELECT 用于提供查询，通过 SELECT? subject? property? object 来检索该本体内的所有三元组，WHERE 内是该查询的限制条件，其中,? subject 代表主语,? property 代表谓语，? object 代表宾语。查询表达式和结果如图 8－35 所示。

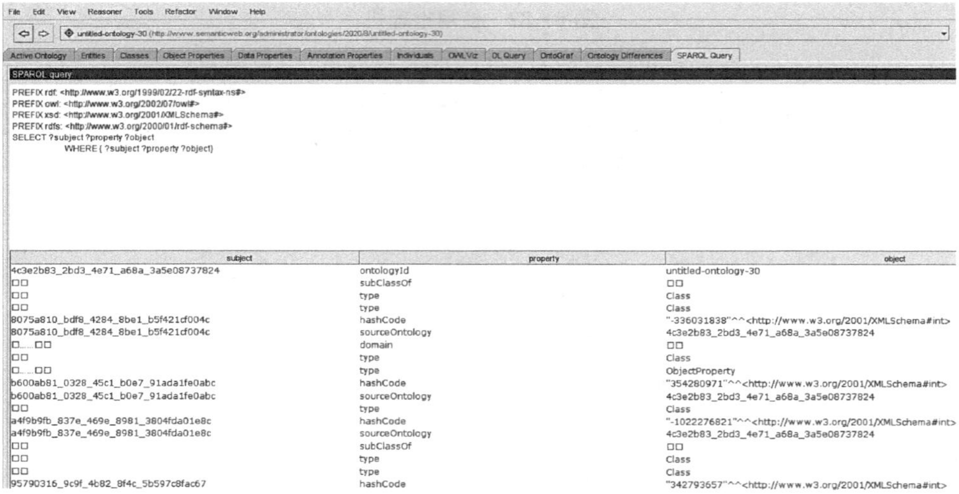

图 8－35　SPARQL 查询表达式及结果

该本体的部分 OWL 文档如下所示：

```
<?xml version="1.0"?>
<!DOCTYPE rdf:RDF [
    <!ENTITY owl"http://www.w3.org/2002/07/owl#">
    <!ENTITY xsd"http://www.w3.org/2001/XMLSchema#">
    <!ENTITY rdfs"http://www.w3.org/2000/01/rdf-schema#">
    <!ENTITY rdf"http://www.w3.org/1999/02/22-rdf-syntax-ns#">
     <!ENTITY untitled-ontology-30" http://www.semanticweb.org/administrator/ontologies/2020/8/untitled-ontology-30#">
     <!ENTITY 由" http://www.semanticweb.org/administrator/ontologies/2020/8/untitled-ontology-30#由……">
]>
……
    <owl:ObjectProperty rdf:about="&untitled-ontology-30;开设">
        <rdf:type rdf:resource="&owl;TransitiveProperty"/>
```

```
        <rdfs:domain rdf:resource="&untitled-ontology-30;专业"/>
        <rdfs:range rdf:resource="&untitled-ontology-30;课程"/>
        <rdfs:subPropertyOf rdf:resource="&owl;topObjectProperty"/>
    </owl:ObjectProperty>

    <owl:ObjectProperty rdf:about="&untitled-ontology-30;由……讲授">
        <rdfs:range rdf:resource="&untitled-ontology-30;教师"/>
        <rdfs:domain rdf:resource="&untitled-ontology-30;课程"/>
    </owl:ObjectProperty>

    <owl:Class rdf:about="&untitled-ontology-30;专业">
        <rdfs:subClassOf rdf:resource="&untitled-ontology-30;大学"/>
        <owl:disjointWith rdf:resource="&untitled-ontology-30;人员"/>
        <owl:disjointWith rdf:resource="&untitled-ontology-30;课程"/>
    </owl:Class>

……
    <owl:Class rdf:about="&untitled-ontology-30;教师">
        <owl:EquivalentClass>
            <owl:Class>
                <owl:intersectionOf rdf:parseType="Collection">
                    <rdf:Description rdf:about="&untitled-ontology-30;教工"/>
                    <owl:Restriction>
                        <owl:onProperty rdf:resource="&untitled-ontology-30;讲授"/>
                            <owl: someValuesFrom rdf: resource = " &untitled-ontology-30;
课程"/>

                    </owl:Restriction>
                </owl:intersectionOf>
            </owl:Class>
        </owl:EquivalentClass>
        <rdfs:subClassOf rdf:resource="&untitled-ontology-30;教工"/>
    </owl:Class>
    ……
    <owl:NamedIndividual rdf:about="&untitled-ontology-30;程序设计">
        <rdf:type rdf:resource="&untitled-ontology-30;课程"/>
        <由:讲授 rdf:resource="&untitled-ontology-30;Michel_Maher"/>
    </owl:NamedIndividual>
    ……
</rdf:RDF>
```

8.4 各种类型的本体

自从本体的思想被引入计算机科学领域，人们已开发出不计其数的本体。这些本体在规模和复杂度上都有很大的差异。有的本体针对特定的领域，有的则希望建立通用的大规模常识知识库。现选取各种本体类型中的典型实例进行介绍，包括大规模的知识库本体 DBpedia，通用本体 Cyc，基因本体等。

8.4.1 DBpedia

DBpedia 由柏林自由大学和莱比锡大学的研究人员发起，与 OpenLink 软件公司合作，致力于从维基百科的结构化和半结构化信息中抽取数据并生成 RDF 三元组，并且在关联数据原则的指导下互联，将网上其他数据集和维基百科的数据结合起来，使得这些信息以关联数据的形式在网络上共享，供人们使用。① DBpedia 一方面利用关联技术与语义网中的各种关联数据集进行互联；另一方面，作为世界上最大的常识本体知识库之一，为自然语言处理技术提供了丰富的知识来源。DBpedia 三元组的形式和本体的组织形式一致，所以可以利用 DBpedia 更方便地实现本体进化。

DBpedia 从维基百科中提取结构化数据，并将数据共享在网络上，允许用户对基于维基百科和所有与之相关联的数据进行复杂查询。DBpedia 通过知识抽取框架抽取维基百科中的标签、摘要、语言链接、图片等数据项，该框架的技术基础由项目组提供，普通参与者亦可改进和完善。知识抽取框架从维基百科中抽取信息主要采用两种方式：其一是利用维基百科的数据库转储文件，将其关系数据表格中存储的关系直接转换为 RDF 三元组；其二是利用维基百科的文章内容及信息盒模版抽取 RDF 三元组。从维基百科的文章内容中抽取信息时，既可以从部分非结构化的文本中抽取，也可以从半结构化的部分及条目内部的链接结构中抽取。其中主要的信息抽取来源如图 8-36 所示，详解如表 8-4 所示。

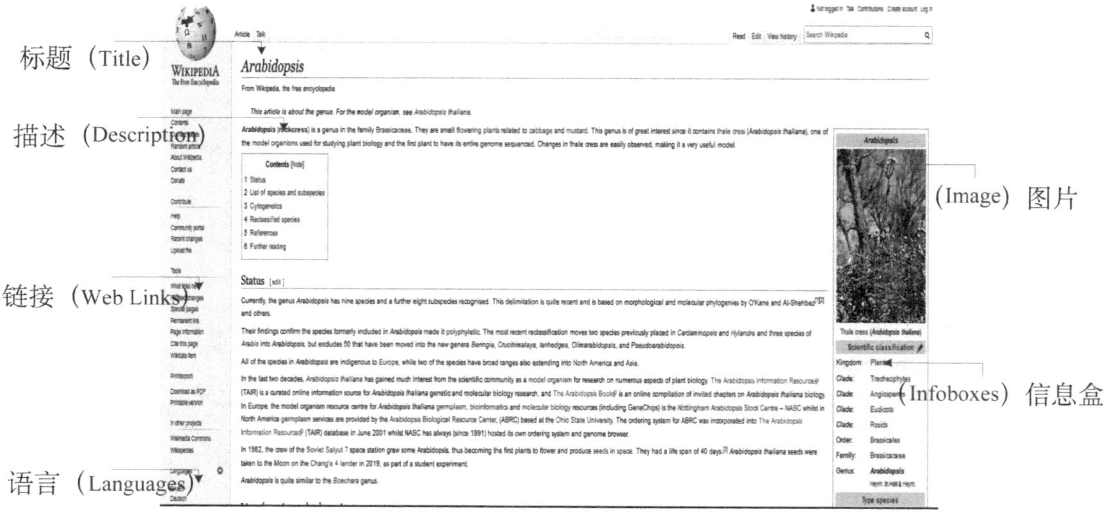

图 8-36 DBpedia 的信息抽取来源

---

① 刘紫玉，杨雨佳，张晓明，等．基于 DBpedia 的领域本体进化方法研究．情报杂志，2017（6）：160-166.

表 8-4 DBpedia 从维基百科中抽取数据的信息源详解

抽取源	说明
标题	作为命名实体的 URI，用于标识资源
描述	摘要是对条目信息的综合描述，是经过精炼的文本，对其内容进行分析提取，可得到较多有价值的信息
领域数据	领域内特定信息。例如词条为地理位置时，会抽取其地理坐标等信息并基于此建立推理规则，从而推算两个城市的地理关系
图片	图片能够直观地描述条目信息，并可以抽取并描述资源
链接	链接可以揭示条目与其他网页间的联系，抽取后能够挖掘该条目与其他事物间的关系
类目	抽取词条的分类，用于资源的归类，亦可揭示资源间的等级关系
语言	便于抽取不同语言版本的摘要
信息盒	内含大量结构化信息，用以描述条目的基本情况，可直接抽取作为资源的属性值
歧义页	消除歧义链接，揭示同形异义词在不同含义下的词条页面，抽取后便于区分 DBpedia 中的资源

资料来源：李秀敏，张久珍．知识社区环境下的 DBpedia 研究．图书馆，2013（4）：27－30.

DBpedia 采用 RDF 语法表示和组织知识，并支持基于 SPARQL 语法的知识查询。为了对数据集进行语义分类，提高分类效果，采用 OWL 创建了 DBpedia 本体，以更好地支持基于语义网的知识组织活动。在维基百科中，元数据以信息框的形式记录和保存，不同的信息框应用频度可能不同。维基百科从这些信息框中找出最常用的数据项，分析相互关系，用手工方式创建 DBpedia 数据集的本体库。截至 2023 年 9 月，该本体库包括 768 个类、3 000 个属性和 4 233 000 个实例。其中包括 1 592 912 个人物、967 491 个地方、317 867 个组织、552 115 个作品和 190 369 个物种等。① 在 DBpedia 本体中采用元素＜owl：Class＞，＜rdfs：label＞，＜rdfs：subClassOf＞，＜owl：ObjectProperty＞，＜owl：DatatypeProperty＞，＜rdfs：domain＞，＜rdfs：range＞，＜owl：unionOf＞分别代表了类、类的标签、父类、对象属性、数据属性、属性的定义域、属性的值域和类间的合并操作。②

DBpedia 涵盖很多领域，能自动地随着维基百科的变化而发展，是真正多语种的知识库。这些知识是致力于建立结构化知识库的人广泛共同合作的结果。DBpedia 知识库涉及一系列的不同领域和这些领域的实体联系，代表了数以千计的维基百科工作者对概念的一致意见并且随着概念的改变而变化。DBpedia 的目标是从维基百科中抽取结构化信息并开放下载，与其他数据集互联而形成知识网络。如今该目标正在逐步实现，由于

① DBpedia. Ontology. ［2023－09－01］. https：//www. dbpedia. org/resources/ontology/.

② 叶壮壮．基于 Wikidata 的机构本体构建研究．太原：山西大学，2019.

DBpedia 的跨领域、多语言等特征，DBpedia 自发布后便与诸多数据集互联，成为关联数据网的核心。基于该数据集的应用也愈来愈多，渐渐渗入社会生活各个方面。

8.4.2 Cyc

Cyc（http：//www.cyc.com/opencyc/）提取了单词 encyclopedia（百科全书）中间的三个字母，百科全书并非包括所有的知识，一些显而易见的知识就没有，但这些显而易见的知识是常识性知识，Cyc 项目用计算机表示需要了解但百科全书中没有的常识性知识。

1994 年度的图灵奖获得者费根鲍姆（Feigenbaum）曾说过："智能系统的动力是系统所包含领域的知识，Cyc 不仅有世界上最大的知识库，也是技术论的最佳代表。"Cyc 旨在提供一种可以被其他程序灵活使用的深层次的理解。知识库服务器拥有一个非常庞大的多语境知识库和 Cycorp 自主开发的推理引擎。Cycorp 的目标是构建通用性常识知识基础——集结了术语、规则和关系的语义底层，这一知识库的成功构建将带来大量的知识密集型产品和服务。

（1）Cyc 知识库，利用形式语言 CycL，形式化地表达了大量的人类基础知识：事实、规则和用于推理的启发式。知识库的概念构成了庞大的词表和断言集合。Cyc 知识库被分成数以千计的微理论，每个微理论都由一串断言构成。微理论机制允许 Cyc 独立地维护看起来具有对立性的断言，并促使 Cyc 系统提高专注于推理过程的能力。Cyc 知识库包括接近 150 万个概念、4 万个谓词和 2 500 万条公理，以及数以万计的手工录入和解释术语的断言。另外，术语合并的功能还可以自动生成数以百万计的非原子化术语。

（2）Cyc 推理引擎，可以执行通用的逻辑学推理。Cyc 也包括一些特殊目的的推理模型，以处理一些特殊类别的推理。

（3）CycL，即 Cyc 表示语言，是一种非常灵活的知识表示语言。从本质上说，CycL 是一种增量式的一阶谓词逻辑微积分，它具有易于操作的等式扩展、缺省推理机制和一些二阶谓词逻辑的特征。Cyc 用一种定义形式，包括特殊名称假设，能恰当地接近人类的假设。

（4）自然语言处理子系统，由三个部分组成：词典部分、语法分析器和语义注释器。词典部分是自然语言系统的主干，包含英文单词的语法和语义信息。每一个单词都用一个 Cyc 常量来表示。语法分析器利用松散的基于控制和构建原则的短语结构语法，还利用了大量的与上下文无关的规则为输入的句子构建自下而上的树状结构。语义注释器是 Cyc 自然语言系统中的语义单元，输出的都是纯 CycL 语句，一个经过解析的句子可以被立即加入知识库。语义单元在解译句子的每一步中都会使用知识库中的知识。利用常识来指导解译的程序，可以解决有关自然语言模糊性的任何疑难问题，从而摆脱单纯依靠统计技术的局限。

（5）Cyc 语义集成的数据传输总线。信息有很多存储格式，包括结构化、半结构化和非结构化三种。Cyc 通常将非结构化信息视为无用信息，保留经过注释的可以为人所获取的信息。Cyc 将每一条数据库记录都看作知识库中隐含的断言，这些断言在进行推理时很有用。

（6）Cyc开发工具包。Cyc系统包含了各种界面工具，允许用户浏览、编辑和扩展Cyc知识库，向推理引擎提出检索式，支持自然语言和数据库集成模块间的互操作。最常用的工具是Cyc的HTML浏览器，它允许用户以超文本方式查看知识库，还包含对知识库进行查询和编辑的功能。

Cyc顶层本体中最高层实体是事物，事物又分成数学的或计算的事物以及个体事物。数学的或计算的事物是没有时间和空间属性的抽象实体。个体事物定义了非集合性的个体，个体是具有时间和空间属性的具体事物，可以再划分出子模块，包含部分无形的个体、时间事物、空间事物等特殊个体。图8－37就是Cyc顶层本体结构的一部分。该本体概念较为丰富，对存在的事物及其时间状态做了明确区分，同时描述了抽象实体，如组或集合、时间事物、空间事物等。

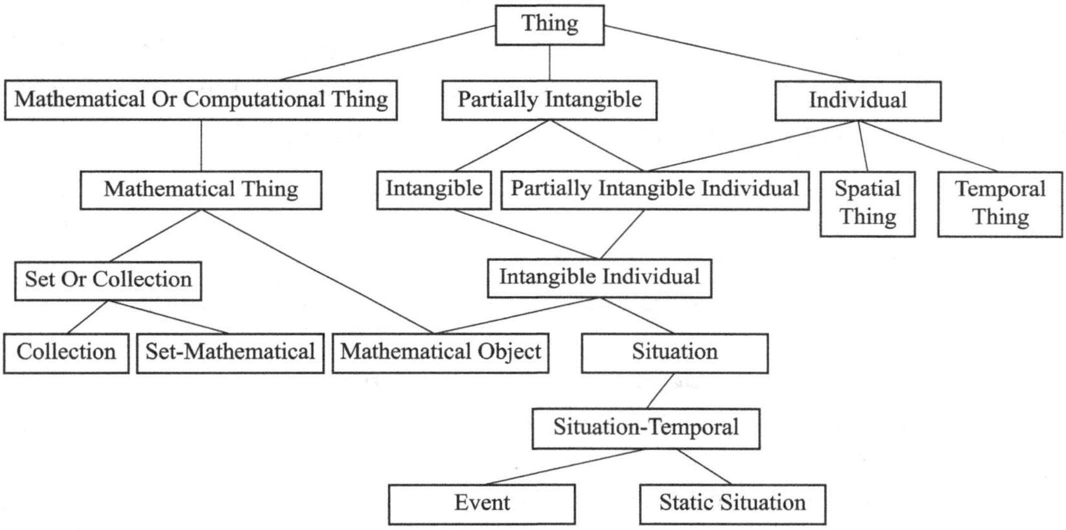

图8－37 Cyc顶层本体结构（部分）

资料来源：贾君枝，刘艳玲．顶层本体比较及评估．情报理论与实践，2007（3）：397－400.

8.4.3 基因本体

基因本体（Gene Ontology，GO）（http：//www.geneontology.org/）项目是2000年由基因本体联盟（Gene Ontology Consortitum，GOC）研发的，旨在建立一个可用于描述任何有机生物体中的基因和基因产物，定义出一套结构化、精确、通用的受控术语并能随着研究的不断深入而更新的语义词汇标准。① GO项目开发了三个结构控制词表（本体）用来描述基因产物，分别是：生物学过程本体（Biological Processes）、分子功能本体（Molecular Functions）和细胞成分本体（Cellular Components）。GO项目包含以

① 李景．本体理论及在农业文献检索系统中的应用研究：以花卉学本体建模为例．中国科学院研究生院（文献情报中心），2004.

下三方面的工作内容：开发和维护自身本体；基因产物的标注，确保合作数据库中的本体、基因和基因产物相关联；开发创造、维护和使用本体的工具。基因本体的主要目标是：构建一个可控的、结构化的语义术语集，其中包含基因产物的属性和生物学序列，旨在对细胞生物学的重要领域进行描述；提供开放的公共资源，使研究者可以使用相关信息和相关软件；在生物学数据库中使用基因本体中的语义术语来注释序列、基因及基因产物。

术语是基因本体中最基本的概念。基因本体中的每一个术语都有：术语名称（name），可能由一个或多个单词组成；唯一的数字标识符（id）；引用来源的定义（def）；该术语所属域的命名空间；术语的同义词集合；该术语在其他数据库中的等价概念；对该术语在术语意义或用法上的评价。基因本体的词汇是中性的，包含的术语既适用于原核生物，也适用于真核生物。需要注意的是，基因本体并不是一成不变的，研究和标注社区的成员以及直接参与 GO 项目的成员建议持续对基因本体进行补充、修正和变更。比如，标注者有时候需要用一个特定的术语表示一个代谢过程，这就需要适当的补充，本体的编辑就会审查这一修改，并在恰当的地方实现这一修改。可以从网址 http：//geneontology. org/page/download-ontology 免费下载基因本体。现将其术语举例如下：

```
id:GO:0000019
name:regulation of mitotic recombination
namespace:biological_process
def:"Any process that modulates the frequency,rate or extent of DNA recombination during mitosis."[GOC:go_curators]
synonym:"regulation of recombination within rDNA repeats"NARROW [ ]
is_a:GO:0000018 ! regulation of DNA recombination
intersection_of:GO:0065007 ! biological regulation
intersection_of:regulates GO:0006312 ! mitotic recombination
relationship:regulates GO:0006312 ! mitotic recombination
```

基因本体中的术语之间存在语义关系，目前，基因本体一共包含八种不同的语义关系，如图 8－38 所示。使用最多的两种关系分别是“Is a”和“Part of”。“Is a”关系是一种简单的包含关系，比如 A Is a B 表示 A 是 B 的一个子集。“Part of”关系要稍微复杂一点，C Part of D 意味着如果 C 出现，那么它就肯定是 D 的一部分，但 C 不一定总会出现。比如 nucleus Part of cell，细胞核肯定是细胞的一部分，但有的细胞没有细胞核。每个本体子结构均有且只有一个根节点，在基因本体的结构中，层次越深，其表达的意义越具体，描述的意义越清晰。例如在细胞组成本体内，GO：0044464 表示细胞组件，而 GO：0044424 表示细胞内组件；细胞内组件是细胞组件的一部分，所以细胞内组件比细胞组件的语义要具体。①

基因本体的结构可以用一个有向无环图来描述，其中每个基因本体项都是一个节点，这些项之间的关系是节点之间的边。基因本体是松散的层次结构，子类术语比它们的父

① 田侦．基于基因本体的功能相似网络构建与纯化算法研究．哈尔滨：哈尔滨工业大学，2017.

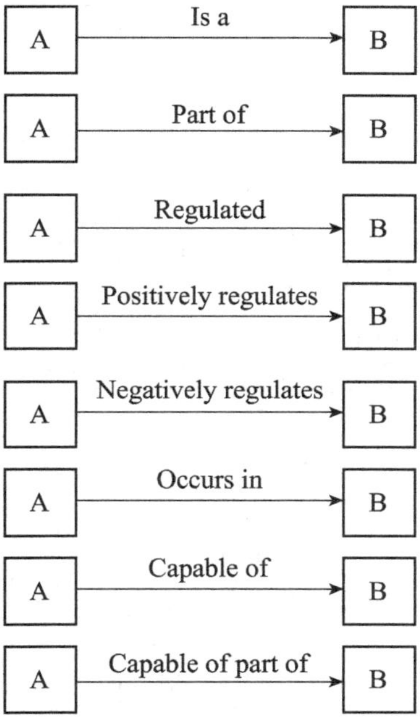

图 8-38 基因本体中的语义关系

资料来源：田侦．基于基因本体的功能相似网络构建与纯化算法研究．哈尔滨：哈尔滨工业大学，2017.

类术语更专业，但与严格的层次结构不同，一个术语可能有多个父类术语（请注意，父/子模型并不适用于所有类型的关系）。例如，生物过程术语己糖生物合成过程有两个父类，己糖代谢过程和单糖生物合成过程。这反映了生物合成过程是代谢过程的一个子类，己糖是单糖的一个子类（见图 8-39）。

基因本体标注（Gene Ontology Annotation，GOA）是将基因本体的术语分配给基因或者基因产物的过程。基因本体联合会倡议建立基因本体标注数据库，并鼓励研究团队或者个人提供新标注。目前该数据库已经含有十个动物、植物和微生物的基因标注信息，并且还在不断地进行更新和补充。近些年，随着对基因本体研究的逐步深入，基因标注信息越来越丰富。广大非生物背景的科研人员也可以将研究成果加入基因本体功能标注数据库，越来越多的标注信息被加入该数据库中。①

图 8-40 是人类基因 MUT 在基因本体标注数据库中的功能注释信息示意图②，每一行代表一条基因功能标注信息，每一条信息有七列。具体来说，第一列代表标注表数据来自 UniProtKB 数据库，第二列代表蛋白质名称，第三列代表基因名称，第四列代表具体标注术语编号，第五列代表标注来源依据，第六列代表标注来源类型，第七列代表本体标注类型。图 8-40 中对基因 MUT 的标注称为直接标注，根据直接标注和基因本体结构推导出的标注称为扩展标注。由于成千上万的基因在基因本体中得到了标注，且随

① 连爱娥．基于基因本体（GO）的基因语义相似性度量方法的研究及应用．上海：上海师范大学，2010.

② 同①.

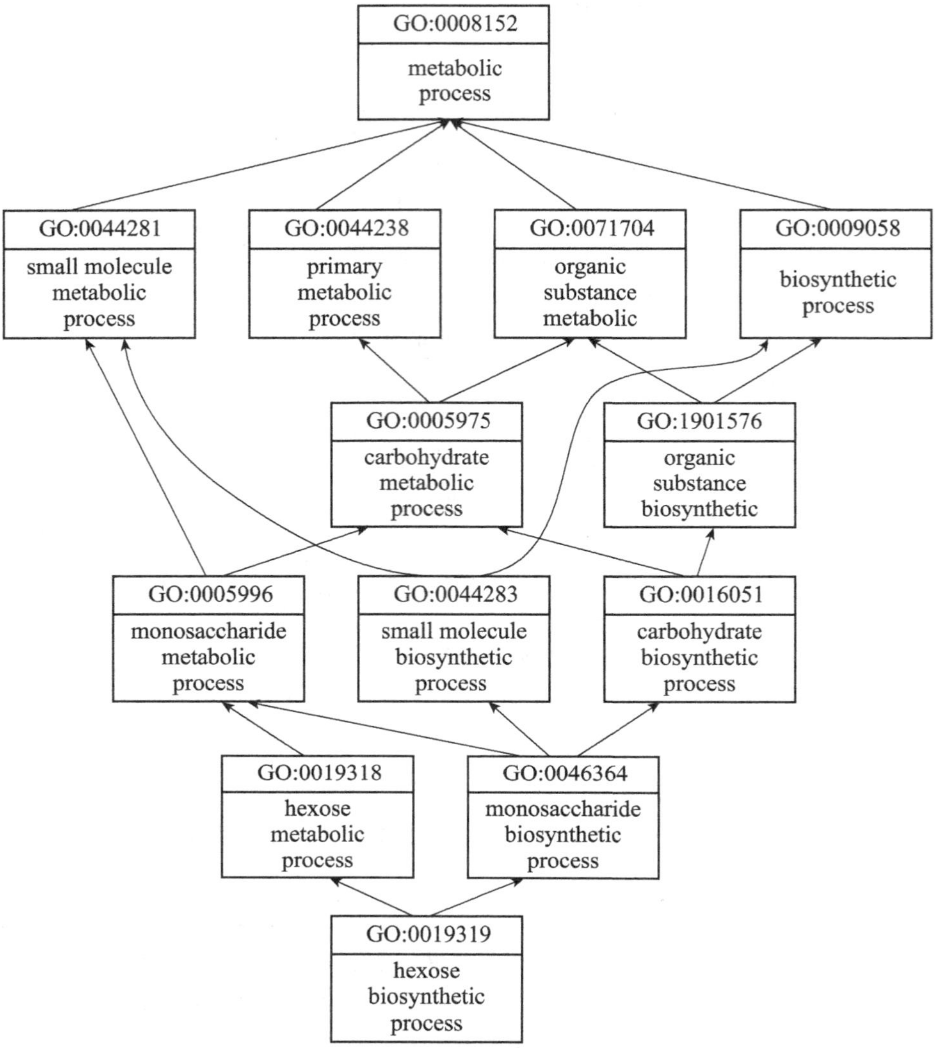

图 8-39　基因本体的结构示例

资料来源：田侦．基于基因本体的功能相似网络构建与纯化算法研究．哈尔滨：哈尔滨工业大学，2017.

UniProtKB»	P22033»	MUT»	GO:0004494»	PMID:27167370»	IMP»	F»
UniProtKB»	P22033»	MUT»	GO:0004494»	PMID:28101778»	MP»	F»
UniProtKB»	P22033»	MUT»	GO:0005739»	PMID:2567699»	TAS»	C»
UniProtKB»	P22033»	MUT»	GO:0005759»	Reactome:R-HSA-3159259»	TAS»	C»
UniProtKB»	P22033»	MUT»	GO:0005759»	Reactome:R-HSA-3322135»	TAS»	C»
UniProtKB»	P22033»	MUT»	GO:0005759»	Reactome:R-HSA-3322971»	TAS»	C»
UniProtKB»	P22033»	MUT»	GO:0005759»	Reactome:R-HSA-71010»	TAS»	C»
UniProtKB»	P22033»	MUT»	GO:0009235»	Reactome:R-HSA-196741»	TAS»	P»
UniProtKB»	P22033»	MUT»	GO:0009791»	GO_REF:0000107»	IEA»	P»
UniProtKB»	P22033»	MUT»	GO:0019626»	Reactome:R-HSA-71032»	TAS»	P»
UniProtKB»	P22033»	MUT»	GO:0031419»	GO_REF:0000037»	IEA»	F»
UniProtKB»	P22033»	MUT»	GO:0046872»	GO_REF:0000037»	IEA»	F»
UniProtKB»	P22033»	MUT»	GO:0050667»	PMID:20031578»	IDA»	P»
UniProtKB»	P22033»	MUT»	GO:0072341»	PMID:20031578»	IDA»	F»

图 8-40　基因 MUT 的功能注释信息示例

着基因标注的发展，基因本体已经成为基因分类的一种宝贵资源。① 目前基因本体标注之间的语义关系被广泛地应用于基因功能的分析。

基因本体为描述基因（基因产物）的分子功能、生物过程等相关信息提供了一个规范、准确的术语集，是生物医学领域最成功的本体之一，目前被广泛应用于生物医学相关研究领域。自1998年基因本体创建后，基因本体迅速成为此领域学者的研究热点，基因本体能够形式化、明确和标准化地对基因和基因产物进行阐述和解释。② 目前基因本体存在如下缺陷：知识的变化与更新远远滞后；对各种不同的数据，要达成一致的评价或认识很困难。只有在合作方达成共识的基础上，才可以进行基因产物的比较研究，并确定它们之间是否有关联，是否相互作用。因此，针对未来发展趋势，基因本体应致力于知识更新和知识共享两大方面。

思考题

1. 本体的定义是什么？
2. 本体的构成要素有哪些？
3. 本体的类型有哪些？请列举不同类型的本体实例。
4. 本体与叙词表的区别是什么？
5. 本体描述语言经历了怎样的发展？其基本思想是什么？
6. RDF，RDFS，OWL的构成原语有哪些？
7. 本体构建应遵循的原则有哪些？
8. 比较不同本体构建方法的优缺点。
9. 传统叙词表如何转化为本体？
10. 如何应用Protégé工具构建本体？

推荐阅读

1. 安东尼奥，等．语义网基础教程．3版．北京：机械工业出版社，2014.

2. 贾君枝，郤杨芳，刘艳玲，等．汉语框架网络本体研究．北京：科学出版社，2012.

3. 曾新红．《中国分类主题词表》的OWL表示及其语义深层揭示研究．情报学报，2005（2）.

① Pavlidis P, Lewis D P, Noble W S. Exploring Gene Expression Data with Class Scores. Pacific Symposium on Biocomputing, 2002: 474-485.

② 唐智．基因本体术语相似度计算方法研究．衡阳：南华大学，2019.

第9章

关联数据

概要

本章分为四节，9.1 节讨论了关联数据的定义、特点、原则及应用优势；9.2 节讨论了关联数据的发布流程及关联数据的 SPARQL 查询；9.3 节讨论了图书馆数据的基本构成，并分析了图书馆数据关联化的价值，进而探讨受控词表的关联化及图书馆书目数据关联化；9.4 节讨论了现有关联数据的最佳实践项目，进一步体现关联数据在互联网中发挥的重要作用。

学习要点

关联数据的定义、特点、原则及应用优势；关联数据的发布流程；SPARQL 查询语言、查询类型和查询结果约束；图书馆数据的基本构成；图书馆数据关联化的价值；受控词表关联化的实现流程；书目数据关联化的发展及实现流程；典型的关联数据项目。

学习目标

了解关联数据的定义与特点；明确关联数据的原则；了解关联数据的应用优势；掌握关联数据的发布流程；认识 SPARQL 查询语言；明确 SPARQL 查询类型；了解图书馆数据的基本构成；清楚图书馆数据关联化的价值；熟知受控词表关联化的实现流程及应用优势；熟知书目数据关联化的发展及实现流程；了解当前关联数据项目的最佳实践。

9.1 关联数据概述

知识组织系统是一种机器可理解的系统，即可以被计算机系统所识别、读取和理解。其核心在于构建概念（知识）属性的形式化描述框架，以满足基于理解的信息处理和知识管理的功能需求，并实现不同系统之间在不同层面上的互操作。关联数据的发展推动了知识组织工具的开放可获取，增加了用户对知识组织系统的访问，促进其广泛应用于数据集的标引及描述，实现知识组织系统的共享，以在未来发挥更大的价值。同时，通过提供数据集的描述，有利于提升数据集的质量，促进知识组织系统的再利用，实现数据的集成应用。

现在，人类已经进入信息化时代，网络从信息空间的链接发展成文档和数据的链接，而关联数据在其中发挥了重要作用。关联数据（linked data）由“万维网之父”蒂姆·伯纳斯-李于 2006 年首次提出，关联数据提出的目的在于构建易于人机识别的语义网络，从而实现信息的语义化智能应用。本节将从关联数据的定义与特点、原则以及应用优势三个方面分别对其进行介绍。

9.1.1　关联数据的定义与特点

关联数据是万维网联盟推荐的一项规范，用来发布和链接各类数据、信息和知识，希望在现有网络基础上，建立一个映射所有自然、社会和精神世界的数据网络，通过对大千世界万事万物及其相互之间的关系进行机器可读的描述，使互联网演变成一个富含语义的、互联互通的知识海洋，从而使任何人都能够借助整个互联网的计算设施和运算能力，在更大范围内，准确、高效、可靠地查找、分享、利用这些相互关联的信息和知识。[①] 关联数据网络不同于当前的超文本网络，超文本网络的基础单元是由超链接所连接起来的 HTML 文档，而关联数据并不是简单地连接这些文档，而是使用 RDF 形成链接任何事物的网络，即数据网络。数据网络是对世界上所有实体进行描述而形成的网络，关联数据网络的出现不但对当前的超文本网络进行了扩展，同时也对当前网络上纷繁混乱的信息资源进行了甄别、选择和定位。

从技术上看，关联数据是在网上发布资源的一种方式。语义网将资源定义为“任何有 URI 标识的东西”，分为信息资源和非信息资源两大类。信息资源用以表达任何信息，通常以某种编码的文件形式存在；非信息资源用以指代大千世界中的各类实体对象，可以是自然界、人类社会以及人类意识所创造的精神世界（概念、观念、抽象实体等）的所有对象。[②]

关联数据可以在不同来源的数据之间创建链接。这些数据源可能是两个处于不同地理位置的机构所维护的数据库，也可能是一个机构内无法在数据层面进行互操作的不同系统。严格来说，关联数据是指发布在网络上的数据，该数据具有机器可读性和明确的含义，并链接至其他外部数据集，同样也可被来自外部数据集的数据所链接。[③]

关联数据的主要特点是成本低，可用性强，整合简单。正是它的这些特点，展现了其在语义网应用中的魅力及发展前景。关联数据之所以叫关联数据，其原因归纳起来有三点：URI 所表示的是数据，而不是文档；URI 的数据资源以 RDF 形式表达，指向更多数据的 URI，形成广泛的链接；RDF 所表达的链接其实是有语义的，定义了当前资源与被链接资源的关系类型。

---

① Bizer C，Heath T，Berners-Lee T. Linked Data：The Story So Far. International Journal on Semantic Web and Information Systems，2009（3）：1－22.

② Getoor L，Diehl C P. Link Mining：A Survey. ACM SIGKDD Explorations Newsletter，2005（2）：3－12.

③ 潘有能．张悦．关联数据研究与应用进展．情报科学，2011（1）：124－130.

9.1.2 关联数据的原则

关联数据创始人蒂姆·伯纳斯-李认为所有已发布的关联数据都是全球数据空间的组成部分，关联数据的发布应遵循以下四条原则：使用 URI 作为事物的标识名称；使用 HTTP URI，以便人们可以查找这些标识名称；当有人访问标识名称时，以 RDF 形式提供有用的信息；尽可能提供相关的 URI，以使人们可以发现更多的事物。[①]

（1）使用 URI 作为事物的标识名称。关联数据环境中的事物指代被描述的对象，而这些要标识的对象统称为资源。W3C 技术架构组（TAG）将其划分为两种类型：信息资源和非信息资源。传统的网络文档，比如网页、图片和其他媒体文件都属于信息资源。但是，许多想共享的数据却不是实实在在的信息资源，是存在于网络之外的真实对象，如人、有形产品、地理位置等，这些属于非信息资源。在网络上存在这样一条经验法则，即所有存在于网络之外的"真实世界的对象"都是非信息资源。

为有效地区分资源，需给定资源唯一的标识，URI 便成为关联数据发展的关键。URI 在不集中管理的条件下，能提供一种简单的方法来创建全球唯一的标识名称；URI 不仅是一个名称，而且是通过网络访问信息资源的一种方式。万维网联盟 SWEO 研究组认为需要一个好的 URI 命名策略，以保证 URI 的持久性和稳定性。选择 URI 时应同时保证 URI 短小、易记，一旦设置了 URI 标识某个资源，就应该尽可能长时间保持这种方式；还要确保其具有可管理性，在自己可控的 HTTP 命名空间里定义，重用已有标识符，如果资源已被唯一标识，应将其纳入 URI。[②] 总而言之，在讨论事物之前，必须要对其进行标识，URI 的作用就是在关联数据中标识事物，例如，戈尔韦机场在 DBpedia 中的 URI 为＜http://dbpedia.org/resource/Galway_airport＞。

（2）使用 HTTP URI，以便人们可以查找这些标识名称。使用 HTTP URI 使任何人都可以访问这些标识名称。HTTP 协议是网络的普及机制，而 HTTP URI 结合全局唯一标识形成一个简单的、容易理解的检索机制，提倡使用 HTTP URI 来识别对象和抽象的概念并引用。例如，一般通过 ISBN 对图书进行标识。以英国作家查尔斯·狄更斯（Charles Dickens）的长篇小说《老古玩店》（*The Old Curiosity Shop*）为例，其 ISBN 是 0140437428。我们可以创建一个类似于 ISBN：0140437428 的 URI，然后将其复制到浏览器并观察结果。不过浏览器无法处理这样的 URI，因为它并非标准的 URI 格式。只有使用 HTTP URI 才可以在万维网中解析，以便用户查找事物名称。这就是第二条原则需要处理的问题。

（3）当有人访问标识名称时，以 RDF 形式提供有用的信息。RDF 提供了一种普遍的、基于图形的数据模型，通过此模型可以架构和链接描述事物的数据。[③] 任何事物都可看作资源，所有的资源都采用 URI 标识。当资源作为描述对象时被看作主体，属性是

① 金燕．江闪闪．基于四原则的关联数据发布方法研究．图书馆理论与实践，2013（5）：77－80.

② Berners-Lee T. Cool URIs don't Change. http://www.w3.org/Provider/Style/URI.

③ 程变爱．试论资源描述框架（RDF）：一种极具生命力的元数据携带工具．现代图书情报技术，2000（6）：62－64.

谓词，用来描述资源的特征或关系，每一个属性都有其特定的含义，属性值则是客体。关联数据中，通常采用RDF模型对资源进行描述，生成RDF文档，当用户访问资源的URI时，应获取以RDF形式表述的文档。HTML浏览器通常将RDF表示形式作为RDF的源代码，或者只是将其作为RDF文件下载下来而不显示它们，所以资源除了要有RDF表示形式外，还应有一个合适的HTML表示形式，这有助于人们理解URI所指的是什么。要做到这一点，需使用HTTP的内容协商机制。内容协商是HTTP提供的有用机制，通过客户端可以从服务器端获得想要的内容类型。HTTP客户端每一个请求都发送HTTP标题以显示它们请求返回的是何种类型的表示形式，服务器检查那些标题并选择一种适当的响应。如果标题表明客户端需要HTML，那么服务器会生成一个HTML表示形式返回，如果客户端需要RDF，服务器则会生成RDF的表示形式。

（4）尽可能提供相关的URI，以使人们可以发现更多的事物。关联数据是数据的一种发布方式，数据用URI标识，数据对象是由RDF描述的，RDF文件中包含更多由URI标识的其他数据资源，因此当参引URI时，便可以发现RDF文件更多的其他的相关URI，这便是RDF的链接现象。① 在网络的开放环境下，经常会有不同的信息提供者谈论相同的非信息资源，因为这些信息提供者互不相识，他们在标识同一真实世界的对象时采用了不同的URI，那么这两个URI指的是同一个非信息资源，它们被称为URI别名。DBpedia是一个以从维基百科中提取到的信息为数据源的本体，其用http://dbpedia.org/resource/Borlin作为URI来识别柏林。GeoNames是一个提供数以百万计的地理位置信息的数据库②，使用http://sws.geonames.org/2950159作为URI来识别柏林。这两个URI指的是同一个非信息资源，它们被称为URI别名。为了能追踪不同的信息提供者对同一个非信息资源的描述，常见的做法是为信息提供者设置owl：sameAs，即链接他们知道的URI别名，URI别名可以说是RDF链接的特例。能将某种资源链接到由其他数据源发布的外部数据的RDF链接是最有价值的，因为它们将不同的数据孤岛链接成为一个网络。从技术上讲，这种RDF外链是一个主体和客体分别来自不同数据源的RDF三元组。RDF链接的方式大致分为两种：手动设置和自动生成。手动设置适合数据量小的类型，这在FOAF个人主页里是很常见的。手动设置RDF链接，链接之前要对备选链接的数据集有所了解，为了得到可用作链接目标的不同数据集的概况，可以参阅关联开放数据集清单。一旦确定适合做链接目标的特定数据集，便可以在这些数据集中手动搜索自己想要链接的URI引用。也可以用关联数据浏览器去浏览数据集并寻找正确的URI，一旦找到合适的URI，便可手动设置链接。RDF链接的自动生成通常用来互联大型数据集，借助实体相似度计算建立数据源间的映射，通过定义等同关系、包含关系建立数据集之间的链接。基于共同标识符的算法，各个领域都有普遍认可的命名模式，例如，出版领域有ISBN，金融领域有国际证券识别编码（International Securities Identification Number，ISIN），如果这些标识符被用作标识特定资源的HTTP URI的一部分，可以使用基于这种唯一的标识符的简单算法，在这些数据源间生成RDF链接。如果整个

① Hausenblas M. Linked Data Applications. First Community Draft，2009.

② 白海燕．关联数据及DBpedia实例分析．现代图书情报技术，2010（3）：33-39.

数据集中不存在共同的标识符，有必要采用更为复杂的基于属性的链接算法。[①]

前两条原则分别建立规范化命名机制和调用内容对象的机制，第三条原则要求用结构化、规范化的方式来描述内容对象，第四条原则要求建立内容对象与其他内容对象的关联，以支持从内容对象出发对相关内容对象的关联检索。这些原则并没有对内容对象的内部组织机制、系统调用接口、关联解析机制等提出具体要求，因此人们可以使用多种方式来实现关联检索，这使得关联数据成为一种普适、轻量、低成本的数据关联机制。

9.1.3 关联数据的应用优势

（1）有利于数据重用及共享。关联数据使用 URI 命名事物，RDF 为网络上发布结构化的数据提供了标准化的灵活框架，有助于数据的链接、扩展及其他系统重用。越来越多的关联数据集开放发布在网上，从而为 URI 复用奠定了基础，而资源获取的便利性进一步扩大了用户共享范围，任何网络用户都可以自由开放地发现、存取、复用与共享数据。

通过关联数据技术发布的数字对象具有可共享、可重用、结构化和规范化的特性，有利于使网络扩展为更为广泛的信息空间。数据提供商不仅要将数据集发布在一些数据平台上，而且在发布过程中需要以易于处理的方式对数据集进行建模，以使数据易于为用户理解、查询和使用，且易于被计算机及关联数据应用程序处理。关联数据的最佳实践之一，就是在数据建模过程中重复使用已有词表，即重用现有词表中的类和属性，采用其中的规范术语表示数据或通过术语链接不同的数据集，有效地提高数据集的互操作性，避免不必要的资源浪费。同时，词表重用还可以最大限度地保证关联数据与已有数据集的语义一致性，便于其被通用关联数据应用程序直接使用，而无须进行映射等处理。此外数据使用者还可以将关联数据与本地数据整合，进一步提高网页质量，强化搜索引擎的结果，让网页内容更容易被其他用户发现。随着关联开放数据集的增加，需要对这些数据集进行加工再利用以适应新的应用需求。

（2）降低冗余度。数据以关联数据的形式开放发布后，从理论上讲针对同样的数据内容只需构建一套数据集，其他系统无须构建同样的数据集[②]，仅仅需要通过 URI 进行数据关联即可。数据之间进行关联后，将大大减少互联网上的冗余数据，大幅降低系统的开发成本，有效提升信息服务的效率。

（3）扩大内在语义关联度。关联数据面向客观实体与抽象概念之间的语义关联关系。[③] 尽管关联数据借鉴了网页超链接结构，但其所构建的是数据对象间的 RDF 链接，与网页间的超链接有着本质的区别。与网页超链接相比，关联数据链接的对象并非网页文件，而是其蕴含的海量细粒度数据资源，因而其采用的 RDF 语义链接必须基于客观语义关联，也就是说 RDF 链接必须被赋予明确的属性特征，从而能够表达链接两端资源对象之

① 张睿津．关联数据集混合式映射研究．武汉：华中师范大学，2015.

② 胡明玲．王建涛．关联数据特点及发布研究．图书馆界，2011（6）：4－6.

③ 游毅．基于关联数据的馆藏资源聚合模式研究．南京：南京大学，2013.

间存在的具体关联关系。正是基于此，关联数据能够将大千世界中的任意客观事物均作为资源来看待，能够表达主观世界中抽象概念之间基于知识结构而产生的各类关联关系。可以说，正是关联数据的 RDF 三元组结构与语义链接属性使得其不再链接某种单一的数据对象，而是借助 RDF 链接扩大了原来网页超链接所不能揭示的数据之间的内在语义关联度。例如，BBC 的 Wildlife Finder 是 BBC 自推出 iPlayer 以来最大的多媒体项目，包括来自 BBC 野生动物档案馆的数百个片段，目前有超过 1 000 个视频片段可供观看。该视频片段取自最近 30 年的 BBC 自然历史内容并且还在不断增加。它为 BBC 所关注的每个物种、栖息地等提供了网络标识符。它所提供的信息来自 BBC 和网络上的数据，包括：维基百科、世界野生动物基金会（WWF）的 WildFinder、世界自然保护联盟（IUCN）的受威胁物种红色名录以及伦敦动物学会发起的具有独特进化意义的全球濒危动物（EDGE）的存在计划和动物多样性网络。BBC 的 Wildlife Finder 重新利用这些外部数据，对其进行过滤和重用，然后将其置于相关 BBC 网页上，借助这些关联数据，BBC 进一步丰富了其广播电视节目中讨论的野生动物信息。①

（4）实现知识发现及增值。关联数据通过 RDF 链接实现了跨领域、跨学科的数据集之间的关联，这些数据集之间的关联为进一步发现新数据、新知识，实现数据增值提供了基础。关联数据采用机器可读的结构化语义数据模型，因此在数据处理中可以由机器自动和高效率地理解和处理显性描述的数据间的语义关系，使得知识发现可以在语义查询功能的支持下，通过已经存在的语义关系发现相关的资源，并且允许推断和发现资源之间的进一步关系，乃至形成语义关联的新知识，实现在原有知识基础上的知识增值。②以关联数据为基础架构的关联开放数据网络是一个全球共享的超级数据空间，允许人们在一个开放、共享和互联的结构化知识库上完成知识活动，并且具有在体量巨大、动态变化的数据网络环境中发现和传递更准确、更新颖和更完整的知识的潜力。在关联数据环境中，人们可以像在本地数据库进行查询一样，在一个全球共享的超级数据集中查找和发现需要的信息，并在一定程度上实现语义表达性的查询，准确高效地获取所需要的信息。使用通用的浏览器或者 SPARQL 端口访问关联数据，所提供的标准的访问机制为实现跨学科领域、跨数据源的知识发现活动提供了基础，从而为新知识的发现及创造提供了更多的机会和可能。

9.2 关联数据的发布和查询

在关联数据出现之前，人们已经通过各种途径积累了大量的数据资源，为了使人们能够像今天共享文档文件一样容易地共享结构化数据，就需要利用网络在不同的数据源间建立特定的数据链接。从这个意义上讲，要实现轻松共享结构化数据的目标，首要步

① Kobilarov G. Scott T. Raimond Y，et al. Media Meets Semantic Web：How the BBC uses DBpedia and Linked Data to Make Connections. The Semantic Web：Research and Applications，2009：723－737.

② 李楠，张学福．基于关联数据的知识发现模型研究．图书馆学研究，2013（1）：67，73－77.

骤就是将现有资源或新产生资源发布为关联数据。因此，如何快速地将现有的数据资源以关联数据的形式发布成为急需解决的问题。

9.2.1 关联数据的发布流程

《如何在网络上发布关联数据》（How to Publish Linked Data on the Web）一文是讨论关联数据发布的经典文章，后来这篇文章被原作者扩展为一本专著。比策尔（Bizer）等认为关联数据的发布可简单地概括为用 RDF 数据模型描述要发布的数据资源，为其生成 HTTP URI（通常是一个 Cool URI），并生成资源的 RDF 描述文档，接着在数据与数据之间建立 RDF 链接，然后在网络上发布 RDF 文档。发布 RDF 文档时可采用以下两种方法之一：支持 HTTP 的内容协商机制，能根据客户端信息请求的类型决定返回 HTML 表示形式还是 RDF 表示形式；支持采用带“#”（hash）的 URI 方式定位到 RDF 中具体的数据资源。最后提供一个标准开放的访问接口，支持使用 RDF 的标准化检索语言 SPARQL 对 RDF 数据库进行检索，供远程调用本地数据。因此，他们将关联数据发布流程分为六步：理解原则、理解数据、选择 URI、建立基础设施、与其他数据集进行链接、描述并公布数据。①

海兰（Hyland）和伍德（Wood）等提出发布关联数据的七个步骤：识别、模型、命名、描述、转换、发布、维护。第一步又可分为三步：获取数据库的逻辑和物理模型的副本；获取数据摘要（如 CSV 表摘要、数据字典）或以可复制的方式创建数据；寻找现实世界中感兴趣的对象，比如人、事物和地点。第二步主要是通过重用通用词汇表以促进数据合并和重用，如果使用的是现有数据，需要先查找数据是否可以使用这些通用词汇表中的术语表示，并在必要时对数据进行规范化处理。第三步是使用 URI 作为对象的名称，需考虑名称将如何随时间变化。第四步即形成人和机器可读的描述形式。第五至七步就是将数据转换为 RDF，然后再发布数据并进行维护。②

维拉宗-特拉萨斯（Villazón-Terrazas）等提出关联数据发布流程分为具体化、模型化、生成、发布及应用。③ 2014 年，W3C 工作组针对政府数据发布了关联数据发布的最佳实践，分为十步：利益相关者的准备、数据集选择、数据模型化、适当的授权、关联数据的 URI、标准词汇表的使用、数据转换、机器存取数据的提供、发布新数据集、发布者的社会责任。④ 国内学者贾君枝等综合考虑多方面因素，提取发布流程的关键环节，将其划分为选择资源对象、定义 URI、数据模型化、词汇表的使用、RDF 文档的发布，将关联数据的查询归入应用。⑤

① 史亚光．如何在万维网上发布关联数据．[2011-05-15]．https://docs.google.com/View?id=ajjq7zprkrz8_0dfhmj8cs.

② Hyland B，Wood D. The Joy of Data：A Cookbook for Publishing Linked Government Data on the Web. Linking Goverment Data，2011：3-26.

③ Villazón-Terrazas B，Vilches-Blázquez L M，Corcho O，et al. Methodological Guidelines for Publishing Government Linked Data. [2020-08-18]. http://link.springer.com/chapter/10.1007/978-1-4614-1767-5_2.

④ Hyland B，Atemezing G，Villazón-Terrazas B，et al. Best Practices for Publishing Linked Data. [2015-09-05]. http://www.w3.org/TR/2014/NOTE-ld-bp-20140109/.

⑤ 沈志宏，张晓林．关联数据及其应用现状综述．现代图书情报技术，2010（11）：1-9.

结合以上学者提出的发布步骤，对应关联数据四大原则，关联数据的创建与发布流程主要包括六个关键步骤：数据建模、实体命名、实体RDF化、实体关联化、实体发布和开放查询。①

（1）数据建模。发布资源之前，根据需要来确定要发布的资源实体。通常有两种类型的资源：信息资源和非信息资源。信息资源主要是数字化文档。非信息资源主要指现实世界中的概念，例如人、机构、主题或事物等。选择高价值、可重用的资源实体是首要考虑因素。运用实体关系模型描述资源实体的特征及其关系，定义模型中的类、实例、属性及类间关系、类与实例间的关系，构建数据模型图。明确待发布资源实体的基本属性，并厘清各资源实体间的关联关系，对待发布实体之间的语义关系进行定义。

（2）实体命名。为每个实体与概念赋予一个唯一可解析的HTTP URI标识。定义URI，旨在实现资源实体的命名。实际上，URI不仅仅是名称，还提供了获取网络资源的方式。URI有助于资源的识别，帮助人们查找或者引用资源。为了提高万维网的价值，为所发布的数据定义URI时需注意：简短易记、可解析以及具有稳定性和持久性。这样可以保证资源的URI被有效地获取及重用。

（3）实体RDF化。实体RDF化旨在将每一个实体描述为符合RDF数据模型的语义三元组形式。依据数据模型图，采用RDF三元组模型进行表达，主体表示描述的资源对象，谓词定义了资源实体的特征或者实体之间的关系，都需要用URI来表示，客体表示资源实体的特征值或者实体，可以用URI标识另一个资源，也可以是字符串表示的文本。谓词、客体通常选择现有RDF词表中的类名和属性名进行定义，应尽量用一些标准化的、众所周知的词汇表的元素来表示资源的属性和属性值。标准化词表描述了基本或者更为复杂的关系，尽可能地被重用可以促进数据网络的扩展。

选择现存标准化的词汇表需考虑如下因素：词汇表发布机构的可信度，词汇表具有自我描述能力、有永久的URLs、采用多种语言描述、被多种数据集引用等。可以考虑选择由万维网联盟SWEO研究组关联开放数据团体维护的属性及属性值词汇表，如FOAF、都柏林核心元数据元素集、SKOS、CC等，对应属性值的常用词表有GeoNames，DBpedia，MusicBrainz，dbtune等。

当在当前词汇表中找不到所需要的类或属性时，需定义新的词汇表，并与现有词汇表建立等级、相关等关系。可以利用RDFS、OWL来定义新的类和属性，但是需要注意以下事项：需提供人机可读的文档化元数据描述信息，如创建者、日期、版本号；定义词汇表永久的URL；具有自我描述性，词汇的属性或术语有标签、定义及评论，采用多种语言描述，以扩大受众范围。

（4）实体关联化。使用链接（RDF link）描述不同实体之间的关联，即将数据中原本存在的数据关联转换为RDF文档中实体或概念间的语义链接，同时，构建数据指向外部关联数据集的语义链接，从而体现关联数据的语义关联特性。尽可能与已有的数据集进行链接，先判断其应用领域，根据其属性的值域确定其链接对象，具体应用领域取决

① 沈志宏，刘筱敏，郭学兵，等．关联数据发布流程与关键问题研究：以科技文献、科学数据发布为例．中国图书馆学报．2013（2）：53-62.

于 RDF 属性，比如描述人的属性有 foaf：knows，foaf：based_near 和 foaf：topic_interest，其属性值可能来自 DBpedia 等。owl：sameAs 属性通常用于声明为一个特定的非信息资源提供来自数据源的信息，用来链接表示同一个事物的不同 URI。RDF 链接可手动生成，但大数据集链接通过链接算法自动生成。

（5）实体发布。配置关联数据发布服务器，部署实体发布平台，解析每个实体的 URI，并利用 HTTP 内容协商机制中的 303 重定向策略或 Hash URI 策略返回正确的网页描述和 RDF 描述。

选择发布关联数据的技术方案需要考虑三个问题：待发布的数据量的大小、数据的更新频率以及数据的存储方式。如果数据量很小（几百条 RDF 三元组或者更少），可以采用静态的 RDF 文件静态发布。如果数据量很大，则需要将它们放进 RDF 库中，并选择 Pubby 等服务器作为关联数据服务的前端。如果数据的更新频率很高，就需要引入更新机制，或在请求数据时根据原始数据在线生成 RDF。目前已有多种关联数据发布工具被开发出来，这些工具均支持 URI 到 RDF 描述的逆向引用，其中一些工具还为数据集提供 SPARQL 访问并支持 RDF 集的发布。这些工具包括 D2R Server，Virtuoso Universal Server，OpenLink Virtuoso，Virtuoso RDF，Pubby，Triplify，OAI2LOD Server 等，其中 D2R Server 用于将关系型数据库转换为关联数据，Virtuoso Universal Server 提供 RDF 模式的关联数据的存储与检索服务，这些数据可以直接存储到 Virtuoso 服务器中，也可以存储到关系型数据库中，然后映射为关联数据。

（6）开放查询。关联数据文档发布到网络中之后，需要利用 URI 解析或 SPARQL 查询机制提供适用于各类应用程序的数据访问、浏览与查询功能。如配置 SPARQL 服务端，对外开放 SPARQL 语义查询接口。

9.2.2 SPARQL 查询

所有数据库都需要查询语言的支持。关联数据所用的查询语言应能对 RDF 数据、万维网上可访问的 RDF 文件、本地数据库、万维网上的数据库等内容进行查询。此外，查询语言还需要具备一次查询多个数据源的能力，从而可以动态地使用这些数据源构建大型和虚拟的 RDF 图谱。SPARQL 是在万维网上查询结构化数据所用的语言，尤其适合查询 RDF 或以类似格式表示的数据，因此能够用于关联数据的查询。SPARQL 之于 RDF 数据，如同 SQL 之于关系数据库。

1. SPARQL 查询语言简介

SPARQL 即 SPARQL Protocol and RDF Query Language 的递归缩写，专门用于访问和操作 RDF 数据，是语义网的核心技术之一。它是为 RDF 开发的一种查询语言和数据获取协议，由 W3C 所开发的 RDF 数据模型所定义，可用于任何用 RDF 来表示的信息资源。

SPARQL 旨在提供一种形式语言，以表达有意义的问题。W3C 的 RDF 数据存取工作组（RDF Data Access Working Group，RDAWG）对其进行了标准化。2008 年，

SPARQL 1.0 成为 W3C 官方推荐的标准。2013 年发布了 SPARQL 1.1。相对第一个版本，其支持 RDF 图的更新，提供更强大的查询，如子查询、聚合操作等。① SPARQL 是查询 RDF 图谱的不二之选，类似于查询由一个或多个（可能为分布式）RDF 图谱构成的数据库。一个 SPARQL 查询本质上是一个带有变量的 RDF 图。一个简单的 SPARQL 查询句大致由五部分组成：声明、查询模式、数据集、图模式和结果修饰。

声明即命名空间前缀，其中 PREFIX 关键字指明各种 URL 的缩写；查询模式即定义需要检索的内容，SPARQL 包括四种查询模式，后文将会对其加以详细介绍；数据集即指定从哪个数据集中提取查询结果；图模式即三元组模式，需要被匹配的图模式出现在 WHERE 关键词之后的括号中；结果修饰即影响预期结果的修饰符，包括 ORDER BY、LIMIT 等。SPARQL 的基本语法如表 9－1 所示。

表 9－1 SPARQL 的基本语法

序号	语法	含义
1	BASE	根 IRI，其他以此为根的 IRI 可以写成相对形式
2	PREFIX	命名空间前缀
3	SELECT，ASK，DESCRIBE，CONSTRUCT	查询关键字
4	?person ?name ?age	要查询的变量，使用“?”标识变量
5	FROM	从何处查询，可以一次查询多个 RDF 数据集
6	WHERE	过滤条件集合，等同于 SQL 的 WHERE 子句
7	?person foaf:name ?name	具体的过滤条件，使用 Turtle 语法
8	OPTIONAL	可选过滤条件
9	FILTER	明确化的过滤条件，类似于 SQL 中的 LIKE 等
10	ORDER BY	可指定排序，与 SQL 中类似
11	LIMIT 10	限定返回结果记录数，类似于 SQL 中的 TOP 10
12	OFFSET 10	翻页功能，略过前 10 条，从 11 条开始返回结果

2. SPARQL 查询类型

SPARQL 能够实现 SELECT，DESCRIBE，ASK，CONSTRUCT 四种类型的查询。其中，SELECT 查询采用和 SQL 类似的方式来查询数据，可以返回所匹配的变量或者这个变量的一个子集；DESCRIBE 查询提供了查询特定资源的便捷方法，用来对找到的相关信息进行描述，返回的是一个 RDF 图；ASK 查询可以确定某个查询是否会返回结果，返回的是一个布尔值；CONSTRUCT 查询支持使用 SPARQL 查询结果构建新的 RDF 图。接下来我们将分别介绍每种查询。

（1）SELECT 查询。SELECT 查询是指在查询匹配模式中，返回所有或者部分子集。选择众源平台的 SPARQL 端点（http://data.nobelprize.org/sparql），查询所有出

① SPARQL Query Language for RDF. [2020－08－18]. http://www.w3.org/TR/rdf-sparql-query/.

生在中国的获奖者的信息，语句如下：

```
PREFIX nobel: <http://data.nobelprize.org/terms/>
PREFIX rdf: <http://www.w3.org/1999/02/22-rdf-syntax-ns#>
PREFIX rdfs: <http://www.w3.org/2000/01/rdf-schema#>
SELECT DISTINCT ?name ?prizeName WHERE {
    ?person rdf:type nobel:Laureate;
            rdfs:label ?name;
            nobel:nobelPrize ?prize.
    ?prize rdfs:label ?prizeName.
  FILTER (lang(?prizeName) = 'en')
} LIMIT 10
```

其中前 3 行定义了使用的命名空间，第 4 行使用 SELECT 查询，WHERE{} 中描述查询所依据的标准，DISTINCT 表示消除重复解。第 5～9 行为三元组模式，?name，?prizeName 为变量，表示所有获奖者的信息。

查询结果如图 9－1 所示：

	name	prizeName
1	André Paul Guillaume Gide	"The Nobel Prize in Literature 1947"@en
2	Arthur Ashkin	"The Nobel Prize in Physics 2018"@en
3	Gérard Mourou	"The Nobel Prize in Physics 2018"@en
4	Donna Strickland	"The Nobel Prize in Physics 2018"@en
5	Andrea Ghez	"The Nobel Prize in Physics 2020"@en
6	Roger Penrose	"The Nobel Prize in Physics 2020"@en
7	Reinhard Genzel	"The Nobel Prize in Physics 2020"@en
8	Alfred G. Gilman	"The Nobel Prize in Physiology or Medicine 1994"@en
9	Martin Rodbell	"The Nobel Prize in Physiology or Medicine 1994"@en
10	Earl (Bertrand Arthur William) Russell	"The Nobel Prize in Literature 1950"@en

图 9－1　诺贝尔奖获得者的获奖名

（2）DESCRIBE 查询。DESCRIBE 查询使用单个 URI 作为参数，并返回描述命名资源的 RDF 图，也可以为 DESCRIBE 查询添加一个可选的 WHERE 子句。实际中，大部分（不是全部）SPARQL 处理器将返回所有的 RDF 三元组，其主体为 DESCRIBE 查询的 URI 参数。该方式易于确定和实现查询结果，缺点是无法返回间接关系（RDF 陈述的客体是空节点或 URI，而这些陈述自身又作为连续陈述的主体）。DESCRIBE 查询的结果可以经常被解析，其构成了后续查询的基础，用于收集最终所需的各种信息。

（3）ASK 查询。ASK 查询旨在测试 WHERE 子句中三元组模式是否会返回应答。由于 WHERE 子句会变得越来越复杂，对大型查询进行测试变得很有必要。最好在操作数据库之前测试大型数据，以确定有没有结果返回。ASK 查询的结果始终为布尔值 True 或 False。

（4）CONSTRUCT 查询。CONSTRUCT 形式的查询用来从一个更大的 RDF 集中检索出一个 RDF 图。因此，可以查询一个三元组存储库并检索一个 RDF 图而非一组变量绑定。CONSTRUCT 常用来将检索结果构造成新图。例如，从一个大的 RDF 图中提取某些信息，形成新的子图，以供后续使用。

SELECT 或 ASK 查询返回的结果本身并非 RDF 陈述，这是因为 SPARQL 的设计初衷是在操作上与 SQL 尽可能接近。但在某些情况下，我们可能希望通过 SPARQL 查询保留或创建图。DESCRIBE 和 CONSTRUCT 查询的作用就在于此。

3. SPARQL 查询结果约束

SPARQL 可以通过六种关键字，即 LIMIT，OFFSET，ORDER BY，DISTINCT，REDUCED，Projection 对查询结果进行调整。

（1）LIMIT 关键字。LIMIT 主要通过后面的整数来限定返回结果的个数。

（2）OFFSET 关键字。OFFSET 可以限制解从哪个位置开始返回。OFFSET 后加整数，则指定从第几个解开始返回。如果将 OFFSET 设定成 0，则该方法将没有意义。

（3）ORDER BY 关键字。利用 ORDER BY 可以指定查询结果的排列方式，将排序的关键字放在 ORDER BY 后面。其中有升序的比较，用 ASC 来表示，也有降序的比较，用 DESC 来表示。不可以在 CONSTRUCT 和 DESCRIBE 这两种查询中使用 ORDER BY，因为它不能返回一系列的结果集，只能返回 RDF 图。只有 SELECT 查询才能返回一系列的结果。ORDER BY，LIMIT，OFFSET 不能用于 ASK 查询中。

（4）DISTINCT 关键字。DISTINCT 可以消除查询结果重复的解，位置在 SELECT 子句中的变量之前。如果查询中不使用 DISTINCT 和 REDUCED 关键字，查询的结果中有可能会出现重复解。

（5）REDUCED 关键字。REDUCED 和 DISTINCT 的作用相似，位置也是在 SELECT 语句中的变量的前面。REDUCED 关键字不会去除所有的重复解，只允许消除少数重复解，解的数量不超过没使用关键字所得到的查询结果的数量，解的数量有可能是一个，也有可能是两个。

（6）Projection 关键字。Projection 不出现在查询语句中。其作用是可以指定在结果集中输出哪些变量。一个解序列可以用一个包含变量子集的形式来表示，通过使用 SELECT 查询指定的变量，可以将序列中的每一个解组成一个新的解。①

可以把 SPARQL 看成是整个关联数据知识体系的基础和核心，相比不同的关系型数据库，SPARQL 可以用在所有的三元组数据库中，即不同的三元组数据库都拥有同样的 SPARQL 语法，这给不同数据库之间的数据交互提供了便利。

9.3　图书馆数据关联化

作为文化遗产保存和信息服务机构，图书馆拥有大量宝贵的馆藏资源，特别是数字化项目使得数字化馆藏信息不断增加。这些资源的开放对支持科学研究，特别是数字人

① 贺文君．SPARQL 联合查询及其应用．大连：大连海事大学，2014.

文研究以及经济增长具有极大的价值。世界各国图书馆纷纷在开放许可协议下将其馆藏资源作为数据集开放，并已经开始为用户创造价值。图书馆数据关联化提升了图书馆的数据开发与利用效率，为其融入互联网发展提供了一条可行的路径。

9.3.1 图书馆数据的基本构成

图书馆数据指由图书馆自身创建的各种数字化信息。图书馆数据分为三部分：数据集、受控词表、元数据标准。数据集描述与图书馆服务相关的资源，如书目记录、特色数据资源、面向主题的开放资源。受控词表，如分类表、叙词表等，作为描述资源的规范化词表，能够实现资源的统一标引及提供多入口的检索。元数据标准确定描述过程中可描述项目的描述标准及描述语言。例如，简单知识组织系统、都柏林核心元数据元素集、书目框架计划等规定了一系列描述元素及元素的取值范围。

图书馆作为信息服务的主要提供机构之一，其生产的数字资源丰富、价值大，其中书目数据在信息描述、发现、获取层面发挥着重要作用。但书目数据采用 MARC 数据的形式表示，结构复杂，只适用于图书馆内部使用，既缺乏与出版社、书商等相关机构的合作共建，又没有与开放的网络资源集成。这些共享性差、开放度不够的数据限制了其使用效率。成立于 2010 年的万维网联盟图书馆关联数据孵化小组的任务就是聚集参与语义网络活动的人，帮助其提高网络上图书馆数据的全球性互操作水平，以提高书目数据在互联网环境下的重用性。① 自此许多图书馆参与到该活动中，纷纷将自己的书目数据公开，并与网络上其他数据建立链接。

早在 2008 年，瑞典国家图书馆率先把瑞典联合书目发布为关联数据。德国国家图书馆（DNB）在 2010 年宣布将其名称和主题规范档发布为关联数据，2012 年书目数据也发布为关联数据。② 之后大英图书馆开放其《大英图书馆目录》与《英国国家书目》供研究使用。

书目数据不仅包含图书馆创建的书目资源，还包括围绕书目资源衍生的反映用户使用情况的信息，如用户评注、推荐、下载资源等。这些资源是开放书目数据的核心，但由于书目数据描述中采用了各种类型的受控词表，如分类表、叙词表等，因此许多机构开放书目数据计划最初着眼于各类受控词表的关联开放，《美国国会图书馆标题表》、《杜威十进分类法》、多个机构建立的虚拟国际规范文档等相继发布为关联数据。这些资源的发布推动了图书馆关联数据的进程，当前图书馆的开放书目数据更多地着眼于利用现有的词汇表，发布其机构内部的各类数据集。例如，《英国国家书目》重用来自《美国国会图书馆标题表》及 DCMI 的元数据集来发布其书目数据。

---

① 娄秀明，危红，毛笑菲．图书馆关联数据孵化小组使命、活动及成果分析．图书情报工作，2012（7）：103－107，130.

② German National Library. The Linked Data Service of the German National Library and the German Union Catalogue of Serials：Modelling of Bibliographic Data，2018.

9.3.2　图书馆数据关联化的价值

图书馆数据一旦实现关联，则意味着数据可以被自由使用、重用、再发布。通过数据集的互联，明确事物之间的关系，可有效地实现资源导航及来自不同来源的资源集成。[①] 图书馆数据关联化的价值体现在以下方面：

（1）元数据的开放与共享。图书馆关联数据通过将全球性的统一资源标识符分配给作品、地点、人、事件、主题及其他对象或者用户感兴趣的概念，以确保其被自由地使用、重用及再发布。同时图书馆允许本地资源被其他广泛的数据源引用，或者自己引用其他机构的关联数据，这将使图书馆元数据不断地被其他机构重用，既可以消除数据不必要的重复建设，也会使自身的元数据描述更加丰富。

（2）资源的发现。通过图书馆关联数据的发布，图书馆将链接到无数且相关的数据库、资源，有效地实现多种来源、异构数据的聚合，从而允许用户无缝地从一个资源跳转到另外一个资源，在浏览过程中实现对数字图书资源的偶然发现与存取。

（3）用户行为的识别。图书馆书目元数据与用户生成的社会类元数据更易于合并，从而增加了额外的语义信息，既能更好地提供丰富完整的元数据描述，又能提供针对用户使用的各种解释说明及术语，以准确地反映用户的信息行为，从而使用户资源使用情况（如点击数、下载量、标签云、评价、推荐性资源）的分析更为客观与便利，以帮助图书馆在获取资源时（购买图书、期刊等）做出准确决策，并基于用户数据分析提供有针对性的服务。

（4）实现分面浏览。分面浏览提供不同维度的分类，可以帮助用户从大量的信息中准确筛选到自己感兴趣的资源。图书馆关联数据采用属性的描述方式将资源不同的属性特征展示出来并在资源之间建立关联，其良好的结构面可以有效地用以构建分面，以将资源按类组织，这些既可以区分结果的二义性，又可在降低噪声及选择超载的前提下提高检索的精确率。

9.3.3　受控词表的关联化

受控词表作为传统知识组织系统，旨在清晰地揭示知识的含义，充分表达知识单元之间的语义关系，为信息组织和检索提供科学有效的途径。各种受控词表从卡片式、书本式向机读化转变，但由于格式所限，各个词表之间无法互相兼容，不能被整个万维网所通用。关联数据技术可实现对知识资源的立体化组织，方便用户检索利用、机器理解共享，因此将受控词表发布为关联数据并建立互联是语义网环境下的必然趋势和要求。语义网环境下受控词表关联化改造的关键是使用计算机可以理解的语言，形式化地表示其结构特征和内容特征，构建概念模型和语义关系。

---

① W3C Incubator Group Report 25 October 2011. Library Linked Data Incubator Group Final Report. http://www.w3.org/2005/Incubator/lld/XGR-lld-20111025/.

1. 受控词表关联化的实现流程

无论是在网络环境下延续与发展传统知识组织系统，还是在语义网环境下发展新的知识组织系统，利用关联数据技术这种新型数据发布技术，都是为了使这些知识组织系统成为网络资源的重要组成部分。传统知识组织系统的数据关联化，能够使知识组织系统发挥更大的作用。[①] 受控词表关联化基本分为三步：第一步为 SKOS 模型化，利用 SKOS 提供的概念、语义关系描述、注释、映射关系等，表示知识组织系统中的语义元素和概念体系。由于关联数据要以 RDF 格式编码和关联，SKOS 核心词汇表是 RDF 的应用，可以比较完备地将传统知识组织系统的内容结构 RDF 序列化，为实现关联化提供必要的基础。第二步为 RDF 关联化，包含 URI 命名、关联数据链接和 RDF 表示，即先给知识组织系统中的每个概念赋予唯一 URI 标识，用 RDF 语言来描述实体及实体之间的关系。RDF 语言通过引用命名空间中的属性来对数据进行语义描述，以实现数据的互联，以 RDF 三元组的形式清晰地表示知识组织系统的等级关系。第三步为关联数据发布，包含外部关联、建立 SPARQL 查询、注册到有关平台等。

（1）SKOS 模型化。SKOS 为传统知识组织系统（如叙词表、分类表、名称规范档、术语表等）提供了一套语义环境下简单灵活、机器可读的描述和转换机制，使叙词表之间、叙词表与本体之间的共享成为可能。W3C 的 SKOS 数据模型提供了用于表达概念基本结构和内容的规范化标准。叙词表和分类表等通过 SKOS 规范中定义的类和属性表示为 RDF 模型图，从而与语义网技术兼容。尽管语义更丰富的 RDFS/OWL 本体可以执行更广泛的逻辑推理功能，但在一般情况下，SKOS 格式的叙词表足以满足日常需求。[②] 然而，受控词表中包含大量复杂的语义信息，如组配概念、主题索引、非正式主题词之间的映射、元数据（创建时间、最后修改日期、版本等）等。[③] 如果难以用 SKOS 直接描述，除使用 SKOS-XL 之外，针对无法满足需求的解决办法主要有：一是自定义 SKOS 标签；二是将 SKOS 与 RDF、OWL 等其他建模原语结合。

受控词表的 SKOS 化基本分为三步：（1）确定概念体系，利用 SKOS 核心词汇表完整地表达出知识组织系统的概念体系。每个受控词表都可以看作一个概念框架，即受控词表内所有概念及概念之间语义关系的集合，一个概念框架下可以有多个顶级概念，采用 skos：ConceptScheme 表示。因此，通过 skos：ConceptScheme 和 skos：has-TopConcept 对整个知识组织体系进行概括说明，通过 skos：inScheme 声明每个概念所属概念模式。（2）定义概念，提取受控词表的注释、标签等关键项，利用 SKOS 中的类和属性标签分别对其进行语义描述。每个概念均可用 skos：Concept 来进行标注。skos：prefLabel 用于描述正式的概念名称，skos：altLabel 是用于说明概念类的交替词汇标签，当使用多个词汇标签表示同一概念时，可采用此词汇标签。分别用 skos：scopeNote 和 skos：notation 对应

① Tuominen J，Frosterus M，Viljanen K，et al. ONKI SKOS Server for Publishing and Utilizing SKOS Vocabularies and Ontologies as Services. Lecture Notes in Computer Science，2009（1）：768－780.

② Baker T，Bechhofer S，Isaac A，et al. Ontology paper：Key Choices in the Design of Simple Knowledge Organization System（SKOS）. Journal of Web Semantics，2013（1）：35－49.

③ 贾君枝，李衎．传统知识组织系统的关联数据化发展．数字图书馆论坛，2020（3）：33－40.

于叙词的范围注释和所属范畴号。(3) 描述概念间关系,SKOS 定义了相应的属性标签来描述概念之间的语义关系,skos:broader 和 skos:narrower 仅用来表示概念与其直接上下位概念的链接关系,不具有传递性。但为了兼顾各方需求,SKOS 又定义了两个具有传递性的属性(skos:broaderTransitive 和 skos:narrowerTransitive)来表示任意级别的上下位链接关系,这两个属性不能用作断言声明,仅用于推理或查询扩展等应用。skos:related 用来声明具有关联但又不是层级关系的相关关系,其具有对称性,但不传递给其子关系,且 SKOS 较为松散,允许 skos:related 等属性具有自反性(概念与自身之间的关系)。

(2) RDF 关联化。关联数据通过 URI 识别实体,明确实体之后,要对实体进行 URI 命名。通过 URI 定位,能够识别知识组织系统中的所有实体。受控词表是基于语词的概念表达和组织的符号系统,每一个款项单元都是一个语词,而 SKOS 的建模方法是通过 SKOS 规范中定义的类和属性表示为 RDF 模型图。将受控词表转换成机器可理解的形式时,要在模型上进行修改,每个款项不再是一个语词,而是一个概念,有其唯一的 URI。网络中的任何事物通过数据源的 URI 名称都是可辨别的,为受控词表的每个概念分配唯一的 URI,便于之后进行 RDF 数据互联,是知识组织系统关联化至关重要的基础。SKOS 中的 URI 识别机制解决了概念歧义的问题。

RDF 表示。经过 SKOS 模型化和 RDF 关联化之后,便可以运用 RDF 语言来描述实体间的关系。类及类间关系的 RDF 描述是整个 RDF 描述的主体,RDF 的多种词汇表可以用来描述资源之间的关系。该过程分为两部分:一是利用 SKOS 术语表示受控词表之间的映射关系,二是将 SKOS 转化为 RDF 描述。两个词表之间的映射关系可以分为等同、等级及相关三种关系。使用 RDF 语言来描述实体间的关系时,分别由 SKOS 语义关系标签定义这些关系,如 skos:broadMatch,skos:narrowMatch 表示两个资源或受控词表之间具有上下位匹配关系,skos:exactMatch,skos:closeMatch 表明具有精确或近似匹配关系,skos:relatedMatch 表明具有相关关系。基于 SKOS 语言,可将叙词表内容转换为机器可读可理解的 RDF 三元组格式。SKOS 是简单的结构化语言,将各部分内容与 SKOS 词表的标签一一对应,写入相应标签里,利用程序来对其进行词表向 SKOS 的自动转化,形成 RDF 格式的文档。此阶段还要进行数据 SKOS 语义化描述的质量管理。在对传统知识组织系统进行 SKOS 转化过程中,难免会出现语法、字符、编码等问题,从而造成文档不能够满足 SKOS 的基本语法规定。因此需要实施质量管理来确保受控词表语义转化的准确性。

以《中国分类主题词表》中的主题词"鲁迅"为例,如图 9-2 所示,将其叙词"鲁迅"的内容 SKOS 模型化之后,对其注释、非叙词、相关关系进行描述,并形成 SKOS 形式的 RDF 文档,将词表各部分通过这种方式构建成一个完整的语义网络。

(3) 关联数据发布。关联数据发布包含外部关联、建立 SPARQL 查询、注册到有关平台等。关联数据有利于在数据网络环境中的资源导航,提高资源可获取性,通过与更大的数据集建立链接,有利于知识的发现。将知识组织系统发布为关联数据,不仅提供概念体系的可视化浏览,还提供 SPARQL 端点供用户下载数据,可较好地嵌入外部应用。作为 RDF 数据集的一种类型,各类 RDF 数据集的关联发布方法均适用于受控词表。

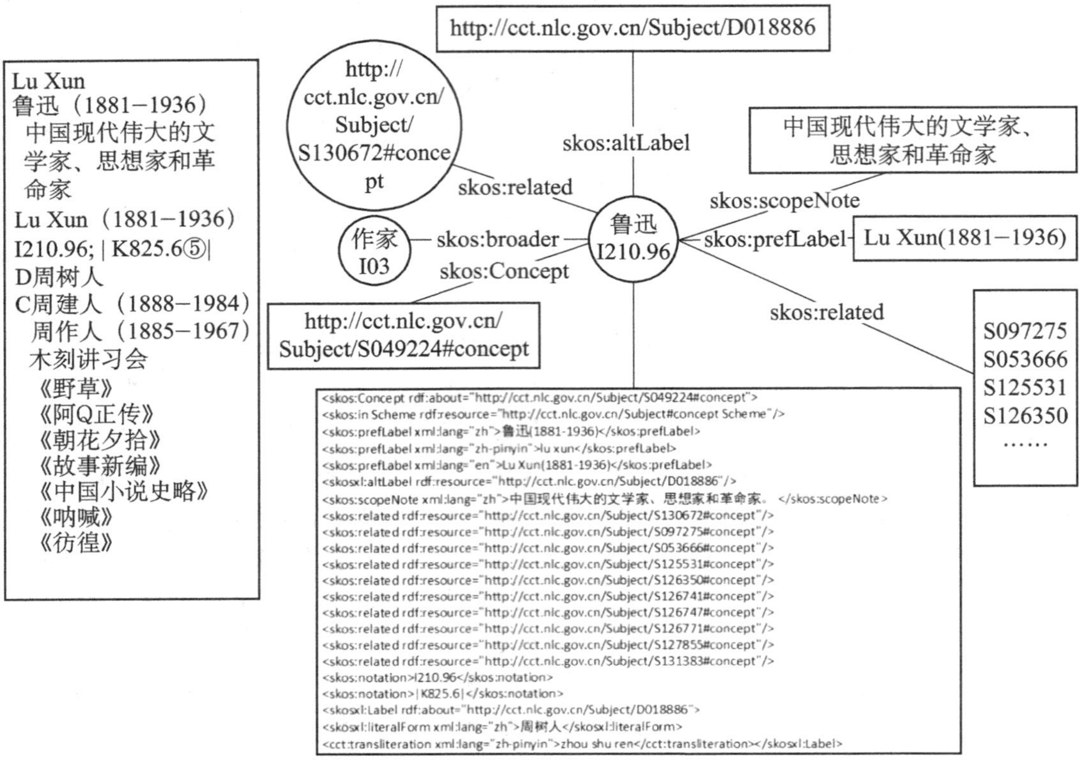

图 9-2 《中国分类主题词表》主题词“鲁迅”的 SKOS 描述及映射过程

从关系数据库的输出角度来看，包括文本、数据库及 RDF 文件（包括 RDF/XML，OWL，SKOS 等）。当前已成熟的 SKOS 词表关联数据检索系统 Skosmos 由芬兰国家图书馆负责开发，完成 RDF 资料访问和 SPARQL 检索，已经被用于包括 EuroVoc、LCSH、《STW 经济学词表》(STW Thesaurus for Economics)以及《农业多语种叙词表》在内的 13 种通用或者专业叙词表的 SKOS 检索服务，实现词表知识概念的多语种浏览、查询和检索、可视化等。目前所提供的关联数据服务平台主要有三种类型：词表提供者服务平台，如美国国会图书馆关联数据服务、MeSH 关联数据服务、盖蒂关联词表；垂直领域词表服务平台，如虚拟国际规范文档、文化遗产关联数据词表、斯坦福大学计算机及生物医学信息研究所的生物医学本体；词表注册服务平台，如 LOV。

2. 受控词表关联化的应用优势

受控词表关联化的应用优势可概括为三点：提高词表的访问量；有助于实现对数据集的描述；促进数据集成的实现。

（1）提高词表的访问量。受控词表发布为关联数据之后，通过自身数据的开放与外部数据之间的互联，增加了词表的访问入口，服务对象由原来的机构扩展至网络全体用户，扩大了用户对词表的访问量，可以被越来越多的资源所应用，方便用户使用，促进了受控词表的共享，未来可创造更多价值。目前有多个传统知识组织系统发布了自己的浏览器，比如 MeSH Browser，AAT Brower 等；美国国会图书馆在其网页发布了关联数据服务平台，将LCSH，LCC等多个知识组织系统进行集成，方便常用本体、受控词表和其他书目描述列表的交互式和机器访问。在受控词表与维基数据（Wikidata）等大规模知识库之间建立互联，扩展了受控词表的访问入口，可以提高词表数据的开放性、可获取性和可视化。

（2）有助于实现对数据集的描述。数据集是结构化数据的集合，数据集中的每一个资源都由一个实体元素（如类或属性）和该元素的一个“值”组成。实体元素通常从元数据标准、本体中进行选择，这些词表的重点在于为数据集提供类和属性集合，如都柏林核心元数据元素集、FOAF词表等。元素的“值”取自值词汇表，值词汇表定义了用作元数据记录中元素值的资源（如主题实例、艺术风格或作者）。值词汇表包括叙词表、分类表、规范文档等类型的知识组织系统，不仅可以规定数据的取值来源，还可以填充数据集元数据记录的“构建块”，许多数据集要求用特定的值词汇表来作为特定的元素选择值，因此，值词汇表代表一个元素允许值的“受控列表”。AAT定义了作品的艺术风格，如印象派等；VIAF定义了规范名称，如马克·吐温等。通过共享词表术语可以促进词表重用，一定程度上可以提高数据集之间的互操作能力，避免表述的歧义和冲突，提升数据集的质量，促进知识组织系统的再利用，为实现知识共享及进一步应用提供广泛空间。

（3）促进数据集成的实现。受控词表数据关联化可以促进数据集成，在此背景下，大规模的基于云平台的数字资源整合项目如Europeana，HathiTrust，SaaS等发布使用。这些平台要求提供者使用一个统一的元数据模型来描述数字资源，并且为了将对象集合与外部资源（如维基百科）之间和上下文信息之间建立链接，使用相似概念或相同的知识组织系统来促进数据重用和数据共享。欧洲数字图书馆云平台（Europeana Cloud）整合了欧洲的博物馆、图书馆与档案馆的文化遗产数据，获得超过2 400万条元数据记录和500万个数字对象，并允许第三方利用其汇集的数据开发工具和服务。该平台采用RDF数据格式描述数据资源，将对象描述链接到知识组织系统的核心词汇表，当描述对象和其他数据资源相关时，通过在资源间建立链接来获得更多的相关数据，并将多个知识组织系统链接起来丰富对象描述元数据，用知识组织系统术语来丰富上下文信息，利用对象描述和上下文数据，采用适当的搜索机制（如语义搜索），使用户能够检索出需求匹配程度更高的对象，提高检索效率。目前，Europeana平台使用的知识组织系统有VIAF，GeoNames，《盖蒂地理名称词表》（TGN），AAT，DDC，UDC，艺术家联合名录（ULAN）等。①

3. 受控词表关联化实践

（1）LCSH。LCSH作为世界上使用时间长、使用范围广、规模大、影响大的一部综合性标题表，以机器可处理的MARC格式发布。② LCSH的关联化对于图书馆资源融入

① 赵晓红，宋晓丹.《美国国会图书馆标题表（LCSH）》的使用方法.图书馆建设，2003（6）：51-53.

② Summers E，Isaac A，Redding C，et al. LCSH，SKOS and Linked Data. International Conference on Dublin Core and Metadata Applications，2008：25-33.

互联网具有重要意义。美国国会图书馆利用 SKOS 将传统的主题标目转换成网络可应用的形式，其关键在于将 LCSH/MARC 转换为 SKOS 编码。LCSH/MARC 将不同的标目（规范/非规范）聚集为记录，以表达语义关系和附注信息，SKOS 以概念及概念间关系为核心，关键在于如何建立对应关系。对应关系需从概念、词汇标签、语义关系、文档属性着手考虑，并建立映射表。

概念。每条 MARC 规范记录都在 001 字段著录国会图书馆控制码（LCCN），它具有永久性和唯一性的特点，这使得其成为标识 SKOS 概念的最好特征。[①] 考虑到概念的唯一性，可将 LCCN 作为要标识的 SKOS 概念的候选，通过 URI 模板（http://lcsh.info/{lccn}#concept）进行规范化，并加入 URI 中。概念"World Wide Web"的 URI 为 http://id.loc.gov/authorities/sh95000541#concept。

词汇标签。MARC21 规范格式区分了规范标题（1××）和非规范标题（4××），SKOS 词汇表提供了两个属性——skos：prefLabel 和 skos：altLabel，允许一个概念与优选和替换标签相关联。这样就能够使 LCSH 的规范标题和非规范标题分别直接映射到 skos：prefLabel 和 skos：altLabel 属性。

语义关系。LCSH 采用标目建立参考链接，而 SKOS 使用概念资源的 URI 相互联系，这种 MARC 格式的《美国国会图书馆主题词表》中的语义关系很容易转换到 SKOS 中。SKOS 通过 skos：related，skos：broader，skos：narrower 等元素提供丰富的概念资源之间的语义联系。LCSH/MARC 使用 5××字段将规范标题链接到其他相关的规范标题。这样很容易将 LCSH/MARC 中存在的语义关系转化为 LCSH/SKOS，转换程序为被转换的特定标目寻找 URI，以建立链接关系。用户在浏览 SKOS 中的相关概念时只需点击相关链接即可。除此之外，LCSH/MARC 没有标注下位类关系，只通过上位类关系缺省表达，因此建立 skos：broader 链接时，需要同时创建明确的 skos：narrower 属性联系。

文档属性。LCSH/MARC 中有很多有关标题的说明性字段，如说明（General note，667）字段、数据来源（Sourcedata，670）字段、举例（Examples，681）字段等。SKOS 词表包括可用于表示 LCSH/SKOS 的文档属性，如 skos：note，skos：editorialNote，skos：definition，skos：scopeNote，skos：changeNote，skos：historyNote 等。需直接将这些属性从 LCSH/MARC 转换为 LCSH/SKOS 映射表，建立 MARC 字段与 SKOS 元素的对应表，如表 9-2 所示，以实现机器转换。

表 9-2　MARC 字段与 SKOS 元素的对应表

MARC Field	Feature/Function	RDF Poperty	Value of the Property/Comments
005	Date and Time of Last transaction	dcterms：modified	
008	Fixed Length Data Elements	dcterms：created	positions：0-5

① Svenonius E. LCSH：Semantics，Syntax and Specificity. Cataloging & Classification Quarterly，2000（1-2）：17-30.

续表

MARC Field	Feature/Function	RDF Poperty	Value of the Property/Comments
010	Control Number	rdf：about	the URI for the skos Concept instance
053	LC Classification Number	dcterms：lcc	subfields：a
150	Topical Term	skos：prefLabel	subfields：a，b，v，x，y，z
151	Geographic Term	skos：prefLabel	subfields：a，b，v，x，y，z
450	See From Tracing（Topical Term）	skos：altLabel	subfields：a，b，v，x，y，z
451	See From Tracing（Geographic Name）	skos：altLabel	subfields：a，b，v，x，y，z
550	See Also From Tracing（Topical Term）	skos：broader	only use this property when subfield w is ‘g’：use value to lookup Concept URI
550	See Also From Tracing（Topical Term）	skos：related	only use this property when subfield w is not present with ‘g’ or ‘h’；in position o；use value o lookup Concept URI
551	See Also From Tracing（Geographic Name）	skos：broader	only use this property when subfield w is ‘g’：use value to lookup Concept URI
551	See Also From Tracing（Geographic Name）	skos：related	only use this property when subfield w is not present with ‘g’ or ‘h’；in position o；use value o lookup Concept URI
667	Non Public General Note	skos：note	subfields：a
670	Source Data Found	dcterms：source	subfields：a，b，u
675	Source Data not Found	skos：editorialNote	subfields：a
678	Biographic or Historical Data	skos：definition	subfields：a，b，u
680	Public General Note	skos：scopeNote	subfields：a，i
681	Subject Example Tracing Note	skos：example	subfields：a，i
682	Deleted Heading Information	skos：changeNote	subfields：a，i
688	Application History Note	skos：historyNote	subfields：a

资料来源：Summers E，Isaac A，Redding C，et al. LCSH，SKOS 和关联数据．现代图书情报技术，2009（3）：8-14.

另外，LCSH/MARC 包含一些无法使用 SKOS 词汇定义的特性，如美国国会图书馆分类号、创建记录的日期等，需使用其他词表。LCSH/SKOS 的数据从多个层面上与外界数据进行链接，例如全球地理数据库（GeoNames）、中情局世界概况（CIA World Fact Book）及 DBpedia 等。其将整个数据集（2 625 020 个 RDF 断言）放在一个文件中转储，提供 SPARQL 端点服务。

一旦一条 LCSH/MARC 记录被转换成 SKOS，即创建了一组 RDF 表示，LCSH 的标题词“World Wide Web”的 RDF 表示如下①：

```
<rdf:RDF xmlns:skos="http://www.w3.org/2004/02/skos/core#" xmlns:rdf="http://www.w3.org/1999/02/22-rdf-syntax-ns#" xmlns:rdfs="http://www.w3.org/1999/02/22-rdf-schema#" xmlns:cs="http://purl.org/vocab/changeset/schema#" xmlns:skosxl="http://www.w3.org/2008/05/skos-xl#">
    <rdf:Description rdf:about="http://id.loc.gov/authorities/subjects/sh95000541">
      <rdf:type rdf:resource="http://www.w3.org/2004/02/skos/core#Concept"/>
      <skos:prefLabel xml:lang="en">World Wide Web</skos:prefLabel>
      <skosxl:altLabel>
        <rdf:Description>
      <rdf:type rdf:resource="http://www.w3.org/2008/05/skos-xl#Label"/>
      <skosxl:literalForm xml:lang="en">W3 (World Wide Web)</skosxl:literalForm>
        </rdf:Description>
      </skosxl:altLabel>
      <skosxl:altLabel>
        <rdf:Description>
      <rdf:type rdf:resource="http://www.w3.org/2008/05/skos-xl#Label"/>
      <skosxl:literalForm xml:lang="en">Web (World Wide Web)</skosxl:literalForm>
        </rdf:Description>
      </skosxl:altLabel>
      <skosxl:altLabel>
        <rdf:Description>
      <rdf:type rdf:resource="http://www.w3.org/2008/05/skos-xl#Label"/>
      <skosxl:literalForm xml:lang="en">World Wide Web (Information retrieval system)</skosxl:literalForm>
        </rdf:Description>
      </skosxl:altLabel>
      <skosxl:altLabel>
        <rdf:Description>
      <rdf:type rdf:resource="http://www.w3.org/2008/05/skos-xl#Label"/>
      <skosxl:literalForm xml:lang="en">WWW (World Wide Web)</skosxl:literalForm>
        </rdf:Description>
      </skosxl:altLabel>
      <skos:broader rdf:resource="http://id.loc.gov/authorities/subjects/sh92002381"/>
      <skos:broader rdf:resource="http://id.loc.gov/authorities/subjects/sh88002671"/>
      <skos:narrower rdf:resource="http://id.loc.gov/authorities/subjects/sh2007008317"/>
      ……
      <cs:createdDate rdf:datatype="http://www.w3.org/2001/XMLSchema#dateTime">2000-04-28T00:00:00</cs:createdDate>
      <cs:changeReason rdf:datatype="http://www.w3.org/2001/XMLSchema#string">new</cs:
```

① Fultz T. ID. LOC. GOV Linked Data Service. Technical Services Quartely, 2022 (2): 197-198.

```
changeReason>
          </cs:ChangeSet>
        </skos:changeNote>
        <skos:changeNote>
          <cs:ChangeSet>
        <cs:subjectOfChange rdf:resource =" http://id.loc.gov/authorities/subjects/sh95000541" />
        <cs:creatorName rdf:resource =" http://id.loc.gov/vocabulary/organizations/dlc" />
        <cs:createdDate rdf:datatype =" http://www.w3.org/2001/XMLSchema#dateTime" >2001-
10-01T09:56:06</cs:createdDate>
        <cs:changeReason rdf:datatype =" http://www.w3.org/2001/XMLSchema#string" >revised
</cs:changeReason>
          </cs:ChangeSet>
        </skos:changeNote>
      </rdf:Description>
    </rdf:RDF>
```

（2）DDC。OCLC一直以来致力于将关联数据原则应用到DDC中，并将DDC数据以“术语服务”的形式呈现。[1] 为了实现这一目标，OCLC杜威团队研究人员开发了Dewey. info作为DDC关联数据发布平台。Dewey. info为DDC中的每一个概念分配固定的URI，并能根据实际查询情况动态转换URI，在合适的授权模型下，提供针对机器和用户的两种表示方式，以便用户可以访问DDC数据。通过SKOS及其他词表模型化DDC数据，构建数据之间的RDF链接。提供SPARQL接口以查询DDC类目。DDC关联数据的实现需要以下步骤[2]：明确实体对象、URI命名、SKOS模型化、RDF表示。

明确实体对象。DDC关联数据将DDC全部数据关联化，明确DDC数据的实体对象有助于数据的SKOS模型化和URI命名。实体对象即DDC数据的类型，DDC数据中的实体及实体属性划分如表9-3所示，主要分为对象集、对象、对象版本、版本时间、对象语言及对象格式。

表9-3 DDC关联数据实体

实体	实体属性
对象集	分类法、主表、附表、类、使用手册、索引、简表
对象	每一个类、附表中的九张表、索引内容
对象版本	DDC22、DDC23
版本时间	具体修改的年/月/日
对象语言	DDC22简表（14种语言）、DDC23完整版（英语）
对象格式	面向用户的HTML格式、面向机器的RDF格式

URI命名。对实体进行URI命名，通常采用http://dewey. info/{object-collection}/

① Joan S. Mitchell, Diane Vizine-Goetz. The DDC and OCLC. [2023-03-03]. https://www.oclc.org/content/dam/research/publications/library/2009/mitchell-dvg-jla.pdf.

② 贾君枝，赵洁. DDC关联数据实现研究. 中国图书馆学报，2014（4）：76-82.

{object}/{snapshot-collection}/{snapshot}/about 形式，其中 http://dewey.info 是基本地址，object-collection 表示实体中的对象集，object 表示对象集中的具体对象，snapshot-collection 表示对象版本，snapshot 表示版本时间等。

SKOS 模型化。DDC 的每一个实体都对象都对应 SKOS 的概念模式，DDC 的每一个类目都对应 SKOS 的概念，其中 DDC 十个基本大类作为顶层概念。类号采用 skos：notation 标记，类名采用 skos：prefLabel 标签表示。分别用 skos：broader 与 skos：narrower 描述类目之间的等级关系。

RDF 表示。每一个实体的 RDF 描述涵盖类号的所有属性信息，如数据类型、授权信息、上下位等级关系、所属模式、类名、类号等。以 Technology 为例，对应的描述语句如下：

```
<rdf:Description rdf:about =" http://dewey.info/class /60/e23/2012 - 10 - 24/" >//描述大类 60
<rdf:type rdf:resource =" http://www.w3.org/2002/07/owl#Thing" />//类型为 owl 中的 Thing
<rdf:type rdf:resource =" http://www.w3.org/2004/02/skos/core#Concept" />//类型为 skos 概念
……
<dct is VersionOf rdf:resource =" http://dewey.info/class /60/e23/" />//版本声明
<skos:notation rdf:datatype =" http://dewey.info/schema-terms/Notation" >60</skos:notation>//类号声明
……
<skos:prefLabel xml:lang =" en" >Technology</skos:prefLabel>//类名为 Technology
<skos:narrower rdf:resource =" http://dewey.info/class/600/e23/2012 - 10 - 24/" />//下位类
<skos:broader rdf:resource =" http://dewey.info/class/6/e23 /2012 - 10 - 24/" />//上位类
……
</rdf:Description>
```

DDC 发布为关联数据后，各大图书馆都与其建立了联系，如法国国家图书馆、大英图书馆、德国国家图书馆已经在书目记录与规范文档中使用了 DDC 关联数据。联合国粮农组织的《农业多语种叙词表》也关联到 Dewey.info。与此同时，研究人员也在探索 DDC 与虚拟国际规范文档、主题术语的分面式应用（FAST）、ISO 639 - 3 语言编码、《数学主题分类表》（MSC）等规范词表的关联。① DDC 数据关联化的实现，为其他分类法数据关联化提供了充分借鉴。

9.3.4 图书馆书目数据关联化

为了适应新的要求，各国图书馆纷纷将自己的书目记录及名称规范档以关联数据形式发布。书目数据的关联发布的实质是将图书馆原始数据的 MARC 存储格式转化为 RDF 数据格式，与外部数据产生关联，并将其融入互联网数据当中。图书馆书目数据的

---

① 白海燕，乔晓东．基于本体和关联数据的书目组织语义化研究．现代图书情报技术，2010（9）：18 - 27.

关联发布使图书馆的数据不再是封闭的，不再是外部互联网难以获取的数据，而是与网络数据相链接，形成广泛的知识网络。

1. 书目数据关联化的发展

图书馆书目关联数据的应用最早始于瑞典图书馆，2008年瑞典国家图书馆将LIBRIS中的书目数据、人名、地名等规范文档记录以关联数据的形式发布，并将其与DBpedia相关联。LIBRIS的数据关联化为图书馆界开展关联数据应用提供了宝贵的经验和思路。[①] 2010年德国国家图书馆建立和完善了个人名称规范（PND）和主题词规范，并建立其与维基百科、DBpedia和VIAF的链接，通过元数据收集开放档案倡议协议（Open Archive Initiative Protocol for Metadata Harvesting，OAI-PMH）和SRU（Search and Retrieve via URL）访问数据的方法，完善了URI/URL模式，从而实现了将这些数据发布为关联数据。同年8月，大英图书馆宣布提供开放数据服务。用户可以在注册后访问大英图书馆的全部目录或《英国国家书目》，而且提供书目的RDF/DC格式的XML文件以方便相关的研究工作。为了便于用户发现、获取和重用，大英图书馆广泛利用了多种平台来发布数据，如图9-3所示，包括自建平台、与第三方合作建立的平台以及第三方平台。在《英国国家书目》数据的开放平台上，依据不同用户的需求提供了三种格式的数据：包含URI的RDF/XML格式关联数据、不包含URI的RDF/XML格式数据以及CSV格式的数据。在英国政府网站Data. gov. uk上，大英图书馆《英国国家书目》关联数据集获得了五星评级。

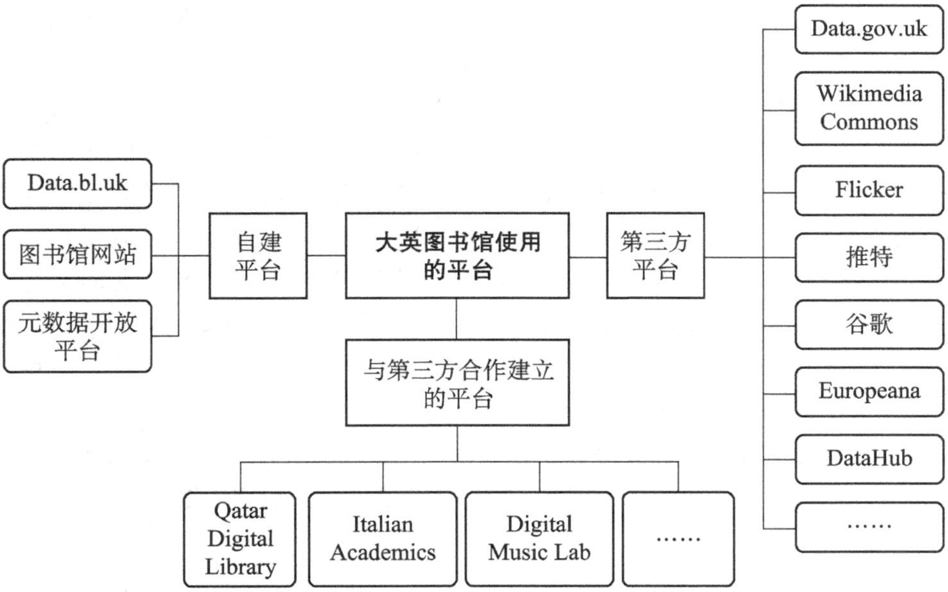

图9-3 大英图书馆使用的数据开放平台

2012年西班牙图书馆将馆内书目记录、个人、题名及主题等规范记录转化为RDF

① 张鹏图．国内图书馆关联书目数据的发布研究．太原：山西大学，2015.

三元组，并将其与 DBpedia、德国与瑞典的国家图书馆目录相关联。同年 6 月，OCLC 将 WorldCat. org 中的书目数据转化发布为关联数据，使其成为目前互联网上最大的关联书目数据。①

美国国会图书馆将 LCSH 以 SKOS 的形式全部转化为关联数据形式在网上发布，并与瑞典国家图书馆合作实现了 LIBRIS 的瑞典语主题词与 LCSH 之间的关联。2011 年 5 月，美国国会图书馆正式宣布与 Zepheira 公司合作开发 BIBFRAME。BIBFRAME 本身采用了关联数据技术，能够支持馆藏机构中各种类型的信息资源的描述过程。由于当前图书馆中的馆藏书目数据主要以 MARC 格式存储，所以 BIBFRAME 在理论上同样支持由 MARC 数据而来的转换工作。美国国会图书馆开展了多轮试验，在发布 BIBFRAME 词表后，2017 年把所有馆藏目录和规范目录由 MARC 转换至 BIBFRAMEY 2.0，作为编目来源库。2019 年解决由 MARC 切换到 BIBFRAME 编目的各种问题，其中包括进行 BIBFRAME 到 MARC 的反向转换，为那些暂时没有转向 BIBFRAME 的图书馆提供 MARC 数据。

关联数据生产项目（Linked Data for Production）是由哥伦比亚大学、康奈尔大学、哈佛大学、美国国会图书馆、普林斯顿大学和斯坦福大学这六家机构合作开展的项目，旨在实现从 MARC 数据格式到关联数据的技术服务生产工作流的转变。② 项目分为三个阶段：第一阶段专注于关联数据社区生成元数据的能力，以确保形成可持续的发展环境，创建和组装使用关联数据的工具、本体、服务和方法，加强和扩大 BIBFRAME 本体，以涵盖图书馆必需编目的多种格式，提升对学术信息资源的发现、使用和理解。第二阶段专注于实现，实现从元数据获取、创建到发现的原型环境。第三阶段关闭循环，创建元数据生成、共享和重用的完整循环的工作模型。

Share-VDE 是一个基于图书馆需求的关联数据项目，由 Casalini Libri（书目和规范数据提供者）、@Cult（ILS、发现工具、语义网解决方案厂商）开发，16 个北美机构参与。该项目旨在在全球范围内建立一个图书馆使用关联数据的有效工作环境，与外部资源建立关系以丰富图书馆数据，基于 BIBFRAME 数据模型形成虚拟发现平台。该项目分为三个阶段：基于 BIBFRAME 数据模型各成员馆将 MARC 数据转换成 RDF 形式；通过实体聚类、构建关系形成统一的知识库；建立与 Wikidata，VIAF，WorldCat，FAST，DNB 等外部资源的链接，以形成关联数据的生产环境。Share-VDE 项目的价值在于对关联开放数据平台进行利用，提高图书馆目录中资源的可发现性，使最终用户能够访问参与机构导入和导出的大量数据；充分利用关联数据的潜力，将图书馆信息连接起来，使动态研究环境中的学者及所有图书馆用户受益，开启获取知识的新方式。③

---

① OCLC. Linked Data Services Transform Metadata Management and Connect Library Resources to Wider Knowledge Streams. [2023-03-03]. https://www.oclc.org/content/dam/research/publications/library/2009/mitchell-dvg-jla.pdf.

② Linked Data for Production (LD4P). [2023-02-02]. https://wiki.lyrasis.org/pages/viewpage.action?pageId=74515029.

③ Possemato T. From MARC to Bibframe in the SHARE-VDE Project. [2020-10-20]. https://www.loc.gov/bibframe/news/pdf/share-vde-alaal2018.pdf.

2. 书目数据关联化实现流程

在语义网环境下，图书馆机构意识到数据大规模的开放互联，能够使图书馆资源有机地融合到网络资源中，提高了图书馆资源的利用效率和服务深度。当前越来越多的机构参与到书目数据关联化实践中，适合的实现流程也将显得非常必要。书目数据关联化的实现流程如下。

(1) 选择数据。由于图书馆的人力、物力、资金条件有限，并不是所有的书目数据都要转换为关联数据，需分步骤、有选择地进行。选择数据时需考虑以下因素。

数据有一定的外部需求。数据关联的意义在于提高该数据的使用效率，但数据本身的使用价值也需评估，需依据外部机构对本地数据的需求可能性大小对数据进行排序，将数据价值大、使用频率高的数据作为数据开放互联的首要选择。①

数据集有固定的识别符。图书馆书目数据的每一个描述项目对应识别符属性，可以转换为自己的URI，可以是一个网络地址（URL），也可以是一个命名空间。

数据的可管理性。由于面临外部机构的使用，发布的书目数据应保证不断地被更新维护，以实现可持续发展。因此需要图书馆机构技术、人力资源上具有实施的可行性条件，以保证其现有书目数据的有效管理和定期维护。

(2) 将MARC格式转换为RDF表达形式。RDF形式的数据易于用户访问及建立数据之间的联系。当前书目数据基本采用MARC格式，所以需要将MARC格式转换为RDF表达形式。在转换过程中，为保证不同机构数据描述的一致性、规范性，应充分利用已发布的词汇表表示各描述单元。可以利用的词汇表有简单知识组织系统、都柏林核心元数据元素集、书目本体（BIBO）、资源描述与检索、BIBFRAME等。SKOS为受控词汇提供统一的RDF概念模型，可以用来表示书目记录中的分类号、叙词之间的关系及其属性、注释等。都柏林核心元数据元素集最初用来描述网络资源，可以用来表示书目记录中的主题词、摘要、语言、责任者等。BIBO用以描述RDF表示的书目信息②，是转换其他书目数据源的基础，目前可利用其所定义的类和属性表示书目数据的各种类型的文献，如期刊、报纸等。BIBFRMAE能够支持馆藏机构中各种类型的信息资源的描述。

人工建立映射表，明确书目元数据每一字段、子字段对应的RDF属性。注意需明确书目数据的准确含义，以确保映射的准确性，并且尽可能减少信息的丢失。如果在现有的词汇表中找不到对应的元素，则需定义新的术语，但应注意建立与其他词之间的联系，尽可能避免出现孤立的术语词，运用rdfs：subClassOf或rdfs：subPropertyOf建立与其他类和属性之间的关系，以提高数据未来的交换水平。一旦映射表建立，则采用机器自动转换方式实现大批量的数据转换。

(3) 关系转换。各个书目记录并不是孤立的，因此转换过程中需注意描述书目记录

---

① 贾君枝．开放书目数据的实现与发展．晋图学刊，2015 (1)：1-4.

② Bibliographic Ontology Specification：Specification Document-4 November 2009. [2020-10-20]. http://bibliontology.com/.

之间的关系。书目记录的关系主要分为三种类型：书目记录与知识组织系统之间的关系，知识组织系统之间的关系，主题词表、分类表中的内部语义关系。知识组织系统主要对书目记录的内容实施规范化控制，通过资源共享降低单个机构的编目成本，提高检索的准确率。

书目记录与知识组织系统之间的关系。书目记录可以与机构内部或外部可利用的知识组织系统建立关系。通常情况下，可利用的有分类表、主题词表、名称规范档等。外部文档多是大型机构发布的开放关联数据，目前可采用的有 OCLC 提供的虚拟国际规范文档，其链接世界各国国家书目机构的规范记录，美国国会图书馆提供的 LCSH、国会图书馆名称规范档（LC Name Authority File）、《美国国会图书馆分类法》、DDC、GeoNames 等。可直接或间接通过 dc：subject，dc：creator，dc：contributor，dc：location，foaf：focus 属性建立关联。

知识组织系统之间的关系。为了进一步丰富现有的元数据，尽可能与其他开放数据建立互连，实现资源元数据层面的互操作，在多个知识组织系统之间建立关联，比如在国内规范档与虚拟国际规范文档、《中国图书馆分类法》与《杜威十进分类法》、《美国国会图书馆标题表》与《汉语主题词表》等之间建立链接。

主题词表、分类表中的内部语义关系。受控词表中的语义关系主要表现为等同关系、等级关系、相关关系，在受控词表中都有明确定义。其中等同关系采用 skos：prefLabel，skos：altLabel，owl：sameAs 表示，等级关系采用 skos：broader，skos：narrower 表示，而相关关系则采用 skos：related，dc：relation 表示。

（4）确立可选择的数据源，建立与外部数据源的关联。书目数据只有与其他外部数据建立广泛关联，由封闭走向开放，才能发挥其价值，便于用户从一个数据集跳转到另外一个数据集，提高资源的使用率。目前可选择的数据源除了以上所提及的词汇表、规范文档外，还有一些当前图书馆常用的数据集。如 DBpedia，维基百科的语义网版本，可以被用来定位关于人或特定概念的百科文章；Wikidata，一个支持协作编辑的结构化知识库，为其他维基计划及各语种维基百科中的信息框、列表及跨语言链接等提供统一存放的数据；MusicBrainz，一种在线音乐百科全书；等等。

3. 基于 BIBFRAME 的书目数据关联化实践

2011 年 5 月，美国国会图书馆正式宣布与 Zepheira 公司合作开发 BIBFRAME，试图构建一种新型的书目数据格式来取代在互联网环境中表现不佳但目前尚在各国广泛使用的 MARC。BIBFRAME 致力于充分发挥适用于网络环境的优势，使书目数据在未来能够在网络环境中方便地交流、共享、发布与使用。同时 BIBFRAME 为模型生成并发布了一个词汇表以及用于数据转换的工具。BIBFRAME 本质上是一种实体-关系模型，侧重于捕获与书目描述相关的数据元素，如标题、作者、出版商等，而不是创建完整的书目记录。通过这种方式，BIBFRAME 创建书目描述框架，明确地将与资源的知识内容相关的信息与其物理属性分开。在这个实体关系模型中，BIBFRAME 进一步在 RDF/XML 中建模，以便使模型符合语义网原则。RDF/XML 的使用允许模型的用户识别实体，更清楚和完整地描述它们之间的关系。此外，它允许机器更容易地处理这些关系，使图书馆数据更有利于网络环境。即让图书馆的数据更容易被互联网搜索引擎找到，也更容易被用户找到。其设计的核心是使用 URI 来命名实体和数据值，BIBFRAME 词汇表的实体和属性都以 URI 形式呈现。

(1) BIBFRAME 模型。BIBFRAME 利用万维网架构进行书目数据的描述、维护和交换，以明确区分概念内容和物理表现（如作品和实例），专注于识别信息实体，重视实体之间的关系。BIBFRAME 的模型由三个核心层构成，分别是作品（Work）、实例（Instance）、单件（Item）（见图 9-4）。

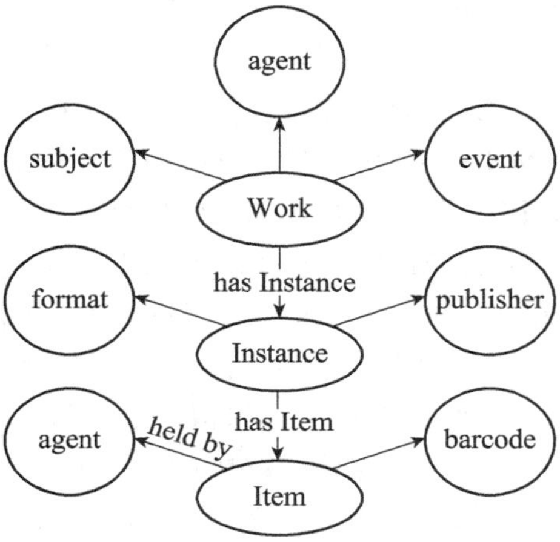

图 9-4 BIBFRAME 关联数据框架模型

作品是一个抽象概念，表达的是编目项或编目资源的本质概念，其本身并不指向某一个特定的物质对象。作品关注资源的内容，当作品经过改编、翻译、修订等操作时，只要作品的责任者和主题不变，即可唯一指定是相同作品。① 作品可以阐述“这是什么”，但是不包括“这是哪一个”，诸如主题、语言、作者等信息是作品的描述内容。② 其关联的属性有管理元数据、题名、责任者、主题、分类、体裁、语种、受众、摘要等。

实例是 BIBFRAME 模型中一个重要的大类，在该模型中表达或描述了一个 BIBFRAME 作品的物质体现，其本身可能特指在现实中存在的某个数字化的或者有物理载体的事物。如果说作品只是编目资源的抽象化概念，那么实例便表示其在现实中的具体形象。所以，创造性作品与实例间存在对应关系。不过，一个实例对应且唯一对应一个作品。当作品的载体形态（如印刷型、微缩型、计算机阅读型、声像型等）发生改变时，即产生新的实例。不同的出版机构也会产生不同的载体表现。因此，出版者、出版地、出版时间、格式、载体形态、标识符、版本说明等是实例的描述内容。

单件是实例的物理或电子版的单一复本，反映了诸如位置（物理或虚拟）、书架标记和条形码等信息③，可以帮助用户找到书目作品所在的具体物理位置。当作品的存放位置

① 胡晓鹰．中文编目 FRBR 化之各层次的识别与著录．图书馆杂志，2009（3）：24-26，63.

② BIBFRAME Annotation Model. [2015-10-21]. http://bibframe.org/documentation/annotations/.

③ Overview of the BIBFRAME 2.0 Model. [2021-06-26]. https://www.loc.gov/bibframe/docs/bibframe2-model.html.

发生改变时，即产生新的书架标记或馆藏信息。

可见，BIBFRAME 模型通过作品、实例、单件的功能以及它们相互之间的关系成功地将书目信息的概念、形式、现实个体区分开来。由于作品本身是抽象化的实体，所以与信息的载体或格式并无关系，而实例则是单件的内容，一个实例只属于一个作品，同时实例通过单件来具体化。通过这种方式，该模型框架能够很好地兼容不同类型的书目资源，同时也能够拥有良好的可扩充性，充分体现了基于实体、属性的模块化描述方式的优点。①

（2）基于 BIBFRAME 模型的关联数据实现。BIBFRAME 作为一种适用于未来网络的书目数据格式，在设计之初便受到关联数据的影响，可以认为关联数据决定了 BIBFRAME 的核心内容。BIBFRAME 从三个角度契合了关联数据技术，是关联数据技术的一种实践。首先，BIBFRAME 采用 RDF 数据模型描述具体信息，具有良好的通用性。与传统书目数据类型不同，BIBFRAME 能够描述各种馆藏资源类型。无论是印刷型的图书还是数字化的电子资源，BBFRAME 都可以通过 RDF 数据模型详细地描述其内容。这种情况与关联数据有许多相似之处。关联数据让不同类型、不同结构的数据以同种机制组合在一起，在保证异构与多样的同时又保证开放性与共享性，为数据提供了良好的互操作基础。其次，BIBFRAME 通过 RDF 陈述保留了书目信息的语义性，而关联数据的一个重要的特点便是它通过 RDF 陈述保留了数据内容的语义，这个契合之处同样是 BIBFRAME 被称为基于关联数据的书目框架的重要依据。最后，与关联数据相似，BIBFRAME 同样使用了丰富的链接机制，这保证了资源的开放性与关联化。BIBFRAME 在其 RDF 陈述中也采用了丰富的 URI 形成富链接机制，这也是关联数据技术的主要特点与属性。通过这三点可以看出，BIBFRAME 完全符合关联数据的基本要求。

BIBFRAME 本身便是一种基于关联数据技术的书目数据格式，其数据本身的结构便是基于 RDF 的关联数据模型，因此基于 BIBFRAME 实现书目信息数据关联化的方法主要包括以下几个步骤：基于 BIBFRAME 关联数据框架识别书目数据的实体、属性、规范等元素；为数据的实体、属性等配置 URI，使其具有可通过网络访问的标识；基于 RDF 陈述梳理书目数据的各个元素并形成 RDF 文档；基于 BIBFRAME 词表、各实体属性、文档间的逻辑关系等揭示并构建 RDF 文档内部以及文档之间的关联关系，使 RDF 文档实现关联化。其中 BIBFRAME 与 MARC 数据映射表为实现书目数据的转换奠定了基础。

（3）关联数据实践。BIBFRAME 一经提出便受到业界关注，并非因为采用了特别先进的技术，而主要是因为美国国会图书馆的影响力。BIBFRAME 推出不久，社会各界纷纷加入 BIBFRAME 的测试行列中来，其中包括成功推行 FRBR 和 ISAD 经验丰富的 VTLS 公司及部分国家图书馆。VTLS 公司在 2012 年以关联数据和 BIBFRAME 为主要研究对象，推出了图书馆服务平台 OpenSkies。该公司指出，OpenSkies 能同时支持 BIBFRAME 和 MARC 等不同模型，而在关联数据项目方面，其产品可以让用户在网页上浏览某图书馆馆藏资源之间的关系。康奈尔大学和哥伦比亚大学图书馆展开协作测试，将

① 刘炜，夏翠娟．书目数据新格式 BIBFRAME 及其应用．大学图书馆学报，2014（1）：5－13.

哥伦比亚大学大量的以 MARC 和 MODS 格式记录的书目数据转换为 BIBFRAME，并评估 BIBFRAME 的工具以及用 BIBFRAME 编辑器创建新的 BIBFRAME 描述数据。可以看出，BIBFRAME 实践应用项目的增加为其完善及发展奠定了基础。

9.4 关联数据项目

随着关联数据概念的提出以及关联数据技术的逐渐发展，大量的关联数据项目涌现出来，其中大型关联数据项目如关联开放数据云项目的产生，有效地解决了异类、异构和分布式海量数据的知识发现问题。关联数据提供了一套低成本的标准化数据访问机制，因其非集中的特点，通过一些大型关联数据项目可以有效地规避一些复杂的数据权益纷争问题，有利于数据的健康发展。另外，利用关联数据项目可以将各种完全自治的“数据孤岛”链接起来，形成一个更为全面的知识库，为更智能的知识发现的实现提供条件，同时为上层数据应用提供丰富的数据源。

9.4.1 关联开放数据云项目

比策尔等在 2007 年 5 月向万维网联盟 SWEO 研究组提交了关联开放数据云（Linked Open Data Cloud）项目申请，该项目旨在号召人们将现有数据发布成关联数据，并将不同数据源互联，以可视化图形的方式将互联的关联数据集展现出来，通过链接现存、分散的数据来创造知识，提供数据整合服务，实现数据的增值。① 关联开放数据云项目启动后，越来越多的数据拥有者将他们的数据以关联数据的形式发布到网上，关联开放数据云已收录 1 346 个数据集。其中有很多知名的数据集，如 DBpedia，dblp，GeoNames，Revyu，Sensorpedia，FOAF，DOAP，OpenPsi，MusicBrainz 等，这些数据集涉及地理、生命科学、医药、出版、媒体、社会网络等领域。

按照数据内容可将出版类数据集划分为四类：馆藏资源、科学出版物和会议信息、大学信息及读物列表、知识组织工具。② 馆藏资源数据集对文化机构中的馆藏资源进行描述，主要包含图书馆、博物馆、档案馆以及其他信息机构的数据集。馆藏资源数据集通过对馆藏资源的语义描述和链接来实现资源内容的充分揭示及关联关系的规范表达，进而为文化机构中数据的深度聚合与知识发现提供服务。科学出版物和会议信息数据集为科学研究的开展提供了丰富的信息来源。大学信息及读物列表数据集包含各大学发布的关于人、部门、设施、课程、赠款和出版物等以关联数据形式出现的信息，能够帮助学生全面了解学校概况，发现不同课程、不同知识之间的相互关系，便于学生学习。知识组织工具数据集包含主题词表、本体、分类表、名称规范档、元数据等，可以被其他数

---

① Baker T，Bechhofer S，Isaac A，et al. Ontology Paper：Key Choices in the Design of Simple Knowledge Organization System（SKOS）. Journal of Web Semantics，2013（5）：35-49.

② 贾君枝，寇蕾蕾. 关联数据云图中出版类数据集特点分析. 国家图书馆学刊，2016（1）：59-68.

据集引用。具有代表性的数据集有 LCSH，DDC，MSC 等，这些数据集提供了概念、概念与概念之间的关系以及事实，用户可从中获取词间更为丰富的语义关系，扩展资源发现服务。①

关联开放数据云项目针对终端用户提供查询、可视化浏览、数据下载及利用等服务，将不同类型的数据集通过链接展现给用户，不仅推动了数据的再次开发利用，而且有利于各机构进行数据增值。

9.4.2 关联开放词表项目

关联开放词表（LOV）项目始于 2011 年，由开放知识基金会发起。关联开放词表是一个高质量的可重复使用的词表链接目录（依赖于词表间关系），旨在对网络所使用的各类词表进行语义描述。其初始目标是帮助关联数据和词表的发布者、用户评估需求内容，推动词表的重用，更好地定义自己的词表。关联开放词表收集一组类和属性（即词表的术语），用于描述特定类型或领域的事物，词表还提供与关联数据网的链接。由于使用形式化语言 RDF，RDFS 或 OWL，词表中的术语为描述和链接提供了清晰的语义。截至 2022 年，关联开放词表项目中共收录了 778 个词表。

关联开放词表提倡并促进创建一个关联开放数据生态系统，在 LOV 平台上注册的词表可被其他人重复使用。特别是，关联开放词表倡议收集并公布了以前没有收集到的指标，如词表之间的互链（链入和链出）、版本历史以及过去和当前引用情况。LOV 平台将术语“词表”和“本体”互换使用，强调可重用性、集成性和关联性。纳入关联开放词表的词表应符合以下标准：适当的数据大小、低级规范化约束（RDFS 或部分在 OWL 中描述）、提供实例信息、为用户提供详细的文档（标签、注释、定义、描述等）。

关联开放词表由四个主要组件组成：（1）跟踪和分析。跟踪和分析组件负责解除对关联开放词表的引用，在本地存储版本（N3 格式）并提取相关元数据，负责检查词汇版本的更新并分析词汇的特定功能。（2）策展。通过社区建议或编辑目录的方法来确保关联开放词表数据集的高质量。词汇库由负责验证的策展人维护，其负责在关联开放数据生态系统中插入词汇表，并对其进行详细的评论。（3）数据访问。关联开放数据系统根据 CC BY 4.0 许可协议发布，为用户和应用程序提供了四种访问关联开放词表数据的方法：使用 LOV 搜索引擎以查找与关键字匹配的最相关的词表、词汇或机构；以 RDF 格式下载 LOV 目录的数据转储，或以 N-Quads 格式下载 LOV 目录和每个词表的最新版本；在 LOV SPARQL 端点上运行 SPARQL 查询；使用关联开放数据系统应用程序接口（API），该接口为应用程序提供了对关联开放词表数据的完全访问权限。（4）LOV 用户界面和应用程序界面。每个组件提供一组特性，LOV API 通过一组 RESTful 服务可以远程访问 LOV 的许多功能。

关联开放词表作为关联开放数据云的重要组成部分，旨在提供针对关联开放数据云中使用的词表的便捷访问端口，其提供了关于词表如何互联的信息，以及词表在关联开

---

① 李捷佳．关联数据的词表重用策略研究．太原：山西大学，2019.

放数据云中的使用情况。① 不过，关联开放词表中并不包含所有在关联开放数据云中出现的词表，只包含在关联开放词表中注册的词表，且关联开放词表项目本身并不提供其所有词间关系形成的结构的总体视图，也不提供一般最常用的统计或数据，需要用户做进一步判定和选择。

9.4.3 维基数据项目

维基百科已被证明是一种高效捕获非结构化文本的媒介，但它在编辑结构化数据方面具有局限性。为了更好地表示维基百科中的结构化数据，维基数据项目于2012年底启动，由维基媒体德国分会首先提出，其目标是开发“世界知识的一个协作编辑的结构化知识库”。该知识库将为280多种语言版本的维基百科提供支持，以补充和扩大维基百科这个非结构化内容项目背后的庞大用户池，能够生成跨越多个领域的信息，并设想通过这样的共享知识库来提高维基百科内容的质量和一致性。此外，维基数据是一个开放的、语义网兼容的数据库，可以由任何人编辑，并为每一项内容维护一个广泛的版本历史，以便于比较不同时间节点的版本状态，这个共享知识库为维基百科文章和其他应用程序提供了结构化数据。② 目前维基数据总条目数已达到1.08亿。③

维基数据一般都是由数据编辑者和机器人使用实体界面或者是公共的编程接口构建的，这些数据被组织在3个命名空间中：主命名空间、属性命名空间和查询命名空间。其中主命名空间主要存储条目，可链接到特定的实体信息；属性命名空间定义信息的属性，并利用属性生成具体的描述语句；查询命名空间定义其他的方法来提取和显示信息。

维基数据的实体数据包括条目、指纹、陈述、链接站点。实体都被唯一的ID标识，由一系列多语言组合标签和描述去定义，并分配一个可提取的URI，如http://www.wikidata.org/entity/ID。实体可以是主命名空间中的条目，也可以是属性命名空间中的一个属性，还可以是查询命名空间中的一个查询。条目对应的是真实世界的客体、概念等给定的标识符以及与其有关的信息，存储在主命名空间中，用Q+ID来标识，附加多语言标签、多语言描述、多语言别名，可看作是关联数据三元组中的主语；属性是数据值的描述或与其他实体的关系，存储在属性命名空间中，用P+ID来标识，每一个描述都关联着一个属性，属性可能有一个或多个值，包括属性值和数据类型的声明，可看作是关联数据三元组中的谓语；查询是一个预定义的搜索，查询可以被执行并获得搜索结果，目前已经应用在文章列表的自动生成和文本的自动翻译中，这是维基数据的一大创新，查询也被看作实体特定的前缀标识符，但目前这个标识符还没有被定义。

维基数据实体的顶级字段有：实体名（ID）、实体类型（Type）、多语言标签（Multilingual Label）、多语言描述（Multilingual Description）、多语言别名（Multilingual

① Nogales A，Angel Sicilia-Urban M，García-Barriocanal E. Measuring Vocabulary Use in the Linked Data Cloud. Online Information Review，2017（2）：252-271.

② Vrandečić D. Wikidata：A New Platform for Collaborative Data Collection. Proceedings of the 21st International Conference on World Wide Web，2012：1063-1064.

③ Wikidata.［2022-10-01］. https://www.wikidata.org/wiki/Wikidata：Main_Page.

Aliase)、根据属性来分组的实体陈述（Statement）与声明（Claim）、与该实体相关的站点链接（Sitelink）、当前文件的版本（Lastrev. id）、当前文件的发布日期（Modified）。其中，多语言标签、多语言描述、多语言别名被称作指纹，用来区分同名条目；陈述是含有参考文献和排名的声明；声明包含属性、属性值和修饰词，每个声明总是与一个属性相关联，并且在一个实体中可以有多条声明与同一属性相关联。[①] 维基数据的结构如图 9-5 所示。

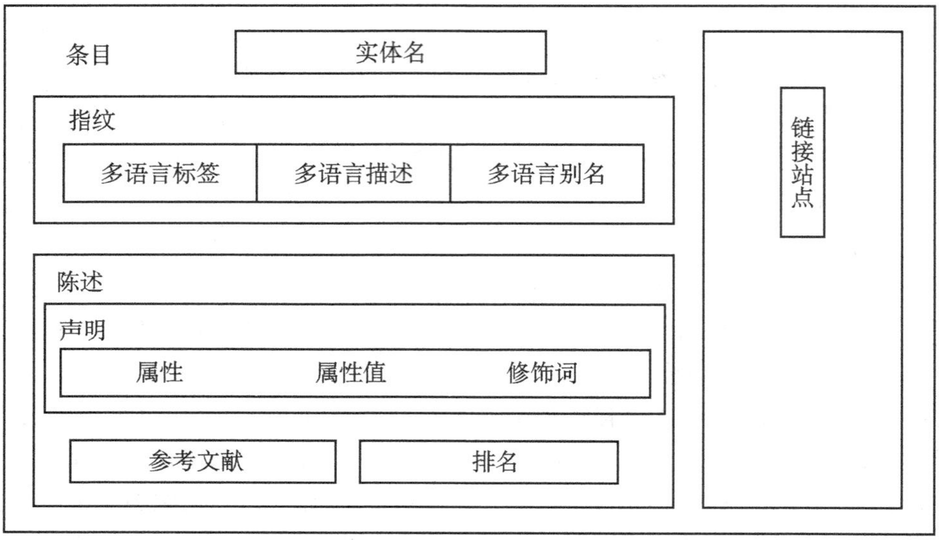

图 9-5 维基数据的结构

维基数据的属性来源之一是获取外部机构的数据源，链接指向外部标识符以获得外部权威机构的支持，数据类型为 external-id。2009 年，维基百科启动 GLAM（Galleries，Libraries，Archives and Museums）合作项目，广泛地与美术馆、图书馆、档案馆和博物馆开展交流合作，以发展作者及相关信息资源。到目前为止，维基百科发展的 GLAM 合作伙伴主要在欧美国家，合作伙伴中不乏国家级的和有影响力的图书馆、档案馆，例如大英图书馆、以色列国家图书馆、荷兰国家图书馆、瑞士国家图书馆、美国国家档案馆、纽约公共图书馆等。这些机构可以利用维基数据提取相关信息导入它们的数据库，同时它们也向知识库提供数据，并且参与模型的开发，以便能够更准确地描述和表示图书馆的藏书。

维基数据具有的开放、协作、多语言、结构化的特点使其在维基社区和国外学术界的研究非常广泛，尤其是在基于本体的语义检索、多语种查询、知识可视化、知识库的建设以及虚拟研究环境中的搭建方面具有广泛应用。[②]

---

① 贾君枝，薛秋红. Wikidata 的特点、数据获取与应用. 图书情报工作，2016（17）：136-141，148.

② Erxleben F，Günther M，Krötzsch M，et al. Introducing Wikidata to the Linked Data Web. Lecture Notes in Computer Science，2014：50-65.

9.4.4 盖蒂词表关联数据项目

美国盖蒂研究所（Getty Research Institute，GRI）隶属于美国盖蒂中心（Getty Center），致力于视觉艺术领域文化遗产的保存、普及与相关研究。盖蒂词表始建于21世纪80年代中期，是为了满足艺术博物馆、档案馆和艺术图书馆等单位的需求而建立的，是对艺术、建筑和物质文化等资源编制索引的规范词表，由美国盖蒂研究所的盖蒂词表项目组编制、维护和发布。盖蒂词表包括AAT、TGN、ULAN和文物名称规范档（Cultural Objects Name Authority，CONA），涵盖艺术、建筑、装饰、档案材料、保护和书目材料等符合国际标准的结构化术语资源。[①] 盖蒂词表内容全面且规范，其中AAT已被完全翻译为西班牙语和荷兰语，德语和葡萄牙语的翻译也正在进行中，而且在增加法语词汇和意大利语词汇。ULAN提供了艺术家规范术语，专注于其中的文化信息，包括艺术家专有名称或非常用称谓、传记、相关的个人或团体信息，公司、工作室、博物馆、图书馆特藏部、赞助人、捐助者、安保部门和其他群体可共同参与创作、收集、维护有关的信息。ULAN的艺术家通常是视觉艺术的创作者、概念产生者或生产者，但U-LAN并不侧重于演员、舞者或其他的表演艺术家。TGN提供了地名规范术语，包括名称和与地名相关的信息，地名包括行政实体（例如城市、国家）和地理特征地名（例如山脉、河流），当前和历史的地名也包含在内。CONA是文物名称规范档，文物包括建筑和可移动文物，如绘画、雕塑、版画、素描、手稿、照片、纺织品、陶瓷、家具、其他视觉媒体（如壁画、建筑的雕塑、行为艺术和考古文物）。CONA主要针对已经编目的艺术品，如学术文献的艺术品、博物馆收藏的艺术品、其他视觉资源收藏的艺术品、档案馆和图书馆收藏的艺术品，以及艺术、建筑或考古的编制索引项目中的艺术品。每条CONA记录对应一件艺术品。[②]

由于盖蒂的开放内容倡议从一开始就计划将其词表联系在一起，以帮助解决复杂的艺术历史问题，与关联开放数据云项目宗旨相吻合，因此盖蒂词表关联数据项目应运而生。目前，AAT、TGN和ULAN可以在关联开放数据云上获得，它们是在开放数据共享属性许可（ODC-By）1.0下发布的。通过链接到关联开放数据云，不仅实现了盖蒂词表之间的相互关联，也可实现与外部资源的链接。为确保数据在关联发布的过程中没有丢失，盖蒂词表参考了VIAF的发布流程，使用的本体有：SKOS、SKOS-XL、都柏林核心元数据元素集和都柏林核心术语（DCT）、W3C地理空间本体（W3C Geospatial Ontology）、书目本体和FOAF、修订历史的出处PROV，以及用于系统属性的RDF、RDF模式（RDFS）、OWL和XML模式（XSD）。对于那些无法找到对应词表的数据，开发了盖蒂词表程序（GVP）本体，使用R2RML语言实现从关系数据库到RDF的转换。

每个盖蒂词语记录都有一个唯一的数字标识符，通过该标识符，可以将与每一条记

① Cobb J. The Journey to Linked Open Data：The Getty Vocabularies. Journal of Library Metadata，2015（3－4）：142－156.

② Harpring P. Development of the Getty Vocabularies：AAT，TGN，ULAN，and CONA. Art Documentation：Journal of the Art Libraries Society of North America，2010（1）：67－72.

录等同的所有术语词、相关词及上位词、数据源和附注都关联起来。任何术语都有各种形式的表达，例如复数形式、单数形式、自然词序、倒序词序、拼音形式，也有科学写作和普通写作以及各种词源的同义词。在这些术语中，有一个标准术语被标记为优选，存在以不同语言表达的多个规范词。盖蒂词表是层级化的词表，包含等级关系、等同关系和相关关系。各词表之间相互关联，TGN 位置属性链接到 AAT 主题，ULAN 角色链接到 AAT 主题，ULAN 国籍链接到 AAT 主题，ULAN 事件链接到 AAT 主题，以及 ULAN 位置属性链接到 TGN 主题。它们共同形成了一条盖蒂记录。如图 9－6 所示，ID“700000141”的作品属性及材料属性源于 AAT，创作者信息源于 ULAN，位置属性源于 TGN，并且 AAT，TGN，ULAN，CONA 共同描述了该记录的主题属性。

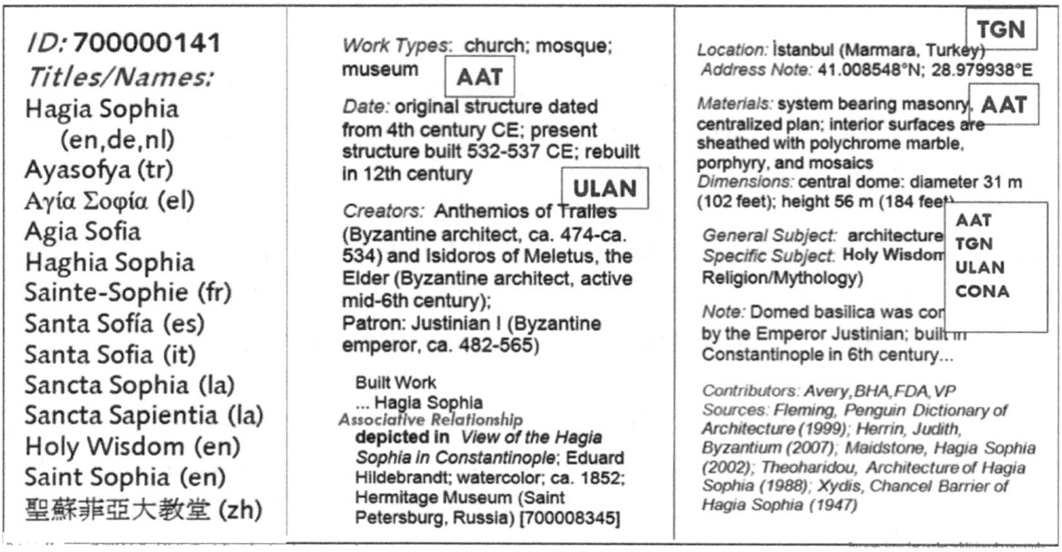

图 9－6　盖蒂词表 ID“700000141”

盖蒂词表目前作为关联开放数据，可以通过在线搜索或者万维网服务 API 在语义网上公开访问和共享。其提供的格式包括 XML，JSON，RDF，N3/Turtle，N－Triples 等。盖蒂词表项目致力于维护一个开放可协作的社区。在盖蒂主站，还有一个专门为关联开放数据云消费者提供的单独站点（http://vocab.getty.edu）。它一直由专家提供权威信息，并且可通过用户社区贡献来实现不断增长。在新的关联开放环境下，盖蒂词表成为研究和发现数字艺术史的重要工具。

随着应用环境的不断变化，传统知识组织系统的生存受到了极大的挑战，图书馆作为拥有大量公共信息资源的机构，其数据开放也逐渐成为图书馆界的工作重点。语义网相关技术的发展，使得传统的知识组织系统再次受到考验。是选择消亡还是换种方式存在？明智之举是选择换种方式存在。① 关联数据技术作为一种数据发布技术，以 RDF 为资源描述模型，以 URI 为数据资源的标识符，使用 HTTP 作为访问机制，该种技术因简

① Wimalaratne S M，Grenon P，Hermjakob H，et al. BioModels Linked Dataset. BMC Systems Biology，2014 (1)：91.

单、灵活、语义丰富，正在成为语义网的典型应用。未来的万维网将是数据的万维网，在这个新型的万维网中，将会出现链接无限、关联无限、语义无限、关联数据无所不在的现象。

思考题

1. 关联数据的定义是什么?
2. 关联数据的原则有哪些?
3. 关联数据的应用优势具体表现在哪些方面?
4. 关联数据的发布流程是什么?
5. 关联数据的对象是什么? 与网页超链接有何区别?
6. 如何利用 SPARQL 查询的数据? 如何优化查询结果?
7. 图书馆数据的基本构成有哪些?
8. 图书馆数据关联化的价值有哪些?
9. 受控词表和图书馆书目数据如何实现关联化?

推荐阅读

1. Bizer C，Heath T，Berners-Lee T. Linked Data：The Story So Far. International Journal on Semantic Web and Information Systems，2009 (3).

2. 娄秀明，危红，毛笑菲. 图书馆关联数据孵化小组使命、活动及成果分析. 图书情报工作，2012 (7).

3. Library Linked Data Incubator Group Final Report. [2024-05-14]. http://www. w3. org/2005/Incubator/lld/XGR-lld-20111025/.

4. Fultz T. ID. LOC. GOV Linked Data Service. Technical Services Quartely，2022 (2).

5. 贾君枝，赵洁. DDC 关联数据实现研究. 中国图书馆学报，2014 (4).

6. Erxleben F，Günther M，Krötzsch M，et al. Introducing Wikidata to the Linked Data Web. International Semantic Web Conference 13th，2014.

第10章
互操作

概要

本章分为三节，10.1 节讨论了网络环境下的数据异构问题，阐释了互操作的概念，并指出了互操作的类型；10.2 节讨论了用于指导、规范词表互操作实践的词表互操作标准的发展过程，以及不同词表互操作标准关注的重点内容，同时依据 GB/T 13190 标准总结了实现词表互操作的步骤，介绍了支持词表映射的通用形式化表示语言，进而梳理了著名的词表互操作项目以促进资源的交互和共享；10.3 节讨论了元数据记录互操作的类型、促进元数据互操作实现需遵循的互操作协议的类型及其结构与工作原理，讨论了互操作的实现方法以及典型的元数据记录互操作项目。

学习要点

互操作的概念；互操作的类型；词表互操作标准的发展过程；词表互操作的实现步骤；词表映射的形式化表示方式；元数据记录互操作的类型；互操作协议的类型；互操作的实现方法；词表互操作和元数据记录互操作的典型项目。

学习目标

认识互操作的概念；熟悉互操作的多种类型；了解词表互操作标准的发展过程；明确不同词表互操作标准关注的重点；掌握词表互操作的实现步骤；熟知词表映射的形式化表示方式；了解元数据记录互操作的类型；理解互操作协议的类型及工作原理；熟知典型的词表互操作和元数据记录互操作项目。

10.1　互操作的概念及类型

互操作问题由来已久，任何物理或生物系统相互作用发挥功能时都会发生互操作问题，信息系统方面的互操作也具有重要意义。元数据是用于提供资源有关信息的结构数据，或者说是描述数据的数据。[①] 网络环境下，元数据对资源发现的重要性不言而喻，数据互操作为资源集成与服务集成提供有力的支持，是实现元数据整合的有效工具。因此，建立规范成熟的元数据互操作体系对不同类型的元数据整合具有重要的意义。

1990 年美国国家科学基金会（NSF）举行了一次关于未来数据库系统研究的讨论会，会上提出了“信息互操作”的概念，确立了将“构建分布式、自治、异构数据库中支持信息共享与交换的环境”作为未来数据库系统研究的重要问题。同时提出信息互操作研究的主要目的是让彼此独立、自治的系统能够为跨平台跨系统的信息协作提供支持，而不限于数据库模式的集成、全局视图的建立等。“信息互操作”概念的提出，拓宽了异构数据库系统的研究领域，使其以信息集成为目的，而不是局限于解决数据的异构问题。信息可以是结构化的数据、非结构化或半结构化的信息、文件系统和知识库等，从而使问题扩大到整个信息系统之间的协作。信息在这种异构领域之间进行的协作就是“语义互操作”的主要形式。[②] 语义互操作作为一种高层的互操作理念，作为一种待满足的用户需求，变得极其重要和引人注目。语义互操作的实现，能够使信息意义的无障碍交流、共享和重用不仅发生在人与人、机器与人之间，也发生在机器与机器、信息系统与信息系统之间。语义互操作的实现将异构信息系统之间信息交流和共享的过程高度自动化和智能化，彻底改变计算机世界信息交流的模式，改善和提升交流的质量。目前，在语义网所形成的技术框架下，语义互操作的实现已经具备现实的可行性和可操作性。[③] 在这个大环境下，元数据之间的互操作也变得越来越重要，元数据作为结构化的编码数据，能够描述各类信息资源的内容、外在特征及内部结构，以实现对信息资源的有效管理与共享。目前元数据之间的互操作已经在不同的学科和专业领域中得到广泛的应用。随着元数据的不断发展，以及信息资源的多样性，各个领域产生了大量的元数据标准，使得元数据标准之间无法兼容，进而导致使用不同的元数据标准进行描述的数据间不能够共享和检索。此时就迫切地需要通过元数据的互操作来解决各种格式的元数据间的检索、转换与重用等问题，从而实现对分布式信息的有效组织，实现资源整合及共享，实现异构资源的统一检索，使用户可以通过统一的数据检索界面获得一致的信息服务。[④]

10.1.1 互操作的概念

互操作是一个工程概念，不同领域对其有不同的理解。随着信息系统的广泛应用，不同系统之间不断进行着数据与服务交互。信息系统之间由于技术差异，如硬件、系统软件、通信系统之间的异质性，互操作已经成为当前信息系统环境的基本要求。[⑤] 美国国家信息标准组织（National Information Standards Organization，NISO）认为互操作是不

---

① 萨蕾．元数据互操作研究．情报科学，2014（1）：36－40.

② 刘炜．基于本体的数字图书馆语义互操作．上海：复旦大学，2006.

③ 夏翠娟．数字图书馆的语义互操作及其实现．上海：华东师范大学，2005.

④ 孙玉琦．基于 OAI-PMH 的文物信息资源元数据互操作研究．武汉：华中师范大学，2017.

⑤ Sheth A P. Changing Focus on Interoperability in Information System：from System，Syntax，Structure to Semantics. Interoperating Geographic Information Systems，1999：5－29.

同的软硬件平台、数据结构及接口下多个系统交换数据的能力，旨在减少数据内容及功能损失。

随着数字图书馆及数据仓储技术的发展，用户更希望通过一站式检索获得自己所需的资源，元数据作为描述、解释、定位、检索、使用、管理信息资源的数据①，可以有效地提高信息资源存取效率。元数据标准定义了元素结构及语义的元素集合，作为提供结构、取值及内容方面准则的标准，有效地保证了资源描述标准化及规范化。元数据模式指明了元素的含义及如何运用机器处理格式进行编码，当前元数据模式基本采用 XML 或 RDF 描述定义数据元素或进行术语声明。元数据记录是依据一定的元数据标准对各种类型资源的描述结果，由于不同数据库采用的元数据标准与描述语言存在差异，数据集成应用中则会频繁地涉及元数据的互操作问题，以实现跨库、跨语言、跨领域的检索与资源发现。可以看出，元数据互操作能够按照不同元数据模式描述的数据进行共享及交换，以帮助用户实现跨库检索。元数据互操作已成为图书情报领域研究的关键问题。

10.1.2 互操作的类型

信息系统之间的异构性导致互操作产生。依据信息系统的异构性，谢思（Sheth）将互操作分为两大层次②：系统层与信息层（见图 10－1）。

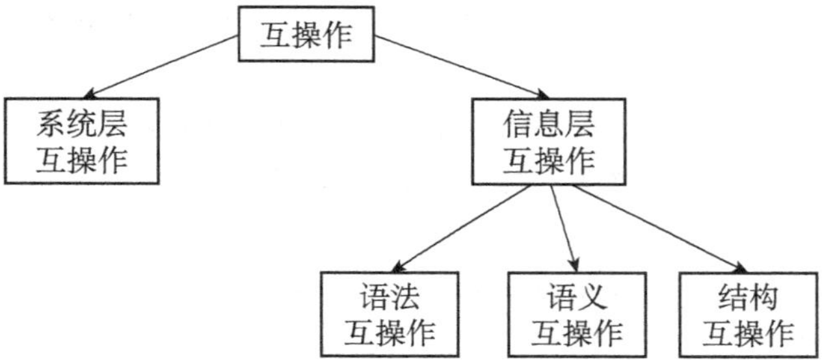

图 10－1 互操作的类型

系统层互操作解决软硬件系统之间不兼容的问题，属于最基础层，随着信息技术的不断发展，当前可以借助网络、计算机、应用程序和万维网服务有效地进行技术数据交换，这在一定程度上解决了系统层的互操作问题。③

信息层互操作关注的是数据本身的异构问题。随着互联网及分布式计算设施的发展，需要在更大范围内获取资源，重用及共享数据，因此，信息层互操作成为互操作的主要方面。信息层包含语法、结构、语义三种类型。语法互操作解决编码及表示差异问题，如数据类型、格式。结构互操作解决数据模型、模式及结构差异的问题。语义互操作解决数据

① Understanding Metadata：What is Metadata，and What is it For?：APrimer. [2016－07－02]. https://www.niso.org/publications/understanding-metadata-2017.

② Sheth A P. Changing Focus on Interoperability in Information Systems：From System，Syntax，Structure to Semantics. Interoperating Geographic Information Systems，1999：5－29.

③ Zeng M L. Interoperability. https://www.isko.org/cyclo/interoperability.htm.

语义的一致性问题，确保从语义层面更好地解释信息，以准确了解用户请求。欧盟电子政务互操作协会提出的欧盟互操作框架（EIF）[①] 中，将语义互操作定义为数据元素级别的共享，在信息资源之间建立链接，使系统将接收到的信息与其他信息资源进行联合，促使电子政务服务和系统理解要交换的数据元素，将需要共享的信息内容转换为能被其他组织重用的表现形式，确保交换信息的精确含义。语义互操作实质上是在共享、预先确定、协商的术语和表达式含义的基础上交换信息的能力[②]，已发展成为信息层互操作的关键问题。

元数据互操作属于信息层互操作，可依据实现方法将其分为三种类型：模式层、记录层、数据仓储层[③]（见图 10-2）。模式层互操作关注独立于应用的元数据模式中的元素，即不同元数据标准之间的互操作，有衍生、应用纲要、对照表等方法。衍生是指新元数据模式产生于已有的元数据标准，通过对已有元数据模式的翻译、精简、修订而形成。应用纲要指将来自多个不同元数据标准中的数据元素组合而形成的适合特定应用的混合模式。对照表建立从一个元数据标准到另一个元数据标准的元素、语义、语法的映射。记录层互操作是通过元素映射实现元数据的记录集成，包含转换、集成及聚合，其中，转换将一种模式的记录转换成另一种模式的记录，集成将来自不同元数据记录的元素组合成新的记录，聚合指在元数据记录之间建立内外部链接，尤其通过 RDF 模式将不同元数据记录聚集在一起。数据仓储层互操作是将不同来源的记录存储在仓储库中，以实现对数据的统一存取，包含元数据收割、对照服务、映射。服务提供者基于标准协议选择性收割数据提供者发布的元数据，经过整合映射之后存储在仓储库中，建立基于元素或值的对照服务，并依此实现元数据的统一存取，通过映射算法实现不同记录之间元素的匹配，以实现跨库检索。

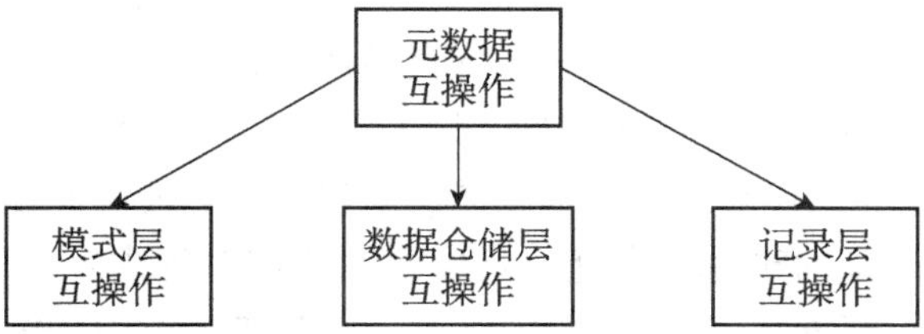

图 10-2　元数据互操作的类型

10.2　词表互操作

从一定意义上说，网络知识组织工具及其元数据标准都可称为词表，旨在以概念为描述对象，共同描述概念间的关系，而概念的外化形式实为词汇。由于不同词表构建角

① 贾君枝，李捷佳．基于关联数据的语义互操作研究．情报理论与实践，2017（8）：111，131-134.

② Veltman，K H. Syntactic and Semantic Interoperability：New Approaches to Knowledge and the Semantic Web. New Review of Information Networking，2001（1）：159-183.

③ Chan L M，Zeng M L. Metadata Interoperability and Standardization：A Study of Methodology. D-Lib Magazine，2006（6）：23-41.

度及方式不同，所涉及的语种、涵盖领域不同，应用这些词表描述资源形成的标引及检索结果也有所不同，使得用户采用不同的检索方式获取所需资源。随着资源集成的应用与发展，不同词表间的互操作问题出现。

10.2.1 词表互操作标准的发展

为了有效地指导、规范词表互操作实践，各国标准化机构纷纷制定词表互操作标准。叙词表作为重要的词表标引工具，发挥着重要作用，叙词表编制标准中通常涉及词表互操作。ISO 2788《单语种叙词表编制准则》和 ISO 5964《多语种叙词表编制规则》，分别是单语种和多语种叙词表的标准，分别于 1974 年和 1985 年首次发布，前者于 1986 年进行了修订。目前，这两个标准已被 ISO 25964－1：2011 所取代。

ISO 2788 主要包括术语、术语之间的关系、展示以及叙词表构建等内容，给出了词汇控制、术语选取、复合术语处理、展示及构建的原则和方法。ISO 2788 是第一部叙词表编制的国际标准，奠定了叙词表编制标准的基础。

ISO 5964 可以视为在多语种方面对 ISO 2788 的扩展和补充，ISO 2788 中关于叙词表编制的一些通用原则、方法对 ISO 5964 仍然适用，如词汇控制原则、术语的形式、基本关系等。与单语种叙词表相比，多语种叙词表编制面临的最大问题是不同语种叙词的对应和转换。因此，ISO 5964 着重解决多语种叙词表编制的特性问题，包括确立多语种叙词表的管理决策、语言，确立不同语种的等同术语等。①

NISO 发布了 Z39.19—2005《单语种受控词表的结构、格式和管理指南》标准，指出了影响互操作的因素，以及单语种受控词表映射成其他语种、查询、索引所采用的互操作方法。英国编制的 BS 8723－4：2007《信息检索结构化词表—指南 第四部分：词汇表之间的互操作性》是英国最新的叙词表标准。该标准基于 BS 5723：1987《单语种叙词表编制规则》和 BS 6723：1985《多语种叙词表编制规则》进行整合、修订与补充，其对词表互操作中方法与模型的选择、实施、具体问题的应对等内容做出了规范指导。国际标准 ISO 25964 是国际标准化组织于 2007 年 4 月以 N458 文件的形式发布的叙词表国际标准修订计划。该计划将 ISO 2788 和 ISO 5964 更新扩展形成 ISO 25964。2008 年，国际标准化组织认为有必要将两者结合在一起并进行彻底修订，从而增加大量新内容以满足网络信息检索的需求。ISO 25964 包含两部分，该标准的第一部分于 2011 年发布，包含单语种和双语种叙词表的发展和维护，也包括用于数据交换的格式和协议。第二部分比较了这些词表进行互操作时所需要的元素和特性，提供了不同叙词表、叙词表和其他类型词表之间建立映射及维护的建议，为词表间互操作实践提供了参考依据。该互操作标准更强调词表间概念层面的互操作，即语义匹配问题，而不是简单的语词形式匹配②，主要目的是鼓励跨网络资源（采用不同的词表编制索引）的高质量信息检索。该规范涵

① 梁健．从 ISO 2788、ISO 5964 到 BS 8723、ISO 25964：看叙词表编制标准的发展变化．《图书情报工作》杂志社，图书情报工作研究会第 21 次学术研讨会，2009.

② ISO 25964－1：2011. Information and Documentation—Thesauri and Interoperability with Other Vocabularies—Part 1：Thesauri for Information Retrieval. International Organization for Standardization（ISO），2011.

盖叙词表和其他常见知识组织系统（KOS）类型的特征和功能的详细信息，提供了叙词表和其他类型的KOS词汇表之间映射的最佳实践指南。早期我国叙词表国家标准是GB/T 13190—1991《汉语叙词表编制规则》和GB/T 15147—1994《多语种叙词表编制规则》，这两个标准仅适用于纸质版的叙词表编制。全国信息与文献标准化技术委员会（简称文标会）开始组织我国的叙词表编制标准修订工作。本着遵循叙词表标准ISO 25964的原则，文标会对已有的标准进行全面修订、整合与补充，出版了GB/T 13190《信息与文献　叙词表及与其他词表的互操作》，其分为两部分。《信息与文献　叙词表及与其他词表的互操作　第2部分：与其他词表的互操作》是我国叙词表与其他词表互操作的指导性规范，规定了互操作的目标、映射元素的识别、跨词表的映射模型与映射类型等，适用于系统应用的数据管理及其映射词表的显示，提出了叙词表与分类表、专业分类表、标题表、本体、同义词环、术语表、名称规范档等各种词表的互操作建议，以供文献标引与检索人员参考使用。

10.2.2　词表互操作的实现步骤

词表互操作的目的是将一种词表的表达式转换成另外一种或几种词表的对应表达式。从语义交流角度看，通过设置此交流渠道，信息发送方和接收者能理解彼此交换、共享的信息的含义，机器间也可以准确地解释及交换信息。随着词表类型的多样化发展，互操作的难度也在增加。词表间的互操作需要在明确各类型词表特点的基础上，以专业领域专家为核心，按照既定的规范步骤实施映射。依据GB/T 13190标准，可将词表互操作的实现总结为五步：明确映射目标、确定映射对象、选择映射模型、确定映射类型、实施映射。①

（1）明确映射目标。确立明确的映射目标，是实现互操作的首要步骤。不同的映射目标会造成映射模型及类型的差异，映射目标取决于映射结果的最终去向，属于用户需求导向。从当前的词表映射实践看，映射目标具体分为三方面：①生成新词表，为扩大词表领域的覆盖范围，发挥不同词表间的互补性，通过互操作方式建立新词表，该词表与多个词表建立概念对应关系，使新词表在未来信息资源处理环境中发挥重要作用。②用于数据收割，由于不同数据库或系统平台采用的标引词表、元数据格式不同，元数据记录差异较大。数据收割需要从不同的数据库或系统平台自动、持续地获取数据，并在此基础上提供应用服务。数据收割过程中需建立统一的元数据格式，在来源库数据与本地元数据之间建立映射关系，实现数据表达的一致性。欧洲数字图书馆采用此方式收割上千家成员馆的数据，将编码档案著录标准、都柏林核心元数据元素集、机读目录、元数据对象描述模型等标准与欧洲数据模型（Europeana Data Model，EDM）建立映射。③用于联邦检索，联邦检索是同时从不同数据源检索数据，并将检索结果整合后实时提交给用户，以实现基于提问的跨库/系统检索。最关键的问题是联邦检索系统需要处理数据源之间的异构，主要体现在专用词汇的共享和交流上，即语义层面的异构，这将涉及

① 贾君枝．基于ISO 25964的词表互操作实现探析．数字图书馆论坛，2016（12）：9-14．

用户检索提问与不同数据源匹配、数据源本身所采用的描述性词表差异的问题。因此，需要在联邦检索系统的中心词表与各数据源的词表之间建立映射，或者在各数据源的词表间建立映射，用于将用户检索提问转换成各数据源需要的表达形式。

（2）确定映射对象。确定映射对象包含三方面内容：明确来源词表和目标词表、映射方向、映射的范围和数量。当前映射对象实际为词表，根据映射方向不同，分为来源词表和目标词表。来源词表作为起始点词表，需要在目标词表中找到对应语词。映射方向分为单向映射和双向映射，双向映射的工作量较大。来源词表的用户要检索目标词表标引的资源，只需建立单向映射，通常采用箭头指向映射方向，单箭头表示单向，双箭头表示双向，由来源词表指向目标词表。确立一个方向的映射后，再进行反方向映射，已有的映射可以作为参考，但不能完全借鉴，需要进一步鉴别。在上述基础上能够明确映射的范围及数量。映射的范围分为全部映射和选择式映射。全部映射即尽可能在目标词表中找到来源词表的对应语词。选择式映射即部分映射，根据应用需要对来源词表的部分语词建立映射，若来源词表与目标词表间的差异较大，仅需在重叠领域建立映射；若仅为处理索引/目录数据库的数据，则只需对应用到目标数据库的部分词集建立映射。若仅在中文书目数据库的中图分类号与国会图书馆分类号之间建立对应关系，由于缺乏来源词表概念间明确的语义关系，映射质量会受到影响。一旦映射范围确定，映射工作量的大小也随之确定。词表的规模越大，复杂度越高，映射的工作量越大，映射难度也越大。映射的数量决定是否有必要为每个概念建立多个映射。通常情况下，能够精确匹配的概念不需建立多个映射；在无法精确匹配的条件下，为概念建立多个映射，即建立非精确、上下位及相关映射，对后期的应用有重要的参考价值，对扩充查询词、标引词集合有很大的帮助。

（3）选择映射模型。映射模型定义了映射采用的方法及管理模式，通常取决于映射的目标及条件。ISO 25964 将映射模型划分为三种类型：结构统一模型、直接连接模型、中心结构模型。两词表间的映射相对简单，以直接连接模型为主，两个以上词表间的映射需考虑映射结构的选择。

结构统一模型适用于所映射的词表具有完全相同的结构，仅在表达语言、符号及编码模式上存在差异。如《汉语主题词表》中文版与《汉语主题词表》英文版，《汉语主题词表》MARC 格式与《汉语主题词表》SKOS 形式都属于此模型。相比其他模型而言，该模型操作简单，将一种语言/符号表达系统的词表转换成另外一种语言/符号表达系统，映射类型单一，属于精确匹配类型，适用于跨语言检索或不同操作平台的使用。

直接连接模型适用于所映射的词表结构差异较大的情况（符合词表多样性条件），强调词表间的两两对应关系。对于相同或者不同类型的词表，逐一对词表的概念进行分析，建立与对应词表的映射关系。如《中国图书馆分类法》与《杜威十进分类法》的映射属于相同类型词表的映射，LCSH 与 DDC 的映射属于不同类型词表的映射。该模型结构是映射模型中最常用的，适用于两个或三个词表间的对应，映射工作量较大，维护成本高。

中心结构模型适用于所处理的词表数量多、覆盖领域广且类型复杂的互操作情况。该模型将一个词表作为中心表，其他词表作为卫星表，建立中心表与卫星表间的概念映射。相比直接连接模型，其优点在于：以中心表作为中介或者桥梁，在两个完全不同的词表之间建立间接映射，避免差异极大的词表映射情况出现。因为词表间映射数量减少，相应也减少了映射的工作量，但仍存在一定的局限性：对中心表的要求较高，中心表的概念集合需具有一定的覆盖度与专指度，应尽可能包含所有卫星表的概念。如缺乏符合条件的中心表，可构建一个新词表；各卫星表间为间接映射，“卫星表 1”通过中心表与“卫星表 2”建立映射，形成的连续映射结果质量较差；连接的相关映射类型会无限放大关联范围，最终可能得到相关映射，但事实上是无关联的。

（4）确定映射类型。映射类型定义两个词表之间、概念之间的映射关系。映射类型应依据映射目标及词表类型对应择取，比如本体与本体的映射通常多于传统分类表、叙词表的映射，原因在于其本身的语义关系较丰富。当前，常用的映射类型主要与叙词表内部的概念关系一致，有等同映射、等级映射、相关映射，等同映射是三种映射中最常用的类型。通常以相关度大小确定映射类型的选择顺序，首选等同映射，其次是等级映射，最后为相关映射。为提高映射的精确度，每一种类型还可进行细分。

等同映射。来源词表与目标词表的概念范围相同时，建立等同映射，通常用 EQ（equivalence）表示。根据目标词表概念组合程度，等同映射主要分为简单等同和复合等同。简单等同仅与目标词表中的一个概念建立对应关系。复合等同则与目标词表的多个概念的组合形式建立对应关系，其中交叉复合等同是与两个概念的交集建立对应关系，并列复合等同则是与两个概念的并集建立对应关系。另外，当目标词表的概念不足以完全表示来源词表的概念时，则需增加其他限定词表（如复分表）共同表示，这种情况也属于复合等同。除此之外，根据词表间概念的相似程度，等同映射还可分为精确等同、非精确等同及部分等同。精确等同表示两个概念范围完全相等，可以彼此替代使用。由于词表间差异较大，非精确等同占比较大，部分等同判断难度相对较大，因此优先考虑建立等级映射。

等级映射。来源词表与目标词表的概念范围具有包含关系时，建立等级映射。从下位到上位的等级映射通常用 NM（narrower mapping）表示，从上位到下位的等级映射用 BM（broader mapping）表示。根据概念间语义含义的差别可区分出属种关系、实例关系、整体和部分关系。属种关系表示类与子类的关系，用 NMG/BMG 表示，类是具有相同特点的个体集合，通过类与子类的关系创建的类的层次结构，通常表现为大小范畴间的关系，如学生与中学生；实例关系表示类与成员的关系，用 NMI/BMI 表示，成员通常对应现实世界中的具体个体；整体和部分关系表示一个实体对象由许多部件（部分）构成，实体的整体对象与部分对象间的关系，用 NMP/BMP 表示，如人体与头部。严格区分后的等级映射能提高映射数据的质量，无论应用于标引或查询扩展，都可在一定程度上提高查准率。

相关映射。来源词表与目标词表的概念范围部分重叠，有一定语义程度的关联时，建立相关映射，通常用 RT（related mapping）表示。与其他映射类型相比，相关映射的语义关联程度最弱，其相关性不易把握，需根据具体应用环境进行判断，如用户的兴趣、系统检索相关文献的能力与数量等。因此在实际互操作项目中，应根据实际情况对相关性进行明确界定，防止将语义关联性较弱的概念纳入映射集合，增加标引和检索的噪声数据。

（5）实施映射。识别映射项的关键在于明确概念的内涵与外延。单从词汇的外在表达形式并不能识别词汇本身的真正含义，词表中的词汇有明确的上下文环境，因此在判断对应概念时，需检查其相应的语义关系，通过词表内部概念的等级关系、等同关系、相关关系及注释判定其内在含义，并在此基础上完成映射。如果是双向映射，需先完成一个方向的系统映射，再实施反方向映射。通常情况下，已完成的映射结果可被进一步使用，尤其是等同映射，其具有可逆性；但其他类型的映射需做进一步审核才可使用。映射的完成通常采用人工映射（专家）和自动映射（计算机）两种方法实现。人工映射的准确率较高，需要专家熟悉词表的结构及专业词汇，工作量较大；自动映射的效率高，采用概念匹配或共现映射的方式，形成候选映射集并进行排序输出，但准确率相对较低，需要专家对映射结果进行审核。映射完成后需将映射词表的数据存入管理系统，映射存储的基本信息包括来源词表、目标词表、映射结果表、映射的注释信息等。此外，还需定期对映射数据进行维护，及时修订映射数据，如果来源词表、目标词表发生变化，应及时对数据进行修改，确保映射数据的质量。

10.2.3 词表映射的形式化表示

W3C在语义网的体系架构和技术标准建设方面发挥着引领作用，其推出的SKOS，RDFS，OWL是支持知识组织体系规范化表示和互操作的技术标准。这三个标准分别定义了不同类型和不同语义层次的知识组织体系的一致性表示框架，使得知识组织体系的表示框架和结构在全球范围达成一致理解和共识。用其他知识语言表示的知识组织体系可以转换或映射到这三个通用知识表示标准上，从而实现在知识组织体系句法表示层的互操作。[①]

SKOS是W3C为了表达叙词表、术语表、分类表等简单知识组织体系而建立的标准。SKOS将传统叙词表以术语为基础的描述转变为以概念为基础的描述。SKOS仍然用RDF图模型来定义SKOS的概念，使得传统知识组织体系在语义网环境下，与RDFS，OWL表示的知识组织体系得以共存、兼容、相互转换并实现互操作。

RDFS采用RDF图模型来陈述简单的知识组织体系的概念。在RDFS中将概念（类）作为RDF陈述的主体，概念的属性作为谓词，属性值作为客体。但与普通RDF陈述不同的是，在RDFS中，可以定义属性的定义域和值域，而值域可以是另一个类。RDFS也允许定义子类、子属性，这些元素构成了定义一个简单知识组织系统的充分条件。

OWL是万维网本体表示语言，自从2003年发布以来，它已经成为语义网共同遵守的本体表示规范。OWL是在RDFS的基础上，添加更丰富的公理和语义约束形成的，owl：Class可以看作rdfs：Class的一个实例。

（1）映射数据的SKOS表示。SKOS定义了一个通用数据模型，将数据表示为机器可读数据，用于计算机应用软件之间的数据交换和以机器可读的格式实现网络发布。致力于ISO 25964标准的机构ISOTC46/SC9/WG8工作组于2013年发布了文档“ISO

① 宋文．知识组织体系语义互操作研究．图书馆论坛，2012（6）：117－121．

25964与SKOS/SKOS-XL模型的对应"，以适应ISO 25964－1所定义的统一建模语言（UML）模型。[①] SKOS规范中明确定义了与其他SKOS知识组织体系互操作的语义关系，包括skos：mappingRelation，skos：closeMatch，skos：exactMatch，skos：broadMatch，skos：narrowMatch和skos：relatedMatch[②]，在两个不同的知识组织体系之间建立概念映射，实现互操作。

SKOS映射关系属性用于声明不同概念体系中SKOS概念之间的映射链接，分别对应不同的映射类型。skos：exactMatch对应等同映射，skos：broadMatch和skos：narrowMatch属性对应两个概念之间的等级映射，skos：relatedMatch属性对应两个概念之间的相关映射。skos：closeMatch表示两个概念相似，对应非精确等同。为充分表达两个概念的重合程度，SKOS映射关系属性还定义了majorMatch，minorMatch属性，表示重合范围较大及重合范围较小两种情况。并且将概念作为类，允许概念之间进行集合的交并补运算，以表达复合等同的情况。SKOS语义表示中，需先定义来源词表、目标词表，再确定来源词表中的被映射词汇，对其基本信息如词汇名、类名、优选词、非优选词等进行描述，最后描述与目标词表所对应的词汇。

如在DDC中的类号363.34与LCSH中的"Pollution"之间建立等同映射，与"Naturaldisasters"建立下位映射。SKOS表示如下：

```
<rdf:RDF>
xmlns:rdf =" http://www.w3.org/1999/02/22-rdf-syntax-ns# "
xmlns:skos =" http://www.w3.org/2004/02/skos/core# "
xmlns:map =" http://www.w3.org/2004/02/skos/mapping# "
<skos:Concept rdf:about =" #363.34" >
<skos:prefLabel xml:lang =" zxx" >363.34</skos:prefLabel>
<skos:altLabel xml:lang =" en" >Disasters</skos:altLabel>
<skos:inScheme rdf:resource =" http://hiltm2m.cdlr.strath.ac.uk/hiltm2m/schemes/DDC.xml" />
<map:exactMatch>
<skos:Concept rdf:about =" #sh85038303" />        #等同映射#
</map:exactMatch>
<map:narrowMatch>
<skos:Concept rdf:about =" #sh85090214" />        #下位映射#
</map:narrowMatch>
</skos:Concept>
<skos:Concept rdf:about =" #sh85038303" >
<skos:prefLabe xml:lang =" en" >Disasters</skos:prefLabel>
<skos:inScheme rdf:resource =" http://hiltm2m.cdlr.strath.ac.uk/hiltm2m/schems/LCSH.xml" />
</skos:Concept>
```

① ISO 25964：the International Standard for Thesauri and Interoperability with Other Vocabularies. [2016－07－02]. http://www.niso.org/schemas/iso25964/.

② SKOS Mapping Vocabulary Specification. [2016－04－02]. https://www.w3.org/2004/02/skos/mapping/spec/2004－11－11.html.

```
<skos:Concept rdf:about=" #sh85090214" >
<skos:prefLabel xml:lang=" en" >Naturaldisasters</skos:prefLabel>
<skos:inScheme rdf:resource=" http://hiltm2m.cdlr.strath.ac.uk/hiltm2m/schems/LCSH.xml" />
</skos:Concept>
</rdf:RDF>
```

（2）RDFS与OWL表示。RDFS基于XML命名空间机制和URI机制，用rdfs：subClassOf，rdfs：subPropertyOf，rdfs：domain和rdfs：range可以将不同的RDFS表示的知识组织关联到一起，实现RDFS表示的知识组织体系之间的互操作。OWL除继承RDFS语句外，进一步定义owl：sameAs，owl：equivalentClass，owl：equivalentProperty，owl：inverseOf，owl：symmetricProperty等语句，可以实现与其他OWL本体的更精确的语义关联和匹配。

越来越多的数据拥有者将他们的数据以关联数据的形式发布到网络上，形成一个全球化的数据空间，即数据网络。相对于传统的文档网络，数据网络更加结构化，将简单的超链接变成了复杂的关系网，使网络上的数据能够被发现和检索，并被人和机器所理解。当前关联开放数据云①中，56.11%的数据集至少和一个数据集建立了RDF链接。其中采用各链接谓词排名前三位是owl：sameAs，rdfs：seeAlso，skos：exactMatch，它们在语义互操作中发挥了重要作用。数据集的关联很大程度上借助一个或者多个关联词表实现，数据集内外部词表间或者数据集之间的语义互操作频繁产生。

目前通过谓词建立的语义关系有三种：等同关系、等级关系、相关关系，每一种语义关系都采用RDFS，OWL，SKOS词汇进行表示。等同关系表示两个资源对象之间具有同义关系，包括同一事物的俗名与学名、旧称与新称、简称与全称、异形同义词、中文译名与外文缩写词、新概念的不同名称以及当前流行语和过时词汇等。等同关系可以用来指代不同数据集的同一个资源，如URI别名，或者用于两个资源对象所对应的概念含义一致时。owl：sameAs主要用于为同一个个体创建不同的名称和指向同一资源对象的两个声明之间的关联。链接表明两个URI引用实际上指的是同一事物。owl：equivalentClass用来表示两个类有完全相同的实例。通常采用这一属性链接两个异形同义的概念。使用owl：equivalentProperty能够声明属性的等同。它可以声明两个属性为等价属性，利用相互等价的属性将一个个体关联到同一组中的其他个体，也可以用来创建同义属性。

等级关系是指资源对象之间概念内涵相同，但外延范围不同的层级关系。rdf：type表示实例关系，三元组A rdfs：type B表示A是B的一个实例，可以用来表明一个资源是某个类的实例。一些知识源来自多个领域，不同领域的表现形式不同，因而形成了不同类别，可以通过rdf：type将一个实例链接到其他知识源中的相关类别，实现从最初的知识源跳转到其他知识源，从而发现更多的信息资源。rdfs：subClassOf用于表示概念类之间的继承关系，三元组A rdfs：subClassOf B表示A是B的子类，该特性具有传递

① The Linked Open Data Cloud. [2020-07-10]. https://www.lod-cloud.net/.

性，可以根据该关系推理出额外的有用信息。此外，rdfs：subPropertyOf 是一个应用于属性的二元关系，表示两个属性之间的子属性关系。通过给出一个或多个陈述声明“某属性是另外一个或多个属性的子属性”，可建立属性层次。

相关关系表示两个资源对象之间具有相互参照关系，或者表明概念之间存在相反、因果、先后等附加补充信息。rdfs：seeAlso 用于表示可能提供有关主题资源的其他信息的资源，A rdfs：seeAlso B 表示资源 B 可以提供关于 A 的附加信息。此外对于属性之间，rdfs：domain 定义了一个属性的定义域，用来约束该属性可以适用的个体。如果一个个体以一个属性和另一个体关联，并且该属性用某个类作为它的一个定义域，那么该个体必然属于这个类。同理，rdfs：range 定义了一个属性的值域。

10.2.4 词表互操作项目

由于信息资源的类型繁多、内容庞杂、结构复杂且分布广泛，所以，可以说任何一种元数据格式都不可能完全覆盖所有类型的信息资源的描述，也不可能完全满足不同用户群、不同团体的需要，因此，元数据格式之间的互操作变得越来越重要。不同元数据标准的互操作，即是在各个标准的元素之间建立对照，旨在让用户可以利用一个检索式在不同数据库之间进行检索，如同在同一个数据库中进行检索。要提高元数据间的互操作性，首要也是最需要做的工作就是元数据之间的映射和转化。

（1）都柏林核心元数据元素集与 MARC21 对照表。都柏林核心元数据元素集是由联机计算机图书馆中心和国家超级计算机应用中心在 1995 年联合创建的一个针对网络信息资源的著录格式，其目的是提供一种容易掌握和使用的网络资源描述格式，方便网络资源的著录、编目，从而促进网络资源的利用。都柏林核心元数据元素集由题名、创建者、主题、描述、出版者、贡献者、日期、类型、格式、标识符、来源、语种、关联、覆盖范围、权限组成。其中每个元素都是可选的，也是可以重复的，并且各元素排列顺序可以是任意的，没有特殊意义。这些元素依据其所描述内容的类型和范围分为三组：对资源内容的描述，有题名、主题、描述、来源、语种、关联和覆盖范围；对知识产权的描述，有创建者、出版者、贡献者和权限；对外部属性的描述，有日期、类型、格式和标识符。

MARC21 是用于描述、存储、交换、控制和检索的一套机读书目数据标准，由于 MARC21 是由 000～999 之间的上百个字段组成的，可通过对都柏林核心元数据元素集和 MARC21 结构的内容进行映射分析，找出都柏林核心元数据元素集中的每一个核心元素及其子元素与 MARC21 中的字段的对应关系。表 10－1 是美国国会图书馆发布的 MARC21 核心书目数据元素与都柏林核心元数据元素集中的元素之间的映射。① 表中“＄”用于指定使用的子字段，如果未指定，则使用所有子字段。

---

① Network Development and MARC Standards Office Library of Congress. Dublin Core to MARC Crosswalk. [2020－07－10]. https://www.loc.gov/marc/dccross.html.

表 10-1 从 MARC21 到都柏林核心元数据元素集的映射

MARC21 领域	都柏林核心元数据元素集中的元素	都柏林核心元数据元素集限定词
541 $ c	AccrualMethod	
310 $ a	AccrualPeriodicity	
521	Audience	
100，110，111，700，710，711 $ e	Contributor	Valuein $ e.
720 $ e		
255，034	Coverage	Spatial
522		
650 $ z，651，662		
751，752		
043 $ c，044 $ c	Coverage	SpatialISO3166
651ifind2=7& $ 2=tgn		SpatialTGN
033 $ a	Coverage	Temporal
533 $ b		
260 $ cifprecedesdate	Date	Copyrighted
542 $ g		
260 $ c $ g	Date	Created
533 $ d		
008/07，08，09，10	Date	Issued
260 $ c		
046 $ j	Date	Modified
046 $ m $ n	Date	Valid
520ifind1=#or3	Description	Abstract
505	Description	TableofContents
300 $ a	Format	Extent
533 $ e		
856 $ q		IMT
340 $ a		Medium
856 $ u	Identifier	URI
008/35，36，37	Language	ISO369-2
041withno $ 2		ISO639-2
041with $ 2=iso639-3		ISO639-3
041with $ 2=rfc1766		RFC1766
041with $ 2=rfc3066		RFC3066
041with $ 2=rfc4646		RFC4646
561	Provenance	
530	Relation	HasFormat
776 $ n $ t		

续表

MARC21 领域	都柏林核心元数据元素集中的元素	都柏林核心元数据元素集限定词
530 $ u 776 $ o	Relation	HasFormatURI
774 $ n $ t	Relation	HasPart
774 $ o	Relation	HasPartURI
775 $ n $ t	Relation	HasVersion
775 $ o	Relation	HasVersionURI
530 776 $ n $ t	Relation	IsFormatOf
530 $ u 776 $ o	Relation	IsFormatOfURI
440，490，800，810，811，830 760，773 $ n $ t	Relation	IsPartOf
760，773 $ o	Relation	IsPartOfURI
510	Relation	IsReferencedBy
785 $ n $ t	Relation	IsReplacedBy
785 $ o	Relation	IsReplacedByURI
775，786 $ n $ t	Relation	IsVersionOf
775，786 $ o	Relation	IsVersionOfURI
780 $ n $ t	Relation	Replaces
780 $ o	Relation	ReplacesURI
538	Relation	Requires
506 $ a $ d 540 $ a $ d	Rights	AccessRights
542 $ d	Rights	RightsHolder
786 $ o	Source	URI
082	Subject	DDC
050	Subject	LCC
600，610，611，630，650ifind2=0	Subject	LCSH
600，610，611，630，650ifind2=2	Subject	MeSH
060	Subject	NLM
655ifind2=7& $ 2=tgn	Subject	TGN
080	Subject	UDC
245	Title	
130，210，240，242，246，730，740	Title	Alternative
Leader06，Leader07 655if $ 2=dct	Type	DCMITypeVocabulary

MARC21 体系完备，内容与句法较为复杂，而都柏林核心元数据元素集目前仅有十多个元素和一些限定词，所表达的意义与 MARC21 表述丰富的字段、子字段相去很远。都柏林核心元数据元素集元素与 MARC21 字段、子字段之间的对应关系可分为下列四种情况。[①]

①一对一关系。dc. Source 与 MARC21 中的 786 $o 相对应，Source 是对当前资源来源的参照。

②一对多关系。dc. Subject 可以与 MARC21 中的多个不同的 6×× 字段相对应，因为在 MARC21 中，主题字段划分为多个类型，如 650 字段是普通论题主题，600 字段是个人名称主题；dc. Language 与 MARC21 的 041 字段（语种代码）以及 008 字段的 35 至 37 字符位对应等。

③多对一关系。如 dc. Relation 中不同的限定词可以对应同一个字段，限定词 IsFormatOf 与 HasFormat 都对应在 776 字段（其他载体形态款目）。又如 dc. Contributor. CorporateName 对应 710 字段（附加款目——团体名称）中的 $a，$b 两个子字段。

④无对应关系。都柏林核心元数据元素集中的有些限定词是找不到恰当的对应关系的，如果强制对应的话，就只能用附注字段来表示，如 Date. Modified 只能对应到 500 字段。

（2）Europeana 项目。2004 年 12 月，谷歌启动建造全球最大的数字图书馆计划，对欧洲各国图书馆产生巨大冲击。为使欧盟国家的人民充分了解本国历史瑰宝和文化遗产，从而与谷歌抗衡，法国于 2005 年 4 月组织欧洲 19 个国家联合创建数字图书馆，希望在数字图书馆方面形成统一的欧盟体系。Europeana 最初命名为“European Digital Library”，但越来越多的博物馆、美术馆等机构加入，于是将其更名为 Europeana。[②]

Europeana 的建设目标是通过构建统一的网络平台来整合欧洲具有代表性的文化遗产资源，为人们了解欧洲历史文化提供一站式浏览与检索服务，实现欧洲数字文化资源更广泛地传播与共享。项目建设初期的重点是对历史文化资源进行数字化加工，2006 年年底已完成 6 万册图书的数字化处理，2007 年完成 10 万余册，2008 年第一部分数字化图书投入使用，自此 Europeana 正式对公众开放。随后 Europeana 迅速发展，其工作重心由大量纸质资源数字化逐步转向对数字资源的整合，资源类型包括文本、图片、音频、视频、动画以及 3D 资源等。在形式方面，Europeana 不仅涵盖传统的书目描述信息，还囊括 Web 2.0 时代流行的维基百科内容描述、用户标签与评论、社交网络中用户照片及视频等相关内容。这些由各机构长期积累的资源，内容十分丰富，反映了欧洲的历史、科学及文化底蕴。截至 2018 年底，成员馆达到 2 235 家，数字资源总量超过 5 750 万条，文献下载 285 357 次。[③] 在欧洲领先的研究型大学的支持下，已经拥有集博物馆、档案馆和图书馆于一体的资源平台，在现代化、网络化数字资源建设与服务方面发挥越来越重要的引领和示范作用。

---

① 沈芸芸，张广钦 . DC 与 MARC21 相互映射的实例分析 . 图书与情报，2003（3）：68 - 71.

② 汪静 . Europeana 发展现状及启示 . 数字图书馆论坛，2017（3）：46 - 53.

③ 欧洲数字图书馆 2018 年度报告发布 . 国家图书馆学刊，2019（4）：69.

由于欧盟是由众多国家组成的，各个国家之间的语言、文字和数据格式都不同，所以在数据共享及使用上存在一定的障碍。为了统一不同资源内容提供商提供的数据格式，同时也为了方便数据的后期使用，Europeana 设计了数据模型 EDM，各个机构之间的资源可以进行元数据语义融合，而不会因标准不同而产生理解上的差异。EDM 具有很强的可扩展性，不仅能尽可能多地保留元数据信息，还允许其他来源的信息对该数据进行丰富和补充，并与现有元数据标准（如 EAD，CIDOC CRM，MARC）建立关联，实现语义层面的互操作。从 EDM 核心类的层级结构看，包括信息资源类、非信息资源类、聚合类、文化遗产对象类。信息资源类是指具有一定表现形式的资源，如一本书、一个唱片、一本画册等；非信息资源类指除信息资源之外的资源，包括事件、主体、地点、物理对象、时间范围；聚合类指与单个文化遗产对象相关联的资源集合；文化遗产对象类指欧洲数字图书馆馆藏所描述的文化遗产对象。

EDM 在 Europeana 项目和数据提供者网络中扮演着重要的角色。在这个网络中，数据提供者的数量正在稳步增加，同时 Europeana 必须集成的元数据格式、模式等的数量和多样性也在增加。许多项目都致力于将映射作为元数据互操作方法，并根据 EDM 提供的领域特定需求和可能性做出决策。在这个过程中，一些提供商通过进一步扩展和改进 EDM 的原始元数据格式，将元数据的损失降至最小。EDM 用于描述不同粒度级别的元数据，数据提供者可以直接映射他们的元数据到 EDM 或者创建专门的 EDM 用例。映射涉及元数据字段与扩展 EDM 的新元素之间的联系，这些新元素已被定义为映射的一部分。图 10－3 显示了 EDM 表示的 MODS-METS 数据的示例。德国数字图书馆重用其元数据元素，通过添加父子关系中 dcterms：isPartOf，建立与 EDM 核心类的对应关系。[①]

（3）HILT 项目。每个词表都有各自的适用范围、优缺点，所以不能只用一个词表表示所有机构的资源。当用户或机构中的编目人员想要检索其他机构中的资源时，使用的词表不一致会导致不同检索系统之间的公共接口无法实现数据交换。为了研究并解决这一问题，英国提出了高层叙词表（High-Level Thesaurus，HILT）项目。所谓“高层叙词表”，是指把 DDC 作为一个高层的“词表”，即映射转换中心，与其他各种叙词表实现互操作，最终达到资源共享的目的。

项目最初是“探索创建可以用于跨域在线资源的高层叙词表，使互操作变得容易”。后来项目被定义为“通过主题进行跨域检索和跨域浏览”，跨域检索和跨域浏览的范围包括各团体、服务以及服务和资源类型等。HILT 项目开始于 2000 年 9 月 1 日，到 2003 年 9 月基本完成。最初由从属于英国高等教育基金理事会的研究支持图书馆组（Research Support Libraries Group）和联合信息系统委员会（Joint Information Systems Committee，JISC）两个组织共同资助，后来由 JISC 单独资助完成。该项目研究了用户和编目人员在图书馆、博物馆、档案馆和电子馆藏中进行跨域检索和浏览时使用不同的主题词表

---

① Charles V，Olensky M. Report on Task Force on EDM Mappings，Refinements Extensions. [2020－07－15]. https://pro.europeana.eu/files/Europeana_Professional/EuropeanaTech/EuropeanaTech_taskforces/Mapping_Refinement_Extension//EDM%20%20Mapping%20refinement%20extension%20Report.pdf.

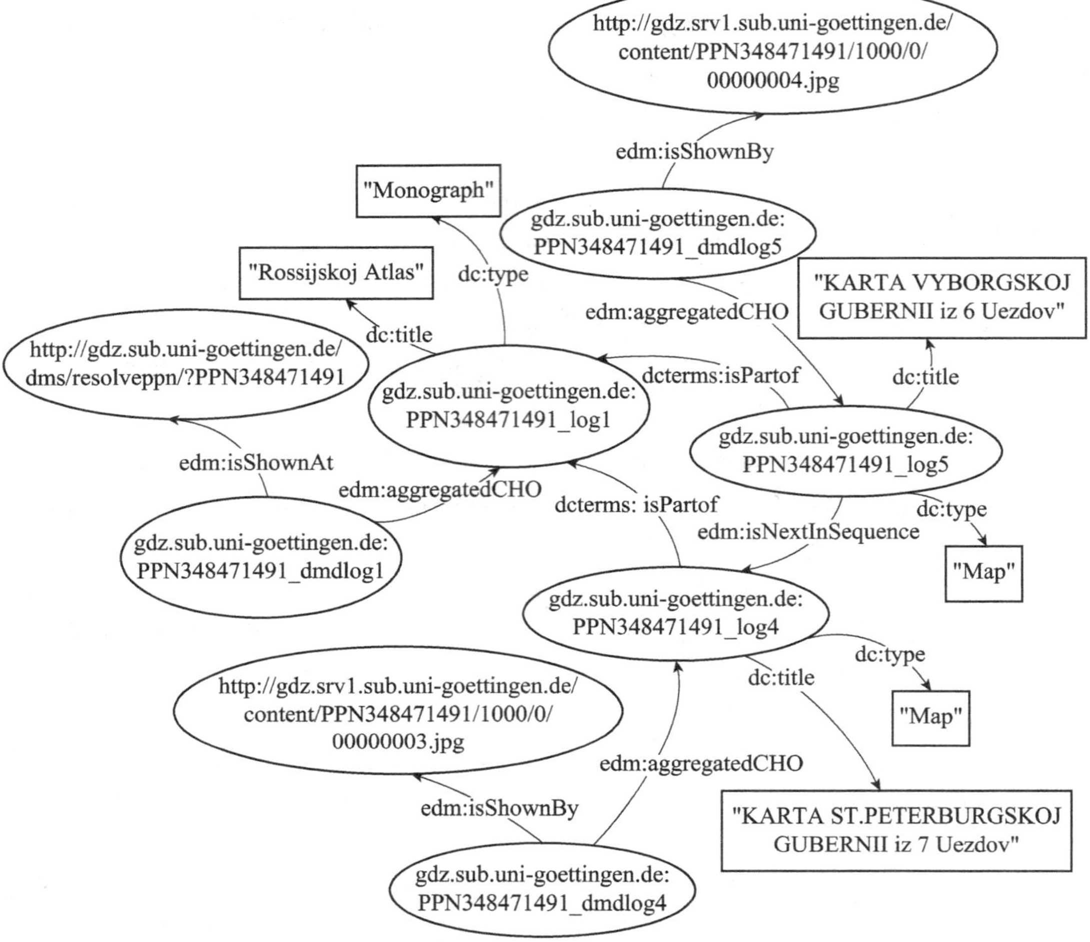

图 10-3 EDM 中 MODS-METS 数据表示

存在的问题，并且为 JISC 馆藏创建了实验性术语服务器，为跨部门、跨领域、多语种和互操作方法的国际兼容性，以及分布式信息资源的主题描述和分类提供了借鉴。该项目的合作者有英国的思克莱德大学建立的数字图书馆研究中心（CDLR）、英国博物馆文献协会（MDA）、英国国家档案理事会、OCLC 等 10 家单位。

HILT 项目是通过术语集之间的映射实现的。因为使用某一主题词表或分类表去适应所有的信息资源是不现实的，同时还有语种问题以及检索用词与标引用词之间的映射问题需要解决。考虑到 DDC 已经被翻译成 30 多种语言，建立了与 LCSH 的映射，在其他一些映射项目（如 Renardus）中有成功应用的案例等，HILT 项目决定采用 DDC 的分类号作为映射的主干。术语服务器核心词表包括 DDC、LCSH、联合国教科文组织（UNESCO）叙词表和 MeSH 等，同时该服务器可以同其他术语服务器实现互操作，允许其他术语服务器与其他词表建立映射关系。

HILT 项目中的映射服务系统主要包括用户界面、术语映射数据库和编目人员界面三部分。HILT 的语词映射服务是为所有注册的受控词表生成到 DDC 分类号的映射，实现DDC与多个词表间的多维映射，如把DDC的一个分类号映射到UNESCO叙词表中的一个相关联的词，或者映射到LCSH中的标题词。HILT项目中，各主题词表与DDC之间的映射主要有八种：精确匹配，精确互参照匹配，进一步澄清匹配，按语义因素匹配，上位类匹配，下位类匹配，拼写变化匹配，概念匹配。由于分类表和标题表大多是先组的，而叙词表是后组的，这两种类型词表之间的映射准确性受到影响。如果用户提问的某个词在DDC中的映射不止一个结果，那么HILT会把所有返回结果分别显示出来。用户有时候可能需要返回多个结果，而有时候返回的多个结果会产生歧义。这种情况下就需要提供消歧服务。在机器到机器环境下，门户网站或者虚拟学习环境可以通过与终端用户的对话来消歧。对于一个特定的词，门户网站或者虚拟学习环境可以通过更多的上下文环境（例如DDC等级结构中的词或者由DDC等级结构的上位词扩展得到的词）来向用户解释该词的含义，HILT将所有匹配DDC类名的实例返回给用户，并有足够的上下文让用户能够从中选择出合适的语词。对于某个给定的分类号，HILT将与JISC信息环境（JISC Information Environment，JISCIE）共享服务进行交互。HILT将DDC分类号递交给JISCIE共享服务，用于匹配其馆藏描述中的DDC分类号。[①] 图10-4展示了HILT的实现原理。

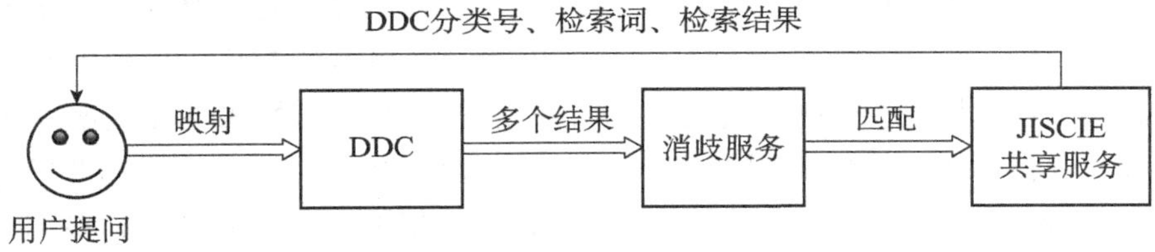

图10-4　HILT的实现原理

10.3　元数据记录互操作

元数据记录的互操作旨在实现资源对象之间的数据交流与共享。词表互操作属于知识组织体系层面的数据交流，旨在形成一致的可共享的知识体系，其为元数据记录的互操作实现提供了语义理解基础。元数据记录的互操作旨在运用一定方法及手段将不同来源、格式、结构的数据进行整合，以推动数据共享与重用及更大范围的数据存取。

10.3.1　元数据记录互操作的类型[②]

（1）元数据记录转换。元数据记录转换是将遵循某个特定元数据标准的记录转换成

① 张俊．情报检索语言在主题网关中的应用：英国高层叙词表项目研究进展．全国第四次情报检索语言发展方向研讨会，2005.

② Chan L M，Zeng M L. Metadata Interoperability and Standardization：A Study of Methodology. D-Lib Magazine，2006 (6)：23-41.

基于另一个元数据标准的记录，旨在通过一致的元数据标准实现对数据的统一存取。当面临新系统的开发及不同系统的数据合并时，则涉及元数据记录转换问题。通常在建立来源与目标元数据标准的对照表服务的基础上完成转换，其转换的难度取决于元数据标准的差异，差异越大，越易于导致转换过程中数据的丢失或失真。当具有丰富结构的元数据转换为简单结构时，数据值易于丢失。如果所使用的元数据标准采用了受控词表和标准编码表进行属性值限制，更增加了转换难度，在此基础上需要设计匹配算法，不仅需要对元素进行匹配，还需对元素值进行匹配。目前为此已经开发了各种工具来推动这种转换，如美国国会图书馆提供的工具可以进行 MARC 记录与 MODS 记录之间以及 DC 记录与 MODS 记录之间的转换。[①]

（2）元数据记录集成。元数据记录集成是指将不同来源的元数据记录经过去重、映射、合并、链接等一系列处理生成新记录的过程。一条元数据记录由若干个属性值对构成，可将其各个属性值对作为基本构成单元，每个单元作为独立单元处理，将来自不同元数据源的这些单元组合在一起，或重用这些单元来产生新的记录。相比元数据记录转换，元数据记录集成更复杂。在构建大型的数据仓储或者进行元搜索（用户输入检索提问后同时调用多个搜索机制）时，元数据记录集成应用明显。图书馆广泛使用基于 Z39.50 协议的元搜索引擎，创建虚拟目录库，以实现图书馆书目记录共享。元数据编码和传输标准（Metadata Encoding and Transmission Standard，METS）是用来对一个数字图书馆中的数字对象相关的描述性元数据、管理性元数据和结构性元数据进行编码的 XML 标准，它将元数据包装成 XML 文档以实现交换。由美国数字图书馆联盟（Digital Library Federation，DLF）开发，由美国国会图书馆的网络发展办公室和 MARC 标准办公室负责维护，其将来自不同来源的不同部分整合在一个结构框架中，有效地黏合成一条记录。

（3）元数据记录聚合。元数据记录聚合将不同来源的元数据依照不同颗粒度进行分类、分组、合并及拆分、抽取、链接，组成新的记录集合。FRBR 模型中将聚合单元定义为不同载体表现形式的内容表达[②]，这些有助于实现作品层、人物等实体的聚类及关联。与元数据记录集成相比，元数据记录聚合更强调通过应用聚类、实体链接等语义网技术实现元数据语义层面的互操作，将语义异构的数据有效地整合起来，从语义层面对信息内容进行理解和融合，从而促进信息资源与非信息资源对象的整合，不仅可以帮助用户全方位地获得关于描述对象的信息，快速链接到相关信息，而且可以根据不同的分类单元实现分组浏览，缩小检索结果集。Europeana 项目是一个典型的跨机构、跨领域的元数据记录聚合项目，参照 METS 和 RDF 等相关标准和规范，定义了统一的数据模型 EDM，将来自不同环境的数字文化资源对象及其数字表达聚合，并建立资源对象之间的各种丰富关系，向欧洲用户提供跨机构的文化遗产数字化资源。

---

① Metadata Object Description Schema. [2020-07-15]. http://www.loc.gov/standards/mods/.

② Final Report of the Working Group on Aggregates. [2020-07-20]. https://www.ifla.org/files/assets/cataloguing/frbrrg/AggregatesFinalReport.pdf.

10.3.2 互操作协议

信息技术进步的浪潮中出现了各类广泛分布、异构、自治的检索系统和发布系统。随着用户数量的增加和用户对服务质量的要求的提高，用户对使用统一检索接口覆盖诸多信息发布系统的呼声日益高涨，在此背景下互操作协议应运而生。组织通过一种联盟的形式，彼此约定同一规则、遵守相同的协议以实现应用层面的数据发布和检索，这也是元数据互操作和资源共享方式之一。此协议应该满足以下基本条件：本身具备互操作性；允许用户在协议范围内建立满足自己特殊需要的元数据格式；简单、灵活且易于遵循不同的作用机制。① 互操作协议可以分为联邦式（federation）、收割式（harvesting）两种类型。

（1）联邦式。成员就数据共享达成共识，遵循某一共同标准，比如采用 Z39.50 协议来实现互操作。建设时就注意按照共同标准协调，每个成员都有专门的系统来实现互操作的功能。一方面这使得联邦式系统在使用过程中无缝性较好，另一方面造成了系统建设成本比较高，不适合大量成员参与。

Z39.50 协议由美国国家信息标准组织于 1998 年公布，其全称是《信息与文献 信息检索（Z39.50）：应用服务定义和协议规范》。它是一种基于国际标准化组织的开放系统互联（OSI）参考模型的应用层协议，当时提出这个标准主要是为了解决书目信息检索系统之间的通信问题。Z39.50 协议是计算机系统之间相互联系的一系列标准，是在网络上传输数据的高层协议，不涉及数据库的名称和具体结构，也不考虑数据库的具体实现，独立于任何特定类型的信息或数据库系统，能适用于不同数据源、不同数据格式之间的数据交换，便于实现信息的分布式检索。借助 Z39.50 协议，用户可以通过一个统一的接口程序同时检索多个本地或远程数据库，并对从多个数据库中获得的检索结果进行合并、去重和排序，好像用户不是在同时检索多个数据库，而是在检索一个数据库一样。

Z39.50 协议的工作原理如图 10-5 所示。Z39.50 协议由一系列应用协议数据单元（APDU）的定义组成，核心部分是创建请求、创建响应、检索请求、检索响应、提交请求、提交响应。② 客户端和服务器进行交互联系都通过 APDU，一般是客户端发出请求 APDU，服务器端返回响应 APDU。Z39.50 协议的工作过程大致是：客户端向服务器端发出创建连接的请求 APDU，以申请与服务器端连接，服务器端收到后将做出响应，表示创建连接成功；用户在客户端输入检索条件，由客户端将检索表达式转为逆波兰表达式（RPN）并进一步将其转换成符合 Z39.50 协议要求的标准格式，依据基本编码规则（BER）进行编码，形成 APDU 位串，然后作为检索请求发往服务器端的检索系统；服务器端检索系统接收 APDU 并对其解码，转换成自身的检索命令，再执行该命令，并从后台数据库中找到满足检索条件的记录，将所有满足条件的记录的标识组成结果集返回客户端；客户端发出显示某个记录内容的请求 APDU，并给定其在结果集中的编号，服务器端找到

① 杨蕾，李金芮．国外公共数字文化资源整合元数据互操作方式研究．图书与情报，2015（1）：15-21.

② 高峰．基于 Z39.50 协议的分布式信息检索．焦作工学院学报（自然科学版），2004（5）：401-404.

对应的记录标识，将记录返回客户端；客户端发出终止连接的请求，服务器端做出响应，连接结束。

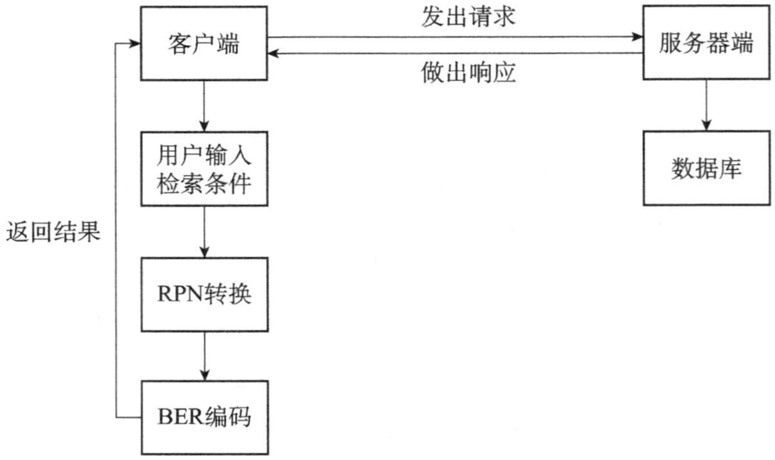

图 10-5　Z39.50 协议的工作原理

Z39.50 协议作为网络信息检索的国际标准，已在国外广泛应用，在网络信息交流、数据共享以及资源检索等方面发挥着越来越重要的作用。虚拟电子图书馆（Virtual Electronic Library，VEL）是由美国 13 所著名大学组成的研究协会倡议的一个 Z39.50 计划。该计划通过提供一个统一的检索界面来查询本地或异地的信息资源，并在相同的界面上提供面向用户的馆际互借和文献传递，以达到资源与服务有机结合的目的。虚拟加拿大联合目录（Virtual Canadian Union Catalog，VCUC）是加拿大国家图书馆倡议的用来建立该国虚拟联合目录的 Z39.50 计划，该计划引入了以链接不同数据库来建立分散的、可检索的电子目录的观念。Zedweb 是由澳大利亚昆士兰大学图书馆、分布式系统技术中心（DSTC）和澳大利亚国家图书馆共同主持的一个 Z39.50 计划。该计划的目标是在综合澳大利亚 Z39.50 服务器特性基础之上，以一个统一的界面，提供针对该国所有信息资源的检索服务。CALIS 是以我国"双一流"高校为主体的高等教育文献保障系统。CALIS 的联机编目可以统一使用由 CALIS 提供的 Z39.50 联机编目客户端软件，也可以利用各图书馆自动化系统的 Z39.50 功能实现。通过联机编目的实现，用户可以从网上查询并下载相关资源，从而大大减少书刊编目工作中的重复劳动，提高工作的效率和数据的质量，实现资源的共建、共享。①

（2）收割式。采用收割式进行互操作的数字图书馆之间没有必要定义一套完全的共同规范，而是形成一个比较松散的群体。参建馆只需要根据收割协议（如 OAI-PMH）进行很小的改造就可以进行元数据层面的互操作。因此比较适合更大范围内数字图书馆系统间的合作。

开放档案倡议（Open Archives Initiative，OAI）主要是为了促进信息的有效交换和共享。OAI-PMH 是 OAI 的具体操作协议名称。OAI 起源于 E-Prints "Archive"，在

① 胡开胜，莫伟鸣. Z39.50 协议及其在联合编目中的应用. 高校图书馆工作，2005（1）：36-38.

E-Prints 组织中是学术论文库的意思，不过 OAI 中“Archive”的意义则更加广泛，可以指代所有存储的信息。1999 年在美国新墨西哥州的圣菲召开的一次电子出版界研讨会上，提出了定义一个标准接口，使得网络服务器可以通过这个接口发布其电子文档中的元数据，采用这种接口的多个仓储结合在一起可以形成一个类似于联邦式的仓储，其他组织可以像对单个仓储进行操作一样检索和利用这些仓储中的元数据，这个接口就是 OAI 协议的雏形。圣菲会议后，几个工作组就开始着手于具体标准的制定。OAI 协议的构架非常适合数字图书馆之间的互操作，同时对于其他需要进行信息共享的组织也很有价值。因此，OAI 协议的制定受到了网络信息联盟（Coalition for Networked Information，CNI）、美国数字图书馆联盟和美国国家科学基金会的支持和资助。经过开发人员一年多的努力，2001 年 1 月推出了 OAI 协议的可操作版本 OAI-PMH 的第一版。OAI-PMH 1.0 的协议可以为各类从事网络内容出版的组织所用，任何网络服务器都可以配置这个协议。经过一年多的试用反馈，OAI 的开发人员又于 2002 年 6 月推出了协议的第二版 OAI-PMH 2.0。OAI-PMH 1.0 和 2.0 诞生成为 OAI 协议历史上两个里程碑式的事件。

OAI-PMH 使用 TCP/IP 协议作为收割者和仓储之间的传输框架。这个互操作框架中有两种不同的角色：数据提供者和服务提供者。数据提供者是元数据的发布方，一般拥有一个或多个仓储，采用 OAI 技术框架发布元数据，使得服务提供者可以根据自己的需要对这些元数据进行收割加工。服务提供者是元数据的收割方，使用 OAI 协议向数据提供者发出请求，并接收返回的元数据作为构造附加服务的基础。一个服务提供者可以收割多个数据提供者的数据。整个过程如图 10－6 所示。

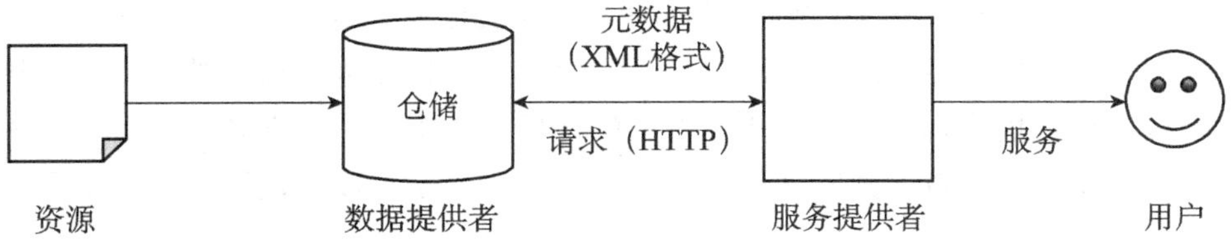

图 10－6　OAI-PMH 的基本结构

在 OAI 协议中，HTTP 协议主要规定了如下六种请求，这些请求也被称作动词：

Identify：得到关于仓储的基本信息，比如，URL、所采用的协议版本等。

Listmetadataformat：得到仓储所支持的元数据格式信息。

Listsets：得到仓储中记录的等级情况，以便用户选择性收割。

ListIdentifiers：得到数据仓储中的相关条目号。

ListRecords：列出完整的元数据记录。

GetRecord：根据指定的条目号和元数据格式，从仓储中得到记录内容。

OAI-PMH 采用了基于 HTTP 协议的请求和 XML 格式的响应方式，这使得协议可以和目前的方式很好地结合。由于利用的都是现有的成熟技术，在配置上也很方便，所以它是一种应用成本很低的元数据收割机制。多个服务提供者可以从多个数据提供者那里收割元数据，这在某种程度上确保了元数据信息的广泛传播。经过发展，OAI-PMH 已经从最初应用于电子出版组织发展到应用于对信息资源描述有共享要求的各种领域。

为了统一标准、增加适用性，OAI-PMH 把都柏林核心元数据元素集作为互操作的元数据标准，但是由于都柏林核心元数据元素集的 15 个元素不能很好地满足不同类型部门的需求，所以 OAI-PMH 也支持其他任何可以编码成 XML 格式的元数据标准。现在采用 OAI 协议的多数组织都采用对都柏林核心元数据元素集进行扩展的方式来满足自身的特殊要求。

服务提供者利用收割器（Harvester）生成请求，采用 HTTP 协议的 GET 或者 POST 方法发给数据提供者，从数据提供者那里获得元数据以后，经过规格化处理、查重等操作以后存储在服务提供者的数据库中以构建增值服务。比如，服务提供者提供对某些仓储统一的检索界面就是一种增值服务。①

OAI-PMH 协议以其较好的兼容性、开放性和灵活性受到世界范围的广泛欢迎，并应用于越来越多的领域，尤其是在数字图书馆方面。② CALIS 学位论文中心服务系统作为 CALIS 二期的自建库的子项目之一，由清华大学图书馆负责牵头组织与建设。该系统采用“各校分别建立本校的论文提交系统和全文数据库，通过 OAI-PMH 协议收割集中各校论文的元数据”的模式。

10.3.3 互操作的实现方法

随着元数据标准的增多，不同领域甚至同一领域也开始出现多种元数据格式，使用不同的元数据格式描述的资源体系之间在进行检索、交换和重用时，会出现元数据的互操作问题。元数据的互操作的实现方法有自动映射、本体对齐等。

（1）自动映射。解决语义互操作问题的一种方法是进行格式转换，称为映射。映射是人们在寻求互操作途径方面迈出的第一步，旨在为一种元数据格式的元素和修饰词在另一种元数据格式里找到有相同功能或含义的元素和修饰词。自动映射是指根据一定规则或统计的计算原理，由计算机自动进行映射关系的确定，以实现不同词表术语之间的自动映射。

基于同现统计的类目映射方法又称为同现映射或共现映射，是在书目数据库基础上实现的映射，通过统计同一元数据集、规范文档或编目记录中不同分类号的同现频次，再计算出分类号之间的相关度，从而实现类目与类目之间的匹配。计算相关度常用的方法有互信息模型、Dice 测度、Jaccard 系数等。该方法在国内外的映射实践中应用非常广泛，如《美国国会图书馆分类法》的网络系统中显示了 LCC 和 DDC 之间的关联。这种关联主要是基于美国国会图书馆的书目记录中两部分类法的同现统计，将统计结果按照同现频次排序显示，实现两部分类法的部分类号的映射。

基于类目相似度计算的映射方法。分类法的类目所表示的是一个整体概念，该整体概念可以分解成若干足够小的单位概念，整体概念的相似度建立在各单位概念的相似度的基础上，通过计算各单位概念之间的相似度得到整体概念之间的相似度，其中单位概

① 齐华伟，王军．OAI-PMH 与数字图书馆的互操作．图书馆论坛，2005（4）：19－22.

② 魏彬，张明果．OAI-PMH 协议在数字资源共享中的应用．情报杂志，2005（8）：68－70.

念之和应该等于整体概念。单位概念通常用词或词素来表示，这样类目整体概念的相似度就转化为能够表达单位概念的词或词素的相似度之和。计算词的语义相似度的方法有很多，常用的有基于词素的语义相似度算法、基于语义距离的相似度算法和基于向量空间模型的相似度算法等。

基于交叉浏览检索的方法主要是从使用某一种分类法标引的语料库中检索获得关键词，对另外一种分类法标引的语料库进行检索获得对应的类号，通过分析和统计从而建立两种分类法之间的映射。该方法的基本步骤是：首先从用分类法 A 标识的文档库中抽出用类目 A1 标识的文档集；其次从文档集中提取关键词，并利用这组关键词在用分类法 B 标识的文档库中检索，从而得到一组用其类目 B1，B2，…，Bn 标识的文档集，则 B1，B2，…，Bn 为 A1 的对应类目；最后通过计算，把 B1，B2，…，Bn 中出现频率较高的类目作为 A1 的相似类目，得到类目间的对应关系。

基于机器学习的方法主要采用将类目映射问题转化为分类问题的思想，即如果能将一个分类法的类目所表达的信息分类到另一个分类法的类目上，就可以在这两个类目之间建立映射关系。

（2）本体对齐。本体对齐就是发现不同本体的实体语义关系，判断来自不同本体的两个实体是否指向现实世界中的同一种对象，从而实现本体之间的匹配映射。其实质就是相似度的匹配，输入待匹配的本体，经过相似度计算以及参数的设置，最终得到本体对齐的结果。需要进行对齐的本体可以分为三种类型：概念、属性、关系。本体对齐结果也分为一对一、一对多、多对一三种类型，大部分情况都是一对一的匹配。本体匹配的结果可以用四元组来表示：（id，e1，e2，s），其中 id 表示这一映射的标号，e1 和 e2 分别表示来自不同本体中的实体，s 表示该实体对的相似度。

本体对齐的过程大致可以分为五步：本体的选择、本体预处理、本体解析与特征提取、相似度计算、相似实体对的输出。[①] 该过程的基本流程如图 10-7 所示。

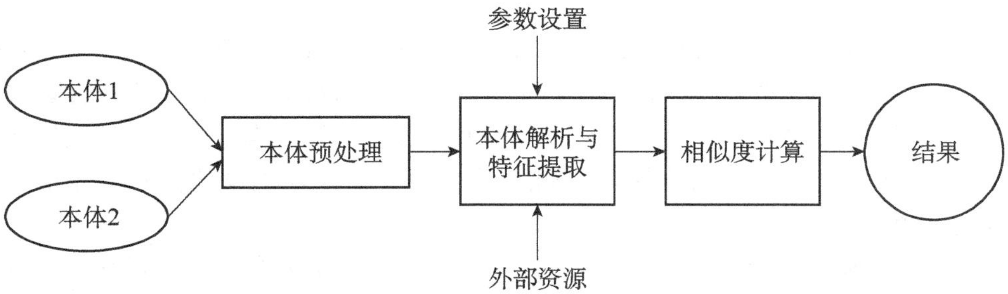

图 10-7　本体对齐的基本流程

本体的选择是根据需求和目的，寻找相关领域的本体。既然是本体匹配，那么这两个本体必定有相似的元素，需要简单的人工审查来确定。本体预处理是对将要进行对齐的两个本体进行格式的调整，将本体统一成相同的格式，然后对本体中的概念进行标准化处理，例如，将不同本体中描述实体的不同标签表述成同一种形式以便于处理；将不

① 郝伟学，于剑，周雪忠．本体对齐技术概述及其在中医领域的应用探讨．世界科学技术-中医药现代化，2017（1）：63-69.

同本体中的实体 IRI 统一成相同的格式，以便于操作，使得对齐结果更加清晰明了等。本体预处理是为了本体对齐的顺利进行以及提高对齐的效率和准确率。本体解析可以使用 Jena，这个开源包可以实现对大多数本体的全方位解析，得到本体中的类、对象属性、数据值属性以及所有的三元组等，这样就可以提取出本体中的所有实体的特征信息，如概念实体的实例、属性、关系，它们是进行实体相似度计算时所需的信息。提取实体的特征信息需要考虑到相似度计算过程中所需要的方法，如基于文本的方法，以提取本体中实体的标签关键字部分信息。计算方法大体可以分为两类：基于语言学特征的相似度计算方法与基于结构特征的相似度计算方法。基于语言学特征的相似度计算方法常用的有：编辑距离法、基于 WordNet 的方法、基于环境信息的特征向量的方法。基于结构特征的相似度计算方法依据本体存在的上下位关系，把本体当成树状结构来处理，通过解析本体可以得到层次、父子节点个数、邻居节点个数等特征信息，用这些信息来构建向量，以进行相似度的比较，常用的方法有 Jaccard 系数法、基于 RDF 树状结构的方法。语义相似度的计算是本体对齐的关键。本体对齐是实体对的对齐，两个本体中肯定会有些实体是不相似的，为了省去一些不必要的计算，本体对齐之前可以利用算法找到待匹配的实体对，这样就没有必要用源本体中的实体去和待匹配本体中的全部实体进行一一比较，目前寻找待匹配实体对的比较前沿的技术是分区索引技术。该技术根据索引的定义直接选择实体属性作为索引键值进行构建，把具有相同索引键值的实体分配到同一区块，使得相似性匹配只在同一区块中进行，通常采用标准的倒排表来实现，相比于其他索引实现具有简单、速度快的优点，但索引键值的选择对这种索引有重要的影响，索引键值对应属性的缺失、错误或者分布的不均衡都会导致匹配的准确率和效率的下降。①

10.3.4 元数据记录互操作项目

元数据记录的互操作旨在根据元素的语义含义映射元素来集成元数据记录，包括转换后的记录和通过合并现有记录的值而产生的新记录。通常情况下，一些项目尝试重用现有的元数据记录，并将它们（或其组件）与其他类型的元数据记录（或其组件）组合起来以创建新的记录。记录活动着重于集成或转换与特定元素/字段关联的数据值，并进行标准化处理。

（1）VIAF 项目。2003 年，国际图联世界图书馆和信息大会在柏林召开，德国国家图书馆、美国国会图书馆和 OCLC 在会议上达成共识：开发一个个人名称的 VIAF。②VIAF 项目将链接美国国会图书馆和德国国家图书馆的名称规范记录，形成一个统一的虚拟名称规范文档。2007 年法国国家图书馆加入，OCLC 负责 VIAF 的运行并提供软件，参与机构提供规范和书目数据内容。2012 年初，VIAF 转型为 OCLC 的一项服务，参与

① Christen P. A Survey of Indexing Techniques for Scalable Record Linkage and Deduplication. IEEE Transactions on Knowledge and Data Engineering IEEE Trans，2012（9）：1537－1555.

② Bennett R，Hengel-Dittrich C，Edward T. O'N，等．虚拟国际规范文档：连接德国国家图书馆和美国国会图书馆的规范文档．国家图书馆学刊，2006（4）：87－91.

机构被称为“VIAF 贡献者”。通过创建主规范档，赋予每个记录唯一的标识符，并链接到成员机构所维护的规范档。VIAF 初期以个人名称开始实验，但目前除了概念之外，范围已经扩大至地名、团体名称、题名、家族、事件等。此外也开始考虑国家层级以外的来源记录。

VIAF 项目旨在在各个国家图书馆的名称规范档之间建立匹配链接，实现名称规范档在全球范围内的应用；降低名称规范档编目成本，促进各个机构之间的数据共享；提高用户获取的便利性，使用户能够用自己熟悉的语言从本地图书馆访问不同语种、不同脚本和不同格式的规范数据。

当前 VIAF 数据处理流程分为以下五步：建立增强规范记录，其由原始名称规范记录和书目记录转换而成的衍生规范记录组成；运用匹配算法对贡献者的增强规范记录进行比对，最后生成一个规范记录档 VIAF；建立一个 OAI 服务器以提供 VIAF 记录的检索；所有贡献者必须持续提供补充和修改的规范名称记录，以保持 VIAF 资料库的新颖性与时效性，系统更新和维护的程序则依靠双方所制定的 OAI 协议，要求网站提供咨询与更新；在网络上提供一个使用者的界面，以便检索 VIAF 记录。

VIAF 作为实施规范控制的最大在线资源之一，其提供的统一服务接口可在国际范围内进行数据检索，提高了规范数据的可发现性和利用率。其作为全球虚拟规范文档，通过元数据记录之间的互操作，在不同机构的规范档之间建立广泛链接，并能够向用户呈现不同语种的名称形式，这极大地提高了规范档的访问量。

（2）NSDL 项目。美国国家科学数字图书馆（National Science Digital Library，NSDL）由 NSF 组织创建，主要为科学、技术、工程和数学学科的各个层次的教育教学创新提供支持工具和高质量的信息资源。NSDL 是一个由参与者建设的、多资源子集构成的门户网站。各资源项目的建设者在各种数字图书馆、NSF 资助项目和经过评选的网站中选取出有关科学、技术、工程和数学方面的文献资料建成多资源子集。NSDL 为用户的常规使用配置了用户登录、个性化定制、检索、浏览、使用帮助等核心门户功能，同时还提供新闻与信息、参与 NSDL、AskNSDL 等服务。[①] 其具体任务是将各个项目以及所有其他相关集合集成到一个大型数字图书馆中。最终目标是将丰富的馆藏（从简单的网站到大型复杂的数字图书馆）整合到一个整体中，以支持教育并促进合并创新的增值服务。[②]

NSDL 体系结构的组件包括核心元数据词表、自动索引和检索系统、元数据存储库（Metadata Repository，MR）、收割注册服务等。[③] 一个通用的核心元数据词表，可以促进跨机构对象的资源发现，以及核心元数据与更丰富的特定领域元数据的集成。自动索引和检索系统可以降低编目成本。MR 以通用核心元数据形式保存集合中所有 NSDL 馆藏和单件的元数据。MR 的内容要么直接来自内容存储库，要么是从内容存储库的内容

① 施蓓．数字图书馆门户发展的案例分析．深圳职业技术学院学报，2009（3）：32－37.

② Arms W Y，Dushay N，Fulker D，et al. A Case Study in Metadata Harvesting：the NSDL. Library hi tech，2003（2）：228－237.

③ Lagoze C，Hoehn W，Millman D，et al. Core Services in the Architecture of the National Science Digital Library（NSDL）. Proceedings of the Second ACM/IEEE-CS Joint Conference on Digital Libraries，2002.

计算派生出来的。通过组合来自多个馆藏的元数据，MR 可以被视为对联合目录的概括，即组合来自多个库的记录目录。收割注册服务负责管理元数据提供者，维护所有数据提供者的知识、收割的描述、OAI 服务器和收割信息、收割的时间表以及收割日志，目的是定期自动收割来自大量 OAI-PMH 数据提供者的元数据。具体流程如图 10－8 所示。

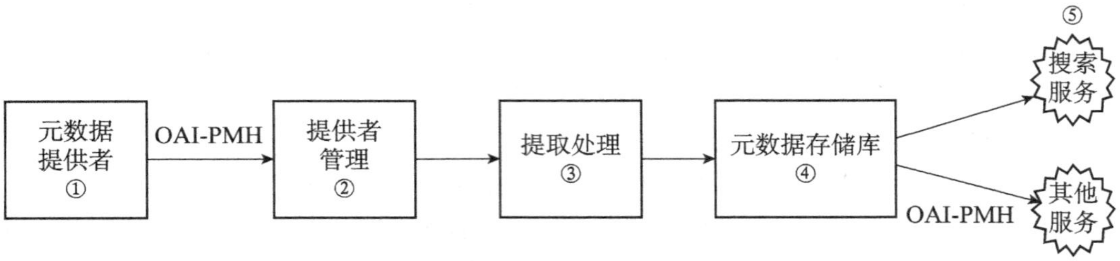

图 10－8　NSDL 中的元数据流程

通过 OAI-PMH 协议对收割的元数据进行规范化处理后，存入元数据存储库，使用 Lucene 进行搜索。NSDL 的用户关心的是查找和访问资源。因此，搜索服务和许多其他服务需要将以元数据为中心的数据模型转换为以资源为中心的视图。

元数据互操作是实现各种类型资源统一检索的有效途径。不同元数据格式间的信息共享、转换和跨系统检索等相关问题，都可以通过元数据的互操作来实现，其为用户提供一个统一的检索界面，确保系统给用户提供一致性服务。元数据互操作研究的深化和发展将为网络信息资源的有序组织、适度控制及高效检索提供便利条件，为数字图书馆建设带来更为广阔的前景。

思考题

1. 互操作的概念是什么？具有哪些类型？
2. 词表互操作标准有哪些？不同词表互操作标准之间是如何发展衍生的？
3. 如何实现词表互操作？
4. 词表映射的形式化表示方式是什么？
5. 互操作的实现方法有哪些？
6. 互操作协议的类型有哪些？不同协议的工作原理是怎样的？
7. 举例说明词表互操作和元数据记录互操作是如何实现的。

推荐阅读

1. Zeng M L，et al. Metadata. Neal-Schuman Publishers，2008.

2. Zeng M L. Interoperability. [2024－05－15]. https://www.isko.org/cyclo/interoperability.htm.

3. Information and Documentation—Thesauri and Interoperability with Other Vocabularies—Part 1：Thesauri for Information Retrieval. International Organization for Stand-

ardization (ISO), 2011.

4. 贾君枝．基于 ISO 25964 的词表互操作实现探析．数字图书馆论坛，2016 (12).

5. Final Report of the Working Group on Aggregates. [2024 - 05 - 15] . https://www.ifla.org/files/assets/cataloguing/frbrrg/AggregatesFinalReport.pdf.

6. 高劲松，周习曼，梁艳琪．面向关联数据的实体链接发现方法研究．中国图书馆学报，2016 (6).

第四部分

信息构建

第 11 章

信息构建与信息组织

概要

本章分为四节。11.1 节主要论述了信息构建的定义与该思想的起源等内容；11.2 节主要论述了信息构建理论和实践的国内外发展状况；11.3 节分析了信息构建产生和发展的深层原因；11.4 节论述了信息构建与信息组织的关联。

学习要点

信息构建的定义；推动信息构建发展的重大事件；信息构建理论和实践在国内外的发展状况；信息构建产生和发展的深层原因；信息构建与信息组织的关联。

学习目标

掌握信息构建的定义；理解信息构建思想的起源；掌握推动信息构建发展的重大事件；了解信息构建理论和实践在国内外的发展状况；了解信息构建产生和发展的深层原因；掌握信息构建与信息组织的关联。

11.1　信息构建概述

11.1.1　信息构建的定义

信息构建（information architecture，IA）理论是 20 世纪 70 年代中期在美国兴起、90 年代末期在世界范围内得到广泛推崇和快速发展的一种信息组织和管理理论。根据 2000 年信息构建峰会的定义以及信息构建理论创始人的描述，本书将信息构建定义为：组织信息和设计信息环境、信息空间或信息体系结构，以满足需求者的信息需求、实现他们的目标的一门艺术和科学。国外学者认为，信息构建包括调查、分析、设计和执行过程，涉及组织、标识、导航和搜索系统的设计，目的是帮助人们成功地发现和管理信息。①

① Mark Hurst. About Information Architecture. www. goodexperience. com.

由于信息构建理论与方法能满足社会发展对相关理论方法的迫切需求，有助于解决目前社会信息获取和利用方面的主要矛盾和问题，因此它有很好的发展前景。信息构建以信息的清晰化、可理解、易获取为主要目标，可以应用于解决复杂的信息集合的信息组织和管理问题，特别适合解决网络环境下复杂信息集合的信息构建问题。目前信息构建的理论在网站设计、信息组织、信息服务、系统工程、网络工程、信息资源建设以及人才培养与教育培训方面已经得到应用，同时它也给这些领域提出了新课题和新要求。

信息构建要求今天的信息组织和传递要保证信息的可理解性；不能仅仅以逻辑性和科学性作为评价标准，还要以信息的可用性、易用性、清晰性、可理解性作为评价标准；在保证信息有序的同时还要重视信息的组织和结构设计方式；重视信息的展示方式。这些观点将对情报科学行业已形成的信息组织和信息传递理论产生影响。

11.1.2 信息构建思想的起源

信息构建最早由美国建筑师沃尔曼（Richard Saul Wurman）提出。1975 年，作为建筑师的沃尔曼以自己独特的视角和出色的抽象概括能力关注信息的收集、组织和表示问题。他将信息的收集、组织和表示与建造建筑物所要解决的问题相比较后认为：客观知识在空间上的有序化与建筑物设计时物理空间上的有序化有共同之处，因此他将信息的序化问题视为一种服务于特定目标的建筑设计工作。经过深思熟虑后，他将 information 和 architecture 两个词组合到一起，创造了新词 information architecture。1976 年，作为美国建筑师协会年会主席，沃尔曼将会议的主题定为定义信息构建，并在会议上首次向公众阐述他对信息构建和信息建筑师的认识。以后的日子里，沃尔曼基于对信息构建问题的研究和自己的实践经验，不断提出和完善信息构建相应的、基础的研究领域。①

根据沃尔曼的众多优秀著作和作品，笔者可以将其对信息构建的主要贡献归纳为以下几个方面：

（1）创造了信息构建和信息建筑师这两个词，为相应理论和实践的发展提供了空间。他长期倡导和宣传自己的思想和方法，为构筑信息构建这个建筑学与信息组织和表达交叉融合的新领域付出了很多努力。

（2）描述了信息建筑师职业和工作目标，并作为信息建筑师的典范为社会贡献自己的作品。沃尔曼认为，信息建筑师是一种把数据的内在模式加以组织、使复杂的事情变得清晰，构建信息结构或地图，让人们找到通往知识的途径的人。信息建筑师是 21 世纪出现的职业，这个职业顺应时代的发展，关注内容的明晰化、人的理解和信息组织。②

沃尔曼在近 30 年的时间里关注信息构建和信息展示成果，成功地运用了自己倡导的信息构建思想和方法，成为执业信息建筑师们学习的典范。比如他主持编写的《理解美国》一书使用了约 350 页的地图、图表、图解和其他工具，通过对数据和信息的精密设计和组织，利用各种工具的展示和表现能力，使复杂的信息变得清晰明朗。正如介

---

① Wurman R S. 信息饥渴 . 北京：电子工业出版社，2001.

② Gehl J. Understanding in the Age of Also：Talking with Richard Saul Wurman. Ubiquity，2000（3）：1.

绍中所言，“本书的出版是一次值得庆祝的盛事，是对问题和答案的一种视觉展示以引导人们理解信息”，“本书的焦点在于理解的力量”。该书追求的目标是通过对信息的构建“让每个美国人都能理解关于美国的信息”。[①] 该书出版后即被送到国会议员、数千所高中的教师等人的手中，成为公民学、历史学、经济学、社会学课堂教学的得力助手。[②]

（3）形成了信息构建的基本思想框架和信息建筑师的行为规则。沃尔曼所倡导的信息构建理论的目标是使复杂的信息变得清晰，使用经过科学设计的方式方法传递和展示信息，让使人困惑的、无趣的信息变得容易理解和记忆。

马克·菲斯凯蒂（Mark Fischetti）在发布于网站上的一篇文章中，将沃尔曼的理论总结为五项规则：规则1，人们容易理解那些与自己已经理解的事物相关的新事物；规则2，组织信息的方式只有五种，即按位置、按字母、按时间、按类别和按层次；规则3，显示信息要清晰而不是美观；规则4，根据自己真正了解的东西来确定值得保留的信息；规则5，大多数信息是无用的，要勇于放弃无用信息。

11.1.3　信息构建理论对情报学的影响

从信息构建的定义及其涉及的内容来看，信息构建的核心仍然是情报学中的信息组织和提供问题，因此它无可争议地成为情报学的研究内容之一。这并不表明信息构建所有的研究内容都可以纳入情报学现有的理论体系中，相反，信息构建的提出和发展给情报学提出了许多新的课题，它迫使情报学学者将目光投向过去不曾被关注的角落。正如威利斯所言，图书馆员很早就理解和实践了沃尔曼称为“信息构建”的原理，然而，他新颖、创新和艺术性地展示信息构建思想的方法仍然应该受到欢迎，并值得图书情报专业人员深入研究。[③]

狄龙（A. Dillon）在他发表的论文中说：信息构建的研究代表了各种思想和观点的融合，这种融合是非常重要和激动人心的，它将成为信息研究学科领域的传统专业之间联系的桥梁。不管这个领域将来怎样，信息构建问题必须受到关注，因为这将帮助我们重建情报科学的未来。[④]

从整体上来看，信息构建对情报学的影响是全方位的，它促进了情报学由系统观向认知观的转变，突破了传统的用户研究的思维框架，进一步丰富了情报学的研究内容，对传统的信息管理人才培养模式提出了挑战。信息构建不仅对情报学理论体系的发展产生了影响，而且它的出现和存在本身已经对情报学研究提出了新的要求，迫使我们以新的视角审视情报学中的信息、信息组织、信息传播和信息服务等问题。[⑤]

---

① understandingusa748. 5 Ways to Generate More Leads For Your Business. (2022 - 11 - 28). www.understandingusa.com.

② Wurman R S. 信息饥渴. 北京：电子工业出版社，2001：176 - 177.

③ Wyllys R E. Information Architecture. Univ. of Texas at Austin，2000.

④ Dillon A. I Think Therefore IA?. Bulletin of the American Society for Information Science & Technology，2001 (2)：27 - 28.

⑤ 周晓英. 论信息构建对情报学的影响. 情报理论与实践，2003 (6)：481 - 486.

11.1.4 推动信息构建发展的重大事件

信息构建的提法及相关的认识在其诞生之初并没有引起社会的广泛认同。但是，20世纪90年代末期，随着计算机网络应用的普及和网络空间的扩大，信息生态环境问题日益严峻，对信息构建问题的关注和研究逐渐在西方国家盛行。

1. 路易斯·罗森菲尔德和彼得·莫尔维莱的贡献

推动信息构建理论出现实质性进展的是美国学者路易斯·罗森菲尔德（Louis Rosenfeld）和彼得·莫尔维莱（Peter Morville）。1998年，这两位具有图书馆学和情报学知识背景的学者出版了《Web信息架构》（*Information Architecture for the World Wide Web*）一书，他们重新研究和使用了沃尔曼关于信息构建和信息建筑师的思想，并将信息构建的理论进一步推进到网络环境中进行研究；他们将沃尔曼的理论与图书情报学（LIS）的知识相结合①，对网站信息空间的构成要素，网站信息构建的核心和流程进行了系统梳理，构建理论体系，形成了网站信息构建的具体思路和方法。该书出版后引起了很大的反响，被评为亚马逊书店1998年最佳网络畅销书，2002年出版了第二版，2006年出版了第三版。

路易斯·罗森菲尔德和彼得·莫尔维莱对信息构建的贡献主要在于：

● 将信息构建理论推广到网站的建设中。

● 将图书馆学、情报学的思想和方法引入信息构建体系中。

● 相对于沃尔曼而言，建立了一套完整的针对万维网的信息构建的理论和方法体系。

● 规定了信息建筑师在网站中的具体工作：在网站访问者需求和投资者要求之间建立平衡，阐明网站的任务和网站全貌，规定网站的内容和功能，详细说明用户怎样利用网站的组织结构、导航系统、标识系统和检索系统找到所需信息，制定适应网络环境发展变化的网站发展规划。②

2. 美国信息科学与技术学会信息构建峰会

自2000年开始，由美国信息科学与技术学会（Association for Information Science and Technology）（原名为Society for Information Science and Technology）举办的信息构建峰会（Information Architecture Summit，IA Summit）至2018年已经连续举办19届。2018年11月信息构建峰会由信息构建协会（Information Architecture Institute，IAI）接管并更名为信息构建会议（IA Conference）。信息构建峰会是全球信息建筑师交流的平台，见证了全球信息构建的理论与实践研究从20世纪90年代末期开始逐步发展的过程，见证了全球信息构建社区从无到有的发展过程。

---

① 荣毅红，梁战平．论信息构建//《情报学进展》第五卷．北京：国防工业出版社，2003：57.

② Morville P，Rosenfeld L. Information Architecture for the World Wide Web. O'Reilly Media，Inc.，2006.

在信息构建峰会，无论是信息构建初学者还是专家都能参与分享经验、讨论最佳实践，共同推进信息构建理论与实践的发展。据信息构建峰会官方网站的陈述，信息构建峰会的核心目标是促进信息环境意向性设计（intentional design）的讨论和学习。信息构建峰会是一场来自世界各地的，从事信息构建实践或教授信息构建理论方法以及其他设计相关学科人员的聚会，它通过为信息构建社区提供会议的形式保持连续性，成为信息构建学习和对话领域的重要活动之一。

截至 2018 年底，历年信息构建峰会的主题、举办地点、宗旨和作用如表 11－1 所示。

表 11－1　2000—2018 年信息构建峰会的主题、举办地点、宗旨和作用

年份	主题	举办地点	宗旨	作用
2000 年	定义信息构建	马萨诸塞州波士顿	什么是信息构建	明确含义
2001 年	从事信息构建	加利福尼亚州旧金山	探讨在实践中如何完成信息构建	开展实践
2002 年	精炼我们的技艺	马里兰州巴尔的摩	与其他信息建筑师会面、讨论，分享我们的经验	技艺提高
2003 年	建立连接	俄勒冈州波特兰	在信息构建的大框架下，探寻与其他领域之间建立关联的方式	明确范围
2004 年	开辟新天地	得克萨斯州奥斯汀	加强学科基础建设，拓宽信息构建实践领域	建设理论，拓宽实践
2005 年	跨越疆界	加拿大蒙特利尔	加强跨地域、跨学科、跨学术领域的联系，尽力推动信息构建最佳实践和创新的发展	跨学科研究，创新发展
2006 年	学习、实践和推广	加拿大温哥华	通过理论和实践讨论，学习信息构建的所有方面，分享从内部和外部如何从事信息构建、推广信息构建	扩大影响
2007 年	丰富信息构建	内华达州拉斯维加斯	丰富的信息、丰富的交互、丰富的关联	深入研究
2008 年	体验信息	佛罗里达州迈阿密	当用户行动时体验到什么维度的信息，如何设计信息环境以便更好地支持用户和他们的行为	深入研究
2009 年	扩展我们的领域	田纳西州孟菲斯	庆祝和纪念我们的十年	阶段总结
2010 年	最好的对话在会堂上产生	亚利桑那州凤凰城	鼓励人们带来好思想，通过搜集和分析实践中的解决方案，一起更好地规划未来	回顾过去，展望未来
2011 年	提出更好的问题	科罗拉多州丹佛	鼓励人们思考在优化用户体验、创造产品、研究用户，以及理解世界等信息构建活动中存在的挑战	深入研究
2012 年	跨渠道体验	路易斯安那州新奥尔良	讨论在不断发展的跨平台信息生态系统中如何进一步优化用户体验	深入研究

续表

年份	主题	举办地点	宗旨	作用
2013 年	观察、分享、建立和重复	马里兰州巴尔的摩	如何与其他学科人员进行合作、分享来适应不断变化的信息技术环境	促进跨学科合作
2014 年	前方的路	加利福尼亚州圣地亚哥	回顾信息构建峰会历程，并思考当前存在的机遇和挑战	总结过去，展望未来
2015 年	再论信息构建	明尼苏达州明尼阿波利斯	更新信息构建活动的目标，促进信息构建的发展	建设理论、拓宽实践
2016 年	一个广阔的前景	佐治亚州亚特兰大	在数字空间的互动日益密切，跨渠道、依赖数据、跨平台、情境感知已经成为常态的大环境下，探寻可触达的、可理解的、可适应的信息环境设计方式	新兴技术驱动发展
2017 年	为人类而设计	加拿大温哥华	随着人工智能和机器学习的普及，信息构建从业者如何利用技术服务于人类的需求	新兴技术驱动发展
2018 年	收敛	伊利诺伊州芝加哥	在融合转型期，探索信息构建如何创建可持续发展的信息环境	大融合环境下的转型

结合表 11－1 中关于 2000—2018 年信息构建峰会的内容，本书依据主题内容的深化过程将信息构建峰会大致划分为以下几个阶段：

（1）明确信息构建的含义、具体实践、工作任务等基本问题（2000—2002 年）。在信息构建峰会召开初期（2000—2002 年），其主题主要围绕信息构建最基本也是最重要的问题展开，具体包括信息构建是什么，信息建筑师做什么，谁是信息建筑师，信息构建是不是该学科最合适的标识（2000 年），在实践中如何完成信息构建（2001 年），信息构建的实际应用和案例研究（2002 年）等。

（2）明确信息构建领域所覆盖的内容及内容之间的关联（2003—2005 年）。2003—2005 年，信息构建峰会的主题内容主要包括信息构建领域所覆盖的内容和学科及其相互之间的关联；以及信息构建如何在加强基础建设的同时，通过跨领域交流，发掘信息构建的理论创新和实践发展。具体包括：在信息构建的大框架下，探寻与其他领域建立关联的方式（2003 年）；加强信息构建学科基础建设，拓宽信息构建实践领域（2004 年）；加强跨地域、跨学科、跨学术领域的联系，尽力推动信息构建最佳实践和创新的发展（2005 年）。

（3）完善并推广信息构建的理论和实践经验，寻求更深层次的应用（2006—2009 年）。2006—2009 年信息构建峰会在主要讨论如何分享和推广信息构建理论与实践经验的同时，通过讨论从信息、交互、关联、用户等视角进一步完善并扩展信息构建的理论与实践，寻求更深层次的应用。具体包括：通过理论和实践讨论，学习信息构建的各个方面，分享在内部和外部是如何从事以及如何推广信息构建的（2006 年）；讨论丰富的信息、丰富的交互和丰富的关联（2007 年）；将焦点转向用户，探讨当用户行动时体验到什么维度的信息，如何设计信息环境以便更好地支持用户及其行为（2008 年）；对过去做阶段性的总结，并进一步扩展信息构建领域（2009 年）。

（4）提出跨渠道、跨平台环境下信息构建的挑战，并探索信息构建研究的深化方向（2010—2014 年）。2010—2014 年信息构建峰会处于对信息构建研究的深化阶段，通过回顾、总结、讨论，提出现阶段信息构建面临的挑战以及如何应对跨渠道环境下提升用户体验、优化产品设计等问题。2010 年信息构建峰会与会者通过“回顾过去，展望未来”，提出了信息构建在现阶段产生的一些新的热点问题及其未来的规划方案，包括多渠道、多媒体设计，数字与非数字环境的融合等问题。2011 年，信息构建峰会与会者提出信息构建在优化用户体验、创造产品、研究用户，以及理解世界的过程中所面临的挑战。2012 年和 2013 年则主要讨论新环境下信息构建实践如何进一步优化，包括在不断发展的跨平台信息生态系统中如何进一步优化用户体验，以及如何通过与其他学科人员进行合作、分享来适应不断变化的信息技术环境；2014 年则对信息构建峰会在过去 14 年的发展进行了系统性的回顾，指出了当前存在的机遇与挑战。

（5）聚焦新兴环境下普适信息构建的研究问题与研究内容（2015—2018 年）。2015 年，信息构建峰会基于“再论信息构建”的主题讨论了“普适信息构建”（pervasive information architecture）这一概念。普适信息构建指在空间融合和技术融合的背景下，信息构建从网络空间渗透到物理空间和社会空间，研究对象由网站进一步发展为任意信息集合，并强调对信息环境、空间和体系结构的设计。普适信息构建作为新环境下信息构建发展的风向标，使得 2016—2018 年，信息构建峰会主要聚焦于新技术对信息构建的驱动和影响以及复杂的、大规模的、融合性的信息环境问题的研究。其具体研究问题包括：在当前跨渠道、依赖数据、跨平台、情境感知的新环境下，如何进一步促进信息构建活动的可触达性、可理解性、可适应性（2016 年）；随着人工智能和机器学习的普及，信息构建从业者如何才能确保技术满足人类的需求，而不是被技术制约（2017 年）；在商业、设计、文化和社会不断相交和融合的转型社会环境下，我们如何重新认识和理解信息构建（2018 年）。

3. 信息构建协会的成立

2002 年 3 月，在美国信息科学与技术学会成功举办了三届信息构建峰会之后，信息构建领域的两位活跃人物路易斯·罗森菲尔德和克里斯蒂娜·沃特克（Christina Wodtke）提议建立一个组织来促进信息构建领域的发展，经过 8 个月的酝酿和讨论，2002 年 11 月在加利福尼亚州，阿西洛马信息构建协会（Asilomar Institute for Information Architecture，AIFIA）宣告产生。2005 年 3 月，AIFIA 更名为信息构建协会（IAI），新名称更能体现信息构建专业的焦点，名称的简化也带来了机构信息的简化，而过去人们常常对 Asilomar 这个词感到迷惑，相应地淡化了对协会名称中的信息构建的关注。

2019 年 9 月，信息构建协会董事一致表决将信息构建协会从非营利组织转变为商业实体。[①] 从 AIFIA 到 IAI，从非营利组织到商业实体，信息构建协会的宗旨始终如一，即促进共享信息环境的设计，作为全球社会团体的支撑机构来建立人员、观点、内容和工具之间的连接，通过研究、教育、宣传和社团服务，发挥信息构建这个领域的优势，建

① http://archive.iainstitute.org/en/about/.

立相关学科和组织之间的联系。[1]

信息构建协会致力于提高社会成员在设计和建立更好的信息系统和知识网络方面的水平，其服务对象为信息构建的设计者和技术人员，设计和技术领域的同行，需要信息构建的商业组织、政府和机构以及媒体。协会自成立以来，主要工作包括如下几个方面：(1) 开发一个网站支持信息构建领域的交流与合作；(2) 通过给信息构建从业者提供人力资源材料和指南，加强商业决策者和决策影响人对信息构建的认识；给专业会议提供研讨会、讨论会和网络机会；(3) 寻求赞助商和捐赠，并通过出售货物来筹集资金支持协会的运营和目标的实现。

信息构建协会对信息构建的贡献主要体现在以下几个方面：

为信息构建提供了信息：信息构建协会正逐渐成为获取信息构建相关信息的重要窗口。

为信息构建培养了人才：信息建筑师在信息构建协会可以通过咨询、资源阅读、教学计划和课程、工具等获得信息构建的知识和技能，信息构建协会成为信息构建人才获得帮助的渠道。

为信息构建积聚了人气：信息构建协会会员形成了国际性的联盟。

为信息构建推广了知识：信息构建协会为学习者提供知识库和工具，使信息构建内容得到推广。

为信息构建建立了必要的联系：信息构建协会在人与人之间、理论与实践之间、思路和方法之间、用户与信息建筑师之间、团体与个人之间建立了联系的平台。

4. 世界信息构建日

世界信息构建日（World Information Architecture Day，WIAD）是 IAI 倡议的一年一度为期一天的信息构建教育和实践的日子，在这一天，信息建筑师、用户体验设计师、内容战略家、产品经理、开发商、学者以及学生聚集到一个多元化社区，大家一起畅谈信息构建的未来。大家不再仅从专家那里了解信息构建，还能从各行各业的从业者、各种各样的经验故事中了解信息构建。[2]

世界信息构建日可以追溯到 2011 年初科弗特（Abby Covert）提出的一个重要问题：我们如何能将分布在全世界不同地方的信息建筑师聚集在一起，从而创建一个真正的全球性实践社区？基于这个问题，关于世界信息构建日的原始想法诞生了。基于科弗特的愿景以及丹·克莱因（Dan Klyn）、雷斯米尼（Andrea Resmini）和其他信息构建机构重要成员的帮助，这些想法成为当今世界信息构建日的雏形。世界信息构建日最初被称为“想法流”（idea stream），其目标是将全球的信息爱好者和感官制作者（sense maker）聚集起来，从而推动信息构建实践的发展和创意的产生。自 2012 年以来，世界信息构建日活动已经在全球的 29 个国家超过 60 座城市举办过。全球成千上万的信息建筑师、有抱负的相关从业者和感兴趣的社区成员都在这天聚集起来分享他们在这个领域学到的知识。随着信

① http://archive.iainstitute.org/en/about/.

② https://www.worldiaday.org/.

息构建社区的持续发展，全球越来越多的人都加入信息构建全球性的庆祝活动之中，每年都会有新的主题被选中，也有新的城市加入这一活动。

世界信息构建日活动自 2012 年起于每年 2 月举办，每一年的世界信息构建日活动在举办前一年的 11 月和 12 月，都会按拟定地点向当地主持人和与会者发出邀请。在世界信息构建日当天，每个地点将举办为期一天的活动，每个活动由当地指定的协调员来安排，因此每个地点活动的形式、发言人和语言都是根据当地群体的需求和兴趣而定的。有些地方可能将活动安排成会议形式，有些是研讨会形式，还有的地方选择类似于读书俱乐部的非正式形式。在活动期间会录制视频，各个地方的活动结束后，志愿者会将活动最精彩部分的视频在线发布，以便那些无法参加现场活动的人学习并和大家在网络社区讨论。在线用户将有机会投票选出他们认为最具有吸引力的视频，该视频发言人将有机会获得信息构建峰会通行证。[①]

表 11 - 2 汇总了 2012—2024 年世界信息构建日活动的时间、地点分布和主题。

表 11 - 2　历年世界信息构建日活动的时间、地点分布和主题

年份	时间	地点分布	主题
2012 年	2 月 11 日	13 个国家的 14 个城市	理解设计结构
2013 年	2 月 9 日	12 个国家的 15 个城市	信息构建本体的探索与拓展
2014 年	2 月 15 日	15 个国家的 24 个城市	通过信息构建使世界变得更美好
2015 年	2 月 21 日	24 个国家的 38 个城市	构建幸福
2016 年	2 月 20 日	28 个国家的 57 个城市	信息无处不在，构建无处不在
2017 年	2 月 18 日	24 个国家的 58 个城市	信息策略和结构
2018 年	2 月 24 日	25 个国家的 56 个城市	信息构建造福人类
2019 年	2 月 23 日	26 个国家的 62 个城市	差异化设计
2020 年	2 月 22 日	26 个国家的 61 个城市	信息构建元素
2021 年	2 月 27 日	24 个国家的 42 个城市	好奇心
2022 年	5 月初	20 个国家的 38 个城市	连接世界
2023 年	3 月初	20 个国家的 34 个城市	定位和导向
2024 年	2 月～3 月	15 个国家的 33 个城市	重视语境

2012 年 2 月 11 日，信息构建协会首次在全球 14 个城市举办信息构建活动，以庆祝 1998 年罗森菲尔德和莫尔维莱出版的《Web 信息架构》在万维网上发表 14 周年。2012 年世界信息构建日专注于理解设计结构。本次活动共覆盖了 13 个国家的 14 个城市。

2013 年世界信息构建日将全球范围的信息构建专业学者、实践者、技术专家和行业领袖聚集在一起，共同讨论信息构建本体。[②] 本次活动共覆盖了 12 个国家的 15 个城市。

2014 年世界信息构建日主要讨论如何利用信息构建思维使世界变得更美好。世界信息构建日活动激励参与者采用信息构建学术界或工业界的思维模式和想法来进一步拓展

① https://www.worldiaday.org/.

② 同①.

信息构建领域边界，从而为自己、传统企业等提供通过信息构建改变世界的能力。① 本次活动共覆盖了 15 个国家的 24 个城市。

2015 年世界信息构建日的主题是“构建幸福”。每个组织都希望让用户满意，但谁真正兑现了这些承诺呢？谁在真正构建幸福呢？2015 年的世界信息构建日旨在向全世界寻求帮助，以发现对我们在未来进行信息构建至关重要的问题的答案：信息如何影响幸福？对于促进幸福的信息，我们如何才能更好地构建？当我们从模拟生活方式转向数字生活方式（analog to digital）时，组织正在做什么来弥补我们所面临的差距？本次活动旨在激励参与者突破信息构建界限，让人们变得更幸福。② 本次活动共覆盖了 24 个国家的 38 个城市。

2016 年世界信息构建日的主题是“信息无处不在，构建无处不在”。我们的世界充满了信息。无处不在的信息不仅仅由专家构建，还由各行各业的人所构建。在 2016 年的世界信息构建日，当地技术公司和创新者分享其塑造、组织和分享信息的故事，希望通过这些故事激励那些从事信息构建以及那些不熟悉信息构建的人。③ 本次活动共覆盖了 28 个国家的 57 个城市。

2017 年世界信息构建日的主题是“信息策略和结构”。当前，组织需要重新思考如何构建和管理信息以保持组织自身的竞争优势，对此，许多人正在采用更灵活的战略，以摆脱孤立的系统和部门所导致的信息孤岛。这些组织认识到需要将信息结构化，使其清晰、可用，并易于理解。但以上对信息策略和结构的需求已超出了企业的范围。信息能否被构建为告知算法，如何加深企业对重要社会挑战的认识，并清楚地传递可用资源以帮助有需要的人成为当前的重要议题。④ 本次活动共覆盖了 24 个国家的 58 个城市。

2018 年世界信息构建日的主题是“信息构建造福人类”。本次活动旨在使参与者朝着如何使用信息构建来保护人类文明免受误导的方向思考。选择这一主题主要是考虑到现在我们面对海量的信息及其来源时，在努力理解的过程中，不知道该相信谁，因此我们通常相信我们想要的，且往往是容易被操纵的那些信息，这使得无知、仇恨等极端情绪得以滋长。⑤ 因此，如何通过信息构建造福人类成为本次世界信息构建日的主题。本次活动共覆盖了 25 个国家的 56 个城市。

2019 年世界信息构建日的主题是“差异化设计”。研究是设计的基础步骤，它确保我们了解并考虑社区内各种用户的需求。具体而言，设计的差异性包括能力的差异，获取信息和技术的差异，语言和文化理解的差异，年龄、性别和身份的差异，经验上的差

---

① https://www.worldiaday.org/.

② 同①.

③ Information Everywhere, Architects Everywhere. [2019-06-02]. https://www.worldiaday.org/events/washington-dc/2016.

④ Information Strategy and Structure. [2019-06-02]. https://www.worldiaday.org/events/washington-dc/2017.

⑤ IA for Good. [2019-06-02]. https://www.worldiaday.org/events/washington-dc/2018.

异，等等。[1] 本次活动围绕我们如何设计以上差异而展开讨论。本次活动共覆盖了 26 个国家的 62 个城市。

2020—2024 年世界信息构建日活动仍然持续在全球各地举行，主题分别为“信息构建元素”“好奇心”“连接世界”“定位和导向”“重视语境”，举办的国家和城市数量有所减少，探讨的主题更加丰富。

11.2　信息构建理论和实践的国内外发展状况

11.2.1　国外发展状况

对以下现象的分析可以让我们了解信息构建在国外的发展状况。

（1）信息建筑师的兴起。信息建筑师的英文是 information architect，国内还有其他一些翻译方法，比如信息构筑师、信息架构师、信息构建师等，但比较多的提法是信息建筑师。目前它仍然是一个比较新的提法，所以目前国际上虽然对信息建筑师有很多的描述，但对此还没有一个比较权威的定义。

从工作内容的描述上看，信息建筑师是指那些对从调查研究、经验、教育、特殊情景或事件的认识、事实或数据的集合中提取出来的知识的建设进行设计和监督的人。

信息建筑师的社会需求正在稳步上升，逐渐成为一个比较热门的职业。据估计，在万维网信息构建提出之初，截止到 2001 年 1 月 30 日，美国有 2 000～3 000 人从事信息构建的相关工作[2]，随着时间的推移这个数字正在急速增长。尤其伴随移动互联网、物联网等技术的发展，O2O（线上到线下）、新零售、短视频等全新商业模式的涌现，用户体验、平面设计、交互设计、产品设计、营销策略等方面的信息建筑师已成为互联网时代的热门职业。2022 年，在美国著名求职网站 CareerBuilder. com 上直接搜索“information architect”，就有 30 418 个职位。

另外，阿尔戈斯信息构建中心（Argus Center for Information Architecture，ACIA）2000 年关于信息建筑师的正式教育认证调查结果显示，在调查的 202 位信息建筑师中，37％的人称未通过正式的教育认证。2001 年，ACIA 关于信息建筑师的教育和培训需求的调查显示，在调研的 241 位信息建筑师中，51％的人在寻求认证或其他类型的专业认可。[3] 基于此，信息建筑师职业资格认证工作于 21 世纪初开启。2001 年，国外已经成立专门的组织信息建筑师认证协会（Society for the Certification of Information Architects，SCIA）来评定该职业的资质。[4] 该组织自 2002 年下半年起，对在信息构建领域有长期经

---

① 2019 Theme：Design for Difference. ［2019－06－02］. https://www.worldiaday.org/events/washington-dc/2019.

② 莫洛根．信息架构学：21 世纪的专业．上海：华东师范大学出版社，2008：115－117.

③ Formal Educational Credentials for Information Architects. ［2019－06－27］. https://argus-acia.com/iask/survey001107.html.

④ www.stiching-cia.org.

验和有所建树的人员进行登记，开始对信息建筑师进行资格认证。2003 年 2 月，该组织在荷兰首都阿姆斯特丹举行了首届职业证书颁发大会，给首批包括信息建筑师、IT 建筑师和 IT 商务建筑师在内的 50 人颁发了资格证书，欧洲职业信息协会理事会（Council of Europe Professional Informatics Society，CEPIS）和欧洲信息学职业人员认证协会（Europe Certification of Informatics Professionals）的主要负责人都参加了此次证书颁发仪式。

（2）信息构建的正规教育和培训。在北美和欧洲一些国家，对信息建筑师的教育和培训包括：各种信息构建网站提供免费或收费的网络资源，提供针对信息建筑师的培训课程和培训内容；信息构建方面的商业化咨询和服务公司开展的小规模的培训活动；各种信息建筑师的社团不仅为信息建筑师提供相互交流的机会，而且以信息建筑师的培训和教育为自己的首要任务之一；美国和加拿大的高等学校已经开始对信息建筑师进行教育和培训。

21 世纪初，随着信息构建教育的起步，第一门以“信息构建”命名的研究生课程诞生。该课程由沃纳（Amy Warner）于 1999 年在密歇根大学信息学院首次开设，2001 年莫尔维莱和沃纳共同任教，到 2006 年则由丹·克莱因接手。[①] 与此同时，一些高校也开始设置研究生层次的信息构建专业，如肯特州立大学于 2001 年设立了跨学科的“信息构建与知识管理”的硕士项目。[②] 自此，信息构建从业者的实践需求开始与相关专业知识结合起来，信息构建也开始作为一种实践专业迅速发展起来。2003 年 3 月，据美国信息科学与技术学会搜集的美国和加拿大地区各高校信息构建学位或课程教育方面的信息，当时已设立信息构建硕士学位的院校有 4 所，开设了以信息构建命名的课程的院校有 10 多所。[③] 信息构建协会提供的全球范围内有关信息构建学位、认证项目和课程的信息显示，截至 2019 年共有 67 所学校的各类院系和 4 家机构提供了 105 个信息构建相关项目或课程。由此可见，近 20 年来，国外信息构建教育在信息构建实践社区和人才市场的驱动下，逐渐实现了从无到有的多类型和跨越式发展，且包含从课程教育到学位教育的多层次体系，从图书馆和信息科学学院到计算机、设计等相关学院的跨学科融合。

在我们调研的 67 所学校中，共有 9 所学校设立了信息构建项目，如表 11－3 所示。学校分布在加拿大、美国、丹麦、法国、波兰和瑞典。项目类型主要包括学士学位项目、硕士学位项目以及硕士认证项目。从院系分布来看，图书馆和信息科学院系占了 55.6%，其余分别是人文学院，传播与心理学系，科学、信息艺术与技术系以及计算机科学和媒体技术系。在这些非图书馆和信息科学院系中，信息构建项目与技术和人文哲学类项目，媒体、传播和信息类项目，信息和交互设计类项目，计算机类项目共同设立。

---

① Teaching IA by Learning about Architecture. ［2019－06－23］. https://understandinggroup.com/information-architecture/teaching-ia-learning-architecture/.

② History. ［2019－06－23］. https://www.kent.edu/iSchool/history.

③ 朱庆华，朱莉. 美国大学信息构建研究生教育的现状及启示：面向 21 世纪的信息管理学科建设研究报告之四. 图书情报工作，2004（8）：93，113－116.

表 11-3　全球信息构建项目调研结果

国家	学校	院系	专业名称	类型
加拿大	麦吉尔大学	信息研究学院	信息构建	硕士认证项目
美国	佛罗里达州立大学	传播和信息学院	信息构建	硕士认证项目
美国	印第安纳大学	图书馆和信息科学系	信息构建	硕士认证项目
美国	马里兰大学巴尔的摩分校	科学、信息艺术与技术系	交互设计和信息构建	硕士学位项目
美国	伊利诺伊理工学院	人文学院	技术交流与信息构建	硕士学位项目
丹麦	奥尔堡大学	传播与心理学系	信息构建	硕士学位项目
法国	里昂高等师范学院	图书馆和信息科学学院	信息构建	硕士学位项目
波兰	教育大学	图书馆和信息科学研究所	信息构建	学士学位项目
瑞典	马尔默大学	计算机科学和媒体技术系	信息建筑师	学士学位项目

(3) 社会的推崇和支持。信息建筑师相关行业的执业者以及各种社会组织和社会团体对信息构建投入了极大的热情，人们通过多种方式交流和分享关于信息构建的知识、工具和方法，不断地推动信息构建的发展。比如，从获得信息构建研究资源的角度看，人们有以下渠道：信息构建讨论列表 SIGIA-L；2002 年 3 月创办的信息构建杂志 *Boxes and Arrows*；2001 年 10 月建立的自组织式的、分散的信息构建资源集合体的网上信息构建维基资源；由一群地区专业人员组成的小组"鸡尾酒时间"，它正在增强力量，也许会成为未来的专业信息建筑师协会的基础；一些学术组织正在讲授的包括情报科学、图书馆学和图形设计在内的信息构建课程，专业化的信息构建课程正在出现，学位授予的学术程序正在进行中。据信息构建协会提供的全球范围内有关信息构建学位、认证项目和课程信息的下载列表"Schools Teaching IA"，截至 2019 年，共有 4 家机构提供了信息构建相关课程教育，包括国际知识管理协会（International Knowledge Management Institute）、信息与图像管理协会（Association for Information and Image Management, AIIM）、巴西专门从事数字知识管理的 Arteccom 公司和加拿大在线教育公司 Online-learning. com。

国外学者和从业者还自发成立了一些信息构建社团，从事信息构建研究，分享信息构建的经验。这些力量的加入反映了网络环境对信息构建的迫切需要，他们成为一股潜在的力量，不断地推动着信息构建的发展。

11.2.2　国内发展状况

国内信息构建理论与实践的发展状况主要表现在以下几个方面：

(1) 信息构建理论的引入以及在国内的发展。2001 年底在河北召开的"新世纪初情报学学科建设、发展与应用研讨会"上，有两篇论文是关于信息构建研究的，这是我国首次提出信息构建；2002 年 6 月在中国国防科技信息中心由中国国防科学技术信息学会情报学术专业委员会和中国科学技术情报学会情报理论方法与教育培训专业委员会召开了信息构建专题论坛；2002 年学术论文《信息构建（IA）——情报学研究的新热点》[①]发表，该论文提出了信息构建的最基本问题，并在国内情报科学领域首次确定了 information architecture 的中文为“信息构建”，以后信息构建的提法在国内广泛使用；2003 年开始，多篇关于信息构建的博士论文和硕士论文通过论文答辩和鉴定。

2003 年 10 月底，中国科学技术情报学会情报理论方法与教育培训专业委员会和中国国防科学技术信息学会情报学术专业委员会在南京理工大学联合召开了“信息构建（IA）与情报学理论方法的新发展”学术研讨会，会议在信息构建方面的主要成就为：标志着我国学者的信息构建研究从引进阶段开始进入信息构建的深度研究和升华阶段；会议明确提出当前情报科学理论与方法的研究重点应该是探讨新信息环境中的理论与实践的结合问题；会议所探讨的研究内容为我国情报科学研究提供了新的源泉、新的领域和新的方向。[②]

2019 年在中国知网全文数据库，能够检索到 740 篇中文论文（见图 11－1）。这些论文内容涉及数字图书馆、图书馆网站、政府网站、门户网站的信息构建问题；还涉及用户体验、信息分类、信息可理解、信息检索、信息与情报科学的关系、知识管理、知识构建等与信息构建有关的问题。

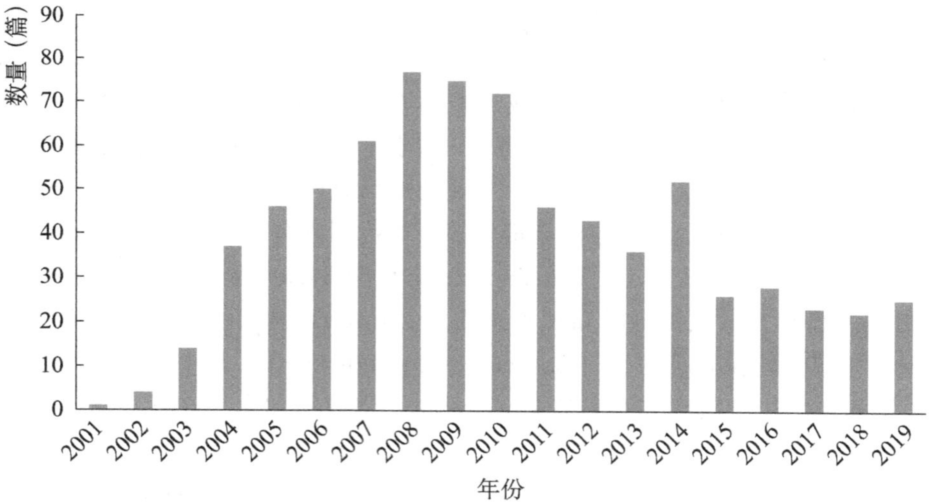

图 11－1　2001—2019 年论文产出分布情况

结合已有文献来看，信息构建理论在我国的发展和应用大致经历了三个阶段：

第一阶段（2001—2007 年）：这一阶段是国内信息构建的引进和快速发展阶段，多位知名学者围绕信息构建理论的基本概念与原理及其对情报学的影响和作用发表了相应

---

① 周晓英．信息构建（IA）：情报学研究的新热点．情报资料工作，2002（5）：6－8.

② 周晓英．深化信息构建（IA）研究完善情报学理论方法：“信息构建（IA）与情报学理论方法的新发展”学术研讨会综述．情报学报，2004（1）：39－57.

的研究成果。[①]

第二阶段（2008—2010年）：这一阶段是国内信息构建领域的高潮阶段，主要集中于信息构建理论在情报学领域的应用研究，包括在信息组织、网络信息资源整合、网站评估、网站建设等不同领域的应用研究。[②]

第三阶段（2011—2019年）：在这一阶段，对信息构建理论本身的关注度有所下降，但关于信息构建理论的实际应用、信息构建教育等的研究仍在继续。[③]

（2）我国信息构建教育的开展情况。相对于信息构建研究而言，我国信息构建教育起步较晚，其主要发展包含教育研究与教育实践两个方面。

在教育研究层面，国内以对国外信息构建教学的追踪和分析为主。2003年，在南京理工大学召开的“信息构建（IA）与情报学理论方法的新发展”学术研讨会上，与会代表从信息构建的基本概念入手，探讨了信息建筑师的工作内容和应该具备的基本技能，分析了美国大学信息构建教育的现状，分析了国外几所大学的信息构建专业大纲、信息构建课程设置情况，并提出了针对我国信息管理院系开展信息构建教育的几点看法。[④] 同年，周晓英教授从跨学科角度提出了高等院校培养合格信息建筑师所面临的问题。[⑤] 2004年朱庆华教授在分析早期美国4所大学开展信息构建硕士学位教育的情况后，呼吁在我国信息管理院系率先开设信息构建专业。[⑥] 周毅等对美国iSchools联盟院校信息构建与信息交互专业教育状况以及我国信息构建与信息交互人才需求及专业教育进行了调研分析[⑦]，并在信息管理专业教育改革上进行了初步设计。陆泉等对美国威斯康星大学密尔沃基分校的信息构建实验教学进行了介绍和分析。[⑧] 姜婷婷等则调研分析了北美12所iSchools联盟院校开设的17门信息构建相关课程。[⑨]

在教育实践层面，据笔者调研，目前国内尚未开设信息构建专业，部分高校研究生在信息构建方向教师的带领下从事信息构建研究，但并没有明确的信息构建研究方向人才培养方案。在课程建设方面，国内仅有少数高校陆续开设了信息构建课程。如武汉大学信息管理学院和中国人民大学信息资源管理学院均开设了信息构建课程，四川大学公共管理学院开设了信息构建与服务设计课程。此外，2011年国内最早的信息构建教材《信息组织与信息构建》出版。

---

① 周晓英．深化信息构建（IA）研究完善情报学理论方法：“信息构建（IA）与情报学理论方法的新发展”学术研讨会综述．情报学报，2004（1）：39－57；马费成，姜婷婷．信息构建对当代情报学发展的影响．图书馆论坛，2003（6）：20－25；王知津，蒋伟伟．第三代信息构建及其对情报学的影响．情报资料工作，2004（1）：6－9.

② 丁冰．我国信息构建研究综述．情报探索，2008（3）：7－9.

③ 吴莹莹．关于我国信息构建（IA）研究论文的统计分析．情报杂志，2011（S1）：33，61－63.

④ 周晓英．深化信息构建（IA）研究完善情报学理论方法：“信息构建（IA）与情报学理论方法的新发展”学术研讨会综述．情报理论与实践，2004（1）：107－108.

⑤ 周晓英．论信息构建对情报学的影响．情报理论与实践，2003（6）：481－486.

⑥ 朱庆华，朱莉．美国大学信息构建研究生教育的现状及启示：面向21世纪的信息管理学科建设研究报告之四．图书情报工作，2004（8）：93，113－116.

⑦ 周毅，张衍．以信息构建与信息交互为定位的信息管理专业教育：以美国iSchool联盟院校为样本的分析．中国图书馆学报，2014（6）：67－82.

⑧ 陆泉，王宝，陈静，等．美国威斯康星大学密尔沃基分校的信息构建实验教学．图书馆学研究，2014（20）：28－30，43.

⑨ 姜婷婷，郭倩，徐亚苹，等．北美iSchools信息构建课程体系研究．图书情报知识，2017（5）：89－96.

11.3 信息构建产生和发展的深层原因

沃尔曼在一次接受访谈时说，对于信息构建的流行，他对两件事感到吃惊：一个是为什么1976年他提出之时，信息构建没有在社会上流行起来；另一个是信息构建在今天以如此快的速度发展。① 其实，回归信息构建的本质，我们很容易回答这两个问题。

信息构建的目的在于组织信息和设计信息环境、信息空间或信息体系结构，以满足用户的信息需求。随着信息技术的发展，信息的载体与表现形式不断变化，进而影响到信息空间和信息体系结构；同时随着信息环境的改变，用户不断提出更高的要求。20世纪70年代信息构建提出之时，随着科学研究的快速发展，各类纸质文献快速增加，形成了人类历史上的第一次信息爆炸，致力于使信息更易获取、更易理解的信息组织和信息构建应运而生。自信息构建提出之后，信息环境又发生过两次大的变化：第一次是纸质时代向网络时代的转变，第二次是互联网时代向移动互联网时代的转变。这两次信息环境的变化带来了一系列新的信息问题以及一系列新的用户需求，这也是信息构建“前冷后热”，在20世纪90年代和21世纪初得到快速发展的原因。

具体而言，我们认为信息构建快速发展的原因主要有以下几点：

1. 信息环境的变化

从纸质时代到网络时代，再到移动互联网时代，信息获取场景在不断变化，从书本到Web 1.0时代的门户网站，到Web 2.0时代的论坛、贴吧和博客等，再到SoLoMo(social+local+mobile)时代移动设备上的各类App，信息全天候不间断地在各种渠道流动，变得随手可得。但随之而来的是信息环境的逐渐恶化，信息数量剧增、信息贫富差距扩大、信息污染加剧等一系列问题使得人们身陷信息的汪洋大海中，却无法及时、有效地找到自己所需要的信息。

由此可见，信息技术的发展拓宽了人们获取信息的渠道，给人们提供了无限的信息传输和信息获得能力，但这种能力不代表信息利用能力的加强，要有效地利用信息还需要一个环节，即提供有意义的信息。尤其在信息爆炸时代，信息组织结构的建立不再是特殊环境中（如图书馆）少数人的需要，如何针对更多的信息对象，提供结构清晰的信息内容变得非常重要，而信息构建是解决这一问题的直接措施之一。

2. 用户需求的变化

随着信息环境的恶化，信息问题层出不穷，信息焦虑成为普遍现象。由于过多的信息输入让人们来不及消化，获取信息的时间太多而思考和消化的时间太少，所以注意力成为一种宝贵的资源，由此形成了互联网时代的注意力经济。在这样的环境下，人们开始渴求复杂问题的简单答案，喜欢通俗易懂、风趣幽默的信息语言以及简单清晰的信息

① www.frontwheeldrive.com/richard surl wurman interview.htm.

结构；开始期待对话与交互，喜欢在对话和交互中不断被刺激与得到响应，从而实现信息的充分理解与升华。因此，在注意力经济时代，只给用户提供高质量的内容显然不够，还需要在吸引用户注意力、减小信息理解的难度、节省用户的时间方面下功夫，而信息构建正是满足这些需求的有效途径。

11.4 信息构建与信息组织的关联

信息构建与信息组织是什么关系？有人认为信息构建包含信息组织，理由是在信息构建中，有信息组织这个要素，信息组织是信息构建的重要组成部分。也有人认为，信息组织包括信息构建，理由是信息构建是信息组织在网络时代的新发展，虽然信息构建引入了一些新的元素，比如建筑学、可用性等，但它的核心仍然是通过对信息的处理如优化、重组等来达到方便用户提取和利用信息的目的，所以信息构建可以看作信息组织适应网络环境的新发展。

对于信息组织与信息构建的关系，也有不少学者加以研究。此处我们先从信息构建本身的复杂性谈起，然后再解释信息构建与信息组织之间的关系。

11.4.1 信息构建所涉及的学科领域的复杂性

信息构建究竟包括哪些相关学科的内容，不仅是当前信息构建研究领域那些考虑如何培养信息建筑师的高校学者的棘手问题，也是那些致力于建立一个完整、系统的信息构建的理论体系，以便更好地指导信息构建的具体实践的学者迫切希望解决的问题。

以下这些论述能够表明，信息构建的理论和实践具有模糊的边界。

（1）信息构建是多学科的集成领域。信息构建活动是一个综合领域，表现在人员的综合、方法的综合、技术的综合、学科专业的综合几个方面，它需要团队合作才能实现最终目标。信息构建是多学科的集成领域，没有一个学科能够完全应对信息构建所面临的挑战，正如罗森菲尔德所言，“任何完全关注信息的交流和消费问题的传统学科领域”都是信息构建的坚强支柱；也如兰根伯格（Mattie Langenberg）所言，任何强调信息的组织和表达的教育对信息建筑师这个职业都是有帮助的。

正是由于信息构建的融合性，其跨学科属性自其提出之日就已具备。信息构建的提出者沃尔曼最开始用建筑学的隐喻来描述自己身为信息建筑师的工作，形成了信息构建的概念模型。20世纪90年代末，莫尔维莱和罗森菲尔德在提出万维网信息构建之时也认识到了信息构建的多学科性质。后来，他们在《Web信息架构》第三版中指出“没有一门学科是信息建筑师的明显来源”，列出了信息建筑师的九个可能的学科背景，包括平面设计、图书馆和信息科学、新闻、营销和产品管理等。此外，2002年，莫洛根在其著作《信息架构学：21世纪的专业》（*Information Architecture: An Emerging 21st Century Profession*）中指出信息建筑师进行信息构建的过程是一个利用多学科知识的非正式过程，学科种类包括：社会学、社会信息学、可视化设计、界面设计、图书馆和信息科学、人机交互、认知科学、戏剧、计算机科学、计算机硬件和软件，以及网络管理、信息通信技术等。综上可以看出，信息构建是一个本质上涉及从艺术到理论科学再到工程学科的跨学科融合领域，它们为信息构建提供工具、技术、专家意见和经验。

（2）信息构建人才的多学科专业背景。为了直观清晰地了解信息构建人才专业背景的跨学科程度，我们通过全球职业社交网站领英（LinkedIn）检索到 2011—2018 年信息构建峰会 106 位作者的详细职业信息，并根据峰会官网上的作者介绍来保证检索的准确性。

统计发现：在 106 位作者中，8.5%的作者为博士研究生学历，56.6%的作者为硕士研究生学历，34.9%的作者为本科学历。可见，超过一半的信息构建峰会的作者都拥有硕士及以上学历。从整体上来看，信息构建从业者的专业分布十分广泛，包括生命科学、自然科学、工程学、社会学和行为学、人文艺术、教育学、商科以及其他专业领域。具体地，图书馆和信息科学是出现频次最高的学科，其次是信息科学/研究、英语和文学、设计和应用艺术、哲学、计算机科学、普通心理学等。从图 11－2 中可以更加直观地感受到信息构建从业者专业分布的广泛性和跨学科性。表 11－4 为词云图中高频专业的中文译名、出现频次及其代码。

图 11－2　2011—2018 年信息构建峰会作者的专业分布词云图

表 11－4　2011—2018 年信息构建峰会作者的专业分布（前八位）

专业名称	中文译名	出现频次	代码
Library and Information Science	图书馆和信息科学	18	4701
Information Sciences/Studies	信息科学/研究	17	0404
English Language and Literature	英语和文学	17	2501
Design and Applied Arts	设计和应用艺术	12	2405
Philosophy	哲学	10	2804
Computer Science	计算机科学	8	0402
Psychology，General	普通心理学	6	2016
Arts，Entertainment，and Media Management	美术、娱乐和媒体管理	6	2401

为了进一步探析信息构建从业人员的专业集中与分散规律，我们分别统计了106位作者的本科专业，以及68位拥有硕士及以上学历作者的硕士专业。结果表明，本科专业分布规律和整体专业分布规律相似，具有较强的广泛性和跨学科性，故在此未列出详表。但硕士专业分布规律具有明显的集中趋势，如表11-5所示，来自图书馆和信息科学（LIS）专业的作者最多，由此可见该专业是信息构建人才的重要来源。

表11-5 2011—2018年信息构建峰会硕士及以上学历作者的硕士专业分布

专业名称	中文译名	出现频次
Library and Information Science	图书馆和信息科学	17
Information Sciences/Studies	信息科学/研究	12
Design and Applied Arts	设计和应用艺术	8
Human Computer Interaction	人机交互	6
English Language and Literature	英语和文学	5
Social and Behavioral Sciences-Other	社会学和行为学—其他	3
International Relations	国际关系	2
American Literature	美国文学	1
……（省去13个频次为1的专业）		
Philosophy	哲学	1

根据以上对信息构建从业者专业背景的调研，可以总结出以下几点：①信息构建人才受教育水平较高，拥有硕士及以上学历成为主流趋势；②在信息构建人才市场上，LIS学科人才输出占比最大，尤其是硕士层次；③信息构建人才需求具有广泛性，除了LIS学科，英语和文学、设计和应用艺术、哲学、计算机科学、普通心理学等学科输出的人才也为信息构建的发展做出了贡献。

（3）信息建筑师的职业称谓。21世纪初信息建筑师开始成为一种新兴职业，他们不仅致力于优化网络信息空间，使网络信息变得简单、直接，更容易理解，而且在应对传统互联网环境下的信息过载方面发挥了重要作用。在早期，由于信息建筑师本身承担了多种工作，扮演着不同的角色，所以他们有多种职业称谓。随着信息建筑师这一职业逐渐趋向成熟，其职业称谓也逐渐统一。

以信息构建峰会参会者的职业称谓统计为例，对2000—2007年参会者的研究显示，2007年前信息构建峰会参会者的职业称谓涉及范围较广，包括：管理人员、信息建筑师、用户体验专家、咨询师、用户界面设计师、策略师、交互设计师、工业设计师、工程师、编目员、分析师、图形设计师以及信息管理专家等。对2011—2018年信息构建峰会437位作者的职业称谓进行统计分析发现，随着时间的推移，信息构建峰会从业者的职业称谓开始趋向统一，且基本与信息构建峰会初始官宣的参会者一致，可以归纳为以用户体验专家、设计师、信息建筑师以及内容策略师为主的几大类，笔者对几大类的称谓归纳如表11-6所示。

表 11-6　2011—2018 年信息构建峰会参会者职业称谓统计

类型	具体称谓
用户体验类	用户体验师、用户体验专家、用户体验顾问、用户体验经理、用户体验建筑师、用户体验分析师、用户体验设计师、用户体验总监、用户体验策略家、用户研究员、用户体验研究员等
设计类	UX 设计师、交互设计师、产品设计师、设计总监、设计策略家、数字体验设计师、信息设计师、系统设计师、服务设计师、视觉设计师、平面设计师、设计顾问、直觉设计师等
信息构建类	信息建筑师、建筑师、信息建筑总监等
策略类	内容策略师、数字策略师、营销策略顾问、投资组合设计策略顾问、内容策略顾问、策略总监、用户体验策略家、设计策略顾问、分类策略顾问、产品策略顾问、交互策略顾问等
其他	工程师、研究员、教授、研究生、某设计/信息构建公司的 CEO 等

（4）信息构建所涉及的知识领域。近十年来，伴随着各类新型技术的融合，跨渠道、跨情境和复杂动态的信息环境使得信息过载、信息焦虑等问题和用户需求进一步升级，相应对信息建筑师的理论知识和实践技能的要求进一步提高。

目前对信息构建这个新兴学科所涉及的相关学科及相关研究内容的讨论、关于信息建筑师的经验和资格的讨论是该领域的热点话题，不少学者对此发表了精彩的论述，如布鲁克斯（Michael Brooks）认为：设计和交流技能是信息建筑师最基本的技能，生成一个结构和解释这个结构是关键所在，信息建筑师必须保证易于导航、设计简单、与客户及开发团队交流网站设计思想。美国情报科学与技术学会在 2000 年的信息构建峰会上总结出信息构建所涉及的主要研究领域是：信息科学、信息检索、信息查询、人机交互、用户中心设计、网站设计、计算机科学、软件工程、数据建模、数据库管理、教育和图形设计。

笔者对现有的众多认识进行深入分析后认为，以下领域是信息构建理论和实践涉及的最基本的领域，由于学术界对以下内容是属于信息构建学科，还是仅仅属于信息构建相关学科仍然举棋不定，所以有些内容只能算是信息构建的灰色领域。但是从信息构建的实际需要来看，以下研究内容是我们从事信息构建活动必不可少的。

① 信息组织与检索。布鲁因斯马（Bruinsma）在《设计交互式教育》一书中说："在计算机中，你所做的基本的事情就是对信息进行排序，此外就是编辑这些信息。实际上，你在做这些事情时并没有考虑你是一个艺术家，还是一个设计师，还是一个建筑师或作者，当你使用计算机时，你只是在排序和编辑。"① 一些研究信息构建的学者明确提出，信息组织是信息构建的最重要的内容，因此信息构建与图书馆学、情报学有密切的关系。实际上，图书馆学和情报学一直以信息源的选择、编目、分类和标引、检索和提供利用为主要研究对象，而信息的组织、主题分析、元数据和信息建模等问题同样是信息构建所要考虑的主要问题，信息构建所涉及的组织、标识、导航、搜索四大系统设计

① Latham D. Information Architecture：Notes Toward a New Curriculum，JASIST，2002（10）：824-830.

问题是图书馆学、情报学的核心内容，所以信息构建需要借鉴图书馆学、情报学的理论与方法。

②图形设计。图形设计是信息构建所需要的另一项重要研究内容。目前不管是在大学的授课中，还是在现实社会中，不少人错误地将图形设计仅仅当作生成漂亮的吸引人的图形，主要注重美学效果的工作。实际上，图形设计是一个非常具有包容性的学科。

我们认为，设计和图形设计研究领域在理论和实践中尚有较大的发展空间，作为信息建筑师的沃尔曼自 1984 年就开始举办 TED（技术、娱乐、设计）会议，之所以如此，正是在于他对设计、信息、社会之间关系的深刻认识。1996 年他还在其《信息建筑师》一书中预言："信息构建领域很快会成为我们的设计学校所关注的焦点。"① 从设计领域本身的发展来看，目前，相关资料表明，设计领域具有良好的发展前途，其相关内容正在成为社会科学的一个新研究领域。

图形设计在信息构建中具有三方面的作用：首先，它能引导人们从设计的视角来看待信息内容；其次，从抽象的意义上看，图形设计能帮助人们从众多的视觉元素中生成各种关系；最后，设计本身涉及的内容广泛，是一个需要综合集成的领域，具有天然的跨学科特性。以上几点正是信息构建不可缺少的内核。

③系统设计与数据库。信息构建并不直接与技术有关，同样，信息构建的问题不是技术层面的问题。信息建筑师的实际工作更多的是起到概念化的作用而不是技术化的作用，但是，计算机科学家、数据库设计者、网络工程师、程序设计员等应该是信息构建团队的组成部分。计算机科学和管理信息系统的知识背景和以上人员的帮助，有利于信息建筑师全面理解生成可用的信息结构的可能性；有利于他们更好地与程序设计员和数据库设计者交流；有利于他们更好地维护信息内容。

④可用性工程。可用性一般是针对万维网站点而言的，是指在特定的使用环境下，一个站点可被一组用户用来达成某个目标的程度。

可用性工程能够帮助信息建筑师测试和评价信息系统，因此也是信息构建的核心研究内容。尽管可用性测试不一定是信息建筑师工作的一部分，但至少信息建筑师应该知道如何阅读和修改可用性报告。此外，人机界面专家、认知心理学家、教育设计者、信息科学家和图书馆员所关心的用户行为研究与可用性关系密切，也是信息构建研究的重要领域。

⑤传播与沟通。语言的有效性是信息产品的最终目标，协作技能、编辑技能和理解修辞的原理能帮助信息建筑师从事研究、内容生成和内容管理工作。人际交流能力能帮助信息建筑师在不同的情景下与不同的用户沟通，同时帮助信息建筑师与来自不同学科领域的人员合作。

⑥用户研究。用户研究主要包括用户需求研究、用户体验研究等等。在用户需求研究方面，可以充分利用图书情报领域的传统方法。用户体验是指用户在使用产品或者服务时的整体感觉和体会，用户体验研究可以帮助我们确定用户如何选择和如何行动，并将它们体现在系统中；而系统的活动情况也被反馈给用户。

---

① Wurman R S. Information Architects. Zurich，Switzerland：Graphis Press Corp，1996：15－19.

用户体验研究与信息构建关系密切，但两者之间是相互包含、并列，还是一方包含另一方，目前仍然有待研究。信息构建与用户体验对于电子商务而言都十分重要，并且有时两者的解决方案是相同或相似的，但是信息构建与用户体验是有差异的。马克·赫斯特（Mark Hurst）认为两者的差异主要表现在两方面：第一，各自的基础不同，用户体验建立在对用户的理解基础之上，而信息构建建立在对信息的理解基础之上；第二，两者的工具不同，信息构建关注信息的载体——网站地图、内容目录，而用户体验关注那些与用户实际经历相近的事物，如与用户的对话、对竞争者和相似网站的研究、对公司经营理念和产品策略的深刻理解。

由上述分析可知，信息构建是一个复杂的领域，与许多学科有着千丝万缕的联系，但是从信息构建的目标和所要解决的问题来看，信息构建属于情报学的分支，也属于信息组织的范畴，是信息组织理论方法在网络环境下的发展。

11.4.2 信息构建的主要研究框架

近几十年网络信息的发展给我们带来了丰富的研究对象和研究内容，对这些研究内容的归纳和分析有助于我们了解信息构建这一研究领域。我们如果从中得出信息构建的一个基本研究框架，就可以在今后的研究中进一步丰富信息构建研究框架中的内容，按照特定的路线来进一步推动信息构建的全面发展。为此，我们全面梳理了目前信息构建的国内外文献资料，结合一些权威的文献，构建了近年来信息构建主要研究内容的框架结构图。我们还全面梳理了所获得的信息构建峰会资料，通过题目、文摘和 PPT 及发言稿研究它们的主题，力图从整体上把握发言的背景和思想内涵，并对信息构建峰会主题的分布情况做了统计，以进一步验证我们提出的目前信息构建研究的主要内容范围和框架。

1. 罗森菲尔德和莫尔维莱提出的信息构建研究框架

关于信息构建到底研究什么内容，国内外也有不少的研究成果，如比较典型的和流传较广的三环结构图和冰山结构图。

1998 年，罗森菲尔德和莫尔维莱在《Web 信息架构》一书中提出了信息构建的三环结构图（见图 11－3），在 2000 年信息构建峰会的基调发言中，罗森菲尔德重申了三环结构。三环结构对信息构建研究的影响很大。

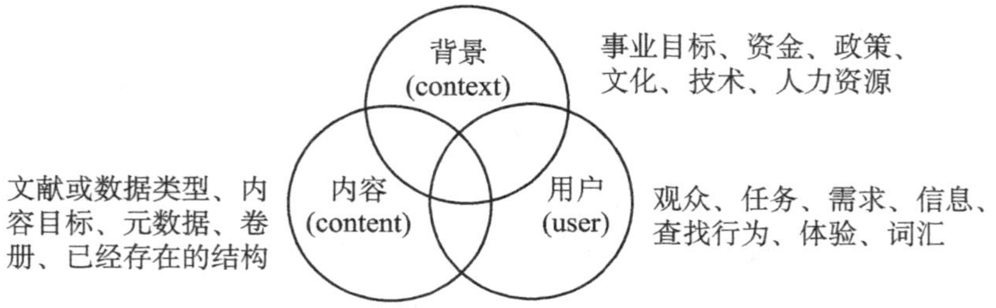

图 11－3 信息构建的三环结构图

莫尔维莱提出的信息构建的冰山结构图（见图11-4）概括性地指出了信息构建的基本研究内容。

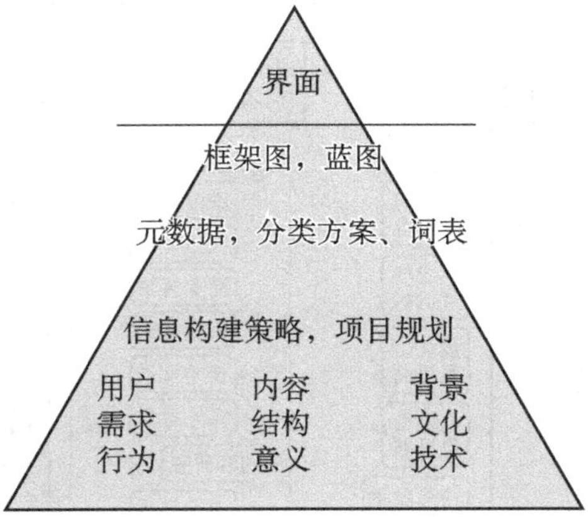

图11-4　信息构建的冰山结构图

资料来源：Campbell D G，Fast K V. From Pace Layering to Resilience Theory：The Complex Implications of Tagging for Information Architecture. Proceedings of IA Summit 2006，2010.

2. 本书提出的信息构建研究框架

（1）信息构建研究框架的基本构成。本书提出了一个由三个部分构成的信息构建研究框架，其依据首先是罗森菲尔德和莫尔维莱提出的著名的信息构建的三环结构，此外还有两位学者在他们的书中阐述的信息构建基本原理、流程和方法①；其次是国内外信息构建现有的大量研究成果；最后是信息构建峰会2011—2018年的主题。

三个部分的内容为：信息构建的基础理论；信息构建的实施过程；信息构建的应用与实践。“基础理论”和“应用与实践”这两个部分是任何一个学科领域的必备内容，因此这部分也是信息构建领域的基本内容。根据信息构建研究的特点，在网站信息构建的具体实施过程中，有必要研究实施的流程，还有必要考察一些基本的对象，我们将它们聚合在第二部分“信息构建的实施过程”中。信息构建研究框架如图11-5所示。

（2）三个部分之间的关系。在现实中，从事信息构建的信息建筑师们所做的工作主要属于第二部分，他们对信息构建实施中所需考察的三个基本对象即背景、内容和用户进行研究，按照信息构建的流程工作，从而形成信息构建可交付的产品，即蓝图、框架图、内容模型、词表、设计草图、网站原型，等等。在研究和开发的过程中，他们会应用第一部分中信息构建的基础理论，也会使用第三部分中提供的工具和方法。同时他们在工作中提炼的新理论以及创造发明的新工具、技术和方法又不断地分别充实和完善第一部分和第三部分的内容，促进信息构建理论和实践的全面发展。

根据以上分析，信息构建研究框架中三个部分的内容是彼此相关联的，研究的对象和范围彼此不能割裂，存在部分交叉。比如，第一部分中“信息构建的核心内容”与第

① Rosenfeld L，Morville R. Information Architecture for the World Wide Web. O'Reilly Media，Inc.，2002.

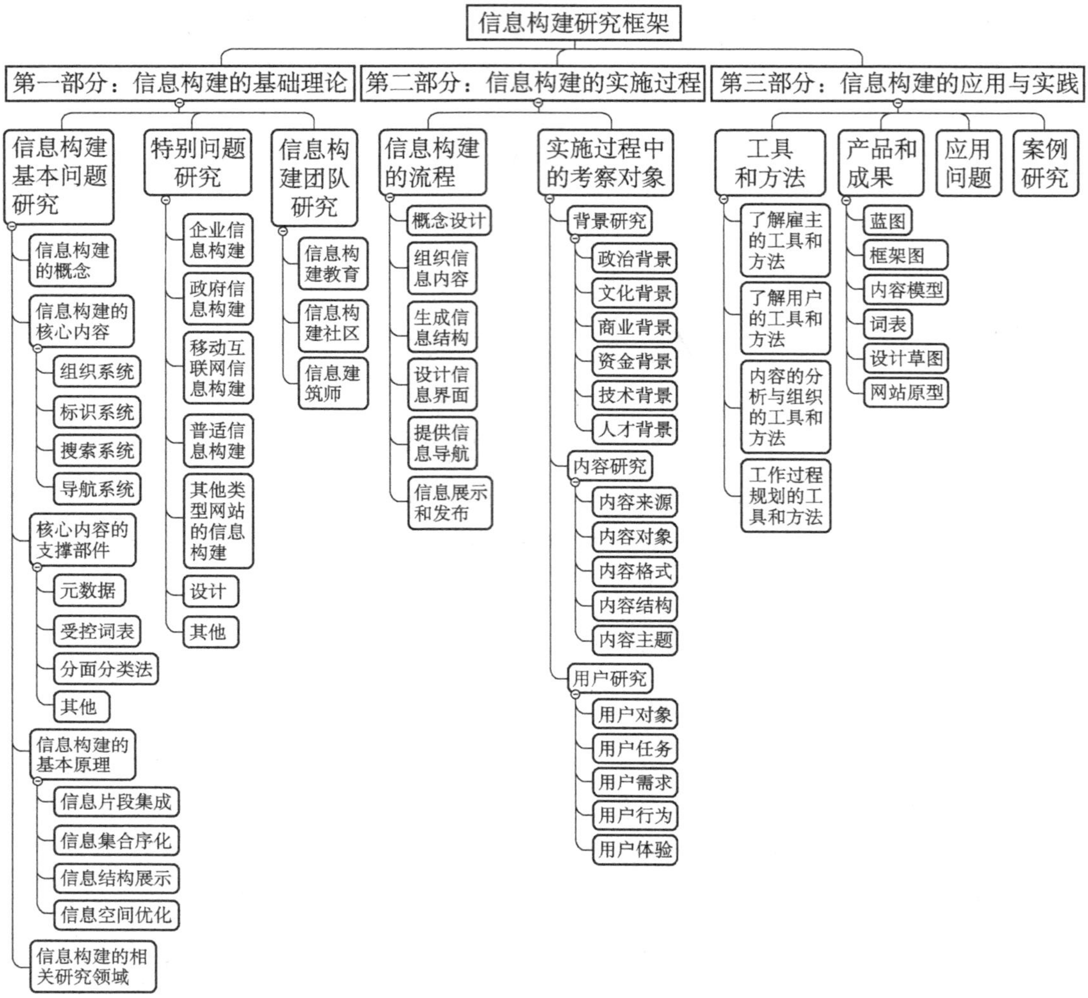

图 11－5　信息构建研究框架

二部分中的“内容研究”以及第三部分中的“内容的分析与组织的工具和方法”这几个部分是相关联的，它们的研究对象都是内容，但是每个部分的研究视角、研究方向和研究成果是不同的，第一部分是出于信息构建理论建设的需要，研究从理性的角度，对内容应该做哪些类型的分析和处理；第二部分是出于信息构建工作过程的需要，研究从操作层面和流程上，如何获得内容、分析内容和处理内容；第三部分是出于应用和实践方法论的需要，研究使用怎样的工具和方法来对内容进行分析和处理。

（3）研究内容的具体说明。下面我们对上述信息构建研究框架的部分内容做进一步说明。

● 第一部分，信息构建的基础理论。

第一，信息构建基本问题研究：研究作为一个专门的领域要阐述清楚的一些问题，主要包括信息构建的概念和核心内容，核心内容的支撑部件，信息构建的基本原理，信息构建的相关研究领域。其中涉及一些与信息构建发展密切相关的前沿知识，如 Web 2.0、搜索引擎优化（SEO）等，还有一些与信息构建密切相关的知识领域研究，如可用性、可视化等主题的研究。在第 13 章“万维网信息构建的核心要素”部分，我们会详细介绍信息构建的核心要素及其支撑部件。

第二，特别问题研究：主要包括信息构建领域所涉及的一些专门的问题或重要的问题，如企业信息构建、政府信息构建、移动互联网信息构建、普适信息构建等。尤其是普适信息构建，是当前信息构建发展的最新方向，第 13 章将对此展开详细论述。

第三，信息构建团队研究：主要是对从事信息构建的团队的研究。信息构建团队研究主要包括对信息建筑师及其团队应该具备的素质、技能、经验，以及承担的工作任务、应接受的教育和培训、面临的挑战等的研究。此外，如何建立信息构建团队、确定团队的组成、对团队进行管理、明确团队中沟通的技巧策略等也是重要的内容。

- 第二部分，信息构建的实施过程。其中，实施过程中的考察对象是重点研究内容。

第一，背景研究：信息构建过程中，要充分考虑组织的内部和外部环境，必须充分考虑组织的政治、文化、商业、资金、技术和人才背景，根据不同的背景制定不同的策略。

第二，内容研究：内容研究是信息构建的重中之重，早在 2001 年第二届信息构建峰会上，计算机界面设计研究领域的公认权威贾里德·斯波尔（Jared M. Spool）就做了题为《一切围绕着内容》的报告。① 另外从“内容为主”“内容中心”之类的提法中可以认识到这一点，内容研究也是 LIS 专业背景的人可以最大限度地发挥专业优势的部分。内容研究涉及内容来源、内容对象、内容格式、内容结构、内容主题等问题。

第三，用户研究：用户研究也是信息构建的重要部分，从“以用户为中心的设计”在信息构建中的广泛应用就可以认识到这一点。此外，信息构建的许多重要概念都和用户有关，如可用性、用户体验等。信息构建中的用户研究可以通过市场调研公司、政策民意调查员以及人类学家或者信息建筑师等来完成，他们可以从不同的角度解释不同的问题。信息构建中的用户研究包括用户对象、用户任务、用户需求、用户行为、用户体验等多方面的问题。

- 第三部分，信息构建的应用与实践。

第一，信息构建的工具和方法：由于信息构建所具有的浓厚的实践色彩，信息构建的工具和方法发展迅猛，很多工具和方法被发掘出来，并得到进一步完善，最终被分享和推广，其中包括矩阵整合构建方法（Matrix Integration Architecture）、内容管理系统、内容生产和包装方法、JFlow 系统、创建角色（Persona Creation）、卡片分类法、隐喻，等等。

第二，信息构建的产品和成果：这部分内容主要包括信息构建产品的生产、推销和应用等几个方面。具体而言，涉及如何确保交付物的质量，如何使复杂的解决方案易于理解，如何将信息构建产品推销给顾客或者委托方，如何使信息构建的理念得到组织机构内部人员的认可，如何将信息构建成果整合到网络应用开发方法中。

---

① Spool J M. It's all About the Content. http://www.asis.org/Conferences/SUMMITFINAL/index.html.（此网址为更新之前的网址）

第三，信息构建的应用问题与案例研究：其中，案例研究是非常关键的一部分，因为信息构建还是一个新领域，迫切需要分享最佳方法与最佳实践，目前信息构建的案例库中已经积累了不少的内容。

11.4.3 信息构建与信息组织的联系与区别

国内外很多学者都将信息构建与信息组织联系起来，一般认为信息构建这个新领域虽然与信息组织不完全等同，但它大体上属于信息组织的范畴，很多学术刊物也将信息构建的内容划入信息组织这个大类别中。谢尔·基门（Shel Kimen）在《关于信息构建的10个问题》中说：从最基本的要素来看，信息构建就是建立一个结构或者信息组织，在图书馆中，信息构建指编目系统和保存书本的建筑物的物理设计的结合体（combination）；在网络上，信息构建指将网站内容组织成为一些范畴并生成一个界面来支持这些范畴。① 分析以上定义可知，信息构建与信息组织关系密切，可以说信息构建是新的视角，或者是在新的环境、新的要求之下，信息组织的一种表现形式。

近几年我国也有不少学者对信息组织与信息构建加以比较，他们从适用对象、活动主体、组织信息的方法、主要活动内容、人的因素、最终目的等几个方面比较了两者的不同，认为从适用对象看，信息构建适用于任意的信息集合，而信息组织适用于网络信息或者图书馆信息中心存储的信息。从活动主体看，信息构建的活动主体是信息建筑师，而信息组织的活动主体是专业图书情报工作者和网站设计人员。从组织信息的方法看，信息构建强调LATCH组织方法，即地序法、字顺法、时序法、类别法和层次法等比较简单易用的方法，而信息组织常用分类法与主题法等规模庞大、系统复杂、难以操作和难以掌握的方法。从主要活动内容来看，信息构建的主要活动是信息的组织、结构的建设和系统的设计，信息组织的主要活动是信息加工、整理、排列、组合，使之有序化、系统化和规律化。信息组织注重信息的有序化，注重形成完整系统的有序信息集合，信息构建注重便于用户理解和使用以及表达信息结构。从人的因素看，信息构建中包括信息建筑师、客户和最终用户三方，而信息组织主要包括信息组织人员和信息用户。从最终目的看，两者的目的都是满足用户的需求，在实施这一方面，信息构建强调让信息清晰、可理解，而信息组织强调形成有序的信息系统。② 还有学者比较了信息构建与网络信息组织的异同，认为两者的相似之处在于：研究对象、最终目的、交互设计、包含的要素、实施的过程；而不同之处在于：社会背景、适用对象、人员主体、信息组织方法、技术方法、实现目的的途径、活动内容。有学者认为信息构建的出现对网络信息组织会产生影响，主要体现在促进网络信息组织的交互设计、有助于完善网站信息路径的构建、促进网络信息空间的数字化和多维化、促进网络信息组织方法的人本化、提高网络信息组织人员的素质等方面。③ 也有学者比较了两者的共性和个性，提出共性在于两者的研究

---

① Shel Kimen. 10 Questions about Information Architecture. www. builder. cnet. com/webbuilding/.（此网址为更新之前的网址）

② 孙志茹．信息构建与网络信息组织的比较分析．情报资料工作，2007（1）：34-35，40.

③ 毛丹．信息构建发展对网络细细组织的新影响．科技情报开发与经济，2008（29）：56-58.

对象都是信息，两者的目的都是使信息序化，都是为了满足人们的信息需求；个性在于两者产生的社会背景不同，两者的技术方法也不同。[①]

上述看法中虽然有一些并不能完全反映信息组织和信息构建的本质差异，但也大体体现了信息构建与信息组织一些不同的特征。

本书的第二部分已经阐述了信息组织的基本内容，在本章中，我们也建立了信息构建的研究框架，可以根据对两者的基本内容的对照来进一步考察信息组织与信息构建的联系。在此，我们对信息组织与信息构建的联系做简要说明。

信息组织与信息构建的来源不同，信息组织与信息构建的产生背景不同。传统的信息组织是为了解决信息服务机构的信息有序管理问题，以便用户获取并使用信息；前网络时期信息构建的提出是为了解决科学和艺术地表达大量信息，以便用户理解和吸收信息的问题；网络时期的信息构建除了组织信息之外，还需要设计信息空间、信息环境和信息体系结构，给用户提供优化的信息获取条件。因此，相比较而言，信息组织更强调信息的序化管理，信息构建更强调信息的有效表达；信息组织更强调科学性和权威性，信息构建更强调用户体验和用户交互。

尽管有上述不同，但从本质上看，在当前的数字信息环境下，两者的目标逐渐趋同，都需要对大量信息进行科学合理的整理，以用户便于吸收和理解的方式表达和传递信息。在底层的信息加工方面，两者的工作都涉及信息的描述、标引和定位。

信息构建产生于信息组织之后，信息构建是为了有效形成信息环境、信息空间和信息体系结构，以满足用户获取信息的需求。为了实现这个目标，信息组织是必需的，是信息构建中的一项重要内容。因此，信息构建利用了信息组织的大量原理和方法来实现信息的表达和整合。当然信息构建也使用其他理论和方法来实现它的目标。因此，从信息构建的角度看，它比信息组织的内涵更为丰富，除了组织信息和标识信息之外，还包括导航信息、搜索信息等方面的内容；除了满足用户的信息需求之外，还起到信息媒介、使信息可用、使信息增值等的作用；除了形成信息组织的序化结果之外，还要形成优化的信息结构。

同时，我们还看到，信息组织本身包括丰富的内容，而且随着时代的发展、信息载体的变化，信息组织所包括的内容还在不断发展。目前信息组织领域的很多内容不能被信息构建全面吸纳和包含，从某种程度上讲，信息组织的内容比信息构建丰富。

综上所述，信息构建与信息组织的内容有很多交叉之处，原理和方法也会互相影响，客观地看，它们之间还不是一种完全的包含和被包含的关系。由于信息构建与信息组织的目标比较趋同，所以目前不少人将信息构建这个新的研究领域划入历史悠久的信息组织的范畴中。

思考题

1. 信息构建的定义、所涉及的学科领域及研究框架。

---

① 伍玉伟．信息构建（IA）与信息组织的比较研究．图书馆论坛，2006（4）：49－51.

2. 分析信息构建产生和发展的深层原因。

3. 论述信息构建与信息组织的联系与区别。

推荐阅读

1. 崔晓西．流动的边界：网络与信息．厦门：厦门大学出版社，2008.

2. 周晓英．深化信息构建（IA）研究 完善情报学理论与方法．情报理论与实践，2004（1）.

3. 周晓英．万维网信息构建的过程和方法研究．情报资料工作，2005（4）.

4. 周晓英．基于信息理解的信息构建．北京：中国人民大学出版社，2005.

第12章

信息构建的原理、过程、方法和工具

概要

本章分为四节。12.1 节主要论述了信息构建的原理；12.2 节主要论述了万维网信息构建的一般过程；12.3 节论述了信息构建的基本方法；12.4 节论述了信息构建的工具和手段。

学习要点

信息构建的原理；万维网信息构建的一般过程；信息构建的基本方法；信息构建的工具和手段。

学习目标

理解信息构建过程中信息状态的变化；掌握信息构建的基本原理；掌握万维网信息构建的一般过程；掌握信息构建的两种方法；了解信息构建的工具和手段。

12.1 信息构建的原理

12.1.1 信息构建过程中信息状态的变化

信息构建过程中信息的状态是不断变化的，从碎片化的信息片段到聚集在一起的信息集合，信息集合形成了一定信息结构，多种信息结构构成了信息空间。

信息片段：由组成信息的基本元素，如文字、符号、图形、视频、音频等构成具有某种含义的信息片段。信息片段由信息元素组成，是已经具有基本含义的信息模块，是信息集合的组成要素。信息片段是信息构建理论中一个比较重要的概念，加特勒（Jesse James Garrett）在提交给美国信息科学与技术学会 2002 年的信息构建峰会的论文中甚至提出了一个新的信息构建定义：信息构建就是并置（juxtaposition）单独的信息片段使其具有传输意义。①

① Garrett J J. The Information Architecture of Everyday Things. http://www.jjg.net.net/ia.jjg everyday.（更新前网址）

信息集合：各种信息或自然或人为地聚集在某种信息容器中，就形成了信息集合。信息集合是信息构建的基本对象，所有有信息集合的地方，如果人们需要发现、提取和利用高质量的信息，就需要信息构建的理论指导和实践活动。

信息结构：信息结构可以看成按照某种方式对信息集合中的信息加以组织以后所形成的有序的信息整体，它是信息系统存储信息和信息系统内外部交流信息的方式和渠道。

信息空间：信息空间是信息存在或发生的地点，可以指某个相关领域的信息的总和。信息空间既可以指物理存在的信息空间，也可以指作为人们认识状态存在的信息空间。

在信息构建活动中，作为信息构建主体的信息建筑师需要在理解信息内容、用户的信息需求以及信息环境的基础上，把随机、自然或人为聚集起来的信息片段生成信息集合；在对信息集合中信息片段之间的各种关系进行分析的基础上建立信息结构；信息建筑师还需要设计信息界面，将信息结构以及信息结构中包含的信息内容以科学、艺术的方式，在特定的信息空间中展示给用户。因此，在信息构建的过程中，信息存在的状态是不断变化的，笔者曾经对信息构建过程中信息状态的转变过程以及该过程中的信息操作活动进行分析，创立了信息构建的基本过程模型图①，该模型图用科学的语言抽象地描述信息构建过程中的各种操作和信息状态的变化过程：

信息片段→信息集合→信息结构→信息空间

该模型说明，在信息构建的过程中，信息状态基于对信息的聚集、组织、界面设计等基本操作，按照由信息片段到信息集合再到信息结构，最后形成信息空间这样一个过程而不断地改变。

总之，信息构建是从信息集合形成之前和之后开始的，零散稀少的信息片段一般不需要信息构建，而随机的、自然的和人为的信息聚集活动，会形成由信息片段组成的各种信息集合，由于信息量巨大，需要信息构建。信息构建的主要活动是组织信息内容、生成信息结构和设计信息界面，其直接目标是建立一个清晰的、易于理解的信息结构，最终给用户提供一个良好的信息空间环境。因此，可以说信息构建是对所有信息集合的构建，信息构建的过程就是为信息集合生成一个合理的信息结构，并在特定的信息空间中展示这种信息结构。

12.1.2 信息构建的基本原理

根据信息构建活动中信息状态的特点，笔者总结了信息构建过程中体现出来的以下四条基本原理。

1. 信息片段集成原理

信息片段集成原理指通过信息片段的采集，利用各种媒介和工具对采集的信息进行综合的、多方面的集成的过程。集成过程中最重要的问题有三个：一是集成信息资源；二是有效使用不同的媒介或工具；三是实现小屏幕大集成功能。

---

① 周晓英．基于信息理解的信息构建（IA）．北京：北京大学，2003.

（1）集成信息资源。不论是传统的还是现代的信息传输，都会遇到信息集成的问题。一本书是各个章节的集成；网站是各种信息内容的集成，包括文字、图形、图标、声音等；标识是分组后的内容集成。万维网是网站、网页、文件内容的集成，将这些内容有效地集成在一起，以便于信息序化和信息结构的建设，以及信息的查找和利用，是信息建筑师的任务之一。

（2）有效使用不同的媒介和工具。媒介和工具包括文本信息与图形元素、音频和视频元素、科学手段与艺术手段等等，信息建筑师的工具箱中有现代的和传统的各种工具，有效使用它们并使其彼此兼容，也是信息建筑师面临的挑战之一。

（3）实现小屏幕大集成功能。技术的发展带来的一个不足在于，很多时候信息不能像过去的书籍、报纸一样，很容易地展示其全部内容。现在的信息空间可以集成巨量信息，但有时只能通过一个小小的屏幕来展示，其显示能力有一定的局限性。因此，不管是计算机界面，还是电视节目等现代的非印刷形式的信息集合，其共同特征是通过小屏幕集成大量的信息。

网络是最典型的实例，由于当前的网络浏览器一次只能看到一个网页，网站的信息结构、网站链接策略、非线性的风格等注定了网站需要在小的界面上集成大量的信息，因此必须注意小屏幕的特点，在界面上显示用户关注的更多内容。

这个原理对信息内容和界面设计提出了一定的要求，如在网页设计方面，网站可用性专家认为在提供给用户的界面上，应该让用户关注的内容占据主要的部分，内容应该占界面的一半以上，导航、广告等其他内容应该少于20%。①

网站的信息界面设计过程中的结构设计、链接、导航等都要充分考虑小界面大集成的特点，不能采用非网络经验的自然式设计方式；在提供的界面上要保持正文的简短；使用明确的、有意义的、信息量大的标题；使屏幕上的信息具有可读性和可浏览性。这样能保证小界面的信息充分和可用。

2. 信息集合序化原理

信息集合序化原理是指信息构建过程中对信息集合中信息内容的组织和信息形式的表达实质上可以增加有效信息含量，自觉控制信息结构体系中的熵值，形成有条理、合逻辑、主题鲜明、主次关系清晰的信息结构体系。

作为信息构建对象的信息从载体、形式、技术手段等方面看都是多元的、复杂的，信息构建的效果取决于组织信息后有效信息量的大小，而有效信息量的大小与信息组织的有序程度有关。图书馆学、情报学的信息组织研究中一直强调信息的有序性，但是信息构建理论中信息组织的有序性的概念内涵比过去要宽泛，它不仅强调信息内容组织的有序性，还强调信息结构和信息形式的有序性。也就是说，不仅要针对线性的信息内容，如文字、图形、数字，还要针对网状的信息内容，如声音、色彩、形状、亮度等，强调在信息内容主题方面的有序性和一致性。举例而言，网络信息构建的有序性的含义远比图书馆信息的有序性的含义宽泛。

---

① Nielsen J. Web可用性设计. 北京：人民邮电出版社，2000.

尽管有序性的约定含义不同，但不论是衡量图书馆的信息有序性还是网络信息的有序性，标准都是一致的，那就是借用广义信息论中的“熵”的概念。在物理学中，熵用于热力学系统混乱程度的测度。在广义信息论中，熵是系统获得信息后无序状态减少或消除程度的标志，信息量可以看作负熵。将这些概念引入信息构建的有序原则中，可以得出这样的结论：信息构建的信息结构体系可以看作一个信息系统，其实际有效的信息量取决于熵的大小，熵越大，信息结构体系中的信息组织就越紊乱；熵越小，信息结构体系中的信息组织程度就越高。

在这里，实际有效的信息量的增加需要信息建筑师艰难的思考，当各种信息技术手段能够方便地应用于信息的形式表达上，各种信息组织方法能够合理地应用于信息内容的整理上时，需要他们有所选择，利用信息的有序组合形式，去除信息结构体系中过分杂乱的外在装饰，强调内在关系的组织，强调逻辑和条理性，强调功能和主题，并能分清主导信息和辅助信息。

3. 信息结构展示原理

信息结构展示原理指信息建筑师为序化后的信息设计一个协调一致的、功能化的信息结构，实质上是通过信息界面表达它们，有效地展示它们的内容、风格和特色，让用户感知到信息结构中存在的信息，可以方便地从中获取信息，满足自己的信息需求。

信息结构展示原理有以下三方面的表现：

（1）信息结构是信息建筑师的语言，信息建筑师用它实现与用户的交流。寻找一种表述框架、构建信息体系结构是信息建筑师最关键的任务。信息结构设计的目标是让用户清楚地知道信息的整体空间结构，知道信息结构的内在逻辑关系，并知道自己身处何处，可以在目前这个信息空间中完成什么样的任务。这个工作常常需要具备较强的抽象概括能力。

（2）有效地展示和表达这种结构是信息建筑师的必备技能。除了功能性方面的考虑外，为了给用户留下深刻的印象，吸引用户的注意力，引导用户的使用以及给用户带来良好的体验，信息界面和内容的设计应该突出自己的个性，具有自己的语调、幽默感和态度。在文字阐述、图形表述中突出体现清晰的表述、特殊的方法和鲜明的个性。这个工作常常需要借助各种技术手段和艺术手段，是需要信息建筑师本人或者他与他人合作完成的重要任务。

（3）加快信息传递速度和保证信息传递效果是信息结构优良的标准之一。对信息结构的抽象提炼，对信息表达形式的采纳和利用，对信息内容的科学表达都是为了形成的信息结构能有助于加快信息传递速度和保证信息传递效果。信息结构应该具有符合用户的阅读或浏览习惯的逻辑结构，有序地展示信息的内容。由于信息数量庞大且往往是非结构化的，以及存取方式非线性化等原因，还应该考虑用户的信息环境和信息能力。只有采用以用户为中心的设计才能满足用户对信息传递速度和效果的要求，而信息传递速度的快慢和信息传递效果的好坏可以作为信息建筑师的产品是否成功的判断依据。

4. 信息空间优化原理

信息空间优化原理指在信息构建过程中通过一系列手段和措施，在复杂庞大的信息空间中帮助人们缓解信息环境造成的心理上的困惑或行动上的困境，减轻人们的认知负担，加强人们感知信息和捕捉信息的能力，促进信息的接受和利用。信息空间优化原理有宏观和微观两种表现形式。

宏观的信息空间优化主要体现为整个信息大环境下的信息空间优化，具体体现在多个层面：其一，信息构建成果所要传播的信息处于一定的社会空间和一定的文化空间，在特定的社会文化空间中，人的经验、需要和行为一定具有时代的烙印，所以信息构建的完成必须考虑接受对象具有的社会文化空间特点，并与该特点取得协调。这里仍然遵循信息用户接受信息的有关法则，即从信息发送和接受的角度讲，信息接受的程度要取决于发送者和接受者双方共同经验区域的大小，而共同经验区域与对社会文化的充分理解有关。其二，信息构建成果的信息传输是在特定的信息环境下进行的，不同的信息环境提出了不同的信息传输要求，信息构建需要根据特定的信息空间来对信息做特定的处理，如对传统的科技图书信息集合和对网络信息集合的不同处理。其三，信息空间可大可小，是一个相对的概念。信息构建本身要给用户提供一个由各种信息集合组成的、由传输者和接受者以及传输环境和接受环境一起构成的信息空间，这个空间应该是一个便于信息查找和利用的优化的空间。

微观的信息空间优化主要体现在对信息的查找和利用方面能够适用于用户所遵循的原理和方法，它主要有两个方面的体现：

其一，空间范围缩小理论。指对庞大的、复杂的信息空间进行范围缩小，旨在方便用户查找信息，缩小信息空间范围后，用户可以快速找到信息。以搜索引擎为例，搜索结果如果只能提供文件、网页等信息集合中包含某个关键词的对象，那么由于搜索结果的信息量巨大，信息空间就不是一个优化后的空间。如果搜索结果可以让用户选择信息是做什么用的，或者对不同的用户做不同的标引，将同类的文献聚合在一起按时间先后排列等，那么便能区分不同信息空间中的信息，相当于缩小了信息处理的空间，方便了用户的使用。①

其二，空间定位理论。指在庞大复杂的信息空间中快速地确定用户所需信息的具体位置，目标是让用户不迷失方向，用较少的时间在信息空间中定位。认知心理学认为，要解决人在识别城市中道路方面的困难，或许有三种方法②：改变环境；为帮助人们发现道路改善附属装置（地图、道路标志）；提升人在现有的环境中使用现有装置的技能。我们可以将此现实世界的解决方案应用到虚拟的信息空间环境中，在信息空间中，通过导航方案、地图、设置“路标”、询问帮助等形式，同样可以帮助用户准确地进行空间定位。清晰可见的结构、符合逻辑的信息组合、语义清晰的标题与和谐一致的导航元素有助于在复杂的信息空间中找到信息内容。

信息构建的上述原理是信息建筑师在网站和其他对象的信息构建活动中需要遵循的基本原理，同时也是信息建筑师从事信息构建实践时考虑问题的准则。

---

① Rosenfeld L, Morville P. Information Architecture for the World Wide Web. O'Reilly Media, Inc., 1998: 123－129.

② 乐国安．当代美国认识心理学．北京：中国社会科学出版社，2001：124.

12.2 万维网信息构建的一般过程

自从信息构建概念提出并在世界范围内广为流传后，很多学者对信息构建所涉及的内容和过程进行了研究。2000 年的信息构建峰会的讨论结果是：信息构建的元素包括导航工具和图标、浏览层次、网站地图、类目矩阵、目录、特别兴趣指南。此外还涉及用户测试和标准，提供丰富的多存取点的浏览和搜索，以及提供详细类目、信息目标的标识、信息结构中令人感兴趣的和有创新意义的形象化的概念、超链接的连接作为信息的多样化入口等问题。①

12.2.1 希普尔的信息构建过程

希普尔（John Shiple）谈论自己在互联网咨询公司从事信息构建工作时指出，信息构建是设计网站时首先要开展的工作，好的信息构建的效果会令人难以置信，了解信息构建的过程能节省时间和金钱。网站信息构建的第一步是定义网站的目标，收集客户或合作伙伴的看法并将它们按照协调度和重要性依次集合在一起；第二步是在弄清用户需求之后，组织网站需要的内容和功能页；第三步是富有创造性地形成一个架构制定导航系统，生成规划图，设计框架和模型，并开始建造。也可以按照系统设计的基本流程，将信息构建过程分为研究、策略、设计、实施和管理五个阶段。

12.2.2 澳大利亚政府的信息构建开发模型

澳大利亚国库部与财政部于 2007 年发布了官方的信息构建开发模型（Information Architecture Development Model）以支持政府网站管理者理解信息构建规划、信息构建设计过程、网站开发和更新之间的关系。它们认为，信息构建开发模型提供了开发过程和其他相关内容的一个综合视角，能够将信息构建规划放到相应的开发背景中，将模型的成果与规划的关键组件联合起来。

该模型对网站信息构建的设计、建造、管理、回顾和改善的相应阶段、行动、技术和成果进行了详细描述。模型的应用价值主要有以下几点：阐明开发一个新网站时信息构建过程所需要的阶段；阐明重新开发一个已经存在的网站所需要的阶段；确定网站团队或者外部承包人需要执行的关键行动；支持网站管理者匹配内外部资源和技能集合中需要的资源；使网站管理者能够理解设计和管理信息构建时的技术问题；确定设计和管理站点信息构建时需要的成果和文件记录；与高级职员沟通，说明信息构建涉及的范围和过程；与外部承包人沟通，说明信息构建所涉及的范围和过程。

---

① Zwies R. Observation on the American Society for Information Science Summit 2000 Meeting：Defining Information Architecture. Bulletin of the American Society for Information Science and Technology，2000（5）：10－12.

该模型的基本构成如图 12－1 所示。

规划	用户研究	信息架构设计				网站设计	执行管理
规划和定义范围与背景	受众需求分析和交互	内容清单和需求说明	导航	受控词汇	搜索	网站设计	维护、监控和变化管理

图 12－1　信息构建开发模型

下面根据维多利亚州政府公布的资料对各个阶段的任务、依赖的技术和相应的成果加以说明。

1. 规划阶段

本阶段的任务是评论关键的组织文件和行业最佳实践，以弄清互联网策略、企业规划与使命、意见领袖的观点，与业内最佳实践网站进行比较和定标，进行市场分析，分析已经存在的站点。所依赖的技术是已经存在的技术架构和功能。本阶段的成果是站点范围和背景的清楚陈述、站点与最佳实践网站的定标矩阵。

2. 用户研究阶段

本阶段的任务是确定用户以及企业的需要和目标，具体包括进行正式和非正式的用户研究、搜索，评价站点统计，明确呼叫中心的要求，搜集商业案例和策略文件，进行利益相关者访谈和焦点小组访谈，确定基本的和二级的用户组及每个用户组的用户交互、商业目标。依赖的技术是进行交互设计，开发应用流，确定用户需要与网站功能交互的方式。本阶段的成果是受众需求和交互分析报告、用户研究报告、相关人员访谈报告。

3. 信息架构设计阶段

信息架构设计阶段包括内容清单和需求说明、导航、受控词汇和搜索四个部分。

内容清单和需求说明阶段的任务是定义内容元素或按照用户需求分组，包括建立一个与网站范围有关的所有内容的清单，收集信息和文件，将需要与商业和信息拥有者协商；准备和完成清单数据表格，记录身份和描述属性；定义内容选择标准；定义内容撤离的标准和过程。所依赖的技术是陈述所需特点满足用户特定需要的功能。成果是内容审计清单、网站内容标识、内容选择与撤离标准。

导航阶段的任务是设计站点结构和概述导航路径，包括研究与其他网站的区别；评价统计数据；制定控制交互和便于理解站点的原则；生成类标识，在类和内容之间建立联系；设计导航便于在信息架构中移动；定义元数据形态。所依赖的技术是设计交互任务，包括前台和后台的交互。成果是等级结构图、站点分类或者分面及范围陈述、站点架构和网站地图、元数据形态。

受控词汇阶段的任务是确定受控词汇的范围和目的，包括记录站点使用的受控词汇、概述受控词汇的范围和目的以及它们如何在网站得到利用；定义、管理和维护日程。所依赖的技术是集成词表和其他受控词汇形成的目录和其他搜索工具。成果是受控词汇矩阵范围和目的评价与管理日程。

搜索阶段的任务是定义搜索引擎行为，包括内部搜索，定义用户搜索行为和现在的搜索选择，明确简单搜索和高级搜索的范围；搜索引擎行为，使用全文或者元数据领域；外部搜索，保证发现本站点；搜索引擎优化。所依赖的技术是调配搜索引擎以满足用户要求的搜索结果精确度和系统执行。成果是搜索引擎用例，搜索引擎算法和加权。

4. 网站设计阶段

网站设计阶段的任务是进行网站设计，包括形成用户界面，合并文本、图形、页元素和导航元素；设计和信息架构的可用性测试；评价是否遵从可及性原则；准备视觉风格指南；准备写作和出版指南。所依赖的技术是执行风格表和模板控制，以反映一个灵活的、改进的维护过程。成果是视觉风格指南、写作和出版指南、可用性测试计划、可及性测试。

5. 执行管理阶段

执行管理阶段的任务是进行维护、监控和变化管理，包括设计工作流和认可的周期，做好维护安排，测试和分析，定义创新过程，信息构建治理过程。所依赖的技术是执行工作流和维护计划，配置商业智能工具。成果是工作流、维护和档案计划以及创新文件；商业智能报告、治理文件等。

12.2.3 简单的信息构建过程

我们根据信息构建的独特性，从信息的使用和用户的理解角度，简单地将信息构建归结为以下几个基本过程（见图 12－2）。

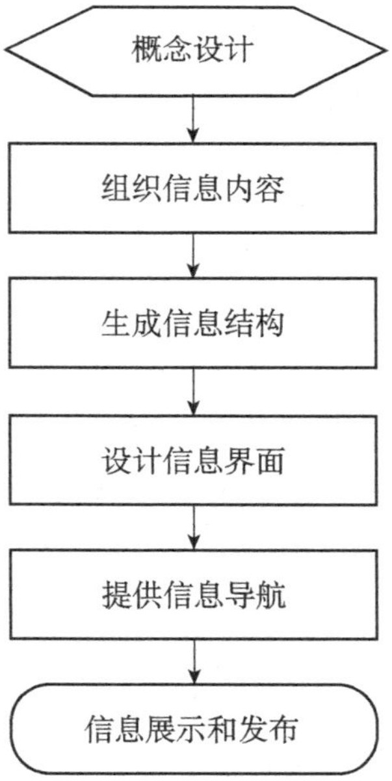

图 12－2　信息构建的基本过程

概念设计阶段的主要任务是明确机构的目标、定义用户和用户体验、识别环境、确定规划和制定策略。

组织信息内容阶段的主要任务是根据上一阶段掌握的信息构建目标，收集信息、筛选信息、标识信息、分组信息和确定信息内容，形成信息结构的文档。

生成信息结构阶段的主要任务是创建一个逻辑清晰的结构来形成背景知识，能够让观众循着这个结构联想或学习，进而找到他们所需要的信息。

设计信息界面阶段的主要任务是生成美观、简洁、功能明确、操作方便、风格一致的界面，使之成为信息内容之间以及人与信息之间的桥梁。

提供信息导航阶段的主要任务是尽可能为用户提供多类型的导航工具，让信息内容可访问，让用户明确自己的位置，知道前行的方向和路线，能够准确地到达信息所在地。

信息展示和发布阶段主要考虑信息对象元素如何在信息空间显示的问题，需要根据信息内容的属性、用户的属性、可用性元素等确定信息的表达形式，需要借助信息技术与艺术手段去组织信息的显示方式，使信息易于阅读、看起来令人愉快，即在功能和艺术层面达到表达、展示信息的目的。

12.3　信息构建的基本方法

12.3.1　自顶向下和自底向上的信息构建方法

传统信息构建过程主要采用两种方法：自顶向下法（top-down）和自底向上法（bottom-up）。近年来“敏捷”理念逐渐引入信息构建领域，敏捷法随之也成为信息构建方法。

自顶向下法从宏观角度对信息进行组织，基于上层信息分类系统来收集信息资源，确定信息内容所属的领域，它建立在对内容语境和用户需求理解的基础之上，需要完成下列工作：确定网站的范围、蓝图设计，明确内容的分组和标识系统设计问题。

自底向上法从微观角度组织信息，是一种基于底层信息来构建网站信息空间的方式，它建立在对内容和所用工具的理解的基础上，需要深入繁杂的内容层面，完成下列工作：创建内容版块、建立数据库（包括标引、内容分组等）。①

敏捷法是一种以人为核心的，迭代的、循序渐进的方法。敏捷法与原型法类似，都基于一种迭代的思想，强调高效并且持续不断地进行设计以达到客户的标准，要求激发个体的设计激情和团队中每个成员的合作与互动，共同达成目标。严格来说，敏捷法不是一种方法，更多的是一种思路或者思维方式。

---

① 赖茂生．关于信息构建（IA）的十个问题．江西图书馆学刊，2004（1）．

12.3.2 信息建筑师在实践中采用的方法

在2000年信息构建峰会后，为了给信息构建的研究增添一些面向实践的内容，弄清"谁是信息建筑师？他们做些什么？他们是怎样做的？"这类问题，通过电子邮件对五位著名的信息建筑师进行访谈，这五位信息建筑师分别为罗森菲尔德、微软公司的薇薇安·布利斯（Vivian Bliss）、Modem Media/Vivid Studios公司的盖尔·柯蒂斯（Gayle Curtis）、ZEFER公司的塞斯·戈登（Seth Gordon）、Sapient公司的史蒂文·里奇（Steven Ritchey）。《美国信息科学与技术学会通报》在2000年的第6期刊登了对各位信息建筑师的访谈结果，其中有信息建筑师们对使用的具体方法和方法论体系及工具的回答。

尽管每位信息建筑师的回答不尽相同，但我们还是从中受到了很大的启发。结合访谈结果，我们对信息建筑师的工作内容和方法进一步分析后，对目前信息建筑师在实践中采用的方法做了如下分类和归纳①：

第一类方法用于了解雇主的情况，包括访谈、观察、背景调查、工作会议、交互反馈等等，主要目的是理解雇主的事业特点、目标和任务，以便进一步设计令雇主满意的信息系统或网站。雇主分析结果可以帮助确立网站设计的目标，以便设计良好的网站，使用户经过简单的浏览后快速理解网站的基本目标。因此，这样的网站实际上能够与用户进行良好的交流和沟通。

第二类方法用于了解用户的情况，主要目的是理解最终用户的信息需求、信息行为，以及对信息内容、结构的评价，以便信息构建的结果最大限度地使用户满意。信息构建中的用户研究借鉴了相关学科的大量研究方法，包括人类学、心理学、行为经济学、生物心理学、社会神经科学、社会语言学、组织行为学、社会学等学科的方法。具体而言，当前针对用户需求研究最受关注的方法包括案例研究法、体验地图法以及数据分析法。

第三类方法用于对信息内容的分析和组织。内容组织是信息构建活动的重要组成部分，传统内容组织方法如主题法、分类法均是从专家角度出发，没有用户的参与。然而，信息构建过程中的内容、分类、导航与用户在各类动态情境中的联系是十分紧密的。近年来，分类法测试技术（taxonomy testing techniques）在信息构建峰会上颇受关注。由于目前用于评估分类标准的技术，如专家访谈、竞争分析等，均是从专家角度评估分类标准术语关系，无法真正理解用户如何使用分类标准，因此提出了分类法测试技术。典型的分类法测试技术是卡片分类法，阿尔伯塔·索兰佐（Alberta Soranzo）和戴夫·库克西（Dave Cooksey）在《测试分类法：超越卡片分类法》（Testing Taxonomies：Beyond Card Sorting）报告中还详细阐述了Delphi卡片分类法、可用性测试法、在线分类方法（包括树测试方法Treejack、在线点击路径分析）等基于用户的测试方法。然而，无论使用何种测试方法，都应仔细选择测试用户，并且将分类术语、导航和情景区分

① 周晓英．基于信息理解的信息构建．北京：北京大学，2003.

开来。[①]

第四类方法用于对信息构建工作的全过程规划，主要包括工作流程图、开发标准和进度安排以及项目管理所使用的其他一些方法，主要目的是保证信息构建活动能按照计划、进度、预算的要求高质量地完成。这些方法需要应用项目管理等相关学科的知识。

12.4 信息构建的工具和手段

关于信息构建所使用的工具和手段的研究目前可分为两个角度：一是信息构建涉及的技术角度；二是信息建筑师的工作过程涉及的方法角度。

1. 信息构建涉及的技术角度

这些技术工具主要包括叙词表管理工具，自动标引软件，自动分类软件，搜索引擎技术，协作性过滤工具，门户解决方案，内容管理工具，分析软件，数据库管理工具。由于现有文献对此已经有比较多的论述，在这里笔者就不再赘述。

2. 信息建筑师的工作过程涉及的方法角度

丹·威利斯（Dan Willis）在他的个人网站上为信息构建设计了一个信息构建工具图（见图 12-3），他综合了信息构建的方方面面，吸收了一些学者的理论，比较全面地呈现了信息构建过程所涉及的开发工具。

基于丹·威利斯在图 12-3 中所列出的工具以及简单的说明，笔者结合国内外的一些研究成果，对其中的一些内容做进一步说明：

（1）用户调研：主要调查和分析用户的需要、用户的思维模式和信息搜集行为。

（2）网站路径概略图：目的是明确某种产品的用户将采取怎样的行动以及这些不同的行动之间具有怎样的关联。主要方法是描绘产品的每一类用户；勾勒一个用户进入系统的入口、在系统内部的活动以及退出系统的方式；使每一种用户行为得到复述和再现。在实践中，信息建筑师通常采用体验地图法，来再现用户在网站的行为路径。体验地图又称为用户体验地图或用户旅程地图，是一种了解用户与产品、服务或系统之间的复杂交互的方法，旨在定位和描述完整服务过程中用户在每个阶段的体验，包括行为、感受（不满意点和满意点）以及想法等，最后将这些信息用图形的方式表现出来。[②] 虽然体验地图的最终成果仅仅是一张可视化的体验图表，但完成这张图表涉及定性与定量分析中多种方法的结合，如访谈法、观察法、文献研究法、竞品分析法、可用性测试法、头脑风暴法和问卷调查法等。通过体验地图，可以提供一个全局的视角和蓝图，产品相关人员可以直观地了解用户在使用产品的全流程和各个模块中的体验，从而在整体上规

---

① Soranzo A, Cooksey D. Testing Taxonomies: Beyond Card Sorting. Bulletin of the Association for Information Science & Technology, 2015 (5): 34-39.

② 肖晗晗．基于体验地图的亲子社交产品设计研究．哈尔滨：哈尔滨工程大学，2016：8.

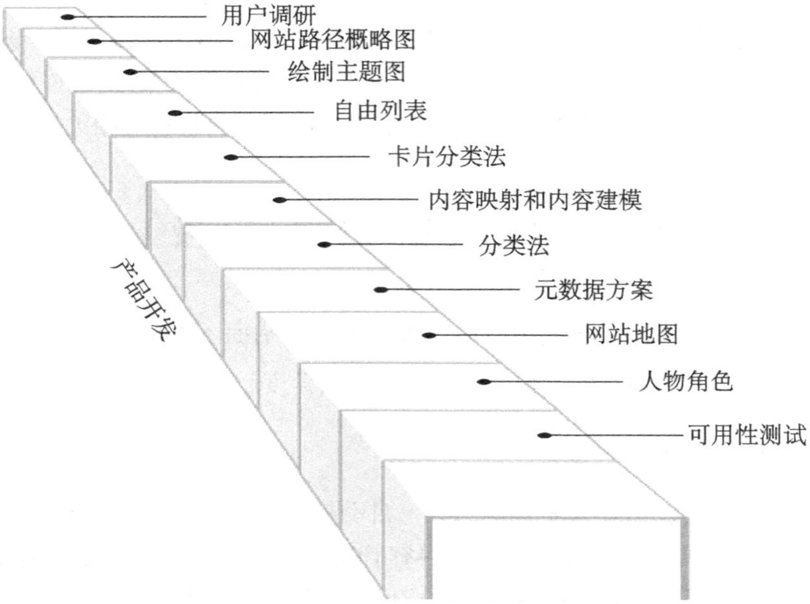

图 12－3　信息构建工具图

划用户的体验过程。

（3）绘制主题图：是一种头脑风暴式的工具，用来生成某种产品的信息结构。主要方法是写下产品的关键主题；生成与关键主题相关的一些项目；再生成与刚刚生成的项目相关联的其他项目；重复这个步骤直到所有的项目都穷尽为止。

（4）自由列表：目的是理解一个定义域的内容和范围。主要方法是：收集多个人针对某一定义域自由列出的下属项目；统计受试者列出的每个项目所出现的平均次数并制图，确定核心区、中间区和外围区的项目；建立共现矩阵（co-occurrence matrix），这是一种反映两个项目同时被多少个人提及的矩阵，矩阵中的数字代表同时被多少个人提及。

（5）卡片分类法：是探测人们如何对一系列已知项目进行分组的方法。对于网站而言，该方法基本的执行程序是：

● 确定网站所应包含的一系列信息项目；

● 将每一个信息项目的名称写在卡片上；

● 请至少 6 人作为受试者，分别让他们按照他们认为有意义的方式将卡片上的信息分组，并为每组卡片指定标识；

● 如果需要，将分组的卡片进一步细分为更小的组并给出标识；

● 请受试者解释他们的分组理由；

● 试验和分析分组方法，对受试者的分组进行合并、提取等。

经过这个程序形成的分组可以成为网站内容分类的主要依据，并作为创建网站的直观的导航依据。①

① 周晓英．基于信息理解的信息构建．北京：北京大学，2003.

(6) 内容映射和内容建模：内容映射是生成一个内容地图，对已经存在的信息环境做视觉化的表述，帮助设计者在头脑中形成对于已经存在的内容的结构、组织和位置的认识，以便让他们提供有效地通往这些内容的渠道。内容建模属于微观信息构建，它让生成内容的各个部分成为合适的和足够有价值的信息块。内容建模详细说明我们正在处理的信息块是何种类型的、它们之间的关系如何、用什么元数据描述它们。所以，内容建模由信息块、关系和元数据三部分组成。[①]

(7) 分类法：分类法用来描述所有种类的主题结构。由于这种方法允许相关的术语聚合在一起并进行分类，因此它的好处是当人们在描述或搜索某个对象时，它可以让人更容易发现正确的术语。分类法是信息组织使用的最基本方法之一。

(8) 元数据方案：描述哪种元数据用来著录或编目一种内容资源。

(9) 网站地图：网站地图是一种以图形的方式描述网站各种内容的范围和空间位置的图像，如同传统的地图一样，网站地图可以提供方向信息、距离信息、路径信息，显示网页之间的关系，提供了适当的级别细节，显示重要的页面或网站路标，并直观地表示复杂的数据。它是对网站的结构化概述，是展示信息空间状况的有效工具。

(10) 人物角色："人物"是一个假设的原型或实际用户的替身，它能够引导决策者制订网站设计方案。尽管人物是想象的，但他们是经过严格精确定义的。库珀（Alan Cooper）的研究指出了如何获得一个有用的替身。他认为以下做法有助于获得有用的替身[②]：

- 为每一个替身提供1～2页的精确的叙述性说明书；
- 建立精确的作业流程和每日行为模式；
- 形成计算机能力方面的界定；
- 编造1～2个替身在生活中的虚构情节，比如一个兴趣或爱好，使每个替身角色令人难忘；
- 不要使用你在现实中认识的人作为替身，在面试和研究数据的基础上生成一个代表性人物团队；
- 为每个新项目生成新的替身，不要重复使用过去的替身；
- 根据项目的情况选择3～7个替身；
- 开发一个可信赖的原型，以便让设计团队接受替身。

(11) 可用性测试：ISO 9241-11国际标准对可用性做了如下定义：产品在特定使用环境下用于特定用途时所具有的有效性（effectiveness）、效率（efficiency）和用户主观满意度（satisfaction）。其中，有效性是指用户完成特定任务和达到特定目标时所具有的正确和完整程度；效率是指用户完成任务的正确和完整程度与所使用资源（如时间）之间的比率；满意度是指用户在使用产品过程中所感受到的主观满意程度和接受程度。

可用性测试方法主要有三种：一是探测性测试（exploratory testing），考察一个系统，寻找用户感到迷惑、工作延迟和犯错误的地方，该方法适用于系统开发生命周期的

① Rosenfeld L, Morville P. Information Architecture for the World Wide Web. O'Reilly Media, Inc., 2002.

② http://www.cooper.com/newsletters/2001_07/perfecting_your_personas.htm.（更新前网址）

全过程，特别适用于系统实施的早期；二是阈值测试（threshold testing），考察系统针对预定目标的执行特征，回答诸如“使用该系统，用户在多长时间内完成了任务，犯了多少个错误”这样的问题，检测系统是否满足发布的标准；三是对照测试（comparison testing），考察两种方法或设计的可用性特点，以决定哪一个更能满足用户的需要，该方法适用于早期的原型阶段。①

随着信息技术的发展，在当前移动互联网环境下，移动应用程序和网站信息构建的有用性测试面临着相当大的挑战。信息建筑师应该使用哪种设备进行测试？在实验室模拟测试还是在现场实时测试？现场实时测试更加复杂，耗时且昂贵，而且操作过程麻烦，需要在用户的设备上安装一些屏幕捕捉应用程序或设备，对大多数用户来说是无法接受的。实验室模拟测试虽然由于用户行为的不自然有一定的误差，但仍具有相当程度的参考意义，因此对于大多数移动应用程序来说，选择实验室模拟测试更合适。

思考题

1. 试述信息构建的基本原理。
2. 万维网信息构建的过程是怎样的？
3. 举例说明信息构建的两种基本方法。

推荐阅读

1. 赖茂生．关于信息构建（IA）的十个问题．江西图书馆学刊，2004（1）.
2. 周晓英．万维网信息构建的过程和方法研究．情报资料工作，2005（4）.

① Levi M D，Conrad F G. Usability Testing of World Wide Web Sites. CHI EA'97：CHI'97 Extended Abstracts on Human Factors in Computing Systems，1997.

第13章
信息构建的深化发展

概要

本章分为四节。13.1 节主要论述信息构建的发展历程；13.2 节论述了万维网信息构建的核心要素和应用目标等；13.3 节主要论述了信息构建的新方向，即普适信息构建；13.4 节列举了网站信息构建、移动信息构建、普适信息构建的典型案例。

学习要点

信息构建的发展历程；万维网信息构建的核心要素和应用目标；普适信息构建的特点和性能。

学习目标

了解信息构建的发展历程；掌握万维网信息构建的核心要素和应用目标；了解普适信息构建的特点及性能。

13.1 信息构建的发展历程

信息构建自提出至今，大致经历了萌芽期、形成期和发展期三个核心阶段，图 13-1 简要展示了信息构建各个发展阶段的研究主题、研究对象、代表人物、代表著作以及该阶段成立的机构、协会等。

13.1.1 萌芽期：纸媒信息构建的兴起

1975 年，著名建筑学家沃尔曼将建筑学思想引入信息科学，正式提出了“信息构建”一词。自“信息构建”一词正式提出至 20 世纪 90 年代中后期是信息构建的萌芽期，这一时期，以沃尔曼为主的研究者主要关注的问题是：如何克服传统印刷行业下沟通信息量不断增加时遇到的困难，并提出一系列的解决方案；旨在以书籍为实践对象，强调对信息的组织，并通过大量静态的视觉设计方案（如版面设计和编辑技术）使信息更简单、更直接、更容易理解。这一时期，在沃尔曼丰富的研究成果中，与信息构建理论密

图 13-1　信息构建的发展历程

切相关且影响最大的著作是《信息饥渴——信息选取、表达与透析》（*Information Anxiety 2*）① 和《信息建筑师》（*Information Architects*）②，其中后者凭借其独特的版面设计，自 1997 年一经出版就成为美国众多书籍争相模仿的编辑模板。③ 然而，该时期的信息构建研究并没有得到广泛的讨论和关注。

13.1.2　形成期：万维网信息构建的崛起

20 世纪 90 年代中后期，企业和个人对互联网的依赖程度越来越高，1998 年罗森菲尔德和莫尔维莱完成的《Web 信息架构》④ 将信息构建再次带入大众的视野，并迅速引起巨大反响。随后几年，信息构建广泛应用于网站的设计开发，大众对信息构建的理解几乎等同于"万维网信息构建"。信息构建相关的组织机构、会议也相继涌现。

2000 年，美国信息科学与技术协会成立了信息构建特别兴趣组，并开始举办一年一度的信息构建峰会，在当时迅速发展的互联网环境下，峰会聚集了信息构建领域的从业者和研究者，共同探讨和分享他们对这个新兴领域的理解和认识。之后十多年，信息构建峰会先后明确了信息构建的定义，界定了学科研究范围以及跨学科关联，并不断探索信息构建理论和实践的创新和推广，逐步奠定了信息构建领域形成期的基础。2002 年 3 月，信息构建杂志 *Boxes and Arrows* 创办⑤，成为主流信息构建研究资源的获取渠道。

① 沃尔曼．信息饥渴：信息选取、表达与透析．北京：电子工业出版社，2001.

② Wurman R S. Information Architects. New York：Graphis Inc.，1997.

③ 荣毅虹，梁战平．信息构建（IA）探析．情报学报，2003（2）：229-232.

④ Rosenfeld L，Morville P. Information Architecture for the World Wide Web. O'Reilly Media Inc.，1998.

⑤ Welcome to Boxes and Arrows. [2019-03-01]. http://boxesandarrows.com/welcome-to-boxes-and-arrows/.

2002年11月，在罗森菲尔德和沃特克等人的共同努力下，AIFIA成立，并于2005年更名为IAI。① 相比于萌芽期，该阶段信息构建组织相继成立，信息构建的实践越来越丰富，信息构建的研究内容也越来越深入。②

13.1.3 发展期：从移动信息构建走向普适信息构建

21世纪以来，随着智能手机的崛起和移动互联网的发展，信息构建从个人电脑端的万维网进一步发展到移动端的移动互联网，移动信息构建遵循万维网信息构建的原理、原则摸索前进。紧接着，进入21世纪10年代后，随着人工智能、物联网以及社交网络的迅速发展，在信息传输渠道上，原有的物理空间、信息空间和社会网络空间相互交叉融合，而在信息传播载体上，智能终端以及基础设施的完善也使得计算能力对我们的生活产生深刻的影响。基于以上背景，无处不在的信息被嵌入日常普遍使用的对象中，信息不断增加，由此衍生出大量"以人为核心"的服务，服务设计、用户体验和泛在计算逐步深度融合。以雷斯米尼为代表的学者提出了普适信息构建。③ 普适信息构建从网络空间渗透到物理空间和社会空间，它不仅仅适用于万维网，还有助于设计服务于用户体验的所有共享信息空间、场所、服务和过程。

13.2 万维网信息构建

13.2.1 万维网信息构建概述

万维网将众多技术和内容集成在唯一的一个界面上，除了将各种媒体、各种形式、各种粒度的信息聚合在一起以外，它还对这些集合进行平面组合、交叉组合和立体组合，对多种专题信息进行叠加，形成了一个由信息集合、界面和用户构成的复杂的信息空间。任何涉及网络的事物都不可能是单纯的，也不是单一学科可以支撑的。对网络设计者而言，网络蕴含着巨大的商业机会，全世界的商业公司、教学单位、政府机构都希望在网站上发出自己的声音，但是由于网络涉及的技术、内容以及用户的多样性与复杂性，它们也面临极大的挑战。在目前的条件下，信息构建理论和实践由于能够有效解决信息内容的表达、展示、理解和利用的问题，能帮助网络设计者建立有效且吸引人的电子界面，因此，信息构建将网站作为其一展身手的舞台也就顺理成章了。

在信息方面，万维网提出了过去的信息组织从未遇到过的许多问题，表现为以下几点：

（1）多种多媒体形式的信息集成在一个界面上，设计者和用户可以选择和评判各种

---

① Our history. [2019-03-01]. http://archive.iainstitute.org/en/about/.

② 周晓英．基于信息理解的信息构建．北京：中国人民大学出版社，2005：21.

③ Resmini A，Rosati L. Pervasive Information Architecture：Designing Cross-Channel User Experiences. Morgan Kaufmann Publishers Inc.，2011.

形式的信息提供方式和信息结构，或者要求更灵活的、易于理解的信息提供方式和信息结构。

（2）信息的组织是非线性的，可以让访问者在信息中任意选择自己的路径，或者选择本网站的个别页面，或者很快链接到另外的站点。这种特性要求网站想方设法地留住访问者，选用最适合的内容表现方法，选用最贴切的表现工具，使每一个页面的内容强烈地展示信息的特色和价值，并引导访问者进一步深入访问该站点。

（3）用户感到陌生的、容易迷失方向的信息空间，在提供给用户更多选择的自由的同时，也给用户带来一些困惑。这种特性要求信息结构与内容清晰且易于理解，而导航手段可以起到一定的作用。

（4）信息需要连接网络下载，万维网的特点造就了其使用者的“最无耐心等待”的特点。各种研究表明，如果用户需要等待 15～20 秒，他们将会离开当前页面。这要求网站的信息既要满足以上特性，还要尽量少用色彩丰富的媒体和尽量使用小文件，以缩短信息下载的时间。

由于万维网上的信息种类繁多，内容多种多样，信息存储分散无序，加之超链接技术的广泛使用，万维网具有非常复杂的信息空间，用户很容易感到迷惑和迷失方向。因此，万维网尤其需要将信息构建作为信息序化和优化的理论基础和工具，以帮助人们在异质的信息空间中获取和管理信息。故在信息构建迅速发展的 20 世纪 90 年代，信息构建理论方法的主要应用领域是万维网的信息构建，在国外，信息构建已经成为网站设计和开发的必备知识。

总之，万维网是一种新媒体，需要新的方法。网站信息的组织要求信息内容精良、信息结构良好、信息界面简明、信息空间易于航行，还要节省下载文件的时间。如果说传统的信息集合只是提供了信息构建发挥作用的空间，成为追求完美的信息设计师们偶尔展现才能的舞台，那么万维网信息集合的出现是对信息构建的真正挑战，它成为执业信息建筑师们的工作重点。

13.2.2 万维网信息构建的核心要素

万维网信息构建研究的重要著作——罗森菲尔德和莫尔维莱所著的《Web 信息架构》——首次明确了信息构建的核心要素，这些要素作为信息构建的核心内容为全世界学者所认可。信息构建的核心要素就是网站信息的组织系统、标识系统、导航系统和搜索系统这四大系统。

如果我们以信息的简洁清晰、可理解性以及可用性为原则，按照信息构建的核心要素（即上述四大系统）的思路，去构建网站信息集合的结构，富有创意地表述和展示信息的内容和结构，并合理有效地利用建站技术、美学方法、界面设计等一系列网站建设技术，那么，我们的网站就能够实现优化的目标，成为设计优秀的网站。

1. 核心要素的内容和形式

（1）组织系统。组织系统是四大系统中最重要的部分，它负责信息的分类，由它确定信息的组织方案和组织结构，对信息进行逻辑分组，并确定各组之间的关系。组织系统的工作有收集信息、分析信息关系、筛选信息、对信息分组、确立信息组织的标准和方案以及为信息编制索引等，目的是生成一个良好的信息体系结构，将信息的内容块组成一个统一的有机整体。

（2）标识系统。标识系统负责信息内容的表述，为内容确定名称、标签或描述，其中所选用的标引名称可以来源于控制词表或词库、专家或用户、已有的标识实践等。标识系统的工作是创立一套标识系统，确定信息标识的工具或技术如受控词表或元数据，目的是为每一个类确定一个合适的名称，这个名称既符合人们的使用习惯，又能包含该类下的所有项目的内容，能区分其他类的所有项目。此外，导航系统和搜索系统的建立在某种程度上依赖于标识系统的效果。

（3）导航系统。导航系统负责信息的浏览和在信息之间移动，通过各种标志和路径的显示，让用户能够知道自己看过的信息、现在的位置和可以进一步获得的信息内容。罗森菲尔德和莫尔维莱认为，设计优良的导航系统可以有许多可供选择的方案，很多吸引人的技术，但是不能因此转移我们的注意力，我们要关注的真正重要的事情是：构建上下文背景、改善灵活性和帮助用户找到他们需要的信息。

导航系统主要回答四个问题：我在哪里？我去过哪里？我还能够去哪里？我如何去那里？除了设置专门的导航功能外，实际上网站信息的组织系统、标识系统、搜索系统与导航系统一起，可以同时起到这样的作用。

（4）搜索系统。搜索系统负责帮助用户搜索信息，根据用户的提问式，通过提供搜索引擎，按照一定的检索算法对网站内容进行搜索，并将搜索的结果提交给用户。搜索系统强调检索的结果数量适当、相关性强、查准率高；还强调检索界面友好，并给用户提供自我修正检索机制的途径。

2. 保证四大系统运行的支撑部件

信息构建的组织系统、标识系统、导航系统和搜索系统的运行需要一些部件的支撑，这些部件主要包括上述四大系统的一些辅助部件，其中有些是用户看得到的，有些是用户看不到的，如元数据、控制词表等。

支撑部件可以从浏览辅助功能、搜索辅助功能、标识辅助功能这几个方面来论述。①

浏览辅助功能主要给用户提供预测的路径集合，进行网站导航。主要通过内容的组织体系结构、全局/局部/语境导航设置、网站的地图/索引/指南/内容列表等来实现。

搜索辅助功能主要帮助用户直接从提问入手，获得他们所需要的内容。主要通过提供搜索界面、提问语言、检索算法、搜索结果、规则集合等来实现。其中规则集合是一组能用来指导信息检索的规则。

标识辅助功能主要给用户提供统一的信息表示方式，保证信息的清晰和信息获取的准确与快捷。主要通过元数据标签、元数据、控制词表、词库、标题、列表等来实现。其中，元数据标签的作用是描述文档、页面、图像、软件以及音频视频文件等的特征和

---

① Rosenfeld L，Morville P. Information Architecture for the World Wide Web. O'Reilly Media，Inc.，2002.

属性，并在它们之间建立联系；元数据在交互的界面上不会出现，但可以为搜索引擎所识别，故而它能提高导航和搜索的效率；控制词表是自然语言的集合，它将某一特定领域的标准术语和等同术语罗列出来；词库是在词表的基础上，在标准术语之间建立等同、等级和相关关系体系，将词语与它们的同义词、反义词以及上位类、下位类、同位类术语链接起来，从而使相同或相近的词语映射到一个标准的概念上，清除自然语言的模糊性和不规范性带来的信息搜索障碍。①

13.2.3 万维网信息构建的应用目标

1. 信息构建方面的问题

信息构建最早应用于企业网站和电子商务网站，信息构建方面的问题会给这些网站带来信息查询和利用方面的问题，这些问题实际上意味着成千上万美元的损失。以下数据可以反映电子商务网站因为信息构建的问题而产生的经济损失：咨询公司的一项研究发现，电子商务网站上有56%的搜索引擎查询以失败告终，这些失败其实相当于几百万美元的损失；一份市场研究报告说，在搜索商品时，62%的在线购物者至少放弃过一次，42%的在线购物者转向其他非网络渠道完成他们的交易；有关调查发现，39%的购物者因网站的导航问题而放弃购买。

此外，企业网站方面，由于员工不知道信息的确切位置，不能高效处理信息和利用信息，企业的工作效率低下和生产率低下，提高了企业的运营成本，使决策者丧失了决策时机，还可能产生不必要的培训费用。

政府网站虽然不存在商业网站那样的经济目的，但同样存在公众利用政府网站信息的效率和效益问题，存在由此而引起的公众对政府网站的信任度和依赖度低下的问题。

正因为以上原因，有识之士开始在企业网站的建设方面引入信息构建的理念和方法。

2. 万维网信息构建的目标

万维网信息构建的实质是通过组织系统、标识系统、导航系统和搜索系统的设计和管理，帮助人们在网络环境中更有效地发现和管理信息，有效地满足用户的信息需求。这是组织并管理网站信息资源的基础。

万维网信息构建的目标可以分为两个方面：一方面是从对信息的处理结果看，要达到信息的清晰化和信息可理解这两个目标；另一方面是从用户的使用结果看，要达到信息的有用性、可用性强，以及使用者具有良好的用户体验这两个目标。

下面我们简单说明这四个目标。

（1）信息的清晰化。从前文提到的沃尔曼对信息建筑师的描述中，我们认识到信息构建活动需要追求信息的清晰度。无论是导航、标识、组织还是搜索，都应该起到同建筑物或道路的标志牌一样的作用，使繁杂的异质信息能够形成一个清晰的结构，有清晰

---

① 马费成，姜婷婷．信息构建对当代情报学发展的影响．图书馆论坛，2003（6）：20－25.

的呈现方式，能清晰地指引触达信息的路径。

（2）信息可理解。“让信息可理解”是信息构建理念的初衷。人的大脑要接受和利用信息，首先就要理解信息，即对信息进行解释。为了保证良好的信息接收效果，信息发送者需要事先对信息解释和理解的方式、特征和规律进行调查、分析和研究，在此基础上，将信息的内容集成，并发布到信息的传输载体和信息界面上。因此，信息的理解和解释方式是一个影响信息发送者的行为和信息接收效果的至关重要的因素。

（3）信息的有用性、可用性强。有用性指信息内容具有潜在的能满足用户需求的功能，可用性指通过提供的操作手段能够满足用户查询、购物、学习、娱乐等方面的需要。按照ISO 9241的定义，可用性是指：所用产品在某一特定使用范畴内有效、高效实现预期目标的程度。可用性专家尼尔森（Nielsen）认为站点的可用性是由五个因素决定的：可学习性，可记忆性，使用时的效率，使用时的可靠程度和用户的满意程度。①

理想的信息体系结构应该功能明确，专注于内容，易于学习，易于认知，使用效率高。信息建筑师应该基于这样的目标来构建信息体系结构。

（4）使用者具有良好的用户体验。用户体验是指用户的感觉和体会，用户体验的好坏受到感官刺激因素，以及产品或服务的功能性、使用性等多方面因素的共同影响。伊莱恩·汤姆斯（Elaine G. Toms）在谈到网站信息构建的信息交互问题时指出，用户体验通过系统的和美学的两种方法生成表述形式以支持任务的完成。② 网站不是一个控制内容的单程渠道，而是在多重生态条件下具有丰富体验的编织物。信息构建的目的在于让信息的使用者拥有愉快的用户体验。

13.3 从移动信息构建到普适信息构建

13.3.1 移动信息构建简介

伴随着移动互联网的发展，移动信息构建应运而生。相对万维网信息构建而言，移动信息构建主要对象是智能手机、iPad等便携式设备上的应用，如智能手机App、手机版网站、小程序等。App是用户自行在智能手机上安装的第三方服务商提供的程序。随着智能手机的普及，人们在沟通、交流、娱乐等活动中越来越依赖手机App。手机版网站是个人电脑端网站的手机适配版，方便用户在移动端查看网站。内置应用则是一种即用即走，无须下载的手机应用，通常内置在诸如微信等高度集成的平台中。就目前而言，移动信息构建主要面向手机App以及App内置的小程序。

在个性化信息服务时代，移动化从来不是独立存在的，与之密切相关的是社交化和本地化，它们统称SoLoMo，具体是指依托于移动互联网，通过移动终端、基于位置信

---

① Jokob Nielsen. Web可用性设计．北京：人民邮电出版社，2000.

② Toms E G. Information Interaction：Providing a Framework for Information Architecture. JASIST，2002（10）：855.

息以及社交网络开展的个性化信息服务模式。由此可见，基于 SoLoMo 的个性化信息服务需求，将移动信息构建中的交互提升至了前所未有的高度，并且在“社交化”和“本地化”的推动下，将传统的单向的静态交互（如搜索）转变为双向的动态交互。与万维网信息构建相比，移动信息构建主要具备如下特点：

（1）强调动态性。在 SoLoMo 环境下，移动信息构建要求产品根据用户的位置来呈现不同的信息。以大众点评为例，当用户从北京到上海后，大众点评 App 的页面也从北京切换成上海，页面整体布局和标识保持了应用的一致性，但信息内容已根据实时位置进行了动态更新。

（2）强调交互性。在移动互联网环境下，用户、信息建筑师与产品之间的交互变为双向的、动态的、主动的、多层次的。信息建筑师不再仅基于访谈等方式被动地获取用户信息，而是通过数据挖掘、用户画像等方式全方位地挖掘用户的浅层和深层需求，进而借助推送的方式形成用户与产品之间的交互，交互过程中产生的行为数据，再次推动信息建筑师了解用户偏好和需求的二次互动，从而形成一个良性循环。抖音、快手等娱乐视频类 App 正是基于用户行为数据的挖掘与推送形成了用户、产品与信息建筑师之间的多维交互。

（3）强调个性化。移动信息构建需要满足用户的社交需求，个性化实现对交互数据的挖掘，包括用户与产品之间的交互，如用户浏览、点击、评论等行为；依赖于基于位置的服务（location based service，LBS），以及社交网络用户与用户之间的交互，如共同好友、共同关注等。基于对以上交互数据的挖掘，移动信息建筑师需运用差异化、个性化的服务方式，促进服务效率与服务质量的提高，尽可能满足用户的个性化需求。

13.3.2 普适信息构建简介

普适信息构建旨在使用户从屏幕走向便携式设备，使信息建筑师的关注焦点从单个产品或网站转向跨渠道的、多情境的、多设备的、动态复杂的整个产品或服务生态系统。从网站的分类、导航和搜索转向意义建构、场所制造、跨媒体、具身认知[①]以及它们在信息空间构建中的应用。在这一全新的环境中，信息构建研究对象由万维网网站进一步发展为“任意信息集合”，并强调对信息环境、空间和体系结构的设计。

关于普适信息构建的特点，雷斯米尼在其著作《普适信息架构：设计跨渠道用户体验》（*Pervasive Information Architecture*：*Designing Cross-Channel User Experiences*）中总结了七点：信息构建成为生态系统；用户成为中介；静态变成动态；动态变成混合；水平优于垂直；产品设计变为体验设计；体验成为跨渠道体验。

综上，可以将普适信息构建的特点总结为以下几点：

（1）系统性和一致性。不同的媒介和不同的背景紧密交织在一起，任何实体都只是信息生态系统中的一个元素，实体以及实体间的多个链接即关系，均成为整个用户体验

① 具身认知（Embodied Cognition），认知心理学理论之一，强调身体在认知过程的作用，认为身体及其活动方式塑造了我们的认知方式，认知的过程是身体和环境交互作用的过程。

设计中的一部分。传统上自上而下的层级结构不再是关注重点，取而代之的是元素之间的关联关系。因此，信息构建发展成为连接不同媒体和不同环境的桥梁，为越来越多的跨越数字和物理环境的产品与服务，提供逻辑和体验的一致性与连续性。

（2）动态性和混合性。在普适信息构建面向的更大范围的生态系统内，社会、商业、政策、技术等背景的变化会形成不同的信息环境，不同信息环境下人会产生不同的信息需求、信息内容和信息行为，从而也要求信息具有更符合人类需求的表达、传递和接受形式，因此环境、内容、用户都是动态变化的。另外，新的构建包含不同的域（数字的、物理的以及混合的），不同类型的实体（数据、物理实体和人）以及不同的媒介。信息生产者和消费者之间的界限越来越模糊，不同媒介之间的界限也越来越模糊，信息空间的所有设计都是在这样一个混合环境下完成的。

（3）以用户体验为核心。当每个对象（无论是内容、产品还是服务）都是更大生态系统中的一部分时，信息构建者的重点将从如何设计单个项目转变为如何设计跨环境、跨媒介、跨流程的体验。因此，信息构建者将致力于用户场景的搭建以帮助用户建立归属感；建立环境、媒介等的逻辑一致性；塑造适应特定用户需求和搜寻策略的弹性；最大限度地减少用户面对多样化选择时产生的压力和挫败感；提供信息、服务和商品之间的相关关系，以帮助用户实现既定目标或刺激潜在需求。

13.3.3 普适信息构建性能分析

良好的用户体验是信息构建所追求的目标，信息建筑师通过对用户、内容和背景的充分考察，通过设计为用户提供良好的体验。当一个产品的特性没有优势时，好的产品体验将成为其核心竞争力。在当前物理空间与数字空间充分融合的大环境下，从产品设计转向体验设计，从单一体验设计转向跨渠道体验设计已然成为普适信息构建的重要内容。

跨渠道又称跨媒体，是指跨越不同的媒体，如电视、实体广告牌、网站等不同渠道，来完成用户的整个体验。其中，任何一种媒体都只提供全体验过程中的一部分，然后依赖其他媒体进一步推进全体验。[①]

由定义可以看出，跨渠道体验讲究整体体验或全体验，与多渠道体验是完全不同的两个概念。多渠道是指不止一个渠道可以使用，它们互相可以替代对方，比如去超市完成购物和仅仅用电脑完成购物。在跨渠道服务中，服务分散在多个渠道，只有遍历多个不同的渠道才能获得整体体验。

雷斯米尼在《普适信息架构：设计跨渠道用户体验》中描述了一个典型的跨渠道超市购物场景。

> 哈钦森（Hutchinson）夫人需要在周末为家里准备一些食物，周五和周六大型连锁超市会通过邮件发送促销和优惠广告。哈钦森夫人据此编辑了一份购物清单并

① Resmini A，Rosati L. Pervasive Information Architecture：Designing Cross-Channel User Experiences. Morgan Kaufmann Publishers Inc.，2011.

登录超市网站，查看她是否有资格享受本周的优惠，并且打印了几张优惠券。接着她开车到超市开始购物，用手机定位商品，但有几个优惠商品没找到，于是她去询问了超市服务员。然后她排队自助结账，并使用手机付款，回家后清点商品。

根据以上购物场景，雷斯米尼提炼出了六个场景要点：收到促销邮件；登录超市网站，网站为其提供特殊折扣；用手机查找商品；在线下超市询问服务员；手机支付；回家清点商品。我们知道在传统超市购物过程中，只涉及单一渠道，即超市实体店。但在以上哈钦森夫人的购物场景中，至少涉及了邮件、超市实体店、互联网（网站）以及移动互联网（智能手机）这四类渠道。所有这些渠道活动影响并最终构成了哈钦森夫人的超市购物体验，这不是对单独任务的简单求和，而是在一个开放、复杂、动态的系统中相互作用的结果。

基于以上哈钦森夫人跨渠道购物的场景，雷斯米尼采用启发法分析得出了普适信息构建的五个性能：

（1）场所制造（place-making）：场所制造是普适信息构建的一种能力，它可以帮助用户在数字、物理等跨渠道环境中减少定向障碍，建立一种归属感，并提高跨渠道环境的可读性和可寻性。一个重要的考虑因素是将给定用户体验过程的所有元素构造为连续流动场景的一部分，即场景的所有组成部分都应以共同的方式构建，这是塑造用户一致性体验的关键所在。

（2）一致性（consistency）：在普适信息构建体系中，一致性分为内部一致性和外部一致性。内部一致性与单一渠道内的产品和服务设计相关，外部一致性则与连接多个渠道的外部生态环境相关，保证在不同的媒介、环境和行为时间内有相同的逻辑。

（3）弹性（resilience）：指能根据特定的用户需求和搜寻策略来调整的程度。在跨渠道用户体验中设计或实现弹性，要求信息建筑师转变信息构建思维，因为在普适信息构建过程中需要智能移动设备和人员参与进来，以优化系统的性能，使其更具弹性。这意味着信息建筑师处理的系统已由封闭的、静态的环境转变为开放的、动态的环境。在这个动态的环境中，用户对信息的处理方式会随时改变或影响系统的当前和未来状态，而一个成功的弹性环境能真正实现信息构建的动态化。

（4）减少（reduction）：指最大限度地减少在不断增加的信息、服务和商品中做选择时产生的压力和挫败感。根据希克定律，选择既不是一个数量问题，也不是一个可用选项的数量问题，而是一个质量问题，一个如何组织和呈现给用户这些选项的问题。因此，减少并非意味着减少选项的数量，它更关注整个过程的质量，即如何合理地组织和呈现这些选项，以便用户能够充分利用它们。

（5）关联性（correlation）：提示众多信息、服务和商品之间的相关关系，以帮助用户实现既定目标或刺激潜在需求。每个普适信息构建中都存在两个维度：一个是垂直维度，表示系统中项目之间的层次关系，即将同一渠道的资源关联起来；另一个是水平维度，表示相同项目之间的相似性链接，即将跨渠道的资源关联起来。关联性意味着在信息构建过程中水平维度优于垂直维度。

其中场所制造、一致性和弹性为信息构建者提供一个锚点，而减少和关联性则是为了进一步扩展和优化，从而增加信息构建的深度。

13.4 案例分析

1. 网站信息构建案例分析：苹果（中国）官网

以下我们以苹果（中国）官网（https://www.apple.com.cn/）为例，来说明网站在信息构建方面的表现和特点。从苹果（中国）官网中我们可以分析出电商网站的设计在实现信息构建的目标方面是如何做的。

苹果（中国）官网作为一个典型的电商网站，秉承“一切始于简单”的核心价值观，通过网站的组织系统、标识系统、导航系统和搜索系统，形成了完整的集成式产品销售体系，使用户能够方便、快捷地选购心仪的产品。

（1）苹果（中国）官网的信息组织特点。以用户为中心组织信息内容，体现了人性化的设计理念：苹果（中国）官网作为一个门户网站，将产品介绍和购买这两大功能体现得非常明显。它的首页内容组织简洁明了，除了全局导航以及各类产品的图示概览以外，没有任何其他不相关信息，这与很多商业网站密密麻麻的产品推介形成了鲜明对比。

按照产品和功能组织全部信息：苹果（中国）官网组织系统的逻辑非常简单，首页按照功能和产品类型进行分类，即商店、Mac、iPad、iPhone、Watch、AirPods以及家居、娱乐、配件、技术支持，给用户提供直接的产品介绍和选购服务。

分模块组织产品和信息：苹果（中国）官网产品页面的布局分割非常清晰，善用色彩和留白进行分割，经常使用可视化表达方式，将重点信息通过图形、可视化图标、加粗字体或对比排版来表示，让用户全面了解产品，并做出理智的购买决策。

整合全站点所需要的辅助信息：首页最下方通过选购及了解、账户、Apple Store商店、商务应用、Apple价值观五大模块给用户提供与公司、产品以及服务相关的辅助信息。

（2）苹果（中国）官网的信息标识特点。苹果（中国）官网中出现的每一条信息、每一个标题、每一个链接都有它的名称，它们就是标识。苹果（中国）官网所选用的标识简洁清晰、含义明确无歧义、详略得当无冗余，标识系统使组织系统所形成的信息模块能更加清晰明确地呈现给用户。值得一提的是，苹果（中国）官网中的图标都十分规范准确，以网站全局导航栏的产品分类标识为例，每一个图标都对应着相应产品，都体现了明确、规范和一致的特点，符合主题内容。

（3）苹果（中国）官网的信息导航特点。在苹果（中国）官网的iPad页面中，顶部提供网站的全局导航和辅助导航，它们帮助网站的访客确定信息的位置和可以访问的内容；带有网站标识和页面名称的部分可以帮助访客确定自己现在的位置；网站的组织模式可以帮助访客回答我还能够去哪里、如何去那里这样的问题。

（4）苹果（中国）官网的信息搜索特点。苹果（中国）官网的搜索框设置在网站全局导航栏的右边，向用户提供网站内的全部信息，即返回结果均来自该网站，有助于用户全方位地了解苹果公司的产品与服务。在搜索框的下方，网站提供了查找零售店、配件、AirPods、AirTag、Apple Trade In换购计划五类快速链接，方便用户快速查找。同时，根据用户搜索的关键词，苹果（中国）官网对每一类搜索结果进行分类组织，以减少用户的交互次数，帮助其快速定位到所需信息。

苹果（中国）官网的组织系统、标识系统、导航系统和搜索系统不是孤立存在的，有时它们之间的区别也不是绝对的。总领全局的顶部导航栏、极少的交互层级、简单明了的模块信息……均得益于这四个系统的整体配合。

2. 移动信息构建案例分析：微信

微信是当前移动社交应用市场最火热的应用之一，主要满足用户日常的沟通与分享等社交需求，是一款即时通信软件。下面以 8.0.42 版本[①]为例来分析微信 App 的组织、标识、导航以及搜索系统。

(1) 微信 App 的信息组织特点。从图 13-2 中可以发现，微信的信息组织比较简洁，在首页最下方对核心功能进行分区分类，整体采用层次法进行组织，细节部分使用了主题法、分类法等多种组织形式。

微信的信息组织架构整体上采用树形结构，依据用户需求的层次对微信的核心功能进行了划分，首先主页面的“微信”对话框满足了用户最基本的直接沟通需求，“通讯录”“发现”“我”三个模块满足了用户的间接沟通需求。

“通讯录”按照分类法将朋友划分为新的朋友、仅聊天的朋友、群聊、标签、公众号、企业微信联系人、我的企业以及好友列表等大类。在“发现”模块则根据社交场景将其划分为朋友圈、视频号、直播、扫一扫、摇一摇、看一看、搜一搜、附近、购物、游戏以及小程序等。最后是“我”模块，主要为个人信息和我的状态，还包括服务、收藏、朋友圈、卡包、表情以及设置。

(2) 微信 App 的信息标识特点。微信的标识系统比较简洁统一，从用户常用功能来看，主要包括对话框标识、朋友圈文案标识、各模块按钮标识。首先，首页对话框采用的是“头像＋昵称＋最新对话文字”的形式，简洁明了。朋友圈文案的标识采用“好友头像＋好友名称＋文字＋图片＋点赞数＋评论内容”的形式，风格一致，符合用户的浏览和操作习惯。对于不同功能板块名称，微信设计了不同的标识。

(3) 微信 App 的信息导航特点。微信的全局导航位于页面底部，首页“微信”为主要消息列表，后面依次为“通讯录”“发现”“我”。局部导航主要是打开二级页面后的返回按钮。此外，在通讯录页面，右侧按照好友（备注）名称拼音的首字母提供了英文字母局部导航，以帮助用户快速找到好友。

(4) 微信 App 的信息搜索特点。微信检索系统分为全局搜索和局部搜索。全局搜索的入口位于页面上方的搜索栏，搜索范围为互联网所有信息，搜索结果按照朋友圈、公众号、小程序、视频号等分类呈现。局部搜索则包括聊天对话框设置的查找聊天内容，好友列表搜索、公众号历史信息搜索、收藏搜索等，局部搜索仅限于特定范围内的内容。

---

① 微信 App 版本更新较快，此处采用作者写作时的最新版本。

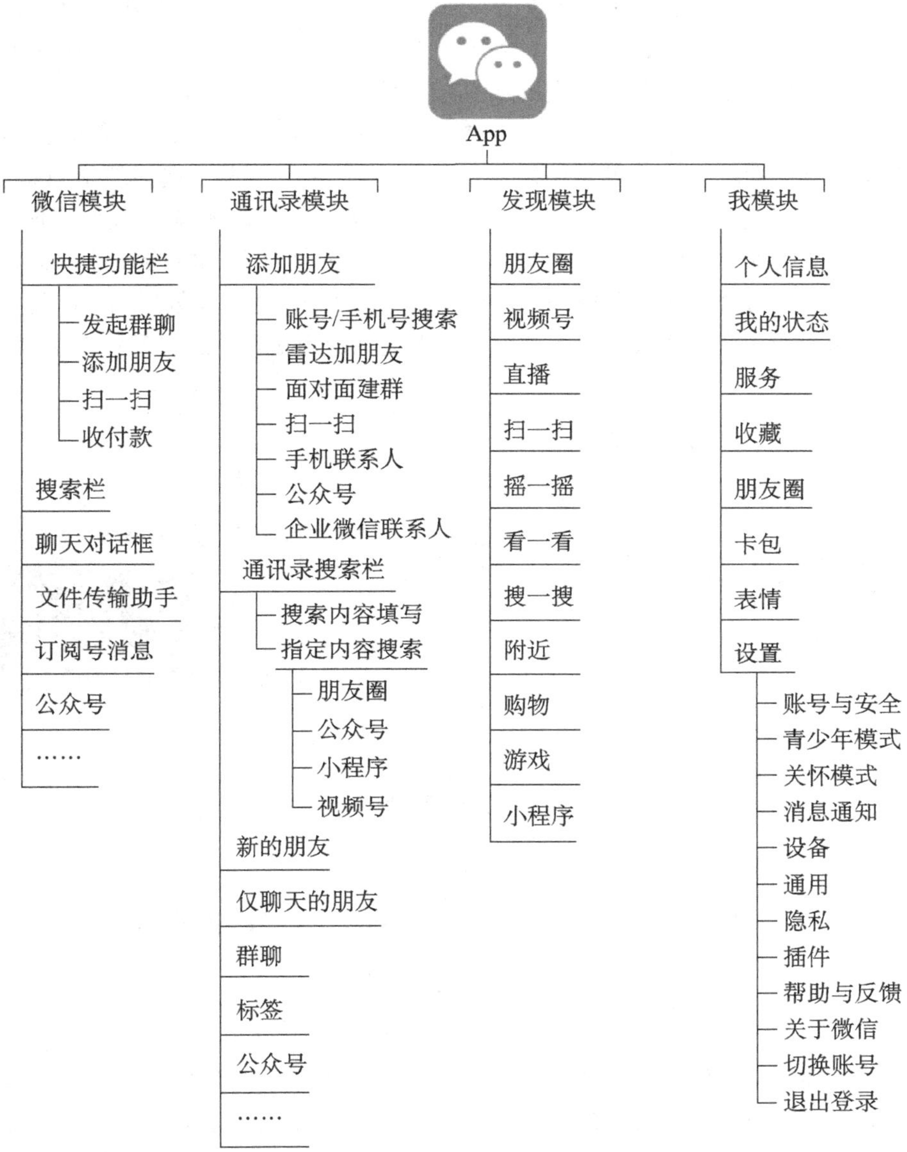

图 13-2　微信信息组织架构

3. 普适信息构建案例分析：盒马鲜生的跨渠道整合

从普适信息构建的性能来看，场所制造、一致性、弹性、减少、关联性在从单一产品设计向生态系统体验设计的转变过程中极为关键。近年来，随着新零售模式的兴起，线上线下多渠道发展以及跨渠道整合已成为众多零售商的选择。从实践来看，在跨渠道整合过程中，面向整个零售生态的信息构建直接关系着零售商转型的成功与否。盒马鲜生作为阿里巴巴旗下的新零售平台，通过线上线下跨渠道整合，逐步实现了跨渠道、多业态、全场景的新零售模式。接下来以盒马鲜生的跨渠道整合作为典型案例，就普适信息构建的五大性能进行详细分析。

(1) 场所制造：线上线下跨渠道整合（见图 13-3）。盒马鲜生是国内首家新零售平台，创立于 2015 年，第一家店在 2016 年 1 月开业，位于上海金桥广场。作为阿里巴巴的新零售样本，场所制造在盒马鲜生的线上线下跨渠道整合中扮演了核心角色。盒马鲜生通过将传统超市与互联网技术结合，创造了全新的购物场所。顾客不仅能在实体店选购新鲜食材和享受即时餐饮服务，还能通过盒马 App 在线下单，选择线下自提或 30 分钟快速配送到家。盒马鲜生的实体店设计将“生鲜超市＋餐饮体验＋线上业务仓储”三种功能集于一身，通过“线上线下一体化系统”与“悬挂链”等智能硬件设备，来实现用户逛超市、堂食海鲜、线上下单等一体化服务[①]；同时也通过大数据和智能物流等技术手段，提升库存管理和配送效率，实现线上线下的无缝衔接，不断提升跨渠道整合效果。

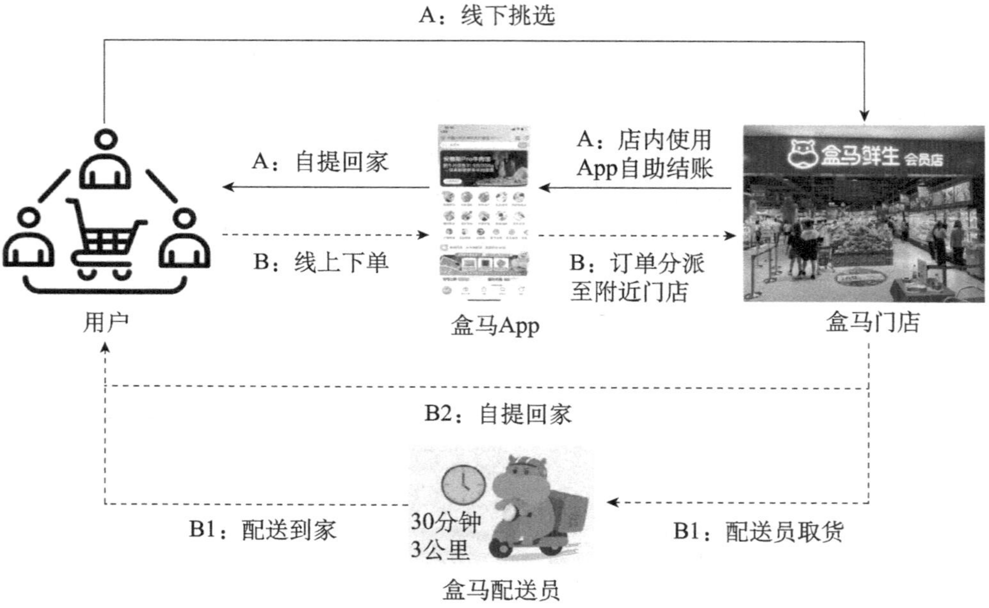

图 13-3 盒马鲜生的跨渠道整合模式

(2) 一致性：会员信息、系统功能、产品品类一体化。在会员信息方面，盒马鲜生在实体店利用二维码、Wi-Fi、移动客户端等信息技术丰富店面功能，向线上引流，逐步完善信息入口布局。同时借助统一 App 支付结账，打通线上线下的会员信息系统，实现双线会员的购物偏好、历史记录和积分等多类型数据的统一。

在系统功能上，用户无论是通过盒马 App 下单、在线支付，还是在实体店自助结账，下单、支付、服务等基本购物环节的功能都具有一致性。

在产品品类上，盒马鲜生采取了线上线下品类同质化战略，同时也利用其大数据分析和供应链优势，对门店每日的采购量做出合理规划，保证每天售卖的产品都是新鲜的。坚决不卖隔夜产品的“盒马日日鲜”，保证了商品的新鲜度和品质，满足了消费者的高标准需求。

---

① 王锐，袁慰．盒马 3.0：从新零售先锋到零售新生态构建者．[2024-03-02]．https://www.gsm.pku.edu.cn/_local/E/33/B3/5C3BEFC6E9609D0BE81D29F986D_0FEC940D_19B288.pdf.

（3）弹性：弹性定价与互动营销。在定价机制方面，盒马鲜生采取灵活的定价策略，会根据市场需求和库存情况及时调整价格，确保竞争力；同时也会通过大数据分析消费者行为和偏好来动态调整促销策略，以实现精细化的价格管理。

在营销方面，盒马鲜生非常重视线上线下的互动营销，利用社交媒体、App推送和实体店内的数字屏幕，进行促销信息的同步宣传。此外，还会通过线上活动吸引顾客到店体验，或者利用实体店的活动引导顾客使用线上服务，加强消费者的购物体验和品牌互动。

（4）减少：自建物流与智能匹配地址。盒马鲜生在供应链管理上采取了创新策略，通过自建的物流系统和智能配送网络，优化了从仓库到消费者的整个配送路径。当顾客在线上下单时，盒马鲜生的系统能够智能匹配最近的门店或仓库，在确保食材新鲜度的同时，实现快速配送。此外，盒马鲜生还提供了灵活的选项，包括30分钟达的快速配送服务和顾客自提，有效降低了物流成本。

（5）关联性：基于一站式体验数据的个性化推荐。盒马鲜生通过一站式的购物体验收集顾客多维度数据，利用阿里巴巴集团强大的数据处理能力，对顾客行为进行深入分析，以提供高度个性化的产品和服务推荐，包括线上进行个性化营销，线下通过智能标签和App推送相关优惠消息等，从而实现数据的跨渠道共享和应用。这种基于数据的关联性策略，增强了顾客体验的连贯性并提高了顾客满意度，同时也提升了盒马鲜生的运营效率和销售成果。

思考题

1. 阐述万维网信息构建的核心要素。
2. 论述万维网信息构建的目标。
3. 试分析在移动互联网环境下，普适信息构建面临的挑战。

推荐阅读

1. 周晓英．论信息集合的信息构建（IA）．情报学报，2004（4）．
2. 马费成，姜婷婷．信息构建对当代情报学发展的影响．图书馆论坛，2003（6）．
3. 杨冰之．美国政府门户网站的设计特点及启示．(2003-02-14)．新浪科技时代．
4. 周晓英．信息构建目标及其在政府网站中的实现．情报资料工作，2004（2）．

中国人民大学出版社　管理分社

教师教学服务说明

中国人民大学出版社管理分社以出版工商管理和公共管理类精品图书为宗旨。为更好地服务一线教师，我们着力建设了一批数字化、立体化的网络教学资源。教师可以通过以下方式获得免费下载教学资源的权限：

★ 在中国人民大学出版社网站 www.crup.com.cn 进行注册，注册后进入“会员中心”，在左侧点击“我的教师认证”，填写相关信息，提交后等待审核。我们将在一个工作日内为您开通相关资源的下载权限。

★ 如您急需教学资源或需要其他帮助，请加入教师 QQ 群或在工作时间与我们联络。

中国人民大学出版社　管理分社

教师 QQ 群： 648333426（工商管理）　1057207274（财会）　648117133（公共管理）
教师群仅限教师加入，入群请备注（学校＋姓名）

联系电话： 010-62515782，82501868，82501048，62514760

电子邮箱： glcbfs@crup.com.cn

通讯地址： 北京市海淀区中关村大街甲 59 号文化大厦 1501 室（100872）

管理书社　　人大社财会　　公共管理与政治学悦读坊